U0756127

主　　办：北京航空航天大学法学院

学术委员会：

主　任：龙卫球

委　员（按姓氏笔画排序）：

王　锴　　王天华　　龙卫球　　付翠英

任自力　　孙国瑞　　孙新强　　杜　群

肖建华　　周友军　　周学峰　　泮伟江

郑丽萍　　翟志勇

编辑委员会：

初殿清　　康子兴　　泮伟江　　田飞龙

王天凡　　王永茜　　余盛峰　　翟志勇

主　编：翟志勇　　泮伟江

本卷执行主编：王永茜

Beihang Law Journal

北航法学

2019年第1卷·总第7卷

翟志勇　泮伟江/主编

王永茜/执行主编

中国政法大学出版社

2019·北京

声　明　1. 版权所有，侵权必究。
　　　　2. 如有缺页、倒装问题，由出版社负责退换。

图书在版编目（ＣＩＰ）数据

北航法学.2019年.第1卷/翟志勇,泮伟江主编.—北京:中国政法大学出版社,2019.11
　ISBN 978-7-5620-9283-4

Ⅰ.①北…　Ⅱ.①翟…②泮…　Ⅲ.①法学—文集　Ⅳ.①D90-53

中国版本图书馆CIP数据核字(2019)第252063号

书　名	北航法学（2019 年第 1 卷）
	Beihang Faxue 2019 Nian Di 1 Juan
出版者	中国政法大学出版社
地　址	北京市海淀区西土城路 25 号
邮　箱	fadapress@163.com
网　址	http://www.cuplpress.com（网络实名：中国政法大学出版社）
电　话	010-58908435(第一编辑部) 58908334(邮购部)
承　印	固安华明印业有限公司
开　本	650mm×960mm　1/16
印　张	21.75
字　数	378 千字
版　次	2019 年 11 月第 1 版
印　次	2019 年 11 月第 1 次印刷
定　价	59.00 元

序

　　刑法是一个回溯性的机制，不管以什么理由作为刑事处罚的合法性或者正当性根据，刑法的施行总是以犯罪人过去的行为作为其刑事责任的核心。然而，以预防和保护社会公众为名，世界各国都在不断扩张使用刑法或者与刑法相似的强制措施，以预防或者减少未来可预见的风险。这种做法改变了传统刑法以报应为主要目的的回溯性质，越来越凸显出刑法的预防性格。威廉·斯顿茨教授很敏锐地察觉到："刑法已经不是一个领域，而是两个领域，第一个部分包含的是诸多重要的犯罪……第二个部分包含了其他所有的事情。"道格拉斯·胡萨克教授根据上述观察，将这两个领域的刑法分为刑法核心犯罪（第一部分）和刑法外围犯罪（第二部分）。[1] 一旦我们将刑法分为这两个部分，就会发现立法机关在刑法外围规定了众多新类型的犯罪，并采取了很多预防性的制裁措施。例如，将一般的无害行为予以犯罪化，将国家对危险行为的干预予以早期化，在量刑上基于累犯等具有犯罪前科的人所具有的特殊人身危险性对其加重处罚等。

　　基于现代刑法的扩张趋势，《北航法学（2019年第1卷·总第7卷）》在主题论文上致力于探讨刑事处罚的界限。无论是世界刑法还是国内刑法，可以毫不夸张地说，现代刑法将近二十年的发展都在围绕着这个主题。国家干预的早期化、刑事处罚的严厉化和积极预防的一般化在各国刑法立法中均有所反映，在反恐怖主义法的立

---

　　[1] [美]道格拉斯·胡萨克：《过罪化及刑法的限制》，姜敏译，中国法制出版社2015年版，第48~49页。

法中表现得尤为明显。国家开始注重运用强制性措施于事先预防犯罪，而不是等到事后才对犯罪进行处罚。关于这个主题，本卷共有6篇主题论文，分别从刑法总则和刑法分则具体罪名的角度，探讨了轻罪与重罪、罪与非罪的界限。特别感谢曾文科博士、陈禹衡博士、武晓雯博士和肖皓文博士等诸位刑法学同仁的不吝赐稿，首次将我国关于刑事处罚的界限问题的讨论推向深入。

在国外最新的立法例中，刑事处罚的界限主要表现为预防性司法的发展，例如刑事责任的扩张，刑法开始处罚单纯的预备罪和未完成行为的预备，在相关的道路交通犯罪中采取预防性处罚的手段，针对涉嫌恐怖主义的行为人采取预防性限制措施，扩张审前拘留程序的适用，对于"危险"分子进行预防性羁押等，所有这些预防性措施都可以被视为"预防主义"的一般立法趋势。本卷共有3篇译文探讨这一趋势，3篇文章都是世界顶尖的刑法学者在这个问题上的思考。另外感谢张梓弦博士，对英国《2006年诈骗罪法》的历史沿革及架构进行梳理，这是耗时费力的基础理论工作。可以说，在刑法越来越扩张且越发具有预防性这一点上，世界各国的刑法都是相同的。面对这一世界性的发展趋势，认为预防性司法本身就是错误的观点是行不通的，行得通的是深入研究预防性司法的历史、正当化根据、存在的问题以及如何解决这些可能存在的制度性问题，从而协调好事后处罚与事先预防的关系。

刑法的界限问题既是一个理论问题，也是一个实践问题。司法机关在定罪量刑的时候如何把握入罪出罪的标准、如何裁量有罪无罪的证据，尤其是在危险驾驶罪这样的抽象危险犯中，司法机关如何在具体案件中把握出入罪的裁判规则，都是有待进行司法观察和理论探讨的问题。本卷的"司法实务"就是从司法实践的角度吸纳了2篇论文，分别由蒋同一法官、韩璐检察官和赵杨博士撰写，从不同角度对醉酒型危险驾驶罪进行了分析。另外，北航法学院自成立以来，一直致力于打造理论与司法实践相结合的法学院，本科生在大学二年级即深入司法部门第一线进行四周的暑期实习。为了展示北航法学的司法实践教育特色，本卷特地选取了一份由北航法学院实习团队撰写的《关于醉驾型危险驾驶类案件情况的调研报告——以淮安市清江浦区人民法院办理的醉驾型危险驾驶类案件为调研对象》，希望能够对于其他兄弟院校的法学教育提供示范作用。

刑法与刑事诉讼法应该实行刑事一体化。2018 年，我国《刑事诉讼法》进行了第三次修正，修改的重点内容之一在于完善刑事法律援助制度，建立法律援助制度。同年 10 月，法律援助立法纳入全国人大常委会的立法规划，该工作交由全国人大监察和司法委员会牵头负责，当前我国《法律援助法》正在紧锣密鼓地制定中。感谢吉冠浩博士和马婷婷共同撰写的《论刑事法律援助的提供模式》，让本卷走在刑事立法的前沿。同时，感谢陈禹橦检察官，在《电子数据证据规则体系的建立与完善——兼论我国证据规则体系内在逻辑的重构》一文中，对电子数据司法运用中实际存在问题的系统化进行了深入性和体系性的研究。最后，感谢李焕集博士，针对刑法学这一学科自 1978 年以来将近四十年的研究方法进行沿革式梳理，让我们清晰地把握刑法学发展的内在脉络轨迹，并由此形成对其背后促成此种流变的深层因素的认知，以及当下刑法学应以何种研究方法应对今后社会现实的思考与展望。

文章千古事，得失寸心知。愿更多的学者和读者关注《北航法学》，关心北航法学院的成长。

北航法学院刑事法中心
王永茜
2019 年 6 月 23 日
写于如心楼

目 录
CONTENTS

司法实务

理论探索

主题研究

刑事处罚的界限

日本轻微犯罪的处理与可罚的违法性·责任论[*]

曾文科[**]

一、日本轻微犯罪的处理现状

日本刑法典没有如我国《刑法》第 13 条那样规定犯罪概念，也不存在着如我国《刑法》第 37 条那样免除刑罚的一般性规定。二战后的日本严格限制行政强制与行政制裁的适用，外部行政制裁的方法主要集中于财产性制裁，近年来则着眼于制裁的实效性，围绕着新的非财产性制裁展开了广泛讨论[1]。但是，其尚未如我国的《行政处罚法》《治安管理处罚法》般制定专门规定行政制裁的独立法规。

其结果是：①在刑事实体法层面，以"值得科处刑罚"这一可罚性为核心构建犯罪的实质概念，对于没有科刑必要性的行为，通过可罚的违法性论等对犯罪成立要件进行实质解释，以不存在可罚性为由否定犯罪的成立。但有学者指出，"必须充分意识到，作为解释裁判规范的可罚的违法性论只是轻微犯罪应对中的一小部分。轻微犯罪的核心课题首先在于微罪处分的实质研究，然后是起诉犹豫处分，再是犯罪黑数的研究"[2]。②在刑事程序法层面，对于在实体法上成立犯罪的行为，通

---

[*] 本文受北京市法学会 2019 年市级法学研究课题《中日首都治理中非刑罚性犯罪制裁运用经验比较研究》［立项编号：BLS（2019）C002］支持。

[**] 曾文科，中国政法大学刑事司法学院讲师，刑法学研究所副所长，硕士生导师，日本早稻田大学法学博士。

〔1〕 关于日本行政制裁的介绍，参见曾文科："可罰性と比例原則についての一考察（2·完）—日中における制裁手法の比較を中心に—"，载《法研論集 151 号》（2014）第 242 页以下。

〔2〕 前田雅英：《可罰的違法性論の研究》，东京大学出版会 1982 年版，第 454 页。

过分流措施使其不进入刑事程序（例如交通反则金、通告处分制度等），或者在进入刑事程序后再尽可能将其排除出去（例如微罪处分、起诉犹豫）。[1] 一是通过法解释的方法将形式上违反刑法规定，但违反程度显著轻微的行为不作为事实上的犯罪处理；二是通过法制度的运用，基于无罪推定原理，使事实上的犯罪不成为法律上的犯罪。即可以理解为：提倡分流措施"取代'非犯罪化'这种直接的方法，以更为稳妥的形式应对'犯罪过剩'之害"。[2] 因此，可以说，"轻微犯罪的应对问题，其核心涵盖了程序法等广泛领域，且立法论占据了相当分量"。[3]

另外，日本的刑事司法被称作"精密司法"[4]，案件一旦被起诉，作出无罪判决的可能性几乎为零。所以，因没有可罚性而不构成犯罪时，或者具备刑罚的绝对免除事由时（例如亲属间的盗窃等），几乎都通过分流措施得以处理。如后所述，伴随着裁判所对可罚的违法性论的态度越发消极，通过刑事实体法上的解释来否定轻微犯罪之犯罪性的余地愈发变窄，分流措施的意义就显得愈发重要了。从犯罪统计数据中也能看出，分流措施的作用确实在增大。

以盗窃罪为例，如表 1 与表 2 所示，从平成 21 年（2009 年）到平成 25 年（2013 年），微罪处分率维持在 36% 左右；从盗窃手段的构成比例来看，占盗窃罪约 7 成的商店盗窃型盗窃的微罪处分率达到了42%。此外，如表 3 所示，即便案件已经移送检察机关，仍有部分盗窃案件通过起诉犹豫得到处理。起诉犹豫人数占检察厅终局处理总人数的比率（B/A）从平成 21 年（2009 年）的 21.2% 增加到平成 25 年（2013 年）的 30.5%，5 年间增长了近 10 个百分点。[5]

---

〔1〕 关于日本刑事审判前分流措施的介绍，参见曾文科："可罰性と比例原則についての一考察（2·完）—日中における制裁手法の比較を中心に—"，载《法研論集 151 号》(2014) 第 235、236 页。

〔2〕 井上正仁："犯罪の非刑罰的処理—'ディヴァージョン'の観念を手懸りにして—"，载芦部信喜ほか編：《基本法学（8）—紛争》，岩波書店 1983 年版，第 402 页。

〔3〕 前田雅英：《可罰的違法性論の研究》，东京大学出版会 1982 年版，第 452 页。

〔4〕 参见松尾浩也：《刑事訴訟法·上》，弘文堂 1999 年版，第 15、16 页。

〔5〕 2006 年虽然在盗窃罪中引入了罚金刑，但"其意图并不是说以往判处惩役的案件判处罚金就行了，而是将以往起诉犹豫的案件作为罚金刑的对象"。参见松原芳博："立法化の時代における刑法学"，载井田良編：《立法学のフロンティア（3）：立法実践の変革》，ナカニミヤ2014 年版，第 124 页。

表 1　日本盗窃微罪处分人数、微罪处分率的变化

（平成 21 年至 25 年）

年份	总数			微罪处分率	
	商店盗窃型	商店盗窃之外的手段			商店盗窃型
21	61 589	44 359	17 230	35.0	42.2
22	62 839	43 755	19 084	35.9	41.7
23	61 522	42 302	19 220	36.5	41.7
24	56 278	39 878	16 400	36.6	42.8
25	49 381	36 636	12 745	35.5	42.9

注：1. 根据警察厅的统计。

2. "微罪处分率"是指依微罪处分得到处理的人数占查获人数的比率。

出处：『犯罪白書』平成 26 年版 CD-ROM 表 6-2-1-11。

表 2　按手段划分的日本盗窃微罪处分人数的构成比

（平成 25 年）

区分	总数	商店盗窃型	盗窃自行车	顺手牵羊型	其他
总数	49 381	36 636	3886	2020	6839

注：根据警察厅的统计。

出处：『犯罪白書』平成 26 年版 CD-ROM 表 6-2-1-10。

表 3　按处理途径划分的日本盗窃检察厅终局处理人数构成比的变化

（平成 21 年至 25 年）

年份	总数（A）	起诉			不起诉			移送家庭裁判所	请求审判率	请求略式命令率
		请求审判	请求略式命令		起诉犹豫（B）	其他不起诉				
21	158 540	43 177	35 915	7262	55 390	33 657	21 733	59 973	36.4	7.4
22	156 518	42 365	34 515	7850	56 638	37 117	19 521	57 515	34.9	7.9
23	145 740	40 793	32 572	8221	52 375	36 563	15 812	52 572	35.0	8.8
24	132 728	38 212	30 196	8016	52 238	37 442	14 796	42 278	33.4	8.9

续表

| 年份 | 总数（A） | 起诉 | | | 不起诉 | | | 移送家庭裁判所 | 请求审判率 | 请求略式命令率 |
			请求审判	请求略式命令		起诉犹豫（B）	其他不起诉			
25	122 897	35 279	28 002	7277	50 123	37 518	12 605	37 495	32.8	8.5

注：1. 根据检察统计年报。

2. "请求略式命令"及"请求略式命令率"显示的是导入罚金刑的平成18年（2006年）之后的数值。

3. "请求略式命令率"是指请求略式命令的人数占起诉、不起诉的人数的比率。

出处：『犯罪白書』平成26年版CD-ROM表6-2-3-01。

而从作为特别刑法犯的违反道路交通法的处理件数（告知案件与移送案件的总件数）来看，平成26年（2014年）是7 048 722件，其中6 717 978件属于告知案件。[1] 因此，在违反道路交通法的情形中，几乎（95.3%）都是通过缴纳交通反则金来终结程序的。即便移送检察机关，如表4所示，违反道路交通法之案件的起诉犹豫率也在逐年增加，平成21年（2009年）是28.2%，而平成26年（2014年）则达到了36.3%。

表4 按处理途径区分的日本违反道路交通法案件检察厅终局处理人数的构成比（平成21—26年）

| 年份 | 总数 | 起诉 | | 不起诉 | | 移送家庭裁判所 | 起诉率 | 起诉犹豫率 |
		请求审判	请求略式命令	起诉犹豫	其他			
21	497 323	9889	323 936	131 043	4744	27 711	71.1	28.2
22	458 593	9272	295 035	123 753	5257	25 276	70.2	28.9
23	423 703	8600	265 150	122 422	5105	22 426	68.2	30.9
24	399 969	7586	241 976	124 597	5523	20 287	65.7	33.3

[1] 『犯罪白書』平成27年版，第24页。

年份	总数	起诉		不起诉		移送家庭裁判所	起诉率	起诉犹豫率
		请求审判	请求略式命令	起诉犹豫	其他			
25	363 866	6835	214 438	117 755	5617	19 221	64.2	34.7
26	331 702	7777	188 906	112 251	5629	17 139	62.5	36.3

注：根据检察统计年报。

出处：『犯罪白書』平成 27 年版 CD-ROM 表 1-3-1-05-④。

所以，在讨论犯罪概念时，绝不能忽略这样一个事实，即在刑事程序中，没有必要作为法律上的犯罪来处理的轻微犯罪绝不在少数。另外，关于作为犯罪概念核心的可罚性，如米田泰邦所指出的，"该当犯罪类型的行为的可罚性，首先要着眼于该行为本身来判断。这正是犯罪成立与否的判断。但是，即便成立犯罪了，只要实际上开始了刑事程序却没有宣告刑罚，那么该可罚性完全只不过是观念上的可能性"[1]。

二、日本通说中的分析性评价

日本的通说认为，应该通过分析性评价，即按照构成要件该当性——违法性——责任的顺序分阶层地讨论犯罪的各成立要件，不满足前一要件时没有必要讨论后一要件，且各要件具有独立的内容与目的，不能相互补充（尤其是违法性与责任）[2]。

---

[1] 米田泰邦：《犯罪と可罰的評価》，成文堂 1983 年版，第 67 页。

[2] 但是，构成要件该当性与违法性是否处于相互补充的关系之中，存在争议。根据行为类型说，构成要件该当性是价值中立的事实判断，而违法性是规范的价值判断，所以两者不能相互补充［内田文昭《刑法概要·上卷》（青林书院 1995 年版）第 149 页以下；曾根威彦《刑法総論》（弘文堂 2008 年版）第 58 页以下等］。与此相对，根据违法性—责任类型说，构成要件该当性具有推定违法的机能，影响到违法性的有无与程度，所以可以说两者处于相互补充关系中［山口厚《刑法総論》（有斐阁 2007 年版）第 30 页以下；松原芳博《刑法総論》（日本评论社 2013 年版）第 47 页以下；前田雅英《刑法总论讲义》（东京大学出版会 2015 年版）第 36、37 页等］。但毫无争议的是，区分违法性与责任是近代刑法学的重要成果之一。虽然具体的要素是违法要素还是责任要素（例如是否承认主观的违法要素，在多大范围内承认主观的违法要素等）尚存争议，但学界一致的见解是：违法性与责任之间存在不可逾越的壁垒，不允许责任要素影响违法性的判断。

此外，不同于我国传统学说在犯罪成立要件之外，以犯罪概念的特征，尤其是社会危害性为标准，通过全体性评价来排除犯罪性的做法，日本的通说认为排除犯罪性的事由最终都可以还原为构成要件该当性阻却事由、违法性阻却事由或者责任阻却事由，进而不承认其他独立的犯罪性排除事由。而且，这些犯罪性排除事由或阻却事由也是各自独立的，不能通过将不至于排除犯罪性的违法性减少与责任减少合在一起，从而否定犯罪的成立。[1] 即便是在通说所主张的三个犯罪成立要件之外，承认所谓的客观处罚条件及处罚阻却事由，并将其作为阻却可罚性的要件或者第四个犯罪成立要件的观点，也认为这是独立起作用的要件，并非通过全体性评价而与其他阻却事由合在一起来阻却犯罪或刑罚。

因此可以说，无论是犯罪的成立还是犯罪的排除，日本的通说采用的都是分析性、阶层式的判断方法。另外，在日本刑法通说的犯罪成立要件中，没有像我国的罪量要件那样，将展示犯罪各成立要件的程度的要素规定为独立的要件。但实际上，在违法性与责任阶段评价可罚性时，的确考虑了程度要素。[2] 下文主要联系对轻微犯罪的处理，详细讨论日本刑事实体法中的可罚的违法性论与可罚的责任论。

三、可罚的违法性论与轻微犯罪的处理

（一）概述

通过考虑法益侵害的轻微性从而否定行为的可罚的违法性，这可以说是在刑事实体法层面排除轻微犯罪的犯罪性的最典型方法。一般而言，可罚的违法性论不仅在质的层面，而且在量的层面考虑违法性是否达到了值得科处刑罚的程度。换言之，即使肯定了违法性的存在，但其没有达到值得科刑的程度时，不认为其具有作为犯罪成立要件的违

---

〔1〕 但是，同时考虑违法性减少与责任减少（由于责任以违法行为为对象，所以理论上如果违法性减少了，责任也会随之减少。因此，这里所说的责任减少是指超出违法性减少范围的独立的责任减少），从而减免刑罚是可能的（例如防卫过当、中止犯等）。

〔2〕 有关可罚性的先驱性研究，宫本英脩：《刑法大纲》（4 版），《宫本英脩著作集・第 3 卷》，成文堂 1984 年版，第 42 页以下、第 105 页以下；佐伯千仞：《刑法讲义・总论》（4 订版），《刑法の理論と体系（佐伯千仞著作選集・第 1 卷）》，信山社 2014 年版，第 123~124 页、第 180 页以下、第 233 页以下。

法性。

在大审院的一厘案件判决（大判明治 43 年 10 月 11 日刑录 16 辑 1620 页）中，已经展现出了罗马法法谚"法官不理会琐碎之事"所表达的可罚的违法性思想。[1] 因研究可罚的违法性论而著名的前田雅英指出，"可罚的违法性论是自一厘案件以来与判例紧密联结在一起而发展起来的理论。虽然判例很早之前就使用可罚的违法性这一用语，但正式以欠缺可罚的违法性为由宣告无罪的判例出现在昭和 30 年代后期至昭和 40 年代。仅从这十多年间刊登在判例集上的判例来看，就有远超 100 件的无罪判例。可是以昭和 50 年为界限，有关可罚的违法性的判例样貌发生了改变，变得几乎见不到以欠缺可罚的违法性为由宣告无罪的判例了"。[2]

判例的倾向之所以发生上述变化，是因为：最高裁通过全农林案件判决（最大判昭和 48 年 4 月 25 日刑集 27 卷 4 号 547 页）、岩手教组案件判决（最大判昭和 51 年 5 月 21 日刑集 30 卷 5 号 1178 页）与名古屋中邮案件判决（最大判昭和 52 年 5 月 4 日刑集 31 卷 3 号 182 页）分别变更了全司法仙台案件判决（最大判昭和 44 年 4 月 2 日刑集 23 卷 5 号 685 页）、都教组案件判决（最大判昭和 44 年 4 月 2 日刑集 23 卷 5 号 305 页）与东京中邮案件判决（最大判昭和 41 年 10 月 26 日刑集 20 卷 8 号 901 页）的立场，对可罚的违法性论展现出消极的态度。此外，在实务中属于绝对轻微类型的案件大多通过微罪处分等方式得到处理，并没有被移送给检察机关。

如此一来，可罚的违法性论在实务中成为一具"活尸"[3]，作为一种学说，给人感觉更像是一种陈腐的理论。[4] 但是，虽然可罚的违法性论的适用标准的确变严格了，但不能说最高裁就此放弃了该理论。这是因为，在名古屋中邮案件判决中，虽然最高裁认为"违反《公共事业对等劳动关系法》第 17 条第 1 款的争议行为也适用《劳动组合法》第 1 条第 2 款，原则上阻却刑事法上的违法性，在这一点上不免要

---

[1] 另外，最判昭和 26 年 3 月 15 日刑集 5 卷 4 号 512 页指出，作为区分过去警察犯处罚令之罪与盗窃罪的标准，为了称得上是作为盗窃罪（财产犯）的客体的财物，需要具备一定程度以上的价值。

[2] 前田雅英：《刑法总论讲义》，东京大学出版会 2011 年版，第 89~90 页注 9。

[3] 板仓宏："当罚性（实质的可罚性）と要罚性"，载《平野古稀·上卷》，有斐阁 1990 年版，第 99 页。

[4] 町野朔："可罚的违法性の理论"，载《法学教室 207 号》（1997）第 5 页。

变更东京中邮案件判决"，但另一方面也指出，一般而言，"由于刑罚是国家科处的最严峻的制裁，所以当然要求存在与此相应的违法性"。

另外，虽然可罚的违法性论或者其思想被纳入现在诸多学说中，但关于该理论的理解及其适用方法未必一致。

（二）违法一元论与违法多元论

当初，有关"可罚的违法性"的讨论与违法一元论和违法多元论的争论联系在一起。从违法多元论出发，如前田雅英所主张的，应该从正面承认违法的相对性，进而不需要"可罚的违法性"的概念，是否需要"可罚的违法性"这一"用语"只不过是细枝末节的问题。[1] 与此相对，支持柔软的违法一元论的学者，例如林幹人，则基本上肯定可罚的违法性论的正当性。[2] 此外，町野朔也指出，"在社会政策上，刑法是最强力的最后手段，必须将这一刑法的补充性原则作为前提来对待。如此一来违法就不是相对的"[3]，从而一方面强调法秩序的统一性，另一方面承认法领域中违法的相对性及可罚的违法性的思想[4]。

违法一元论与违法多元论的分歧在于：是否承认存在①虽然在民法或行政法上不违法但在刑法上具有违法性的行为，与②虽然在民法或行政法上违法但在刑法上阻却违法性的行为。违法多元论承认存在这两种行为，尤其是考虑到各法律领域中的违法性及伴随而来的法律效果，不得不承认"作为发动刑事制裁的要件的违法性，与作为财产性损害填补的要件的违法性是不同的"。[5] 与此相对，根据违法一元论，由于

[1]　前田雅英：《可罰的違法性論の研究》，东京大学出版会 1982 年版，第 557 页。

[2]　林幹人："可罰的違法性と法秩序の統一性"，载《法曹時報 46 卷 8 号》（1994）第 1435 页以下。

[3]　町野朔："可罰的違法性の理論"，载《法学教室 207 号》（1997）第 10 页。

[4]　町野朔："可罰的違法性の理論"，载《法学教室 207 号》（1997）第 7 页以下。

[5]　板倉宏："非当罰的不罰行為の概念—社会統制の手段としての刑事制裁の干渉範囲を設定するための試行概念として—"，载《佐伯還暦·上卷》[有斐閣 1968 年版，第 137 页。另外，刑法中的违法性是"'认定犯罪成立的要件'，几乎是一元的"（前田雅英："刑事訴訟における相当性判断"，载《三井古稀》，有斐閣 2012 年版，第 515 页），但在某些法律领域中，预设了多种多样的法律效果，根据法律效果的不同，作为成立要件的违法性的含义也是相对的。例如，关于行政法上违法性的相对论，藤田宙靖："法治主義と現代行政——いわゆる『'違法性'の相対化』論と'法律による行政の原理'"，载長尾龍一、田中成明編：《現代法哲学（3）：実定法の基礎理論》，东京大学出版会 1983 年版，第 75 页以下、第 81 页以下；刑事诉讼法中的情形，前田·前揭注（53）515 页。

"针对一个事实，存在着一个国家规范这种意义上的法秩序的统一性观念"[1]，所以没有承认违法事实相对性的余地，至多是因为作为各法律领域中判断对象的事实不同，才可能承认违法判断的相对性。

再者，在违法一元论与违法多元论争论的深处还存在着以下问题：是否承认违法性与可罚性的分离，换言之，关于两者的关系，究竟是违法性是可罚性的前提，还是可罚性是违法性的前提。根据违法多元论，违法性不能与可罚性切割开来进行评价，因此可罚的违法性是"一个"实质的判断，在逻辑上是先存在可罚性才能够认定违法性。而根据违法一元论，"违法性是指，……国家就一定的事实做出否定性价值判断这一状态"[2]，"逻辑上，某个事实不是因为值得处罚而变得违法，而是因为是违法的才值得处罚。……并不是根据刑事政策来决定违法性的有无与程度"[3]。

可见，违法多元论将违法性理解为旨在实现刑事政策目的的价值判断，而违法一元论则将违法性理解为是在进行刑法中的目的性评价之前，从统一的全体法秩序出发所做的事实判断。关于后者，林干人指出，"既然国家意思本来应该是一个整体，那么针对同一事实就不能从不同的法律的目的或观点出发使得违法判断变成相对的。违法判断只可能针对不同的事实才会是相对的"，"只不过实际上有很多虽然是同一案件，但严格来说是针对不同事实进行违法判断的情形，所以违法判断相对化的情形才显得很多"[4]。

另外，虽然在日本支持强硬的违法一元论的学者很少，但在德国可以说强硬的违法一元论占据支配地位。[5] 在德国，针对虽具有违法性但程度很轻微的案件，《德国刑事诉讼法》（第 153 条、第 153 条 a、第

---

〔1〕 林干人："可罰的違法性と法秩序の統一性"，载《法曹時報 46 卷 8 号》（1994）第 1448 页。

〔2〕 林干人："可罰的違法性と法秩序の統一性"，载《法曹時報 46 卷 8 号》（1994）第 1447 页。

〔3〕 林干人："可罰的違法性と法秩序の統一性"，载《法曹時報 46 卷 8 号》（1994）第 1444 页。

〔4〕 林干人："可罰的違法性と法秩序の統一性"，载《法曹時報 46 卷 8 号》（1994）第 1447~1448 页。

〔5〕 Vgl. Krey, Volker /Esser, Robert, Deutsches Strafrecht Allgemeiner Teil, 5. Aufl. , W. Kohlhammer 2012, S. 184f. 关于德国的违法一元论，井田良：《刑法総論の理論構造》，成文堂 2005 年版，第 142 页以下。

153 条 b 等）赋予了检察官、法官广泛的停止程序的权限。[1] 与此相比，日本现行法上并没有明确规定案件起诉后，法官能否以轻微性为由停止该案的审理程序。所以，与德国不同，日本只能从刑法上的违法相对论或者柔软的违法一元论的立场出发，通过"可罚性"概念来限制违法性的范围。

（三）可罚的违法性的体系性地位

可罚的违法性的思想应该在构成要件阶段予以考虑，还是应该在违法性的阶段予以考虑，这是可罚的违法性的体系性地位问题。前田雅英将可以适用可罚的违法性论的案件区分为绝对的轻微类型与相对的轻微类型：前者是指"即便形式上该当刑法上的构成要件且不存在正当化事由，却因违法性轻微而应当不可罚时，能够仅凭结果或者行为样态的轻微性否定可罚性（构成要件该当性）"的情形；而后者是指"虽然仅凭轻微性尚没有达到能够否定可罚性的程度，但考虑其目的、手段等认为违法性减少到了不必处罚的程度"的情形。[2] 此外，其还指出，绝对的轻微类型与相对的轻微类型应当分别通过实质的构成要件解释与实质的违法阻却事由来进行处理。[3] 这样的见解成为学说中的多数说。

与此相对，以内田文昭为代表的少数学者将罪刑法定主义的保障机能求之于构成要件，认为"对构成要件的实质解释超过限度时，容易造成违反刑罚法规明确性要求的结果，这一点在公安案件、劳动案件与伤害、盗窃案件之间并不存在差异"[4]，"怠于区分'构成要件该当性'与'违法性'会使得刑法思维体系崩溃"[5]。该见解是将构成要件理解为价值中立的行为类型，不承认构成要件的违法推定机能，以此为前提认为即便是绝对的轻微类型，也应当在肯定构成要件该当性的基础上，在违法性的阶段积极判断可罚的违法性之有无及其程度。但对此有

〔1〕 在德国，也有见解主张轻微性原则（Geringfügigkeitsprinzip），从而认为在认定、解释构成要件该当性时应当考虑刑事政策的要求，显著轻微的损害自始不满足构成要件（Vgl. Roxin, Claus, Kriminalpolitik und Strafrechtssystem, 2. Aufl., Walter de Gruyter 1973, S. 24, Günter, Stratenwerth/Kuhlen, Lothar, Strafrecht Allgemeiner Teil, 6. Aufl., F. Vahlen 2011, S. 71）。

〔2〕 前田雅英：《刑法总论讲义》，东京大学出版会 2015 年版，第 30 页。

〔3〕 前田雅英：《可罚の違法性論の研究》，东京大学出版会 1982 年版，第 557 页。

〔4〕 内田文昭「判批」判例タイムズ708 号（1989）第 58 页。

〔5〕 内田文昭「判批」判例タイムズ708 号（1989）第 61 页。

批判指出，"倚靠'积极的可罚的违法性判断'之名进行与构成要件无关的价值判断，存在很大的问题"。[1]

还有学者指出，从"若无条文上的根据就不能安心于这一'实务中的法实证主义态度'"[2] 出发，"由于总是想引用某个条文，所以认为不该当构成要件的做法容易被接受；而且，由于认为不该当构成要件的判断是个别性的，对其他案件造成的影响很少，所以上级审也会宽大对待。此外，将可罚的违法性作为构成要件的问题来对待时，由于需将其作为令状请求书、起诉状的记载事项，在此意义上，对于防止不当拘留、不当起诉也会起到作用"。[3] 因此，在如旅馆放置烟草案件（最判昭和 32 年 3 月 28 日刑集 11 卷 3 号 1275 页）、一张便笺纸案件（大阪高判昭和 43 年 3 月 4 日判时 514 号 85 页）、卫生纸案件（东京高判昭和 45 年 4 月 6 日判夕 255 号 235 页）、一张废弃赛马券案件（札幌简判昭和 51 年 12 月 6 日刑月 8 卷 11～12 号 525 页）以及宣传手册案件（东京高判昭和 54 年 3 月 29 日判时 977 号 136 页）等案件中，裁判所都以法益侵害的轻微性为由直接否定了各既遂罪的构成要件该当性。[4]

与此相对，关于国会内的轻微妨害公务执行案件，东京高判（昭和 44 年 12 月 17 日高刑集 22 卷 6 号 924 页）则是在认定满足构成要件的基础上，按照法定的违法阻却事由的精神，认定该行为没有可罚的违法性。此外，关于外国人不携带登录证明书的案件，大阪高判（昭和 63 年 4 月 19 日判例时报 1301 号 85 页）一方面认为"尽管尚不能否定该当了本案罚则的构成要件"，另一方面又考虑到不携带该证明书的经过、不携带的场所、持有能够替代登录证明书的学生证、驾照等情况，认为欠缺实质的违法性从而宣告无罪。再者，在后述盗窃香火钱案件中，为了认定盗窃罪可罚的违法性，在被害物品的财物性之外（并没有以财产的轻微性为由否定构成要件该当性），还积极地讨论了盗窃行为自身的可罚的违法性（结论是肯定了盗窃既遂）。

诚然，上述讨论关系到犯罪论体系的合理性，但在构成要件该当性

---

[1] 町野朔："可罚的違法性の理論"，载《法学教室 207 号》（1997）第 17 页。

[2] 町野朔："可罚的違法性の理論"，载《法学教室 207 号》（1997）第 15 页。

[3] 板倉宏："非当罚的不问行为の概念—社会统制の手段としての刑事制裁の干渉範囲を設定するための試行概念として—"，载《佐伯還暦·上卷》，有斐阁 1968 年版，第 148、149 页。

[4] 一张便笺纸案件、卫生纸案件、一张废弃赛马券案件以及宣传手册案件中都认定了未遂犯的成立。

阶段讨论可罚的违法性也好，在违法性阶段考虑也罢，"重要的是如何设定处罚范围，如何将判断标准明确化并提升其机能"[1]"将欠缺可罚价值的行为从刑罚中解放出来，这一刑法思想促进了可罚的违法性论的发展，其关键在于从整体看是否欠缺可罚的违法性。将没有可罚的违法性的行为从构成要件该当性阶段排除出去，还是在该当构成要件后作为可罚的违法阻却事由来处理，完全不过是次要的法解释技术的问题"[2]，可以说，这一主张抓住了问题的要害。

（四）轻微犯罪中可罚的违法性的评价标准

在相对轻微类型的案件中，判例、通说支持的可罚的违法性的评价方法是所谓的"久留米站案件方式"。在久留米站案件（最大判昭和48年4月25日刑集27卷3号418页）中，最高裁大法庭指出，"针对劳动者以有组织的团体行动的方式进行争议行为时所实施的该当犯罪构成要件的行为，在判断其是否具有刑法上的违法性阻却事由时，除了要考虑到该行为是在争议行为之际实施的这一事实外，还要考虑到该行为的具体状况等其他各种情况，必须从全体法秩序的角度出发判断是否应予容许"。这样的评价标准与违法一元论具有亲和性。

此外，在绝对轻微类型的案件中，也有适用该评价标准的裁判例。例如，在盗窃香火钱案件［神户地判平成18年3月14日（LEX/DB 28115177）］中，被告人从设置在某寺庙的香火钱投掷箱内窃取了2日元现金，关于该案，裁判所作出了如下判断：

首先，本案的争议点之一是行为人所窃取的2日元现金是否具有财物性。关于该点，裁判所指出，"本案中的被害物品属于国内的基本支付手段，且属于衡量经济价值的标准，也就是所谓的代表经济价值本身的金钱，所以不管其数量多少，很明显在社会一般观念上是值得保护之物。从而本案中的被害物品，即2日元现金该当刑法上的财物"。

其次，本案的另一个争议点是窃取2日元现金的行为是否具有可罚的违法性。关于该点，裁判所指出，"即便是该当构成要件的行为，比照其动机、样态、被害的程度等，倘若从全体法秩序来看不具有动用刑罚程度的违法性时，不能说没有不成立犯罪的余地。但是，本案中的行为是为了获得购买果汁的钱，把香火钱投掷箱（该箱具备不能容易地从

---

〔1〕 前田雅英：《可罚的违法性论の研究》，东京大学出版会1982年版，第557页。
〔2〕 米田泰邦：《犯罪と可罚的评价》，成文堂1983年版，第55页。

外部将手深入其中的构造，在用以回收的托盘处也上了锁）推倒，并将从中滚落出来的香火钱取走，其动机是为了获利，行为样态属于积极地侵害管理者的排他性占有。此外，尽管结果只窃取了 2 日元现金这一微薄的财物，但如上所述，无论数量多少，在社会一般观念中，金钱都是值得保护的。不仅如此，从被害人的角度来看，即使 2 日元现金，那也是参拜者提供的捐款，从中可以看出宗教价值，包含着参拜者希望将其用以宗教用途的主观价值。在本案中，只不过是由于管理者回收了香火钱的关系，犯罪行为时香火投掷箱内偶然地香火钱较少，既然如此，就不能只考虑到被害金额而忽视法益侵害的程度及行为所具有的危险性。如上所述，即便比照其动机、样态、被害程度等，从全体法秩序来看，终究不能说本案犯行不具有动用刑罚程度的违法性"。

本案的特点在于：虽然是绝对轻微类型的案件，但裁判所在肯定构成要件该当性的基础上，不是依据构成要件的违法推定机能，而是从正面积极地讨论了可罚的违法性。而且，本案中，裁判所是依据"比照其动机、样态、被害程度等，从全体法秩序来看，是否具有动用刑罚程度的违法性"这一在久留米站案件中确立的标准来判断可罚的违法性。

（五）轻微犯罪中可罚的违法性的评价要素

关于可罚的违法性，判例、通说支持的是综合判断的方法。这种综合判断的实质标准"可以整理为：①目的的正当性；②手段的相当性；③法益衡量；④相对的轻微性；⑤必要性等"，其中，"手段的相当性是最主要的要件"。[1] 因此，在判断可罚的违法性时，除与被害程度等结果的轻微性相关的要素外，还考虑了动机、手段等与行为自身的具体状况相关的要素。这样的判断方法可以说与行为无价值论具有亲和性。与此相对，如果将结果无价值论贯彻到底，那么只应该考虑与法益侵害程度相关的要素，不应将与此无关却与行为本身相关的情况纳入判断要素中。但是，即便是在结果无价值论者中，也存在批判这种极端的立场，而将行为的动机、手段、样态等也作为可罚的违法性判断要素的见解[2]。

---

〔1〕 前田雅英："刑事訴訟における相当性判断"，载《三井古稀》，有斐阁 2012 年版，第 499 页。

〔2〕 林幹人："可罰的違法性と法秩序の統一性"，载《法曹时报 46 卷 8 号》（1994）第 1436 页以下。

此外，在久留米站案件的判决中，作为可罚的违法性的判断要素，提到了"其他各种情况"，但最高裁没有明示具体是何种情况。关于这个问题，内田文昭除了将"结果的轻微性"作为判断要素外，还将"所该当刑罚法规中规定的'法定刑'的质与量"和"该行为所具有的'社会意义'"这两点作为轻微性的判断要素[1]。

法定刑是按照犯罪的行为类型设置的，这样的设置的确类型性地展示了某行为的犯罪性程度。但是，在判断具体犯罪行为的轻微性时，法定刑只不过是补充性要素，并不是关键要素。不仅如此，可罚的违法性论的目的正在于通过否定违法性来回避发动不妥当的法定刑。如此说来，根据法定刑的质与量决定可罚的违法性的有无与程度，是本末倒置的做法。

另外，"社会意义"这一视角则值得更加深入地讨论。根据内田文昭的观点，这是为了"保留'特例'，即并非不存在结果具有轻微性但从一般预防、特殊预防的角度出发动用刑罚特别必要的情形"[2]，所以"当然也存在'可罚的轻微犯罪'"。[3] 在可罚的违法性判断中考虑一般预防、特殊预防必要性的做法，在一厘案件中已经有所体现。

一厘案件的案情为：被告人是烟草种植者，从应当上交政府的烟草叶中取出少量（价格仅有1厘）自行消费了，因此被追究当时的违反烟草专卖法之罪。关于该案，大审院指出，"只要不是在能够认定犯人具有危险性的特殊情况下决意实施的琐碎的违法行为，既然在共同生活的观念中不存在需动用刑罚制裁以求法律保护的法益侵害，那么就没有必要依照刑罚法对其施加刑罚制裁"。该案虽然对于琐碎的违法行为（轻微的违法行为）得出了没有科刑必要的结论，但同时提出了两点前提：①不能认定犯人的危险性；②在共同生活的观念中不存在需动用刑罚制裁以求法律保护的法益侵害。这里所说的①犯人的危险性可以理解为犯人的特殊预防必要性，而②共同生活的观念可以理解为该犯罪的一般预防必要性。[4]

---

[1] 内田文昭：《刑法概要·中卷》，青林书院1999年版，第62页以下。

[2] 内田文昭：《刑法概要·中卷》，青林书院1999年版，第63页。

[3] 内田文昭：《刑法概要·中卷》，青林书院1999年版，第58页。

[4] 另需注意的是，"在大审院作出一厘案件判决的当时，日本尚未确立构成要件该当性、违法性、有责性这些犯罪成立要件，所以只是直接以琐碎的违法行为没有刑罚制裁的必要为由宣告无罪"。参见板仓宏："当罚性（实质的可罚性）与要罚性"，载《平野古稀·上卷》，有斐阁1990年版，第108页。

另外，在两条烤鱼案件（东京高判昭和 60 年 10 月 14 日东高刑时报 36 卷 10-12 号 80 页）中，被告人在没有达到盗窃值钱物品的目的后，盗窃了两条烤鱼（沙丁鱼）等时价相当于 160 日元的食品并食用。对此，东京高裁指出，"虽然本案中被害物件是否属于刑法第 235 条规定的'财物'存在疑问，但比照本案中被害物件作为食品的效用、其保管样态，应该说其值得刑法上的保护，属于他人管理、所有之对象的'财物'，对此没有怀疑的余地……前述有关所谓'一厘案件'的大审院判例……的旨趣并不是说琐碎的违法行为全都不构成犯罪，而是附加了'只要不是在能够认定犯人具有危险性的特殊情况下决意实施的琐碎的违法行为，既然在共同生活的观念中不存在需动用刑罚制裁以求法律保护的法益侵害'这种限定。所以，如前所示，在该案中仅从被告人盗窃值钱物品未遂这一点来看也可以充分看出其危险性，且通过窃取行为侵害了值得刑法保护的个人财物的权利，即便按照上述判例的旨趣，也明显不能理解为阻却了犯罪的成立"。

该案的特点是：在明确一厘案件判决旨趣的基础上，论述了该案被告人的危险性与盗窃行为的侵害性。即在该案中：①将盗窃烤鱼等之前的"盗窃值钱物品未遂"理解为认定被告人危险性的情节；②指出在共同生活的观念中盗窃行为侵害了值得刑法保护的个人财物的权利。可见，如果没有满足一厘案件中所展现的（不可罚的）要件，那么完全有可能对琐碎的违法行为科处刑罚。

另外，从盗窃香火钱案件中被告人的前科、经历来看，可以说其盗窃的危险性、常习性比两条烤鱼案件中的行为人更高，但神户地裁并没有因此说不满足一厘案件中所展现的要件，只不过将其单纯地作为量刑情节对待并指出，"不得不说被告人的规范意识显著迟钝，犯罪情节不佳，被告人的刑事责任很重"。与此相对，反而还指出了"因各盗窃行为产生的损失金额都不大，损害也得到了回复，被告人有身体残疾，在地方上有受到欺负的迹象，为了自立也去寻找过就业岗位，被告人的生母提出会创造让被告人改过自新的环境等"展现被告人特殊预防必要性减少、量刑上应予酌量的情节。

一厘案件与两条烤鱼案件主要着眼于犯人的特殊预防必要性，而魔法电话案件（最决昭和 61 年 6 月 24 日刑集 40 卷 4 号 292 页）则着眼于一般预防的必要性。魔法电话案案情为：被告人在某公司设置的电话回路上装设电子设备并使用，妨害公社的有线电子通信并使用诡计妨害针对通话方电话（拨打一方）的通话收费业务。

该案一审判决（横滨简判昭和 57 年 3 月 16 日刑集 40 卷 4 号 325 页）认为，即便从外观和形式上看，该当有线电子通信妨害罪与诡计业务妨害罪的构成要件，但综合判断行为的目的、对待法律的态度、实害的轻微性与违法性认识的可能性等要素，被告人的行为欠缺可罚的违法性。而二审（东京高判昭和 58 年 3 月 31 日刑集 40 卷 4 号 333 页）则认为，就该案是否成立存在争议的犯罪是危险犯，所以尽管实害轻微，但因对法益产生了危险而肯定该案行为的构成要件该当性。最高裁则认为，"关于本案中被告人将一部称为魔法电话的电子设备装设在电话回路上的行为，原判决认为即使存在着被告人只是试着打了一通电话就将该设备取下来了等情况，也不能因此否定行为的违法性，从而认定成立有线电子通信妨害罪、诡计业务妨害罪，可以肯定该判断是正确的"。

关于该案，内田文昭考虑到"不能轻视同种行为的危险性这一旨趣"[1]，从而认为"'一厘案件'与'魔法电话案件'到底是不一样的"。[2] 这里所说的"同种行为的危险性"无异于一般预防的必要性。

总而言之，在判断可罚的违法性时，除了考虑与是否达到科刑程度的判断直接相关的法益侵害大小、行为样态等要素外，作为判断的前提，还要一并考虑特殊预防、一般预防的必要性。这可以说正是一厘案件之后判例所采取的基本立场。在学说中，虽然也存在着像内田文昭这样积极接受判例立场的见解，但多数学者都没有明确意识到判例将预防必要性作为了判断要素，从而未从正面对此进行讨论就径自展开了可罚的违法性论。但是，将预防必要性也纳入违法性判断中是否合适，这是尚需进一步讨论的重要问题。

四、可罚的责任论与轻微犯罪的处理

（一）概述

可罚的责任的特征在于："尽管行为人能够理解法规范的命令、禁止并依其行动，却没有如此行事，不仅如此，该行为人的非难性还达到

---

〔1〕 内田文昭：《刑法概要·中卷》，青林书院 1999 年版，第 63 页。
〔2〕 内田文昭：《刑法概要·中卷》，青林书院 1999 年版，第 65 页。

特别有必要动用刑罚的强度，且具有适合接受刑罚的性质。"[1] 当初，日本的可罚的责任论主要是围绕着期待可能性理论展开的。但与可罚的违法性论相比，可以说有关可罚的责任论的研究并无太多进展，该理论的适用也极其罕见。笔者认为，造成这种现象的原因有以下五点：

第一，从刑事案件的实际情况来看，相比违法性减少或阻却的情形，责任减少或阻却的情形更少。例如，在所有案件中，侵害法益的程度或违反法规范的程度都是需要积极证明的事实，而与此相对，原则上可直接推定行为人存在完全的控制辨认能力、违法性认识的可能性等。由此，可罚的责任受到争议的案件比起可罚的违法性受到争议的案件更少。

第二，尽管如前所述，关于可罚的违法性论并非不存在争议，但学界几乎一致承认该理论本身的存在及意义。与此不同的是，学者之间关于可罚的责任论尚未形成共识，尤其是在应该如何把握责任的本质、如何处理责任与预防的关系等根本性问题上存在重大分歧。因此，在实务中仍然尚未形成适用该理论的坚实基础。

第三，可供研讨的相关判例较少，不存在积极且明确适用可罚的责任论的判例。如大山弘所指出的，"判例的动向转换为了限制说，即一方面承认期待可能性理论本身，另一方面依照实体法的规定极为限定地承认该理论的适用。所以时至今日，几乎看不到以欠缺期待可能性为由的无罪判决"。[2]

第四，判例的立场与行为无价值论具有亲和性。从行为无价值论的立场出发，那些在结果无价值论中本应在责任阶段予以讨论的主观要素要么成为独立的主观违法要素（例如故意等），要么成为附随在行为之中而为行为无价值奠定基础的要素（例如行为的动机、目的等），从而这些要素在可罚的违法性阶段就已经受到了评价。

第五，如后文详述，理论上将预防必要性作为可罚的责任的一个考虑要素，但通过前述对一厘案件、两条烤鱼案件及魔法电话案件的讨论可以明显看到，日本的判例已经在评价可罚的违法性时考虑了一般预防与特殊预防的必要性。关于这一点，町野朔通过与德国刑法的比较所得

〔1〕 中川祐夫："責任と可罰的評価—序説の考察—"，载《平場還暦·上卷》，有斐阁1977 年版，第 256 页。

〔2〕 大山弘："可罚的责任论の構造"，载《神户学院法学 34 卷 3 号》（2005）第 25 页。

出的如下观点颇具启示意义，即日本的"传统学说将只不过是刑法理念中的一部分的刑罚论直接与犯罪论全面地结合起来，而德国的传统是只将其与犯罪论的一部分，即责任结合起来，犯罪论的其他部分是与刑法的理念相分离的"。[1]

所以，在日本，法益侵害轻微时，如果犯罪的预防必要性不高，在违法性的阶段就可以欠缺可罚性为由否定犯罪的成立。与此相对，在判断可罚的违法性时，如果认定预防必要性很高，那么即便法益侵害轻微，在违法性的阶段也不能排除犯罪性；不仅如此，由于在责任阶段考虑的也是这一高预防必要性，所以几乎不会因欠缺可罚的责任而否定犯罪的成立。概言之，因为在可罚的违法性阶段已经考虑了预防必要性，所以，在可罚的责任阶段判断要素变少，否定可罚的责任的可能性也随之降低。

尽管如此，在日本，"在肇始于昭和48年的全农林案件判决中，最高裁的态度发生了转变，其结果是在可罚的违法性层面非犯罪化的进程受到了强烈限制，如今再次讨论责任阻却的问题迫在眉睫"。[2] 可以说，正是可罚的责任论开启了作为犯罪论中"最后一道安全阀"的期待可能性理论乃至（超法规的）责任阻却事由的端绪。

可罚的责任论的理论性问题主要集中于以下两点：①是否应该在责任阶段考虑预防必要性；②如果考虑预防必要性，应当如何把握其与责任的关系。

（二）回顾型责任论与展望型责任论

围绕着上述问题①，回顾型责任论与展望型责任论展开了对立。根据前者，"不应该将刑事责任的本质求之于面向将来的为实现功利主义目的创造条件的手段，毋宁说应当回顾性地来看，在行为的时点能够做出其他意思决定的限度内追究责任"。[3] 与此相对，根据后者，"刑法上的责任非难不是以面向过去的回顾性的叱责为内容，而是这样一种手段，其目的在于从展望性的见地出发，面向将来，通过告知'应当具备更强的规范意识'这一判断来抑制行为人及处于同样状况下的一般人将

---

〔1〕 町野朔："犯罪論と刑罰論"，载長尾龍一、田中成明编：《現代法哲学（3）：実定法の基礎理論》，东京大学出版会1983年版，第140~141页。

〔2〕 米田泰邦：《犯罪と可罰的評価》，成文堂1983年版，第97页。

〔3〕 井田良：《刑法総論の理論構造》，成文堂2005年版，第227页。

来的犯罪"。[1] 如此一来，回顾型责任论强调对行为人过去的意思决定的非难，主张不应通过考虑面向将来的预防必要性来判断责任。而展望型责任论则重视责任本身的预防性机能，将预防必要性作为责任的本质，以取代不可能得到证明的其他行为可能性的判断。

消极的责任主义认为"没有责任就没有刑罚"，这里所说的"责任"的本质在于非难可能性。与此相对，积极的责任主义则认为"责任不仅决定刑罚的上限，也决定刑罚的下限"。显而易见的是，以预防必要性较高为由超过行为人的非难可能性的限度科处刑罚，违背了消极的责任主义这一现代刑法的基本原则。而回顾型责任论之所以要排除预防必要性，正是为了维持消极的责任主义的人权保障机能。另外，展望型责任论之所以积极地考虑预防必要性，则是为了回避与积极的责任主义具有亲和性的报应刑思想，促进犯罪人的社会复归，实现犯罪预防。因此，在"责任虽然决定刑罚的上限，但不决定刑罚的下限"这一点上，消极的责任主义与展望型责任论并非不可调和。

再者，刑法丧失了作为刑事政策不可逾越的屏障这一作用后，"刑法的世俗化、去形而上学化""与康德、黑格尔的诀别"等口号纷纷得以主张。所以，如今在刑法解释论中广泛接纳了刑事政策的思想、目的，如今以消极的责任主义为前提，在犯罪成立要件中（即在责任的阶段）考虑预防必要性，具有合目的性。如大山弘所主张的，"可以说，立足于消极的（预防）目的主义的消极的责任主义（原理）的思考方法，才是可罚的责任论的原点"。[2]

另外，即便是支持回顾型责任论的学者，也承认责任判断的对象是"明明应该回避实施违法行为的意思决定，却做出了实施违法行为的意思决定"。[3] 这里所说的"应该回避"的标准只能求之于"社会期待"的有无及其程度[4]，但离开了社会期待所欲达成的（刑事政策上的）目的，恐怕难以对该"社会期待"进行判断。因此，"即便是完全回顾性地理解'非难'，也不能否定'非难的目的性'，即通过非难如何处

---

〔1〕 井田良：《刑法総論の理論構造》，成文堂 2005 年版，第 223~224 页。

〔2〕 大山弘："可罰的責任論の構造"，载《神戸学院法学 34 卷 3 号》（2005）第 23 页。

〔3〕 井田良：《刑法総論の理論構造》，成文堂 2005 年版，第 219 页。

〔4〕 井田良：《刑法総論の理論構造》，成文堂 2005 年版，第 229 页。

理犯罪人"。[1] 在此意义上可以说，"责任论是犯罪论体系中与刑罚论的连接点，从而处于搭建刑法解释学与刑事政策学之间桥梁的地位"。[2]

（三）可罚的责任论中责任与预防的关系

关于前述问题②，围绕着在责任阶段考虑预防必要性、试图调和责任与预防[3]的可罚的责任论，大体有两条路径：一条路径是创设出统括责任与预防的上位概念，并将其理解为犯罪的成立要件。Roxin（罗克辛）所主张的"答责性"是这种路径的代表。另一条路径是维持犯罪论体系中责任的地位，而关于责任与预防的关系，作为次一级的问题，主张采用一阶段构成法或二阶段构成法来处理。虽然存在着差异，但无论哪种路径都将立足于消极的目的主义的消极的责任主义的思考方法作为其逻辑前提，即"在责任与预防的调和过程中，只有在进行处罚限定化评价时才有在责任判断中介入预防考虑的余地"。[4]

---

〔1〕 大山弘："責任と予防に関する一考察—可罰的責任評価をめぐって—"，载《関西大学法学論集 31 巻 5 号》（1982）第 116 页。

〔2〕 浅田和茂："責任と答責性—ロクシン説の検討—"，载《平場還暦·上巻》，有斐阁 1977 年版，第 273 页。

〔3〕 在德国也存在着不谋求责任与预防的调和，而是试图将责任置换为预防，将责任完全消解于一般预防目的中的见解（Vgl. Günther, Jakobs, Schuld und Prävention, Recht und Staat in Geschichte und Gegenwart, Heft 452/453, J. C. B. Mohr（Paul Siebeck）Tübingen 1976, S. 3ff）；将负责的根据求之于"客观意义上的责任"，"不是从犯罪人的个人行为可能性出发，而是从义务的客观侵害出发、从不同的义务的要求出发"构筑责任的见解（Hassemer, Winfried, 载堀内捷三编訳：《現代刑法体系の基礎理論》，成文堂 1991 年版，第 106 页）。在日本也有见解放弃非难概念，提倡通过预防目的来奠定基础的实质的"事实的"责任论（堀内捷三："責任論の課題"，载芝原邦爾ほか編：《刑法理論の現代的展開·総論Ⅰ》，日本評論社 1988 年版，第 197 页以下）。但是，这些见解在日本受到如下批判，"将责任置换为一般预防、代之以比例原则的主张，最终会变成主张与不法结果相适应的制裁。这种意见是以即便没有责任也可以科处刑事制裁的二元主义（采用保安处分制度）为前提的。我国（指日本——笔者注）立足于刑罚一元主义，不能将上述主张原封不动地套用到我国的现行法解释中"（浅田和茂：《刑事責任能力の研究·下巻》，成文堂 1999 年版，第 355 页）。

〔4〕 大山弘："責任と予防に関する一考察—可罰的責任評価をめぐって—"，载《関西大学法学論集 31 巻 5 号》（1982）第 72 页。

1. 第一条路径。关于 Roxin 的"答责性",学界已有十分详细的讨论[1],在此将其要点归结如下:

第一,答责性是犯罪的第三个范畴,是在以实现刑罚目的为指针的目的合理性(机能性)犯罪论体系这一背景下提出的。关于刑罚的目的,Roxin 排斥报应刑论的思想以及单纯的统合说,主张自己的"辩证法式结合说"(dialektische Vereinigungstheorie)。[2]

Roxin 不将刑罚的目的求之于报应,关于责任概念所具有的实践性机能,其主张报应不具有使刑罚正当化的机能,只有限定刑罚的机能。所以,从 Roxin 的"作为刑罚界限标准的责任主义原则出发,推导出了与报应理论中所说的'与责任的程度成比例的刑罚'这一命题不同的命题,即'刑罚的严厉程度、刑期的长短不能超越责任的程度'"。[3]也就是说,责任虽然设定了刑罚的上限,但并不决定其下限,必须依照作为刑罚目的的犯罪预防的必要性来确定刑罚的下限。

第二,Roxin 有关责任的理解是以德国二元的刑事制裁体系为前提而展开的。根据其见解,虽然刑事制裁的目的在于法益保护与行为人复归法共同体,但由于刑事制裁的手法是二元的(刑罚与保安处分),所以限定制裁的原理也必须是二元的。具体而言,责任主义与比例原则分别限定了刑罚与保安处分(Maßregeln)[4]。因此指出,"责任虽然是限定刑事法上制裁的手段,但不是为其提供根据的手段。……不能说责任

---

〔1〕 中川祐夫:"責任と可罰的評価—序説的考察—",载《平場還暦·上巻》,有斐閣1977年版,第252页以下;浅田和茂:"責任と答責性—ロクシン説の検討—",载《平場還暦·上巻》,有斐閣1977年版,第272页以下;大山弘:"責任と予防に関する一考察—可罰的責任評価をめぐって—",载《関西大学法学論集31巻5号》(1982)第66页以下;鈴木晃:"責任の予防的再構成に関する一考察——ロクシンの『答責性』論とその批判",载《中京大学大学院生法学研究論集2巻》(1981)第46页以下;堀内捷三編訳:《現代刑法体系の基礎理論》,成文堂1991年版,第192页以下;Roxin, Claus(宮澤浩一監訳):《刑法における責任と予防》,成文堂1984年版。

〔2〕 Vgl. Roxin, Claus, Sinn und Grenzen staatlicher Strafe, Juristische Schulung, 1966, S. 377ff.

〔3〕 中川祐夫:"責任と可罰的評価—序説的考察—",载《平場還暦·上巻》,有斐閣1977年版,第268页。

〔4〕 Roxin, Claus, Kriminalpolitische überlegungen zum Schuldprinzip, MschrKrim 56. Jahrgang, Heft 7/8, 1973, S. 323. Roxin, Claus, Strafrecht Allgemeiner Teil, Band I, 4. Aufl., C. H. Beck 2006, S. 98f.

是刑事法上反作用措施的前提"。[1]

第三，关于责任的种类，Roxin 区分出为刑罚奠定基础的责任（Strafbegründungsschuld）与量刑责任（Strafzumessungsschuld）。其中，为刑罚奠定基础的责任的本质不是事实上的他行为可能性，而是规范的应答可能性（normative Ansprechbarkeit）。[2] 与此相对，量刑责任的根据则在于法治国原理及基于该原理限制国家权力、保障人权的必要性。[3] 因此，"责任这个概念是刑罚的基础与刑罚的量定之间不可欠缺的桥梁"。[4]

第四，答责性这个范畴由责任与预防共同构成。这里的责任是指为刑罚奠定基础的责任。此外，Roxin 指出，"虽然主张说在为刑罚奠定基础的解释学中，排除有关责任理念的认识性问题是可能的，但并不是主张说放弃作为'他行为可能性'的'责任'概念是必要的且合目的的"[5]。但另一方面，Roxin 又提出，有关刑法上制裁的必要性的"关键性问题不是他行为可能性，而是立法者在刑法的观点下是否希望让各个人对其行为答责"[6]。

因此，如果否定了规范的应答可能性（即 Roxin 的见解中的"责任"），那么犯罪因答责性被阻却而不成立。此外，即便行为人具有规范的应答可能性，还必须进一步从一般预防、特殊预防的观点出发讨论行为人是否值得科处刑罚。不值得科处刑罚时，也阻却答责性。从而，即便在尚不能说行为人没有期待可能性的情形中，也有否定犯罪成立的

---

〔1〕 Roxin, Claus, Kriminalpolitische überlegungen zum Schuldprinzip, MschrKrim 56. Jahrgang, Heft 7/8, 1973, S. 321.

〔2〕 Vgl. Roxin, Claus, Kriminalpolitische überlegungen zum Schuldprinzip, MschrKrim 56. Jahrgang, Heft 7/8, 1973, S. 868ff.

〔3〕 Vgl. Roxin, Claus, Zur jüngsten Diskussion über Schuld, Prävention und Verantwortlichkeit im Strafrecht, in: Kaufmann, Arthur u. a. (Hrsg.), Festschrift für Paul Bockelmann zum 70. Geburtstag, Beck 1979, S. 304ff.

〔4〕 Roxin, Claus, Zur jüngsten Diskussion über Schuld, Prävention und Verantwortlichkeit im Strafrecht, in: Kaufmann, Arthur u. a. (Hrsg.), Festschrift für Paul Bockelmann zum 70. Geburtstag, Beck 1979, S. 303.

〔5〕 Roxin, Claus, Zur jüngsten Diskussion über Schuld, Prävention und Verantwortlichkeit im Strafrecht, in: Kaufmann, Arthur u. a. (Hrsg.), Festschrift für Paul Bockelmann zum 70. Geburtstag, Beck 1979, S. 303.

〔6〕 Roxin, Claus, "Schuld" und "Verantwortlichkeit" als strafrechtliche Systemkategorien, in: Claus Roxin (Hrsg.), Grundfragen der gesamten Strafrechtswissenschaft: Festschrift für Heinrich Henkel zum 70. Geburtstag, Walter de Gruyter 1974, S. 182.

余地，亦即"责任是刑罚的必要条件，但不是充分条件"。[1]

另外，虽然为刑罚奠定基础的责任的本质是规范的应答可能性，但"此时责任的程度与一般预防的必要性之间存在某种相互作用"，"在责任的程度自身当中，已经存在着一般预防的影响"。[2] 也就是说，"责任这一概念本身（指的是唯一可以验证的一般性的或社会性的责任概念）已经受到了刑事政策诸目的的影响，并不是从能够与责任相分离的答责性才开始受到相关诸目的的影响"[3]。如此一来，答责性范畴中的决定性要素最终变成了预防必要性。

第五，在答责性阶段，Roxin 一方面立足于消极的目的主义强调预防对于责任的制约机能，另一方面则从消极的责任主义的要求出发强调责任对于预防的制约机能。如此一来，责任与预防处于相互制约、相互限制的关系之中。[4] 因此，并不存在所谓责任刑法的危机，即不存在出于预防必要性而超出责任刑量刑的危险。

总而言之，在 Roxin 那里，答责性是将作为要件的责任统合进作为效果的预防中进行判断的。关于这一见解，中川祐夫指出，"取代条件性的程序设计（Konditionalprogrammierung），即存在一定要素时决定法律效果，开始出现了目的性的程序设计（Zweckprogramm），即为了达成所追求的效果有必要选择尽可能好的手段"[5]。该理论虽然基于消极的责任主义，并没有放弃"责任"的概念，但在确定为刑罚奠定基础的责任时，已经将预防性要素纳入了考虑之中。最终，一方面，责任对于预防的限定机能减弱；另一方面，当预防必要性涵盖其中的责任（规范的应答可能性）程度较高时，以预防必要性较低为由否定犯罪的成立变

---

〔1〕 Roxin, Claus, Kriminalpolitische überlegungen zum Schuldprinzip, MschrKrim 56. Jahrgang, Heft 7/8, 1973, S. 321.

〔2〕 Roxin, Claus, Zur jüngsten Diskussion über Schuld, Prävention und Verantwortlichkeit im Strafrecht, in: Kaufmann, Arthur u. a. (Hrsg.), Festschrift für Paul Bockelmann zum 70. Geburtstag, Beck 1979, S. 305.

〔3〕 Roxin, Claus, Zur jüngsten Diskussion über Schuld, Prävention und Verantwortlichkeit im Strafrecht, in: Kaufmann, Arthur u. a. (Hrsg.), Festschrift für Paul Bockelmann zum 70. Geburtstag, Beck 1979, S. 293.

〔4〕 Vgl. Roxin, Claus, Zur jüngsten Diskussion über Schuld, Prävention und Verantwortlichkeit im Strafrecht, in: Kaufmann, Arthur u. a. (Hrsg.), Festschrift für Paul Bockelmann zum 70. Geburtstag, Beck 1979, S. 296, 304, 308ff.

〔5〕 中川祐夫："責任と可罰的評価—序説的考察—"，载《平場還曆·上卷》，有斐閣 1977 年版，第 270 页。

得困难。

2. 第二条路径。由于日本与德国在有关防卫过当、免责性紧急避险、禁止性错误以及不能犯未遂等条文、讨论状况上存在较大差异，而且日本采用的也不是德国那样的刑罚—保安处分二元刑事制裁体系，而是刑罚一元体系，所以普遍认为"在解释学上不太有必要展开针对刑事制裁（在作为刑法与保安处分的上位概念的意义上）的'责任论'"[1]。因此，日本学界的主流倾向是以维持消极的责任主义为前提，一方面对伴随考虑预防而来的责任刑法的危机保持警戒，另一方面则将预防统合进责任之中，认为预防必要性不过是用以确定责任的量的要素而已。例如，松原芳博指出，"可罚的责任不是单纯的可罚性的问题，必须将其完全当作责任的问题，理解为对行为人现实意思决定的评价。……可罚的责任的评价对象应当求之于行为人现实的心理状态"[2]。但围绕着可罚的责任的构造，日本存在着一阶段构成说与二阶段构成说的对立。

二阶段构成说立足于范畴论的犯罪论，依照"将构成犯罪的诸要素分为规范的评价与可罚的评价进行体系性考察"这一方法，将责任分为规范的责任与可罚的责任两个阶段来判断。[3] 根据该学说，规范的评价与可罚的评价在评价的目的、基础与标准等方面都存在差异。[4] 如浅田和茂所主张的，"规范的责任论不是将责任理解为非难，不认为责任是由裁判官从外部做出的评价本身（责任存在于裁判官的头脑当中），毋宁说应该理解为将心理的责任论作为前提，将非难可能的行为人的心理状态作为责任的理论"；而"可罚的责任论是在能够认定规范的责任的情形中认为没有处罚必要时否定刑事责任的理论"[5]。从二阶段构成说出发，"预防上的观点绝不能形成刑事责任的实质性标志，至多只能提供决定刑事责任的辅助标准而已。也就是说，只有在通过规范性判断不能完全阻却的'责任'能够从预防的观点出发得以阻却这种

〔1〕 浅田和茂："責任と答責性—ロクシン説の検討—"，载《平場還暦·上卷》，有斐阁 1977 年版，第 290 页。

〔2〕 松原芳博："可罰的責任論の現状と展望——段階的構成と二段階的構成—"，载《九州国際大学法学論集》5 卷 2＝3 合併号（1999）133 页。

〔3〕 大山弘："可罰的責任論の構造"，载《神戸学院法学》34 卷 3 号（2005）28 页。

〔4〕 松原芳博："可罰的責任論の現状と展望——段階的構成と二段階的構成—"，载《九州国際大学法学論集》5 卷 2＝3 合併号（1999）118 页以下。

〔5〕 浅田和茂『刑事責任能力の研究？下卷』，成文堂 1999 年版，354 页。

意义上，对预防的考虑才应该起作用"[1]。

与此相对，根据一阶段构成说，刑法中所讨论的责任就是可罚的责任，由于"在刑法的责任判断中，已经在规范的责任的层次上受到讨论的'他行为可能性'的观念内加入了刑罚目的的观点"[2]，所以"责任论中可罚性的考虑作为规范的责任概念中的评价性侧面得以具体化，刑法上的规范的责任概念本身作为可罚的责任概念得以展现出来"[3]。此外，"正是起因于需要规范觉醒的行为人的稀薄的法益尊重意识，做出法益侵害行为的意思决定才能够受到非难"[4]，因此在责任阶段显然考虑了一般预防。

一阶段构成说不是以范畴论的犯罪论体系为前提的，而是以目的论的犯罪论体系为前提。而且，在一阶段构成说看来，没有必要平行于违法论中的二阶段构成（规范的违法性—可罚的违法性）来构成责任论，即没有必要在观念上创造出与可罚的责任含义不同的规范的责任的概念。[5] 此外，根据该学说，不可能通过评价的目标、基础与标准来区分规范的责任与可罚的责任，况且本来也不应该做出如此区分。[6] 也就是说，"唯有通过从刑罚目的的观点来看合理的责任非难，换言之，唯有通过以传达刑罚彰显的责任非难的形式所提炼的预防目的，才能够确定国家刑罚权的合理界限"。[7]

但是，无论是二阶段构成说还是一阶段构成说，日本的"可罚的责任评价从属于责任非难的程度来判断，只承担着将轻微的责任非难纳入不处罚范围的机能。与此相对，在 Roxin 的学说中，虽然答责性判断以

[1] 大山弘："責任と予防に関する一考察—可罰的責任評価をめぐって—"，載《関西大学法学論集》31 巻 5 号（1982）115 頁。另外，大山弘："可罰的責任論の構造"，載《神戸学院法学》34 巻 3 号（2005）24 頁。

[2] 松原芳博："可罰的責任論の現状と展望——段階の構成と二段階の構成—"，載《九州国際大学法学論集》5 巻 2=3 合併号（1999）127、128 頁。

[3] 松原芳博："可罰的責任論の現状と展望——段階の構成と二段階の構成—"，載《九州国際大学法学論集》5 巻 2=3 合併号（1999）133 頁。

[4] 松原芳博："可罰的責任論の現状と展望——段階の構成と二段階の構成—"，載《九州国際大学法学論集》5 巻 2=3 合併号（1999）134 頁。

[5] 松原芳博："可罰的責任論の現状と展望——段階の構成と二段階の構成—"，載《九州国際大学法学論集》5 巻 2=3 合併号（1999）110 頁以下。

[6] 松原芳博："可罰的責任論の現状と展望——段階の構成と二段階の構成—"，載《九州国際大学法学論集》5 巻 2=3 合併号（1999）118 頁以下。

[7] 松原芳博："可罰的責任論の現状と展望——段階の構成と二段階の構成—"，載《九州国際大学法学論集》5 巻 2=3 合併号（1999）120 頁。

存在责任非难为前提，但在与责任非难的程度无关的状况下从预防的见解出发独立地判断是否存在该责任非难"。[1] 即诸如 Roxin 的学说认为一般性的、社会性的责任概念中的预防会对责任的内容本身产生影响，而在日本普遍认为"责任原理要求责任只是对于任意的预防性考虑设定上限，要通过责任非难来规定并限定预防性考虑的内容本身"。[2]

（四）可罚的责任与轻微过失犯

如此一来，可以看出，围绕着可罚的责任中责任与预防的关系，存在以下两种对立的见解：第一种见解从预防的观点出发限制责任，重视行为人"可罚性"的一面；第二种见解则将预防纳入责任之中，重视行为人"非难可能性"的一面。此外，第二种见解内部还存在着一阶段构成说与二阶段构成说的对立。

但是，这些见解在积极承认可罚的责任的思想及其作用这一点上是一致的。之所以如此，是因为"对不值得刑罚处罚的轻微责任施加刑罚，有违责任原理"。[3] 可罚的责任论除了可用以解释责任的本质，说明法定的犯罪阻却事由、刑罚减免事由的根据，为超法规的责任阻却事由提供判断标准外，该理论在否定轻微犯罪，尤其是在否定轻微过失犯的犯罪性时，也能发挥积极作用。

例如，内田文昭指出，"'轻微的过失'不值得处罚这一建议，完全与'琐碎的违法行为'并不违法这一理论相同，正是'实质的责任论'的产物"。[4] 这里所说的"实质的责任论"可以理解为可罚的责任论。此外，板仓宏也主张，"在一般预防与特殊预防方面，刑罚针对过失犯罪的机能不能与针对杀人、盗窃等传统犯罪的机能进行同样的思考。而且，由于过失犯罪是由大量的普通市民择机实施的，如果不是只对达到科处刑罚程度、具有高度社会不相当性的行为动用刑罚，那么刑罚会变

---

[1] 大山弘："責任と予防に関する一考察—可罰的責任評価をめぐって—"，载《関西大学法学論集》31 卷 5 号（1982）107 页。

[2] 松原芳博："可罰的責任論の現状と展望——一段階の構成と二段階の構成—"，载《九州国際大学法学論集》5 卷 2=3 合併号（1999）120 页。

[3] 松原芳博："可罰的責任論の現状と展望——一段階の構成と二段階の構成—"，载《九州国際大学法学論集》5 卷 2=3 合併号（1999）131 页。

[4] 内田文昭：《刑法概要·中卷》，青林书院 1999 年版，第 198 页。

得缺乏威慑力，反而会起到负面作用"[1]。可见，内田文昭是从责任的量的层面，板仓宏是从与刑罚的适当性、必要性有关的预防必要性的层面，分别否定了轻微过失犯的可罚的责任。

在德国，关于轻微的过失行为，Roxin 则指出，"即便是诚实的、值得信赖的人，有时也会欠缺某些琐碎的注意，无论是谁都有受到过失犯处罚之虞。但进行这样的处罚只会使得'刑罚丧失其一般预防上的威慑力'，让人们对受到刑罚的人感到'单纯的同情'……在这种情形中处罚的'牺牲者'原则上是具有完全的行为控制能力且诚实的人，因此在特殊预防上给予其激励是多余的，甚至是有害的"[2]，从而认为轻微的过失行为因阻却答责性而不成立犯罪。因此，"实体法对于解决仅凭诉讼法上的手段几乎不能圆满应对的轻微案件，做出了重要贡献"[3]。

Stratenwerth/Kuhlen 也从一般预防的观点出发指出，过失责任"以每种错误的回避可能性为出发点。（但是——笔者注）这一标准并不现实。也就是说，暂且不管生理和心理上的例外情况，任何人都不可能达到保持持续的高度谨慎以及作出最快、最符合目的的反应这一理想的要求。……至少在立法论上要否定对轻微的不注意或者过错反应的处罚，即否定对轻微过失的处罚。只有漠不关心、轻率或者毫无顾忌的行为，才应受到刑罚的威吓。……对于在极度的有意识的紧张情况下出现的过错，刑法是无能为力的。刑罚威吓的作用最多是让每一个人不再漠不关心、轻率或者毫无顾忌地实施行为。如果超出了这一界限，那么即使是最谨慎的驾驶员也肯定会认为，在处罚过失面前自己得不到保护，刑罚也就失去了其一般预防的威慑力。即对谁科处刑罚完全取决于偶然"。[4]

总而言之，虽然过失犯的法定刑没有故意犯那么重，但并不能以法

---

〔1〕　板倉宏："非当罰的不問行為の概念—社会統制の手段としての刑事制裁の干渉範囲を設定するための試行概念として—"，载《佐伯還暦·上卷》，有斐閣 1968 年版，第 139 页。

〔2〕　Roxin, Claus, "Schuld" und "Verantwortlichkeit" als strafrechtliche Systemkategorien, in: Claus Roxin (Hrsg.), Grundfragen der gesamten Strafrechtswissenschaft: Festschrift für Heinrich Henkel zum 70. Geburtstag, Walter de Gruyter 1974, S. 193.

〔3〕　Roxin, Claus, "Schuld" und "Verantwortlichkeit" als strafrechtliche Systemkategorien, in: Claus Roxin (Hrsg.), Grundfragen der gesamten Strafrechtswissenschaft: Festschrift für Heinrich Henkel zum 70. Geburtstag, Walter de Gruyter 1974, S. 194.

〔4〕　Günter, Stratenwerth /Kuhlen, Lothar, Strafrecht Allgemeiner Teil, 6. Aufl. , F. Vahlen 2011, S. 318 f.

定刑轻为由随意地认定过失犯的成立。毋宁说，极有可能将一般预防、特殊预防必要性轻微也纳入考虑，以轻微的过失行为不具有可罚的责任为由否定其犯罪性。

五、结语

通过以上的详细分析可见，为应对轻微犯罪，日本在刑事实体法中发展出了精细的可罚的违法性论与可罚的责任论，而且在可罚的违法性判断与可罚的责任判断中都融入了预防必要性的考察。但是否应该在犯罪成立要件中，尤其是在违法性判断中考虑预防必要性，这本身就是值得再深入研究的问题。此外，在实体法层面，除了可罚的违法性论与可罚的责任论外，学者们还发展出了诸多有关可罚性阻却事由的见解[1]。这些见解与可罚的违法性论、可罚的责任论是何关系，也值得继续探索。再者，虽然日本的通说采用分析性评价来探讨可罚性的问题，但也有个别学者从全体性评价的视角出发提出了别具特色的观点，如西村克彦提出的"罪容"概念[2]。这种全体性评价的视角乍看上去与我国传统四要件犯罪论体系所采用的评价方法类似，但也并非完全相同。对于作为日本少数说的"罪容"概念进行讨论，并与我国的传统学说进行比较分析，会是一个有趣的研究课题。最后，如开篇所述，日本为应对轻微犯罪在刑事程序中设置了诸多分流措施，围绕着这些分流措施的运用也发展出了许多诉讼法上的理论，如公诉权滥用论、非典型（类型）性诉讼条件论、程序停止论等[3]，这些理论与实体法中的可罚性理论有何关联与不同，也是需要研究解决的问题。限于本文主题与篇幅，对这些问题只能留待另文详论。

---

[1] 关于日本可罚性阻却事由的诸见解，参见曾文科："可罚性阻却事由与犯罪概念二元化初探——兼论轻微犯罪的类型与制裁"，载《现代法治研究》2017 年第 2 期，第 71 页以下。

[2] 参见西村克彦："私見——罪容について"，载《無罪の構造》，信山社 1991 年版。

[3] 参见鈴木茂嗣："公訴権濫用論と訴訟条件論"，载《刑事訴訟法の基本問題》，成文堂 1988 年版，第 105 页以下；寺崎嘉博：《訴訟条件論の再構成—公訴権濫用論の再生のために—》，成文堂 1994 年版，第 89 页以下；田口守一：《刑事訴訟法》，弘文堂 2012 年版，第 78 页、185-186 页等。与美国法的比较，参见指宿信：《刑事手続打切り論の展開——ポスト公訴権濫用論のゆくえ》，日本評論社 2010 年版；同《刑事手続打切りの研究——ポスト公訴権濫用論の展望》，日本評論社 1995 年版。

论身份证件类犯罪的刑事处罚界限[*]

论身份证件类犯罪的刑事处罚界限[*]

陈禹衡[**]

一、引言

身份证件类犯罪的罪名主要集中在《中华人民共和国刑法》（以下简称《刑法》）第 280 条（包括第 280 条之一，以下同）中的三个罪名，分别是伪造、变造、买卖身份证件罪和使用虚假身份证件罪、盗用身份证件罪。在《中华人民共和国刑法修正案（九）》（以下简称《刑修九》）颁布之后，其中第 22 条对原来的刑法条文罪名进行修改，增加了买卖身份证件罪；第 23 条直接在《刑法》第 280 条后增加一条作为第 280 条之一——使用虚假身份证件、盗用身份证件罪，扩张了对身份证件类犯罪的刑事处罚界限。在伪造、变造、买卖身份证件罪中，原来的刑法条文采用"伪造、变造居民身份证的，处……情节严重的，处……"的表述，而修正后则改为"伪造、变造、买卖居民身份证、护照、社会保障卡、驾驶证等依法可以用于证明身份的证件的，处……情节严重的，处……"在新增的使用虚假身份证件、盗用身份证件罪中，采用的表述则是"在依照国家规定应当提供身份证明的活动中，使用伪造、变造的或者盗用他人的居民身份证、护照、社会保障卡、驾驶证等依法可以用于证明身份的证件，情节严重的，处拘役或者管制，并处或者单处罚金……"通过《刑修九》的变更，涉及身份证件类犯罪的刑事处罚范围变大，但同时也增加了厘清身份证件类犯罪刑事处罚界限的紧迫性，正如密尔所说："法律不应该基于'父爱主义'的原则来

* 基金项目：2018 年国家社科基金一般项目"网络服务商刑事责任边界及体系构建研究"（项目编号：18BFX104）。

** 陈禹衡，东南大学法学院博士研究生。

干预个人的行为……"[1] 对于身份证件的法益保护固然重要[2]，但考虑到身份证件种类繁多且涉及身份证件类犯罪的实际情况较为复杂，身份证件类犯罪刑事处罚界限的厘清关系到对个人身份证件的合理使用的边界的勘定。

通过对裁判文书网的检索，在《刑修九》颁布之前，以伪造、变造身份证件罪为案由，全国累计有 354 件刑事判例；而在 2015 年《刑修九》颁布后，以伪造、变造、买卖身份证件罪为案由，累计有 974 件刑事判例，并呈现逐年上升的态势，而以使用虚假身份证件罪、盗用身份证件罪为案由，全国累计有 5 件刑事判例。造成这一局面的原因之一在于对涉嫌身份证件类的犯罪有行政处罚和刑事处罚两种制裁方式，其中，对使用、盗用行为一般倾向于行政处罚，行政处罚依据的是《中华人民共和国居民身份证法》（以下简称《身份证法》）、[3]《中华人民共和国护照法》（以下简称《护照法》）、[4]《中华人民共和国出境入境管理法》（以下简称《出入境管理法》）、[5]《中华人民共和国道路交通安全法》（以下简称《道路交通安全法》）等规范性文件[6]，但

---

[1] 父爱主义，是指政府为了维护个人的利益而以法律或公共政策的手段限制个人的自由，颇似慈爱的父亲为防止无知的子女做出伤害自身的行为而进行干预。参见［英］密尔：《论自由》，顾肃译，译林出版社 2012 年版，第 80 页。

[2] 对于身份证件类犯罪所侵害的法益，魏昌东教授认为，本罪所保护的法益的特殊性在于具有超个人法益属性，即此处的个人信息以及作为其载体的身份证件已经从个人纯粹的专属法益转化到兼具个人专属和社会公共的法益的集合，内容上则是国家身份证件的公共信用。参见魏昌东、张涛："使用虚假身份证件、盗用身份证件罪法教义学解构"，载《首都师范大学学报（社会科学版）》2018 年第 6 期。

[3] 《中华人民共和国居民身份证法》中对于涉及身份证的行政处罚，在第 17 条："有下列行为之一的，由公安机关处 200 元以上 1000 元以下罚款，或者处 10 日以下拘留，有违法所得的，没收违法所得：①冒用他人居民身份证或者使用骗领的居民身份证的；②购买、出售、使用伪造、变造的居民身份证的。"

[4] 《中华人民共和国护照法》中对于涉及护照的行政处罚，在第 18 条规定："为他人提供伪造、变造的护照，或者出售护照的，依法追究刑事责任；尚不够刑事处罚的，由公安机关没收违法所得，处 10 日以上 15 日以下拘留，并处 2000 元以上 5000 元以下罚款；非法护照及其印制设备由公安机关收缴。"

[5] 《中华人民共和国出境入境管理法》第 71 条规定，对于持用伪造、变造、骗取的出境入境证件出境入境的，处 1000 元以上 5000 元以下罚款；情节严重的，处 5 日以上 10 日以下拘留，可并处 2000 元以上 1 万元以下罚款。

[6] 《中华人民共和国道路交通安全法》第 96 条第 1 款规定，伪造、变造或者使用伪造、变造的机动车登记证书、号牌、行驶证、驾驶证的，由公安机关交通管理部门予以收缴，扣留该机动车，处 15 日以下拘留，并处 2000 元以上 5000 元以下罚款；构成犯罪的，依法追究刑事责任。

是在此类规范性文件中，却并未说明行政处罚和刑事处罚的界限。刑事处罚界限的模糊主要集中在两个方面：一方面，刑法条文本身对于身份证件的定义、依照国家规定的活动、具体的犯罪行为等规定得不够明确，导致在适用刑事处罚时没有准确的解释，无法确定构成要件的符合性，导致采用刑事处罚先天不足；另一方面，在很多部门法中对于行政处罚和刑事处罚的界限规定不明，导致很多行为同时符合二者的构成要件，处于刑事处罚和行政处罚间的"模糊地界"，适用行政处罚还是刑事处罚有待商榷。有鉴于此，"不可避免性和模糊性之间的张力使我们必须坚持一套复杂的原则，以此对刑罚制度可能用以预防犯罪的手段划定一定的界限"。[1]

二、身份证件的定义辨析

对于身份证件的定义，在《刑修九》颁布前，《刑法》第280条采用的表述是"居民身份证"，从而依照《身份证法》的规定，将其定义为具有每个公民唯一的、终身不变的身份代码，由公安机关颁发的，登记有姓名、性别、民族、出生日期、常住户口所在地住址、公民身份号码、本人相片、证件的有效期和签发机关等项目的，具有一定时效期限的公民身份证明文件。而在《刑修九》颁布后，对于犯罪对象的表述模式统一改为了"列举＋概括"的方式，规定为"居民身份证、护照、社会保障卡、驾驶证等依法可以用于证明身份的证件"，采用这种模式的优势在于符合《刑修九》颁布的初衷，在一定层面上解决了实务部门在操作上的难题，提供了合理的参照样本，法官可以依据自由裁量权将类似的身份证件纳入刑法规制的范畴。[2] 张明楷教授认同此种列举、概括式的立法模式，认为这种将概括条款和个案举例有机结合的立法模式，有助于法官在处理类似案件时做出相同处理，在限制法官权力的同时保障法律适用的可预测性，切实保障刑法的安定。[3] 但同时，"含糊和语无伦次的法律会使合法成为任何人都无法企及的目标"[4]，只有法

〔1〕　参见［美］哈伯特·L. 帕克：《刑事制裁的界限》，梁根林等译，法律出版社2008年版，第245页。

〔2〕　参见吴沈括、詹奇玮："作为法益的社会诚信及其刑法保护：以伪造、变造居民身份证罪为切入"，载《刑法论丛》2015年第3期。

〔3〕　参见张明楷："刑事立法的发展方向"，载《中国法学》2006年第4期。

〔4〕　参见［美］富勒：《法律的道德性》，郑戈译，商务印书馆2005年版，第76页。

律条文清晰明了，使人能够确切了解违法行为的内容，才能保障行为人准确界定犯罪行为与非罪行为之间的界限[1]。有鉴于此，身份证件所采用的"概括+列举"模式给该罪名的适用带来了"可预测性"，而对于数量繁多的身份证件以及其变种形式，则需要辨析其定义以及判断其是否属于刑事处罚的范围。

（一）传统意义上的身份证件

关于在法条中表述的四种身份证件，即居民身份证、护照、社会保障卡、驾驶证，已经有颇多探讨，本文便不再赘述，而除了这四种身份证件，还有很多类型的身份证件也和其相似，因而是否属于"等"的范畴便需要探讨。对于身份证件的判断，现阶段有两种判定模式，即实质要件判断和形式要件判断。实质要件的判断依据是身份证件所保护的法益，只有法益相同才能认定为属于身份证件。法条列举的四种身份证件所保护的法益都是国家身份证件的公共信用，即本罪的设立是为了保护身份证件的公共信用，而不只是为了保护身份证件持有人的利益[2]，也不是为了保护社会管理秩序。重视秩序价值会对身份证件本身的权利价值造成一定程度的忽视，这种负有权力管理色彩的居民身份证制度在权利保护方面存在着不可克服的弊端[3]，因而认定其是否属于身份证件的实质标准在于其是否背负公共信用法益。公共信用法益观点的提出和构建社会信用体系的大背景相契合，考虑到身份证件所蕴含的公共信用价值和侵犯身份证件行为导致的可能随之而来的刑罚附随后果[4]，对法益的重视和辨识成为此类型犯罪的辨析基础，这也和张明楷教授"解释一个犯罪的构成要件，首先必须明确该犯罪的保护法益，然后在法条用语可能具有的含义之内进行相应的解释"的观点不谋而合。[5]

形式要件的判断依据是辨析身份证件所具有的共同特征，进行概括

---

〔1〕参见［意］杜里奥·帕多瓦尼：《意大利刑法学原理》，陈忠林译，中国人民大学出版社 2004 年版，第 27~28 页。

〔2〕张明楷教授在这里认为，使用虚假身份证件、盗用身份证件罪的保护法益是公共信用，本文认为这一观点可以延伸至前罪的伪造、变造、买卖身份证件罪的保护法益。参见张明楷：《刑法学》，法律出版社 2016 年版，第 1043 页。

〔3〕参见王秀哲："大数据时代身份证法律制度建构研究"，载《江苏行政学院学报》2014 年第 1 期。

〔4〕参见吴睿佳、王瑞君："刑罚附随后果与社会信用体系的耦合及其优化"，载《征信》2019 年第 4 期。

〔5〕参见张明楷："实质解释论的再提倡"，载《中国法学》2010 年第 4 期。

类比之后得出以下判断标准：①由权威的制定机关和发证机关发布；②记载有被记载人详细的个人信息或者特定信息；③可在全国范围内通用；④证件本身具有一定的使用期限和作废方式。[1] 除此以外，该证件在其他类型的规范性文件中的规定亦是辅助参考的标准，例如，《铁路互联网售票暂行办法》中规定了可用于购票的有效身份证件包括：居民身份证、港澳居民来往内地通行证、台湾居民来往大陆通行证、护照、临时身份证等；《湖南省旅馆业旅客住宿实名登记管理规定》也将军官证、海员证、士兵证、文职干部证、户口簿等都纳入身份证件的范畴，从而提供了侧面印证是否属于身份证件的标准。

典型的列举内容外的身份证件可以分为三类：第一类是地域用证件，比如港澳居民来往内地通行证、台湾居民来往大陆通行证等，此类身份证件不论是实质要件的保护法益，还是形式要件的各项规定，都符合对身份证件的要求，其主要是由于地域上的差异而导致的某些主体在适用身份证明上的差异，可以视为居民身份证和护照的集合，因而其属于《刑法》第 280 条所规定的刑事处罚的范畴。第二类是特殊身份证明证件，如军官证、海员证、士兵证、文职干部证等，此类证件不应该纳入身份证件的范畴，理由有二：其一，此类身份证件只是特殊主体身份的证明，其并非以社会公共信用的法益为目的颁发的，而是为了维护特殊主体身份所带来的特殊法益而颁发的，因而实质要件不符合；其二，从形式要件上来看，其不一定具有主体的详细信息，并且适用范围并不具有全国性，在主体已有正常的身份证件的前提下，不宜将其认为《刑法》第 280 条规定的身份证件。[2] 第三类是替代类身份证明证件，如户口簿、临时身份证等，这种身份证明类文件是在某些特殊环境下对身份证件的替代，但是在保护法益上，其和居民身份证相同，也代表社会

---

〔1〕　对于身份证件的形式要件特征的判断，现阶段并无定论，魏昌东教授认为，身份证件应该满足人身性质信息、国家性、颁布机关的权威性，并且应该将法人的身份证件纳入本罪的规制范畴。陈家林教授则认为，身份证件应该是法定的全国有效证件，必须是唯一有效的证件类型，必须具有一定的通用性。肖友广检察官认为，身份证件应该是用于证明持证人的身份、具有社会公共管理功能的证件，并且应该结合适用的场景进行判断。

〔2〕　肖友广检察官从此类证件具备社会公共管理功能的角度出发，认为此类证件属于《刑法》第 280 条规定的身份证件，这是将该罪的侵犯客体视为社会公共秩序所得出的结论，本文认为泛泛地将社会公共秩序视为保护法益不利于法益定位的精确化，因而认为此处的法益是公共信用而非公共秩序，所以不宜将此类证件纳入本罪的刑事处罚范畴。参见肖友广、金华捷："使用虚假身份证件、盗用身份证件罪的司法认定"，载《犯罪研究》2017 年第 2 期。

公共信用，在形式要件上，也符合前述的四项要求，质言之，其本身便是一般身份证件的特殊形态，差别仅在于时效性和表示形态上，所以理应归入身份证件的范畴。

（二）变通意义上的身份证件

由于科技的迅速发展，电子身份证件已经逐步走入人们的生活之中，并且因为其便携性而被推广，如在衢州、杭州、福州等地进行了试点。[1] 在《中华人民共和国网络安全法》中，提出要支持研究开发安全、方便的电子身份认证技术，推动不同电子身份认证之间的互认，从而将电子身份证提升到国家的战略层面。[2] 电子身份证的概念可以概括为利用计算机信息技术，将代表身份证明的个人信息以变通的形式传输并展示于电磁空间，并且具备社会公共信用的证明效力的证件。推动电子身份证的发行与应用，在顶层设计上，就应该防止网络犯罪将电子身份证作为其目标，如韩国在推行电子身份证时就采用了 I-PIN 码（internet personal identification number）替代居民身份证编号来构建电子身份证的保护基础。[3] 由于电子身份证的特殊属性，针对其的伪造、变造、买卖、盗用等模式都区别于以往，但是从保护法益方面来看，其仍然保护的是社会公共信用。在表现形式上，其采用的载体的确区别于传统意义上的身份证件而将信息展示在电磁空间中，但是并不妨碍其能够给予充分的形象展示，再加之其起到了传递个人信息的作用，并且只能由特定的机关发布，保护措施更加严密，因而属于身份证件的范畴。

除此以外，身份证复印件也可以视为变通意义上的身份证件，其拥有正常身份证件所拥有的信息，却以另一种方式予以呈现，虽然不如电子身份证那样具有跨时代性，但是不可否认其也是一种个人信息的呈现方式。对于身份证复印件是否可以作为身份证件予以保护，学界存在争议，传统的观点认为复印件对正本的替代作用有限，单独使用只限于不

---

〔1〕 参见顾彦："电子身份证来了 六大证件可以放进支付宝"，载《中国战略新兴产业》2018 年第 21 期。

〔2〕 参见方滨兴："推进网络电子身份证的条件已经成熟"，载《人民论坛》2018 年第 14 期。

〔3〕 参见张越今："我国互联网电子身份证体系机制研究"，载《中国人民公安大学学报（自然科学版）》2013 年第 1 期。

太重要的场合，在正式场合仍旧要查验正本〔1〕，所以多将其视为正本的"附庸"，但亦有学者认为在复印件的内容和原件一样的前提下，可以将原件的名义人认为是复印件的名义人。〔2〕 此外，在司法实践过程中存在大量利用盗用复印件的案例有待解决。〔3〕 在日本，对于身份证复印件是否属于正式身份证件也存在争论。肯定说认为，"复印件作为证明文书，和原件具有相同的社会机能和信用，虽然是复印件，但也可以视为适格的对象"〔4〕，相片拷贝件也属于表示原件名义人的意见、观念的文书〔5〕，因而最高裁判所认为"作为伪造文书罪之客体的文书，没有将其限于原件的根据，即便是原件的写本，只要能认定，具有与原件一样的意思内容，作为证明文书，也与原件具有同样的社会机能与信用性，就包含在伪造文书罪的客体之中"。〔6〕 否定说则认为公文、证件只限于原本，而不包括复印件〔7〕，考虑到复印件并不能起到证明原件名义人存在的作用，因而名义人的存在缺失导致复印件缺乏恰当的名义人意思表示，所以不能认为和原件等同。〔8〕

本文对于复印件的效力和归属，认定其应该等同于身份证件原件并且具有相应的效力，也应该受到保护，理由如下：

第一，在实际使用过程中，身份证件复印件具有较大的使用余地，典型的诸如在征信报告的查询中，需要提供身份证件复印件，并将其视为与身份证件具有同等效力并留档备查。〔9〕

---

〔1〕 参见于志刚、王政勋、王良顺：《刑法各论》，高等教育出版社 2012 年版，第 466 页。

〔2〕 参见陈家林、刘洋："论盗用身份证件罪的客观方面"，载《广西大学学报（哲学社会科学版）》2016 年第 4 期。

〔3〕 持此观点的亦有张明楷教授，其认为复印件具有证明力，以复印件的方式伪造、变造公文、证件的行为，侵害了公文、证件的公共信用。参见张明楷：《刑法学》，法律出版社 2016 年版，第 1039 页。

〔4〕 参见［日］大谷实：《刑法讲义各论》，黎宏译，中国人民大学出版社 2008 年版，第 406 页。

〔5〕 参见［日］松官孝明：《刑法各论讲义》，王昭武、张小宁译，中国人民大学出版社 2018 年版，第 317 页。

〔6〕 参见［日］山口厚：《刑法各论》，王昭武译，中国人民大学出版社 2011 年版，第 505 页。

〔7〕 参见［日］西田典之：《日本刑法各论》，王昭武、刘明祥译，法律出版社 2013 年版，第 367 页。

〔8〕 参见黎宏：《日本刑法精义》，法律出版社 2008 年版，第 489 页。

〔9〕 参见乔杰、张茂林："小议个人征信查询业务中的身份证复印件保护"，载《征信》2011 年第 5 期。

第二，对于日本学者提出的复印件缺失原件名义人的意思表示，考虑到在中国，实践中会要求行为人在使用身份证件复印件时进行签字来辅助认定，因而可以视作通过签字的方式赋予复印件以名义人存在的效力，所以可以视作与原件等同。[1]

第三，从侵害法益的角度出发，对身份证件复印件的侵害在客观上构成了对社会公共信用的损害，虽然侵害的对象在形式要件上不够完善，但是不可否认的是在实质要件上保护法益的同一性，所以综合来看，复印件更像是一种变通意义上的身份证件的存在，理应受到保护。

综上所述，在身份证件类犯罪中，对于身份证件范围的确认，应该坚持实质要件判断标准和形式要件判断标准相结合，在"概括+列举"的表述模式下，对于层出不穷的身份证件类型以及变通意义上的身份证件，甚至是未来可能出现的虹膜身份证、指纹身份证等[2]，最重要的衡量标准便是其是否代表了社会公共信用法益，从而举一反三，对于身份证件类犯罪的刑事处罚界限予以厘清。

三、身份证件类犯罪适用场合的确认

在新增的使用虚假身份证件罪、盗用身份证件罪中，对于该罪的适用情形作了前置性规定，要求"在依照国家规定应当提供身份证明的活动中"，对使用虚假身份证件和盗用身份证件的行为依照刑法予以处罚，这便是典型的空白罪状。[3] 何为"依照国家规定应当提供身份证明的活动"以及何为"所依照的国家规定"，都是判断该罪名刑事处罚界限的基础。

对于"国家规定"，在一般意义上依照《刑法》第96条的规定，即"全国人民代表大会及其常务委员会制定的法律和决定，国务院制定

---

〔1〕 参见王文保："身份证使用管理漏洞不能光靠提醒来解决"，载《人民政协报》2016年8月22日，第6版。

〔2〕 参见张小博："虹膜：'便携式人体身份证'"，载《中国社会科学报》2011年8月25日，第12版。

〔3〕 空白罪状的概念说法不一，本文参照张明楷教授的观点，认为空白罪状是没有具体地说明某一犯罪的成立要件，但指明了必须参照的其他法律、法令，规定空白罪状的法条也成为空白刑法或者白地刑法。参见张明楷：《刑法学》，法律出版社2016年版，第667页。

的行政法规、规定的行政措施、发布的决定和命令"[1]，当《刑法》明确规定适用行政法中某一确定的概念时，应当适用行政法的特别规定。[2] 在司法实践中，出于刑法的谦抑性原则，在适用此类罪名时应对符合的规范性文件中的有关经济和社会管理方面的重要事项进行参考。[3] 例如，在《旅馆业治安管理办法》中对于行为人登记入住的，明确要求其提供身份证明；在《快递市场管理办法》中规定，寄送快递的用户需要出示身份证件等进行证明，并登记身份证号；《互联网上网服务营业场所管理条例》要求上网人主动出示身份证件并且进行查验；等等，这些都是典型的适用"国家规定的要求"的场景。在严格适用本罪的适用环境的背景下，以前置性条件的方式，既保障了罪名适用范围的合理扩张的可能性，即空白罪状所引用的空白规范的内容变更和丰富性将为可能出现的犯罪行为提供明确的处罚场景，保障了刑法的准确性，保持刑法规范合适的张力和弹力，有助于刑法法益的保护，但这同时也造成了刑事处罚和行政处罚领域的重叠，需要根据其他要件将二者间的界限厘清。

对于适用场合的确认，除了上文所述的《刑法》第 96 条限定的国家规定外，很多非典型性空白规范也被纳入空白罪状的参考范畴，如地方性法规、民族自治法规、地方政府规章、部门规章等[4]，这些规范性文件同样对适用身份证件的场景进行了描述和限定，此时是否将其视为《刑法》第 280 条所述的适用前提便值得商榷。典型的情形是《湖南省旅馆业旅客住宿实名登记管理规定》第 6 条的规定："旅客应当凭本人有效身份证件，如实申报，自觉配合旅馆办理实名登记。……"同样的规定在很多地方也存在，比如《广州市旅馆业单位住宿登记规定》等规范性文件中对这一点都有所提及。如果行为人在这种情形下使用虚假的身份证件或者盗用身份证件，关于是否触犯《刑法》第 280 条的规

---

〔1〕 根据 2011 年颁布的《最高人民法院关于准确理解和适用刑法中"国家规定"的有关问题的通知》的规定，以国务院办公厅名义制发的文件，有明确的法律依据或者同相关行政法规不抵触、经国务院常务会议讨论通过或者经国务院批准的、在国务院公报上公开发布的，都可以视为国家规定，同时应该注意：违反地方性法规、部门规章的行为，不应该认定为违反国家规定。参见李立众编：《刑法一本通》，法律出版社 2016 年版，第 104 页。

〔2〕 参见张明楷："行政违反加重犯初探"，载《中国法学》2007 年第 6 期。

〔3〕 参见曾国东、肖宁、万海富、周慧："上海市检察机关办理妨害身份证件管理犯罪案件情况的调研"，载《检察调研与指导》2018 年第 2 期。

〔4〕 参见陈禹衡："论污染海洋环境案中非典型性空白规范的司法适用"，载《浙江海洋大学学报（人文科学版）》2019 年第 2 期。

定，现阶段的通说对此持否定观点，理由有四：

第一，在最高人民法院的规范性文件中，明确指出不能将地方性法规和部门规章视为国家规定[1]，因而在此类规范性文件规定的场合，出现使用虚假身份证件和盗用身份证件的行为不宜用刑事处罚的手段加以处理。

第二，在《刑法》的其他罪名中，有采用"违反国家有关规定"的表述，如第253条之一侵犯公民个人信息罪，而此处的"违反国家有关规定"在范围的选取上则更加宽泛，因而可以将部门规章、地方性法规等内容纳入刑事处罚的范畴[2]，但是由于《刑法》第280条之一采用的是"国家规定"的概念，说明两者应该相区分，对比得出：在部门规章、地方性法规规定的场景中不能适用《刑法》第280条之一。

第三，有学者指出，在《刑修九》颁布前，此类规范性文件业已存在，其中对于此类行为的处罚集中在对负有监管和查证义务的商家进行行政处罚，既然制定规范性文件时考虑到不提供身份证件的处罚，那么当然也会预想到处罚提供虚假身份证件的行为，而最终并未提及此类行为在规范性文件中提及并加以行政处罚，说明规范性文件的制定者认为对此类行为的危害法益不足以进行行政处罚，而刑事制裁手段所具有的谦抑性意味着其没有必要作为制裁手段加以适用，应该意识到刑罚手段的最后性，因此，此类场景也不用适用刑法的规定。[3]

第四，考虑到各级规范性文件种类繁多且规定繁杂，在很多时候，行为人并没有义务也无可能知晓在一个陌生的规范性文件中对于适用身份证件的场合的规定，而此时依据此类规范性文件对行为人施以刑事处罚，有损刑法的公信力，破坏了刑法对公民的人文关怀。[4]

综合来看，对于"依照国家规定"这种行政法前置规定导致的刑事处罚范围的限缩，应该坚持《刑法》条文自身以及相关司法解释的规定而对刑事处罚的范围进行厘定，应该采用刑法思维在本罪所保护的

〔1〕 除此以外，魏昌东教授指出，即使是经国务院授权制定的对全国各地区均适用的部委规章也不属于"国家规定"，此处的授权是"转授权"。参见魏昌东、张涛："使用虚假身份证件、盗用身份证件罪法教义学解构"，载《首都师范大学学报（社会科学版）》2018年第6期。

〔2〕 参见喻海松："网络犯罪的立法扩展与司法适用"，载《法律适用》2016年第9期。

〔3〕 参见莫洪宪、王树茂："刑法谦抑主义论纲"，载《中国刑事法杂志》2004年第1期。

〔4〕 参见马荣春："刑法司法公信力：从基础到进退"，载《现代法学》2013年第2期。

社会公共信用的法益前提下对"依照国家规定"的内涵进行理解，而非单纯依赖行政法的管理性、形式性思维。[1] 对于非国家规定概念范围内的规范性文件所规定的适用场景，并不能纳入刑事处罚的范围。值得注意的是，在某些情形下，虽然行为符合犯罪构成要件中的规定，但是该行为同时符合行政处罚和刑事处罚的要求的，应区分采用何种处罚措施？下文将进一步讨论。

四、身份证件类犯罪行为的辨析

对于身份证件类犯罪，《刑法》第280条主要规定了如下五种行为：伪造身份证件、变造身份证件、买卖身份证件、使用虚假身份证件、盗用身份证件，对这五种犯罪行为的定义辨析，决定了对犯罪行为成立与否的判断。

（一）伪造身份证件的行为辨析

伪造身份证件的行为，重点在于"伪造"。关于"伪造"的定义，一般认为是无制作权人擅自制作对公共信用交易安全具有法律意义的物品的行为。[2] 在国外，《牛津法律大辞典》将其定义为"以欺骗为目的，制造假文件，以假乱真"。[3]《芬兰刑法典》对"伪造"的定义是"凡是为了使文件或物品用作误导性证据，而准备虚假文件或其他物品"。[4]《法国刑法典》认为"伪造"是"在具有证明某项权利或具有法律后果的事实之目的或效力的文字上或其他任何思想表达的载体上，采用任何手段，弄虚作假、篡改真实情况"。[5]《新加坡共和国刑法典》则将"伪造"定义为"使一个东西相似于另一东西，且企图通过这种手段实施欺骗，或者是明知此种做法可能产生欺骗"。[6]《德国刑

〔1〕 参见张明楷：《刑法分则的解释原理（下）》，中国人民大学出版社2011年版，第548页。

〔2〕 参见黄明儒："论刑法中的伪造"，载《法商研究（中南财经政法大学学报）》2002年第3期。

〔3〕 参见〔英〕戴维·M.沃克：《牛津法律大辞典》，李双元等译，法律出版社2003年版，第434页。

〔4〕 参见肖怡：《芬兰刑法典》，北京大学出版社2005年版，第93页。

〔5〕 参见朱琳：《最新法国刑法典》，法律出版社2016年版，第236页。

〔6〕 参见刘涛、柯良栋：《新加坡刑法》，北京大学出版社2006年版，第5页。

法典》中对于"伪造文书"的概念则定义为"为在法律事务交往中进行欺骗而制作不真实的文书"。[1] 日本学者大谷实将伪造分为广义的伪造和狭义的伪造：前者也称有形伪造，分为伪造和变造，主要是在文书制作以及内容上制假；后者则是指没有制作权的人擅自制作他人名义的文书（最狭义的伪造），或者进行变更，其本质是冒用制作名义，并且伪造的程度必须达到要求被冒用的他人名义是从文书自身能够判断出来的东西，而对伪造的方法、手段则没有限定，采用间接实行犯的方法也可以。[2] 松宫孝明则认为，伪造定义的确认体现了形式主义和实质主义的对立，伪造的行为是"伪造制作人和制作名义人的人格同一性"的行为，被伪造的文书必须具备足以使一般人认为是真正制作的文书这种程度的形式和外观。[3] 在国内，张明楷教授将伪造行为分为有形伪造和无形伪造，有形伪造是指无权制作身份证件的人擅自制作居民身份证件，无形伪造是指有制作权的制作人制作内容虚假的居民身份证件或者违反法律规定的身份证件。[4]

在实际的司法实践中，主要有如下问题存在争议：

争议一：对无制作权人制作内容真实、符合真实信用信息的身份证件的行为应该如何认定？典型的案例是上海的"张美华伪造居民身份证案"。在该案中，被告人张美华在遗失身份证之后，由于户口尚未落实，便委托他人伪造一张假身份证，并且使用本人真实的身份信息和照片，但在银行使用时被发现，一审法院判决张美华无罪，检察院提起抗诉后，二审法院认为张美华伪造身份证件的行为虽然违法，但是情节显著轻微不构成犯罪。[5] 在该案中，行为人虽然是无制作权人，但是制作了内容真实、符合真实信用信息的身份证件，对于此种情况的分析，应该从法益的角度出发进行探讨。本罪的法益是社会公共信用，而行为人

---

〔1〕 参见徐久生、庄敬华：《德国刑法典》，中国方正出版社2004年版，第133页。

〔2〕 参见〔日〕大谷实：《刑法讲义各论》，黎宏译，中国人民大学出版社2008年版，第408~409页。

〔3〕 实质主义的观点将伪造行为认定为财产犯等其他实害犯的预备罪，应该将虚假制作纳入伪造予以处罚，这种观点为《法国刑法典》所采纳；形式主义的观点认为，伪造主要在于冒用名义，是一种侵害作为记载人的意思或者观念之物的"文书证据能力"的行为，而不问是否事关损害，德国刑法采用此种观点。参见〔日〕松宫孝明：《刑法各论讲义》，王昭武、张小宁译，中国人民大学出版社2018年版，第315页。

〔4〕 参见张明楷：《刑法学》，法律出版社2016年版，第1041页。

〔5〕 参见最高人民法院办公厅编：《中华人民共和国最高法院公报（2004年卷）》，人民法院出版社2005年版，第382~384页。

的行为并没有损害社会公共信用，其只是出于个人方便的角度来创造一个不合法的自身信息的载体，并且一定程度上是由于行政审批手续的原因造成的，在记录的信息是真实可靠的前提下，不应该认定为是伪造，即"文书的作成名义，虽非真正，而其内容为真实者，自无所谓伪造"。[1]

争议二：对无制作权人制作的内容半真半假的身份证件应该是认定为伪造身份证件罪还是盗用身份证件罪？典型的案例是：孙某盗窃李某的驾驶证、身份证，并以此为蓝本，制作了一本除了照片为孙某外，其余有关个人信息都属于李某的驾驶证和身份证，并以李某的名义找寻工作。[2] 对于该案中行为人犯罪行为的定性，实务机关产生了争议，本文在这里认为该行为依旧构成伪造身份证件罪，理由有二：

第一，虽然制作内容半真半假，但是即使是对真的内容按照争议一中的处理忽略不计，其中假的内容仍旧构成有形伪造，若认定为盗用身份证件罪，则对该行为的评价缺失。

第二，孙某在获取李某的身份证件之后，并没有直接使用李某的身份证件，而是自己伪造新的身份证件，利用的是李某的个人信息而非证件本身，认定为伪造身份证件可以包容评价后续的使用行为。[3]

争议三：无形伪造中形式主义和实质主义的对立，衍生出对无形伪造身份证件的概念成立与否的质疑。形式主义的观点认为，无形伪造中制作主体在形式上符合制作身份证件的要求，同时也有制作权，所以不应该认定为伪造，至于内容的虚假则另行评价。[4] 实质主义的观点认为，虽然在形式上合法，但是在内容上侵犯了社会公共信用法益，因此应认定为伪造，本文在这里也支持这一观点。对于无形伪造的判断，应该从法益保护的角度出发，判断无形伪造是否在主体上具有合法的授权，在内容上是否因为虚假而侵害社会公共法益，在程度上是否达到能

---

〔1〕 参见甘添贵：《刑法之重要理念》，瑞兴图书公司 1996 年版，第 271 页。转引自黄明儒："论伪造罪的体系与类型"，载《山东警察学院学报》2011 年第 6 期。

〔2〕 参见康昊："本案构成盗用还是伪造身份证件罪"，载《江苏法制报》2019 年 5 月 13 日，第 00C 版。

〔3〕 日本对相似的案例也判定为伪造，最决昭和 35・1・12 刑集 14 卷 1 号 9 页。参见〔日〕西田典之：《日本刑法各论》，王昭武、刘明祥译，法律出版社 2013 年版，第 375 页。

〔4〕 参见顾肖荣："试论伪造、变造公文、证件、印章罪的侵犯客体"，载《法学研究》1985 年第 5 期。

够使一般人信以为真的程度，以此作为成立伪造与否的衡量标准。[1]

（二）变造身份证件的行为辨析

关于变造的概念，一般是指对真实有效的居民身份证件的非本质部分进行加工、修改，如果是对本质的部分进行修改，则视为伪造。[2]在日本学者中，松宫孝明认为，变造是指没有更改权限却更改已经确定的真正文书，并且伪装成文书的初始样态，且变造不问内容的真伪，损害的是文书的确定性。[3]大谷实认为，变造是指名义人以外的人，在没有权限的情形下，对已经成立的真文书的非本质部分的内容进行改变，因此变造必然是有形变造，而且对于变造的手段并无强制要求。[4]西田典之认为，变造是广义的伪造，是指对真正成立的文书加以变更的行为，无权限者实施的变更行为为有形变造，而有权限者实施的变更行为则是无形变造。[5]除此以外，仅仅对不真正成立的文书的非本质部分加以变更的，由于并非另外又危害到针对文书的信用法益，因而不属于变造。[6]

现阶段对于变造身份证件罪的争议，主要集中在变造身份证件行为和伪造身份证件行为的区分，以及对于变造身份证件行为的出罪事由的确定。关于变造和伪造的区分，牧野英一认为，"利用既存之文书，而为可证新之权利关系其他事实之文书时，仍以之为伪造，限于仅变更为文书内容之权利关系其他事实之效力态样者，为变造"。[7]本文认为，区分变造和伪造的核心在于变更的内容，而非变更行为的主体或者变更的程度。若变更内容涉及非本质信息，则应该认定为变造而非伪造。至

---

〔1〕 参见熊永明："论刑法中的无形伪造——以文书为视角"，载《法学论坛》2005年第3期。

〔2〕 参见张明楷：《刑法学》，法律出版社2016年版，第1042页。

〔3〕 ［日］松宫孝明：《刑法各论讲义》，王昭武、张小宁译，中国人民大学出版社2018年版，第336页。

〔4〕 参见［日］大谷实：《刑法讲义各论》，黎宏译，中国人民大学出版社2008年版，第410~411页。

〔5〕 参见［日］西田典之：《日本刑法各论》，王昭武、刘明祥译，法律出版社2013年版，第369页。

〔6〕 参见［日］大塚仁：《刑法概说（各论）》，有斐阁2003年版，第453页。转引自［日］西田典之：《日本刑法各论》，王昭武、刘明祥译，法律出版社2013年版，第369页。

〔7〕 参见［日］牧野英一：《日本刑法通义》，陈承泽译，中国政法大学出版社2003年版，第146页。

于"非本质信息"的定义，可以通过本质信息进行倒推，本质信息主要包括名义人的姓名、身份证件编号、照片这种独一无二的信息，随着电子身份证件的发展，个人的虹膜信息、指纹信息、面部识别信息、基因信息都可能体现在电子身份证中[1]，而这些信息都应该被视为本质信息，反推至何为非本质信息，就是不涉及个人核心识别的一般信息。关于对变造身份证件行为的出罪事由的确认，则关系到本罪的刑事处罚界限，按照大塚仁教授的观点，当变造身份证件的行为，并没有损害到身份证件所背负的社会公共信用法益时，则这种变造不应该加以刑事处罚，这一观点符合"严厉的国家干预——刑罚——要取决于补充性法益保护的要求"。[2] 除此以外，对于变造身份证件的行为，当变造的程度不能够让一般人达到误信的程度时，不宜认定为构成本罪，而应该认定为不能犯，此时应该强调刑法的保障机能，只有在行为人的行为对刑法的保护法益造成实际损害时，才能够认定为犯罪并予以刑事处罚。[3]

（三）买卖身份证件的行为辨析

买卖身份证件的行为是《刑修九》中新加入的犯罪行为，在现阶段的司法实践中，买卖行为具有手段较为隐秘的特点，从而导致侦查困难，买卖行为多发生在网络平台，在公布消息之后线上联系、线下交付，在交易完成后删除交易信息，并且购买人一般在使用后也会销毁身份证件，同时还存在着行政处罚和刑事处罚脱节的情形。上海司法机关的统计数据显示，平均每个身份证件的价格在 100～200 元，除个别案件数额较大外，多数案件的数额较低，导致量刑较轻，严重削弱了刑法的震慑力，在没有严格的量刑标准的前提下，刑事处罚界限的模糊导致司法机关适用该罪名时束手束脚。[4] 买卖是一种对向性的行为，有学者认为买的行为和卖的行为都应该入刑，以体现立法宗旨。[5] 张明楷

〔1〕 参见陈伟箐："眼中的身份证——虹膜识别在应用中不断发展"，载《中国安防》2013 年第 5 期。

〔2〕 参见［德］克劳斯·罗克信、樊文："刑法的任务不是法益保护吗？"，载《刑事法评论》2006 年第 2 期。

〔3〕 参见黎宏："刑法中的危险及其判断——从未遂犯和不能犯的区别出发"，载《法商研究》2004 年第 4 期。

〔4〕 参见曾国东、肖宁、万海富、周慧："上海市检察机关办理妨害身份证件管理犯罪案件情况的调研"，载《检察调研与指导》2018 年第 2 期。

〔5〕 杨新京："浅析《刑法修正案（九）》对身份证件类犯罪的修改"，载《中国检察官》2015 年第 21 期。

教授指出，"买卖"行为既包括卖出自己真实身份证件的行为，也包括买入或者卖出他人真实身份证件的行为。[1] 但是通过对现有的有关买卖身份证件的裁判文书的分析，现阶段的刑事处罚集中在对卖家的惩罚，尚无对购买者施加买卖身份证件罪的刑事处罚的判例，即对于买卖身份证件的行为全部惩罚的是出卖者，其中包括一手的卖家和二手转卖的卖家，而对于购买者并未出现刑事处罚的迹象。[2]

造成这一局面的原因在于入刑标准的缺陷导致购买行为不易入刑，在尚无权威的司法解释可适用的前提下，各地依据不一。上海地区的入刑依据是上海市公、检、法、司四部门于 2013 年联合发布的《关于本市办理部分刑事犯罪案件标准的意见》，其中对于买卖身份证件行为入刑的标准定在 3 件以上或者虽然不满 3 件但是有特定情节的。但是在实际的司法案例中，购买者很少会出现购买多件身份证件的行为，所以不会接受刑事处罚。[3] 从法益保护的角度出发，卖家的行为一般情形下都会严重地损害社会公共信用，但是购买者的行为在多数情况下是为了自身方便，主观恶性较小，一般不易对社会公共信用造成严重损害，采用刑事处罚加以规制应该制定区别于卖家的认定标准。综合来看，应该明确认定买卖行为成立犯罪的判断标准，认定为买家购买 2 件或者不满 2 件但是有其他严重情节，卖家出卖 3 件或者不满 3 件但是有其他严重情节的，构成买卖身份证件罪。

（四）使用虚假身份证件的行为辨析

对使用虚假身份证件行为的认定，特殊之处在于使用的行为本身和将该行为的对象限定为虚假的身份证件。首先，对于"使用"一词的定义，西田典之教授认为是"针对他人的使用，也就是置于他人可能阅览的状态之下，并且在这种情形下也处罚其未遂行为"。[4] 张明楷教授则认为，"使用"是指使身份证件的内容处于相对方认识或者可能认识的状态，使用的方法则没有限制，包括出示、提供等。[5] 多数学者对

---

〔1〕 参见张明楷：《刑法学》，法律出版社 2016 年版，第 1042 页。

〔2〕 参见（2015）未刑初字第 00800 号、（2016）藏 0102 刑初 330 号、（2016）川 01 刑终 793 号、（2018）鲁 1426 刑初 52 号等。

〔3〕 参见（2017）沪 02 刑终 1437 号。

〔4〕 参见〔日〕西田典之：《日本刑法各论》，王昭武、刘明祥译，法律出版社 2013 年版，第 400 页。

〔5〕 参见张明楷：《刑法学》，法律出版社 2016 年版，第 1042 页。

"使用"的定义都确认是对对方使用[1]，因而限定了使用的行为模式，必须是对相对方使用，在没有明确的相对方时，亦可以将使用对象指向不特定的主体，即"苟交付于他人之际，行使也"。[2] 而如果单纯地携带虚假的身份证件而未表示出使用的目的，则不宜认定为使用，也不应该受到刑事处罚。

其次，此处使用的身份证件，应该是虚假的身份证件，但是对此处的"虚假的身份证件"的范围，本文认为尚有探讨余地。当行为人使用一张"虚假"的身份证件，而这张身份证件是没有制作身份证件权的行为人制作的，但是记录有行为人的真实信息，根据上文的论述，这张身份证件并不是伪造的身份证件，但是伪造不等于虚假，其仍旧是一种虚假身份证件，此时的"虚假"身份证件在形式上虚假但在实质内容上真实，即使使用也不应该认定为使用虚假身份证件罪，因为行为人没有损害社会公共信用的故意，也不可能损害社会公共信用，使用身份信息真实而形式虚假的证件不能认定为使用虚假身份证件罪。

再次，张明楷教授指出"单纯提供伪造、变造的身份证件复印件的，不宜认定为使用伪造、变造的身份证件"。[3] 本文对此观点持反对态度。陈洪兵教授指出，复印件在现代社会中使用广泛，并且具有相应的证据价值和社会公共信用价值，其能够起到让人相信原件存在的作用。[4] 在此背景下，身份证件的复印件完全可以视为身份证件，因而此处使用伪造、变造的身份证件复印件的行为也可以被评价为使用虚假身份证件罪。从损害的法益的角度考虑，使用虚假身份证件的复印件对社会公共信用的损害法益并不小于使用虚假身份证件本身，被使用人有充分的理由相信使用人在提供身份证件复印件后其表述的信息真实。由此扩展到使用身份证件的照片修改件、篡改后的电子身份证件等，这些情况都应该认定为构成本罪。

最后，由于网络时代的快速发展，信息之间的沟通互联更加紧密，"使用"行为的定义亦有扩张的趋势，而刑法则应该敏感地应对社会结

〔1〕 持此观点的亦有黎宏教授，参见黎宏：《刑法各论》，法律出版社 2016 年版，第 357~358 页。

〔2〕 参见［日］牧野英一：《日本刑法通义》，陈承泽译，中国政法大学出版社 2003 年版，第 156 页。

〔3〕 参见张明楷：《刑法学》，法律出版社 2016 年版，第 1042 页。

〔4〕 杜文俊、陈洪兵："文书伪造犯罪的构成要件解释论"，载《国家检察官学院学报》2011 年第 5 期。

构和社会生活事实的各种变化。[1] 典型的行为就是使用虚假的身份证件骗取互联网账号、骗取贷款额度等，这些行为主要是在网络实名制的背景下，在登记时使用虚假的身份证件或者虚假的身份证件复印件，通过网络监管的审核，在获取账号后，获取不正当的利益。[2] 这里的"使用"不同于以往之处在于：其一，使用的对方不一定是自然人而可能是机器；其二，此处使用的虚假身份证件不一定是传统样式的身份证件而可能是照片或者复印件；其三，此处的使用模式不仅是一般意义上的"出示、出具"[3]，还延伸到了"验证、核查"。本文认为，对于这种"使用"定义的扩张，应该将此类行为归纳至刑事处罚的范畴。虽然行为模式产生变更，但是其核心还是利用身份证件的公共信用，即虚拟出其背后蕴含的社会信用价值来谋取不正当利益，仍旧是"使用"的变种，至于"使用"后的后续犯罪行为，比如进行金融诈骗等，则应该将两个行为分开评价而非认定为想象竞合犯。[4]

（五）盗用身份证件的行为辨析

在《刑法》中，"盗用"这一概念尚属首例。在我国台湾地区"刑法"中，出现了 2 次"盗用"，分别是第 217 条和第 218 条，其定义为"无权使用之人，擅自使用他人之物的行为"。[5] 在《法国刑法典》中，出现了三次"盗用"（Usurpation），分别是盗用职权罪、盗用政府专用标记罪、盗用职衔罪，其中"盗用"是指任何人无权但公开实施某些行为。[6] 在我国的司法实践中，对于"盗用"概念的引入只有 2000 年颁布的《最高人民法院关于审理扰乱电信市场管理秩序案件具体应用法律若干问题的解释》，其中第 8 条规定了"盗用他人的公共信息网络上网账号、密码上网"，本文所指的"盗用"和此处的"盗用"

---

〔1〕 张明楷："网络时代的刑事立法"，载《法律科学（西北政法大学学报）》2017 年第 3 期。

〔2〕 参见李明："非法获取他人身份证件信息骗取互联网账号认证的司法认定"，载《人民司法（应用）》2016 年第 16 期。

〔3〕 参见周光权：《刑法各论》，中国人民大学出版社 2016 年版，第 344 页

〔4〕 翟涛检察官认为后续的行为应该包容评价，认定为想象竞合犯，本文对此持反对观点。参见翟涛："略谈使用虚假身份证件罪的司法适用"，载《中国检察官》2017 年第 9 期。

〔5〕 参见魏昌东、张涛："使用虚假身份证件、盗用身份证件罪法教义学解构"，载《首都师范大学学报（社会科学版）》2018 年第 6 期。

〔6〕 参见朱琳：《最新法国刑法典》，法律出版社 2016 年版，第 214 页。

在本质意思上都是对身份凭证的一种擅自使用。[1]

在本罪中，对于盗用身份证件行为的辨析在于盗用和借用的区别，而这实际上是对盗用行为侵害法益问题的延伸。一种观点认为，盗用身份证件是将他人的身份证件当作自己的身份证件加以使用，不论盗用者和被盗用者之间有无通谋，都一概认定为盗用，即借用也属于盗用，这种观点认为盗用身份证件行为的相对方是身份证件的查验和核发机关，损害的是社会公共信用法益。[2] 另一种观点认为，盗用的行为应该是在被盗用者未知的情况下进行的，盗用不是盗窃后使用，而是明知他人身份而冒用，是盗用他人的名义，若在得到他人允许或存在串通的前提下使用，因为借用不存在盗用本人名义的情形，也就不属于盗用，这一观点认为本罪的相对方是被盗用身份证件的公民个人。[3] 综合来看，本文支持第一种观点，因为本罪的保护法益是社会公共信用法益而非持有身份证件的公民个人的利益，此处的"盗"针对社会而非个人，因此，即使是在获取身份证件持有人的同意之后，这种盗用行为也对社会公共信用造成一定的损害，所以，身份证件持有人的同意不仅不能阻却违法，甚至可能构成共犯，借用的范围被涵括在盗用中。

对于盗用定义的辨析还涉及盗用和冒用的区别。《身份证法》第17条规定的是对冒用身份证件行为的规制，而对冒用和盗用的关系，应该认为盗用的范围包含冒用。对于"冒用"的概念，在信用卡诈骗罪中，张明楷教授认为，冒用信用卡的对象只能是自然人而不可以是机器，因为机器不可能存在是否产生认识错误的问题。[4] 综合来看，冒用的行为结构可以拆分成获取和使用两部分，获取方式上，冒用区别于借用，其不必得到被冒用人的许可，其也区别于盗用，只能以较为平和的方式（比如拾取）获取而不包括盗窃后加以使用的情形，在使用方式上，其区别于盗用和借用的地方在于：因"冒"中含有欺骗之意而只能对自然人使用，而借用和盗用既可以对自然人也可以对机器使用。在身份证件犯罪行为中，如果行为人借用他人身份证件之后利用其通过网络或者机器认证，则应该认定为该行为与拾得信用卡后从 ATM 机上取钱一样，

---

〔1〕 参见李强："论使用盗窃与盗用"，载《国家检察官学院学报》2018 年第 2 期。

〔2〕 赞成此观点的主要有张明楷教授、魏昌东教授等。

〔3〕 参见郎胜主编：《中华人民共和国刑法释义》，法律出版社 2015 年版，第 467~477 页。赞成此观点的主要有周光权教授、陈家林教授等。

〔4〕 参见张明楷："非法使用信用卡在 ATM 机取款的行为构成盗窃罪——再与刘明祥教授商榷"，载《清华法学》2009 年第 1 期。

也是针对机器的行为，但是机器很明显不会产生错误的认识，所以该行为的定性应该是盗用身份证件而非冒用身份证件；但如果行为人借用他人身份证件后通过自然人的认证，比如购买了车票，则是应该认定为既是冒用也是盗用；当行为人拾得他人身份证件之后，对机器行使应该认定为盗用而非冒用，对自然人行使则应该认定为既是盗用也是冒用。因此，认定盗用的范围大于冒用的范围，从法益保护的角度出发，冒用的行为虽然对被冒用人的损害较小，但也损害了社会公共法益，所以应该被纳入盗用的范畴。[1]

五、身份证件类犯罪刑事处罚和行政处罚的界限划分

身份证件类犯罪侵害社会信用，而对社会公共信用的保护，我国采取了多元的惩戒保护措施，除了刑事处罚之外，亦有相对的行政处罚措施。如上文所述，在《身份证法》中规定了罚款、拘留、没收违法所得，在《道路交通安全法》中规定了罚款、扣押机动车等措施，但这些行政处罚的措施在构成要件的确定上，和刑事处罚的构成要件内容相似，导致双方界限不明。有学者认为，对身份证件类犯罪应该多采用行政处罚而非刑事处罚，这种观点是有失偏颇的。其一，行政处罚不是万能的，贝卡里亚曾说过，政治犯罪（此处指行政处罚）倾向于损害社会，而不是破坏社会，这种刑法的颁布在公民中传播的将是恐惧和沮丧，而这些隐蔽的和显现的损害会侵蚀我们的社会。[2] 质言之，行政处罚的目的在于效率优先从而导致其内容的更改和适用程序稍显不足，广泛地适用行政处罚将会导致社会的不安定感加剧。其二，行政处罚在强制措施和威慑力度上显著弱于刑事处罚，单一地采用行政处罚不能够对愈演愈烈的身份证件类犯罪行为产生威慑，引入刑事处罚虽然在效率上有所缺失，但是在公正性上更有保障，即"刑事处罚追求的保护真正

---

〔1〕 参见魏昌东、张涛："使用虚假身份证件、盗用身份证件罪法教义学解构"，载《首都师范大学学报（社会科学版）》2018 年第 6 期。

〔2〕 贝卡里亚这里所述的"政治犯罪"，与自然法意义上的"刑事犯罪"（delitti politi-ci）相对，实际上是指违反国家行政管理规范的犯罪行为，此处的"政治犯罪"概念比较宽泛，形容词"politico"的含义是指与国家统治或者行政管理相关的，也就是行政处罚。参见［意］切萨雷·贝卡里亚：《贝卡里亚刑事意见书 6 篇》，黄风译，北京大学出版社 2010 年版，第 33~43 页。

无罪人的目标至少不亚于其揭露真正犯罪人的目标"。[1] 因而无论是在司法实践还是理论探讨中，如何确定行政处罚和刑事处罚的界限成为实现该罪的立法宗旨以及符合刑法谦抑性的应然之举。

刑法的谦抑性原则要求刑法依据一定的规则控制处罚范围与处罚程度，如果定罪标准不合理则会导致过分侵害公民的自由，[2] 不仅起不到制止犯罪的效果，同时还会降低刑法的威慑力。"首恶之行首罚之（first things first）"，刑事制裁是法律的终极威慑。[3] 在这一背景下，厘定刑事处罚的界限，仍然应该从身份证件类犯罪的损害法益着手进行探讨，并针对伪造、变造、买卖身份证件罪和使用虚假身份证件罪、盗用身份证件罪的条文表述不同而予以区别对待。

（一）伪造、变造、买卖身份证件罪的刑事处罚界限

在伪造、变造、买卖身份证件罪的条文中，对于刑事处罚的界限没有详细的说明和司法解释，仅在上海市《关于本市办理部分刑事犯罪案件标准的意见》中，规定进行刑事处罚的界限是"确定伪造、变造、买卖身份证件3件以上的，或者不满3件但有特定情节的"。而对于行政处罚的界限划分，在各地的规范性文件中，如浙江省公安厅发布的《浙江省公安机关行政处罚裁量基准》（浙公通字〔2016〕52号）第281条和第282条中，为他人提供1本伪造、变造的护照或者出售1本护照的，处10日拘留和2000元以上3000元以下的罚款，为他人提供2本以上伪造、变造的护照或者出售2本以上护照的，或者曾因同类违法行为被行政处罚后又实施的，处15日拘留和3000元以上5000元以下的罚款。通过对规范性文件的梳理和对比之后发现，现阶段司法实践对于伪造、变造、买卖身份证件行为的刑事处罚的界限在3件的标准上，一般当行为人伪造、变造、买卖的身份证件达到3件以上时采用刑事处罚。这种单纯的数量标准的界限划分简单明了，具有实际操作性，但是在数量标准的选取上仍然存在争议。亦有学者从各地的司法判例中进行统计，发现大多数行为人的涉案数量在10件以上，因而认为以10件以

---

〔1〕 参见 [美] 弗洛伊德·菲尼、岳礼玲编：《美国刑事诉讼法经典文选与判例》，卫跃宁等译，中国法制出版社2006年版，第39页。

〔2〕 参见张明楷："论刑法的谦抑性"，载《法商研究（中南财经政法大学学报）》1995年第4期。

〔3〕 参见 [美] 哈伯特·L. 帕克：《刑事制裁的界限》，梁根林等译，法律出版社2008年版，第246页。

上作为刑事处罚的界限较为合适。[1]

本文认为对于伪造、变造、买卖身份证件刑事处罚的界限，以 3 件为限较为合适。其一，之所以在统计案例的过程中发现涉案人的数量大多在 10 件以上，是因为很多时候涉案人出于制作成本的考虑，必然会大规模生产，而 3 件以上已经可以被视为大规模生产的前兆，所以不必因为案例中的数量而影响对选择标准的判断。其二，出于从行政处罚施行的角度考虑，在浙江省的标准中，对于行政处罚的界限标准是 2 件，若将刑事处罚的界限拉高至 10 件，会导致行政处罚和刑事处罚之间出现监管的"模糊地带"，导致衔接困难。其三，即使行政处罚的界限伴随刑事处罚的界限拉高至 10 件，按照浙江省的标准对伪造、变造、买卖不同件数区分行政处罚的传统来看，势必要将涉案不同件数之间的情形予以区分，在这种情形下要么导致行政处罚的规定过于琐碎，并且难以施行，要么导致执法机关的权限过大，产生权力寻租的空间。综合来看，以 3 件作为界限区分的标准较为恰当。并且如上文所述，在伪造、变造、买卖行为中，由于伪造、变造、买卖的行为的行为人主观恶性一般较大，所以需要与买的行为人相区分，对于购买人，在采用刑事处罚的标准上，应该以 2 件为限较为合适。

除此以外，肖友广检察官在论文中提到对于"行为人使用伪造、变造或者盗用他人的身份证件不满 2 张的情况下，累计次数须达到 5 次以上"才能进行刑事处罚，理由在于：多次伪造一个人的身份证件的行为的社会危害性小于伪造多人身份证件的危害性，因而在标准上有所区分。本文对此观点持反对态度，伪造、变造、买卖身份证件的侵害法益是社会公共信用而非身份证件被伪造、变造人的个人隐私权，出于对法益保护观点一以贯之的态度，只要伪造、变造、买卖身份证件次数达到 3 次以上就应该认定为在社会危害性上达到了刑事处罚的界限，而非有所区分。

（二）使用虚假身份证件罪、盗用身份证件罪的刑事处罚界限

使用虚假身份证件罪、盗用身份证件罪的条文表述中，提到了只有情节严重才能构成本罪，并且采用的刑罚明显轻于前罪，仅处拘役、管制、并处或单处罚金。而在《身份证法》《护照法》《出入境管理法》

---

[1] 参见肖友广、金华捷："使用虚假身份证件、盗用身份证件罪的司法认定"，载《犯罪研究》2017 年第 2 期。

中，对于此类行为也规定了行政处罚。在其余类型的规范性文件中，湖南省公安厅颁布的《湖南省公安行政处罚裁量权基准》（湘公发〔2017〕18号），规定了冒用身份证件行为的不同情节，情节较轻包括初次冒用他人身份证件，"情节一般"没有规定，"情节严重"包括多次冒用、曾因冒用被处罚、冒用后进行违法活动以及其他严重情节，可见其采用的情节模式作为行政处罚界限的标准。

本文对于该罪刑事处罚和行政处罚的区分界限采用的模式，倾向于采用"数量+情节"模式而非单纯的数量模式，原因在于：本罪的行为重点在于"使用"和"盗用"的行为而非统计数量。在本罪所规定的行为中，出现使用、盗用多次的情形较为罕见，多是进行使用、盗用的行为并导致严重损害后果，所以应该以"数量+情节"模式作为刑事处罚界限的划分标准。具体到犯罪行为的情节上，行政处罚中提供的三种情节可资借鉴，但是应该予以细化以彰显罪刑法定原则。其一，对于多次盗用或者使用虚假身份证件的情节，应该将次数限定为3次以上，视为可以采用刑事处罚措施的严重情节。采用3次作为衡量标准既能够给行政处罚提供合理的适用空间，同时进行3次以上这种行为也能说明行为人并非偶然为之。其二，对于曾经因为盗用被处罚的行为人，再犯此类行为的，可以视为情节严重，因为此类行为人再犯的可能性较大，采用传统的行政处罚对其威慑力有限，而采用刑事处罚则能够发挥刑罚的威慑性，包括一般预防的效果。[1] 其三，对于盗用和使用虚假的身份证件后进行违法活动造成严重损失的情节的确认，此处的严重损失主要应该考虑是否对社会公共信用法益造成损害，而非局限在对被侵害身份证件人的法益，因为此处的法益较难统计，而且对被侵害人本身的追寻绝非易事，而注重对社会公共信用法益的保护则贯彻了本罪的立法宗旨，在具体数额上应该以5000元为限较为合理，从而与行政处罚加以区分。其四，对情节严重应该设立兜底性条款以防止可能出现的新情况，尤其是在电子身份证件飞速发展的今天，盗用、使用虚假的身份证件行为可能造成的社会公共信用法益的损害范围和场景完全超乎我们的想象，应该秉持对社会公共信用法益的保护的宗旨，对可能存在的严重情节设立兜底性条款。

除了对两罪本身刑事处罚界限的厘清，同时也要明确因两罪之间自身联系所导致的刑事处罚界限一致性的要求，即伪造、变造、买卖身份

---

〔1〕 参见马晶淼："论刑罚的威慑心理"，载《法学研究》1984年第4期。

证件罪是上游犯罪，使用虚假身份证件罪、盗用身份证件罪是下游犯罪。从保护法益的角度考量，后者对于社会公共信用的损害更大，所以要保证上游犯罪的刑事处罚界限严格于下游犯罪的刑事处罚界限，防止出现同样的情节（比如同样的次数）但损害大的下游犯罪不适用刑事处罚而损害小的上游犯罪适用刑事处罚的情形，这会影响刑罚体系的稳定性。

六、余论

刑法的克制性要求客观的自我克制，在刑罚问题上也具有意义，刑罚应该更加人道、更加科学，[1] 在这一背景下，对于身份证件类犯罪刑事处罚界限的厘清具有相应的现实意义。一方面，愈演愈烈的身份证件类犯罪行为意味着行政处罚的失灵，因而在《刑修九》中引入刑事处罚进行增补和完善，并且提供理解和解释的空间；另一方面，从刑法谦抑性的角度出发，首先要确定《刑法》第280条罪名的理解和适用范围，以应对层出不穷的身份证件类犯罪的新形势，尤其是在司法解释缺位的前提下，对空白罪状、情节严重等要素的理解显得尤为重要。其次，对于行政处罚和刑事处罚之间模糊的界限，则需要一定的适用规则来具体明确，保证刑事处罚的威慑力。综合来看，正如李斯特所言，刑罚执行的基本思想必须与立法者通过刑罚所追求的目的相适应。[2] 而《刑修九》中所透露出的立法目的明显不局限于对个人法益的保护而是对保护社会公共信用法益的追求，因而坚持以社会公共信用法益作为刑事处罚界限判断的价值理念，才能正确地适用相应的罪名和对应的刑事处罚。

---

[1] 参见 [日] 平野龙一：《刑法的基础》，黎宏译，中国政法大学出版社2016年版，第118页。

[2] 参见 [德] 冯·李斯特：《论犯罪、刑罚与刑事政策》，徐久生译，北京大学出版社2016年版，第244页。

放弃重复侵害行为性质的规范判断

武晓雯*

一、问题的提出

"放弃重复侵害似乎同时具有未遂与中止的特点。"[1] 传统刑法理论的观点秉承苏联刑法理论，认为放弃重复侵害行为是实行终了的犯罪未遂，而不可能是犯罪中止。[2] 近年来，我国刑法理论界开始重新重视对这一问题的研究，观点上也从犯罪未遂论过渡到目前占据通说地位的犯罪中止论。[3] 然而，作为一个特定的刑法学术语，放弃重复侵害行为在其含义、特征、性质等诸多方面均存在模糊之处，很多时候学者们其实并非在同一含义或范围内研究、讨论该问题，这就导致犯罪中止的成立范围可能不当扩大。另外，倘若将放弃重复侵害行为一概认定为犯罪中止，可能造成定罪量刑不协调的局面。

因此，本文基于限制放弃重复侵害行为成立犯罪中止的立场，试图探求放弃重复侵害行为性质的规范判断方法，以期对刑法理论和司法实践有所裨益。

1997 年《刑法》颁布之前，将放弃重复侵害的行为认定为犯罪中

---

* 武晓雯，中共中央党校（国家行政学院）政法部讲师，法学博士。

〔1〕 张明楷："论放弃重复侵害的行为性质"，载《中外法学》2017 年第 6 期。

〔2〕 参见［苏］Π·И·库德利雅夫采夫主编：《苏联法律词典》（第二分册），法律出版社 1957 年版，第 67 页。

〔3〕 参见袁野："放弃重复侵害行为的认定与类型化构思"，载《犯罪研究》2019 年第 2 期；高铭暄、马克昌：《刑法学》，北京大学出版社 2017 年版，第 160 页；陈兴良：《规范刑法学（上册）》，中国人民大学出版社 2008 年版，第 215 页；赵秉志主编：《刑法争议问题研究》，河南人民出版社 1996 年版，第 423 页；赵秉志："放弃重复侵害行为应属犯罪中止"，载《现代法学》1984 年第 1 期。

止，导致量刑不协调局面的可能性并不大。因为，1979年《刑法》对中止犯采取的是"应当减轻或者免除处罚"的原则。据此，即使认定放弃重复侵害行为成立犯罪中止，也存在选择"减轻处罚"的余地，而并不一定适用免除处罚。但是，现行《刑法》第24条第2款规定："对于中止犯，没有造成损害的，应当免除处罚；造成损害的，应当减轻处罚。"换言之，如果依然将所有放弃重复侵害的行为认定为中止犯，那么，在侵害行为没有造成损害的情形下，就只能对其免除处罚。然而，这样处理的弊端是显而易见的：例如，A、B都是刀具店的职员。A以杀人的目的，在B的茶杯里放入毒药，但B仅有轻微腹泻（未达轻伤程度），于是，A拿起身边的待售刀具准备继续对B实施侵害，却无论如何都无法伤到B。再加上行凶过程中B的苦苦哀求，最终A已竭尽全力并且认为反正也伤不到，于是说服自己放弃继续砍杀B的行为。在这种情况下，若将A的行为认定为犯罪中止，则只能免除处罚。

但是，如若设想另一种情形就会发现其中的不妥之处：甲同样以杀人故意向被害人杯中投毒，但在仅造成被害人轻微腹泻（未达轻伤程度）的结果时，甲并没有像上例中的行为人A那样再继续实施其他侵害计划或侵害行为就放弃了。在这种场合，将甲认定为犯罪未遂应该是毫无争议的。然而，比较A与甲的行为，A在实施侵害的道路上显然比甲向前更进了一步，即A不仅实施投毒杀人的行为，而且在投毒未果后又连续追砍被害人，虽然最终并没有造成被害人伤亡的结果，但其行为具有更大的法益侵害危险、具有更大的特殊预防必要性，结果反倒必须对A免除刑罚，而甲却最多只能享受减轻处罚的优待。显然，两者在量刑上存在不协调之处，不符合刑法罪刑均衡的基本原理。

毋庸置疑，将所有放弃重复侵害的行为一概认定为犯罪中止的观点有明显缺陷，必须对其性质与认定予以重新审视。在进入正题之前，首先明确一个前提：本文在此探讨的放弃重复侵害行为，仅指自动放弃的场合，不包括被动放弃可以重复实施的侵害行为。因为，根据我国《刑法》第24条第1款的规定："在犯罪过程中，自动放弃犯罪或者自动有效地防止犯罪结果发生的，是犯罪中止。"可见，不论是不作为的放弃犯罪行为还是作为的阻止犯罪结果发生，自动性都是犯罪中止成立的前提。行为人由于意志以外的原因被动放弃可以重复实施的侵害行为的，只能成立犯罪未遂。长期以来，学界争论的是自动放弃可以重复实施的侵害行为的定性问题。为了文字简洁，本文即以"放弃重复侵害行为"称之。

二、放弃重复侵害行为的概念及其理论缺陷

(一)放弃重复侵害行为

何谓放弃重复侵害行为？我国刑法学界主要有以下几种观点：

第一种观点认为，放弃重复侵害行为，一般是指犯罪分子使用可以一下子造成犯罪结果的工具，实施了足以发生其所追求的犯罪结果的行为，但是由于其意志以外的原因使这种结果没有发生，犯罪分子根据主客观条件认为仍可实施重复侵害，但他却基于某种原因自动放弃了重复侵害，因而使犯罪结果不可能再发生的情况。[1] 这一定义的缺陷在于："使用可以一下子造成结果的工具"未免给人造成困惑，而且"工具"一词本身也不够全面。例如，对行为人用手掐被害人的情形是否属于"可以一下子造成死亡结果"、手是否属于"工具"等问题均没有明确的答案。另外，对"犯罪结果"的限定过于宽泛，因为除了既遂结果之外，还可能造成其他犯罪结果。

第二种观点认为，放弃重复侵害行为是指行为人实施了足以造成既遂结果的第一次侵害行为，但由于其意志以外的原因而未发生既遂的危害结果，在当时有继续重复实施侵害行为的实际可能时，行为人自动放弃了实施重复侵害行为，因而使既遂的危害结果没有发生的情况。[2] 该定义的不足之处在于：论者并没有考虑行为人对"当时有……实际可能"的主观认识，可能不当扩大犯罪中止的成立范围。

第三种观点认为，放弃能够实施的重复侵害行为，是指犯罪人已经着手实行特定的犯罪行为，但未能发生预期的危害结果，在能够重复实施同一性质的侵害行为并造成预期危害结果的情况下，放弃了犯罪的继续实行，因而使预期危害结果不再发生的情况。[3] 该定义的特点是将重复侵害行为限定在同一性质的行为范围之内。虽然本文认同原则上应当限制重复侵害行为成立犯罪中止的范围，但倘若按照论者观点，对放弃重复侵害行为性质的认定所依赖的就仅仅是一种形式化的标准了，这

---

〔1〕 参见赵秉志：《犯罪未遂的理论与实践》，中国人民大学出版社1987年版，第145页。

〔2〕 高铭暄、马克昌：《刑法学》，北京大学出版社2017年版，第160页。

〔3〕 马克昌：《犯罪通论》，武汉大学出版社2010年版，第475、476页。

显然不妥当。例如，行为人使用枪支第一次射击失败之后，放弃射击第二枪的与放弃使用手边的砍刀继续杀害被害人的，我们很难找到对这两种符合杀人罪构成要件的行为予以区别对待的法理依据。

本文认为，放弃重复侵害行为是指行为人已经着手实施了特定犯罪的实行行为，但由于意志以外的原因未能达于既遂，实施行为当时在客观上存在重复实施侵害行为的条件，行为人主观上对该条件具有认识，但仍自动放弃重复侵害，使得该特定犯罪的既遂结果并未发生的情形。据此，放弃重复侵害行为的两个基本特征如下：其一，客观上必须存在可重复实施侵害行为的条件；其二，行为人主观上必须认识到上述客观条件。

（二）关于放弃重复侵害行为性质的理论及其缺陷

上文界定了放弃重复侵害行为的定义，此处借用德国"扁平酒瓶案"，进一步对关于放弃重复侵害行为性质的理论予以讨论。该案案情如下：行车途中，被告人要求被害人回到他身边遭拒后，行为人以杀人目的，使用酒瓶砸向被害人的脑袋。但是，死亡结果并没有产生，因为行为人没有足够的空间来挥动瓶子。于是，被告人就过渡到用手掐住被害人的咽喉，直到她失去意识。但是，行为人最终还是改变主意，放走了被害人。[1]

本案的关键问题在于：行为人实施用酒瓶击打被害人的行为，是否已经使侵害行为达于未遂。如果已经达于未遂，即使行为人自动放弃掐死被害人，也不可能再成立犯罪中止；如果认为应该将整个行为当作一个整体来看待，在放弃掐喉时行为还未实行终了，那么自动放弃就使得行为人满足了犯罪中止的成立要件。对此，德国刑法学界大致有以下几种学说：

1. 构成行为计划说。构成行为计划说认为，当行为人原来的计划指向通过特定的手段引起结果（通过使用扁平酒瓶砸死被害人），那么，这个构成行为在该手段不起作用时就达未遂了，也就不可能再成立中止。向计划之外的手段转换，即成为一种新的手段，不能承认其有成立中止的余地。与此相反，当行为人自始就没有把自己的计划限定在首先使用的特定手段上，而是在可能的情况下把掐喉也考虑进这个计划

---

〔1〕［德］克劳斯·罗克辛：《德国刑法学总论（第2卷·犯罪行为的特别表现形式）》，王世洲译，法律出版社2005年版，第402页。

时，或者行为人并不在乎究竟使用什么样的行为手段，只是偶然抓起在自己可达范围内的瓶子时，则应当将整个事件当作一个统一的杀人行为过程来评价，那么放弃掐喉就应当被评价为一种对整个构成行为的中止。德国联邦法院在当时根据该原则对"扁平酒瓶案"作出了判决，并且司法实务在很长一段时间内都采用该原则。[1]

按照构成行为计划说，当计划通过特定的行为或者借助特定工具导致危害结果时，只有在穷尽了这些行为或工具之后仍然未能导致结果时，才能达于未遂，因此可谓避免了过早排除成立犯罪中止的可能性。但在今天看来，似乎已经不再适用这一理论了：首先，仅仅因为行为人开始时相信借助个别动作就能达到他的目标而排除其成立中止的可能性，相反，一个没有想过个别动作的数量，或一开始就已经在他计划中包括了多个行为的行为人，根据该理论反倒有成立犯罪中止的余地，这不仅缺乏刑事政策的依据，也很可能导致对犯罪热情高、制订多套犯罪计划的行为人的不当优待。其次，该理论对是否成立犯罪中止的评价，部分取决于行为人在行为之前的计划、想象，过分依赖行为人的主观状态，这是客观主义刑法所无法接受的，尤其在有可能免除处罚的情况下，可能导致主观归罪。另外，按照这种理论，很多案件要依赖行为人的供述，而在对供述的真伪又无从得知时，则可能造成认定的困难。最后，在行为人完全没有犯罪计划时，也会导致案件无法处理。

2. 个别动作说。个别动作说认为，"行为人认为适合引起构成要件结果的个别行为，分别各自成立独立的着手。各个个别行为不成功，就已经不可能成立中止，而是成立未遂犯"。[2]据此，如果"扁平酒瓶案"中的行为人相信只要用酒瓶打击就足以杀死被害人，就已经成立犯罪未遂，即便行为人从一开始就计划了不成功时使用其他手段。例如，我们常常讨论类似的案件：行为人有 6 发子弹，射击一枪未射中即放弃了继续射击。在第一发子弹落空时，行为人就已经不再可能从杀人未遂中成立中止了。

然而，该理论也存在缺陷：首先，从被害人保护的角度来说，采取个别动作说会过早排除成立中止的可能性，不利于鼓励行为人放弃犯罪行为，也就不利于法益保护。换言之，当自愿停止已经无法避免未遂的

---

〔1〕 ［德］克劳斯·罗克辛：《德国刑法学总论（第 2 卷·犯罪行为的特别表现形式）》，王世洲译，法律出版社 2005 年版，第 402 页。

〔2〕 张明楷："论放弃重复侵害的行为性质"，载《中外法学》2017 年第 6 期。

处罚时，放过被害人对行为人来说只剩下坏处，他必须考虑被害人的告发、刑事处罚风险的增大以及更严重的处罚。其次，根据《刑法》关于中止犯的规定，在侵害行为实行终了时，通过行为人积极阻止既遂结果发生的，依然可以成立中止，也就是说，此时《刑法》并没有回过头去关注前一侵害行为的未遂状态，而是将救助被害人也纳入到整个行为之中，奖励行为人所实施的避免危险的行为。然而，在放弃重复侵害的情形中，《刑法》却要忽略行为人自动排除的、本可以继续加重的危险，反而回过头去单独评价其先前行为的未遂性质，这显然不妥，或者说与刑法规定有所矛盾。事实上，如果彻底贯彻个别动作说，则任何放弃重复侵害行为的行为人，都没有成立犯罪中止的可能性。

3. 整体观察理论。整体观察理论与个别动作理论相反，根据该理论，即使个别动作失败了，也应将其视为没有实行终了，只要行为人在与行为直接联系的事情中，能够借助对结果的展望把自己的未遂活动继续实施下去。[1] "最后的实行行为结束后结果还未惹起的场合，行为人主观上认为具有按照自己的意愿进一步实施的可能性，此时的未遂即为着手未遂（未实行终了的未遂——本文作者注），自愿的放弃其后行为的，能够成立中止；当行为人主观上认为已经不能惹起结果的场合，则属于失败未遂（实行终了的未遂——本文作者注），不能再中止。"[2] 也就是说，根据该说，前行为是否达至未遂，取决于行为人在实施完最后一次意图导致结果的行为时的主观认识，只有当行为人在这一时刻认为自己的行为没有造成结果，而且根据当时所能使用的工具无法在紧密的时间、空间联系内造成结果时，才能成立未遂，否则对行为人放弃重复侵害的行为即可评价为中止。在"扁平酒瓶案"中，掐喉时就存在着一个统一的未终了的杀人未遂，不管其原来的计划指向什么杀人手段，行为人从这种未遂中通过放弃继续侵害而终止。当一个杀人未遂的行为人连续几枪都打偏了，只要他自动放弃了有成功希望的可能性，停止向这个被害人继续射击，就依然可以被评价为犯罪中止。

原则上说，整体观察理论是合理的。首先，它符合犯罪中止减免处罚的刑事政策意义。虽然有关中止犯减免处罚的根据各异，但是至少可以达成一致的是：犯罪中止是在行为人还能引起结果时的一种已经完成

〔1〕 ［德］克劳斯·罗克辛：《德国刑法学总论（第 2 卷·犯罪行为的特别表现形式）》，王世洲译，法律出版社 2005 年版，第 403 页。

〔2〕 ［日］铃木一永："中止行为的样态"，载《早稻田法学》2014 年 89 卷 3 号。

的危害逆转。一个人虽然处在能够通往危害结果的途中，但却停止了进一步努力的，就是中止，即可减免刑罚。在"扁平酒瓶案"中，行为人在实施第一种实行行为手段不起作用后掐住被害人脖子的时点，就完全掌握并决定了被害人的生死，也就是说，行为人事实上并没有失败，相反，其实是自动放弃了引发这个危害结果。其次，保护被害人的观点也能够支持整体考察理论。如果说，在当时可以继续侵害的情况下，行为人自愿停止侵害（例如停止掐喉）不能获得减免刑罚的优待，那么，放过被害人就只能给行为人带来不利。可能有人对此提出异议，认为这种保护被害人的观点与"金桥理论"一样，都不能产生中止的特权，因为大多数人并不知道中止减免刑罚的规定，因此也就不能通过这些规定来提供动机。但是，即便这样的规定不会产生消除特殊预防的效果，却至少在一般预防上具有积极意义。也就是说，即便行为人在放弃继续侵害行为的时点并非出于刑罚优待的动机，但是这一样会告示一般大众，放弃重复侵害的行为人依然可以获得减免刑罚的优待，或言之，当某天一般人处于行为人的位置时，便可能意识到其通过放弃重复侵害进而回归法秩序依然来得及。

4. 折中的解决办法。在个别理论和整体考察理论之间，也有学者提出一些折中的解决方案。赫茨贝格认为，虽然应当考虑放弃重复侵害的行为是考虑到对整个事件的"目的"的"放弃"，但是前行为只能是一种落空的未遂，对行为人来说，放弃继续侵害的"中止"仅仅在量刑中产生影响。与此相反，当他在个别动作失败后，必须采取积极的阻止结果的努力时，在这里才应当存在一个对整体构成行为的中止。[1]简言之，放弃重复侵害行为只有在积极做出阻止结果发生的努力时才能够成立中止。但是，这并非一种可行的出路。立法者对自愿的中止明确规定了取消未遂的刑事可罚性，既然阻止结果的努力，在结果没有出现时，就导致不具有刑事可罚性，那么一种同样是阻止这个危害结果的努力却不应当具有这种效果，这显然缺乏理论依据。

德国学者兰夫特将放弃重复侵害行为成立中止的范围限制在"类别相同的构成行为手段"上，也就是说，当行为人在第一枪没有打中被害人后放弃开第二枪的，就可以在整体上将行为看作一个未遂，那么行为人在未遂中即成立一个中止；当行为人没有射中被害人后随手抓起刀

---

〔1〕［德］克劳斯·罗克辛：《德国刑法学总论（第 2 卷·犯罪行为的特别表现形式）》，王世洲译，法律出版社 2005 年版，第 379 页。

子，但又放弃用该刀继续砍杀被害人的，就由于使用枪支的杀人未遂而不能再成立中止。[1] 具有积极意义的是：兰夫特想要通过添加一些条件来限制放弃重复侵害行为成立中止的范围，这一目的具有正当性。但是，认为各种对其他构成行为手段的转化都应当排除中止的看法，是没有根据的。如此一来，对免除刑罚起决定作用的就会是一种非常形式化的标准，而且行为手段对实行行为的实施的意义就被过分地高估了。

另有学者并没有将手段限制为同一类别，但是，其认为"在这个进一步的、为了达到那个……构成行为目的而可供这个行为人使用的手段，明显偏离了那个被行为人首先徒劳地使用的构成行为手段，也就是说，这些后来的手段对他来说，例如，是风险更大或者仅仅是不太适合达到他的构成行为目的的"时，就要认定两个不同的构成行为，因而将第一个行为认定为无中止可能的未遂。也就是说，当行为人使用毒药但并未杀死被害人的，那么，在放弃使用一种现成的、但是很容易暴露行为人的武器时，就不存在着中止了。[2] 该观点中值得肯定的是：使用"明显偏离的"或者"有风险的"构成行为手段的不作为，若仅仅是存在自然意义上的使用可能性，但对行为人来说却是无法实现时，单纯的放弃或停止是不具备中止根据的。但是，当这种明显的偏离手段对行为人来说是合适的，并且行为人主观上也认识到了这一点时，就应当承认有成立中止的余地。实际上，借助什么样的手段来实施重复侵害的行为对放弃重复侵害行为的性质并没有实质的影响，当另一种手段（例如，当使用刀砍杀失败后，又拿起枪支准备射击的）在当时很方便即可使用时，行为人却由于风险增加而没有使用的，并不能否定其停止继续实现危险结果的努力，而应当认为当时并不存在继续实施的客观条件，其行为毋宁说是放弃重复侵害，更确切的应是缺乏自动性，因此并不在本文讨论的放弃重复侵害行为的范围之内。

5. 修正的整体考察说。虽然整体考察说比个别考察说更具优势，但是也常常遭到这样的质疑：相比个别行为理论，整体考察说将导致犯罪中止成立的范围过于宽泛。基于此，修正的整体考察说认为，一个中止只有在有根据地支持这个行为人放弃了对他来说看起来很合适的继续

---

〔1〕［德］克劳斯·罗克辛：《德国刑法学总论（第 2 卷·犯罪行为的特别表现形式）》，王世洲译，法律出版社 2005 年版，第 404 页。

〔2〕［德］克劳斯·罗克辛：《德国刑法学总论（第 2 卷·犯罪行为的特别表现形式）》，王世洲译，法律出版社 2005 年版，第 405 页。

手段时，才能够加以认定。[1] 反过来说，只要在客观上还会存在这种完成构成要件行为的可能性，但是，行为人对自己为此需要采取的手段还没有认识或者不能使用时（例如，因为行为人在客观上没有掌握这种手段或者在主观上没有处于使用它们的状态之中），即可认为前行为已经达于未遂，即便放弃了继续侵害，也无法再成立中止。

但是这一理论可能遭到质疑：行为人只需一边策划一出假装的继续，一边通过对其停止便可以为自己谋得一个中止。但这种质疑不具有合理性，因为这样的假设是以行为人具备专业的法律知识为前提的，并且仅仅是虚构的继续，一般是可以被认识的。另外，当行为人放弃了一个已经掌握的或者唾手可得的继续侵害行为的现实可能性时，已经能够表明其主观上向法秩序回归的态度，客观上也未达到既遂的危险结果。因此，行为人完全有理由比那些虽未造成既遂结果但也没有表现出任何想要逆转侵害危险的未遂犯更应获得刑法上的优待。

三、本文的路径

目前，整体观察说不仅在德国属于通说地位，而且在日本几乎所有的学者也与该说持同样的思考[2]，只有少数学者从客观说的立场主张个别行为理论的见解[3]，可见整体考察说在该问题上的优势。本文原则上也赞成整体观察理论，但是其中存在的问题是无法回避的，即在何种程度或者条件上，才可以将后行为作为前行为的继续，并且使整个事件显示为一个整体的时空关系。德国整体观察理论的倡导者们对此并非没有争论，联邦最高法院要求一种"单一的生活现象"[4]，但具体应当怎样把握，概念下的内容却是模棱两可的。因此，什么样的重复侵害行为能够使我们有理由对其进行整体评价，是该理论面临的关键问题。

另外，能够成立犯罪中止的放弃重复侵害行为，必然也应具有刑法对中止犯减免处罚的根据。首先，在违法层面上，中止犯相对于既遂犯欠缺了结果不法，其违法性降低。其次，与未遂犯相比，中止犯在主观

---

〔1〕［德］克劳斯·罗克辛：《德国刑法学总论（第 2 卷·犯罪行为的特别表现形式）》，王世洲译，法律出版社 2005 年版，第 407 页。

〔2〕［日］铃木一永："中止行为的样态"，载《早稻田法学》2014 年 89 卷 3 号。

〔3〕［日］植松正：《刑法概论Ⅱ总论》，劲草书房 1974 年版，第 328 页。

〔4〕［德］汉斯·海因里希·耶塞克、托马斯·魏根特：《德国刑法教科书（总论）》，徐久生译，中国法制出版社 2009 年版，第 649 页。

上放弃了继续追求结果发生的故意，并且体现出犯罪人向法秩序回归的主观态度，其责任非难可能性降低。最后，从刑事政策上加以利益权衡，保护被害人、奖励行为人向法秩序的折返，其法益保护价值远远大于对行为人的惩罚意义，而且，实质上的预防必要性也已经大大降低。与本文相关的是：虽然中止犯与未遂犯都走在了通往危险结果的道路上，并且都未发生既遂的危害，但中止犯之所以不同于未遂犯，其关键在于前者体现出一种值得刑法奖励的从通往危险的道路上折返的主观态度（并且也确实折返了）。

因此，本部分将以整体观察理论的缺陷为切入点，结合中止犯减免处罚的根据，就何种放弃重复侵害行为能够成立犯罪中止予以规范判断，以期为司法实践提供方法论上的参考。

（一）客观前提

放弃重复侵害行为面临的首要问题是，在行为人放弃重复侵害的时点，该如何判断客观上是否存在可以继续实施侵害的条件。本文结合下面的例子进行讨论：

案例一：行为人 X_1、X_2 分别与被害人 B_1、B_2 有过节，两人产生了杀害 B_1、B_2 的想法，某日 X_1、B_1 与 X_2、B_2 分别出席两个商务谈判，X_1、X_2 明知会议室中放置着一根棒球棍和一把长约 20 厘米的水果刀。

情形①：X_1 一向行为粗暴，在实施侵害行为之前制订了严密的行凶计划。为避免行为暴露，X_1 计划在与 B_1 的商务谈判时，先将毒药偷偷放入 B_1 的杯中，以无人知晓的方式毒死被害人。如果投毒行为失败，便计划使用会谈室内放置的棒球棍将 B_1 打死，并决定不论结果如何都不再使用其他行为手段。实际的侵害过程如 X_1 所料，但 B_1 死亡的结果并未发生。

情形②：X_2 一向行为谨慎，虽早有杀害 B_2 的决意，但并未制订具体计划，只想做的不为人知。X_2 利用当日谈判茶歇的时间将毒药放入 B_2 的甜点中，B_2 没有受到丝毫伤害，X_2 虽然看到棒球棍和西瓜刀，但放弃了继续行凶的行为。

1. 当行为人对行凶方式、行凶次数等有着明确的计划时，不论其计划的内容，只要实施完计划行为的，应当认为其行为已经达成犯罪未遂。换言之，如果犯罪以一个明确的计划为基础，明确的行为计划实施完毕之后，行为人不再继续实施侵害，并非由于其主观上追求任一种不再导致发生危险结果的主观态度，实质上只是一个无奈的放弃。

在情形①下，X_1 实施完计划中的各种行为之后，虽然看到了其他适于杀人的工具（水果刀），但是这并不在他明确、具体的预定计划之内，X_1 就不能因为放弃使用犯罪计划之外的工具继续实施侵害而成立中止。倘若 X_1 投毒未果之后，由于 B_1 的苦苦哀求从而改变主意放弃了继续使用棒球棍侵害 B_1 的，也就具有了成立中止的可能。

2. 当行为人并未制订多个行为计划，是否存在客观条件，应当根据行为人所放弃的侵害行为方式，以是否具有同类犯罪人使用该种方式实施侵害的通常性作为判断标准，但是，在不寻常的行为方式对行为人来说是合适的情况下，则存在成立中止的余地。

在情形②下，X_2 没有使用棒球棍是由于该行为明显偏离了行为人内心预设的不被他人发现的底线，换言之，以同类犯罪人（与 X_2 同样谨慎的一类犯罪人）的角度看来，在当时场合下，如果使用棒球棍直接击打 B_2 的话，将会明显提高行为人被发现的风险，可谓并不存在继续实施侵害的客观条件。那么，在投毒未果就不再继续实施侵害的情况下，对 X_2 来说便属于一种失败的终结，应认定为犯罪未遂。相反，如果当时的行为手段对于一般犯罪人而言是不可能的，但对行为人来说却是可能的，则存在成立犯罪中止的余地。就像 X_1 那样的行为人，被发现的风险在其看来是微不足道的，能够杀死被害人才最重要，那么，当其放弃这样一种继续侵害行为时，就存在成立犯罪中止的可能。

3. 客观存在的条件必须适于行为人实施侵害，换言之，必须是行为人已经掌握了的或者"手边随时可以使用的方式"。[1] 这里存在的问题可以通过下面的案例加以说明：

案例二：行为人 X 以杀人的目的举枪射击被害人 B，情形①：X 的枪膛中有 6 发子弹，在射击 3 次都没有射中的情况下，其顿时悔悟，不再继续实施重复侵害；情形②：X 的枪膛中只有 2 发子弹，但是家中还藏有 4 发子弹未带在身上，X 射击 2 次未射中，便离开行为现场回家去取剩余子弹，但途中他还是放弃了杀人的念头。

（1）客观条件必须存在于放弃行为的当时、当地。在情形②中，客观上虽然存在继续通过枪支杀害被害人的条件，但是该可能性必须建立在行为人 X 回到家中取回剩余子弹的前提下，也就是说，当时的条件对行为人来说并非是马上可用的、唾手可得的。在这种情况下，就应

---

〔1〕〔德〕克劳斯·罗克辛：《德国最高法院判例刑法总论》，何庆仁、蔡桂生译，中国人民大学出版社 2012 年版，第 173 页。

当排除成立犯罪中止的空间。因为，行为人很明显已经在前一种行为中惨遭失败，他回家的一刻就决定了行为人若想继续追求被害人死亡的结果就必须重新开始一个新的侵害行为。放弃一个新的犯罪行为便不能被认定为从旧的犯罪行为中做出了中止。所以只能成立一个杀人行为的未遂以及一个杀人预备阶段的中止，由于预备阶段的中止一般不可罚，最终成立一个杀人未遂。

（2）行为人必须具有利用已经存在的客观条件的能力。倘若如情形①中，X的枪膛中有6发子弹，但X并不知道枪支在射击前需要上膛，而第一发子弹在X得到该枪时便已经上好了枪膛。当X完成一次射击未能射中B时，虽然此时存在继续实施侵害的客观条件，但是由于X的个人能力问题，无论如何都无法射出第二枪，那么此时就只能认为X的侵害行为已经终局性地终结了，不可能成立犯罪中止。而且，为防止出现行为人仅仅通过辩称自己是在客观可能的情况下没有继续实施侵害，从而成立中止的不合理结论，那么，"只有在行为人要么通过具体的行为（比如已经从使用木棍过渡到了使用铁锤）证明了其具有继续实施的能力，要么已经有准备地携带好其他的杀人工具却没有使用时，才可以在其拒绝了一个确定的杀人方式后，现实地考虑由'停止'引起的中止"。[1]

（二）主观认识

如上文所述，中止犯相比未遂犯来说，最大的优势在于其主观上存在一个放弃了继续向前追求危险结果的态度转变，因此，仅仅是客观上存在可以继续实施侵害的条件，还不值得刑法给予犯罪中止的优待，因为，"未遂的中止总是以行为人认为有可能实现既遂作为前提条件的"。[2] 本文结合下面案例进行论述：

案例三：行为人X与被害人B系夫妻关系，婚生一子一女，婚后感情尚好。几年后，X外出打工期间与某女产生情愫，后与其妻B感情逐渐冷淡，从而长期不归。再后来，X向法院提出离婚，但法院判决不准予离婚。半年之后，X再次向法院提出离婚，但因B以割腕相威胁而

---

〔1〕〔德〕克劳斯·罗克辛：《德国最高法院判例刑法总论》，何庆仁、蔡桂生译，中国人民大学出版社2012年版，第179页。

〔2〕〔德〕汉斯·海因里希·耶塞克、托马斯·魏根特：《德国刑法教科书（总论）》，徐久生译，中国法制出版社2009年版，第650页。

撤诉，X 从此便再未回家。2 年之后的春节，X 突然回家，表面对 B 甚是热情，实已下定决心要杀害 B。次日凌晨，B 到村旁深水井边打水，X 乘机尾随，在 B 低头提水的一刹那，X 拿起木棍对 B 背部猛击，由于用力过猛，B 一头冲向井另一边的一对大石块上，当即头部血流如注，X 当时吓懵，扔下木棍便逃走了，B 受到了重伤（数月后治愈）。

1. 行为人主观上必须对存在的客观条件具有认识。当按照前述客观条件部分的判断标准，行为人放弃重复侵害的时点存在着适于行为人继续实施侵害的条件时，接下来就需要行为人对这些条件具有认识。否则，即便行为人在此时放弃了行为，也并不足以表明其主观态度上的转变，而只能评价为一种终局的失败。案例三即属这种情形，X 在实施了杀人行为之后，由于"X 当时吓懵了"，所以其根本没有考虑到当时还存在着可以继续击打的客观可能性，甚至可以说其并没有一个真正的放弃行为，因为对他来说已经没有可能再继续实施侵害，因而应当成立犯罪未遂。

2. 更为重要的条件是，行为人在放弃继续侵害的那一刻，主观上认为既遂结果将必然不会发生。具体而言，在放弃重复侵害的时点，只有行为人知道既遂结果不会出现时，才可以因其单纯的放弃重复侵害而获得成立中止的可能；若行为人对既遂结果是否出现并不确定或者根本没有考虑，则必须通过真挚的、足够的制止行为防止结果的发生。其中有以下两个具体问题需要讨论：

（1）行为人对将来既遂结果的发生与否很难有清晰的判断，那么"知道"的程度该如何把握？

案例四：行为人 X 以杀人的目的，使用一把制式手枪信心十足地朝 B 的心脏部位近距离射击。由于 B 在听到枪声的一刹那身体下意识地一躲（由于子弹速度过快，事实上 B 只有极短的时间移动身体，所以 X 完全没有意识到 B 躲了），使子弹从心脏下面两根肋骨中间的软组织穿过（医学上并非直接致命伤，但必须及时送往医院），顿时血流不止，B 捂着伤口瘫倒在地。但这个场面是出乎 X 预料的，他本以为射击心脏会当场毙命，此时的他认为 B 一定是不会死了，并且在本来可以继续侵害的条件下没有再继续实施射击行为。幸运的 B 被路人救起，幸免于难。

本文基于限制犯罪中止成立范围的立场，认为应当对"知道"的程度进行更加严格的限制。具体而言，倘若行为人只是轻率地、过失地认为既遂结果不会发生，则不能受到刑法上的优待。换言之，当被害人是否处于既遂危险之中很难简单地辨别时，行为人仅通过不再继续侵害成立中止的前提是，他必须进行了一番充分的、有客观依据的考量之后才做的决定。否则，行为人必须通过积极的救助来获得中止。在案例四中，一般人都无法分辨 B 的伤是否属于致命伤，而且即使当 X 实施射击行为之后才知道纵使是直击心脏也可能不当场毙命（实际并未击中心脏），但根据当时的情况也理应作出"被害人有极大可能因流血过多而死"的判断。相反，X 仅仅是轻率地认为 B 不会发生既遂结果。即便事后放弃了继续侵害也不能因此成立中止，除非其实施了积极的救助行为。

（2）行为人在放弃时点认为既遂结果一定发生，又没有时间间隔地发现自己错了，但还是没有继续实施重复侵害的情况，对此应当如何处理？

案例五：行为人 X 与被害人 B 系亲生兄弟，为独吞巨额遗产，X 以杀害 B 的故意乘 B 熟睡之际持刀对其实施砍杀行为。在砍了 3 刀之后，X 以为 B 一定已经死了，于是不再继续。当 B 晃晃悠悠站起身来往屋外走时，X 才意识到 B 并没有死而且很可能不会死了。但是看着 B 血流不止十分痛苦的惨状，X 心生悔意，放弃了可以继续实施的侵害。

本文认为，暂时的（紧密的时间联系）对既遂结果发生的错误认识并不能当然排斥犯罪中止的成立。其一，放弃的行为与之前的砍杀行为之间并不存在明显的分离。这一点也可从另一方面对其加以肯定：如果行为人在发现 B 还活着的时候上前一刀将其砍死，则整个行为过程或整个事件将在法律意义上很自然地被评价为一个杀人行为，那么当行为人停止了后一部分行为时我们也没有充分的理由将其从整体行为中分离出去判断，也就是说，对后行为的放弃应使行为人成立对整个杀人行为的中止。其二，很难想象的是，行为人放弃了一个可能的杀人行为，在刑事政策上是否能够减免处罚，完全取决于其在放弃过程中曾一度（很短的时间）对既遂结果是否产生短暂的错误认识，但这是不合常理的。

（三）整体考察的其他问题

将行为人一系列动作作为一个整体的首要条件，是这些动作间的连贯性，即这些动作之间不得有明显的中断。[1] 但以动作的连贯性作为

---

[1] ［意］杜里奥·帕多瓦尼：《意大利刑法学原理》，陈忠林译，法律出版社 1998 年版，第 111 页。

划分一个或者多个行为的标准，只具有相对的意义，因为行为是否连贯实质上取决于行为的社会意义，而判断行为社会意义的标准往往是不确定的。下文就以下两个具体问题进行分别论述：

1. 行为人实施的构成要件行为与其放弃的重复侵害行为基于不同故意内容的情形：

案例六：行为人 X 在杀人的故意下使用木棍击打 B 的头部，但 B 一边躲闪一边恳求 X，不料木棍折断再加上行为人主观上略有悔意，也就放弃了杀害的故意而仅仅是出于重伤的目的随手拿起身边的铁锤敲击 B 的肩部，击打行为只造成 B 轻伤，但 X 还是放弃了继续重伤的行为。

这个案例中，由于一系列行为存在着紧密的时间、空间联系，在杀害行为并未造成既遂结果时，行为人马上看到了一个可以实施其他方式继续杀死被害人的可能性，却自愿放弃了它的实现，而只是决意伤害被害人的身体，并且最终还是放弃造成重伤。此种情况成立中止应该是没有疑问的，但关键在于成立杀人罪的中止还是伤害罪的中止。本文认为，应该成立故意伤害罪的中止。因为既然要将前后两部分行为进行整体判断，当两个行为性质不同时，必须转换成相同的行为进行评价。从法律意义（违法的程度）上讲，杀人行为与伤害行为是包容关系，杀人的行为可以评价为伤害，因此认定为故意伤害罪的犯罪中止，更具实质公平。

2. 行为人实施的构成要件行为与其放弃的重复侵害行为在时间、空间上的紧密联系程度：

案例七：① 行为人 X 以杀人的目的与被害人 B 扭打在一起，但由于势均力敌，X 未能对 B 造成任何伤害。在 X 随手抓起铁锤继续击打 B 之前，X 进行了短暂的休整，X 在随后用铁锤击打 B 的过程中最终还是放弃了杀人行为。② 行为人甲以杀人的目的潜入到乙的房间，欲使用被子将熟睡的乙捂死。乙挣扎着逃出了卧室，跑到院子里。甲紧追不舍，将乙逼到角落并上前用双手掐住了乙的脖子。但看到乙痛苦地挣扎，还是放弃了可能掐死乙的行为。

目前在学术界能够得到一致同意的是，倘若要将前后两部分行为统一起来看待，也就是说，承认前一部分行为还没有造成终局状态，则二者必须具有紧密的时空联系。但是，若仅仅因为一个短暂的停顿或者紧密的空间改变就排除犯罪中止的成立，则未免要求过高，且没有实质的理由。

因此，如同案例六中的两种情形，排除其成立犯罪中止并无合理依据。相反，有些情况则必须将前部分行为认定为已经达到了终局的状态。例如：行为人 X 对被害人 B 实施敲诈勒索行为（敲诈数额 10 万），B 身上只有 1000 元，但答应 X 让其次日来家里取。第二天，X"如约"到 B 处取剩余的钱，但 B 又再次推后日期。第三日，X 在去 B 家的路上决定不要剩余的钱了。无论如何都无法认为 X 去到 B 家索取剩余钱款的行为属于前一部分构成要件行为的延续从而成立犯罪未遂，因为在前部分行为（敲诈获得 1000 元）结束时，侵害行为就已经达于既遂状态了。

口袋罪的刑法处罚边界

——以危险方法危害公共安全罪视角下的研讨

肖皓文*

一、引言

口袋罪是我国刑法学界对于某些构成要件行为具有一定的开放性的罪名的俗称。[1] 我国 1979 年《刑法》中典型的口袋罪为流氓罪、投机倒把罪和玩忽职守罪。随着 1997 年《刑法》废除类推制度，确定了罪刑法定原则，立法机关基于罪刑法定明确性的要求，将这三个口袋罪予以废除或分解。[2] 自 1997 年《刑法》颁布实施至今二十多年来，立法机关不断以刑法修正案的方式对《刑法》进行修改以适应新的社会发展，满足社会治理的需求。然而由于立法上规定不明确、司法中解读不准确，以危险方法危害公共安全罪、寻衅滋事罪、非法经营罪等罪名又发展成为新的口袋罪。

显然，以口袋罪来形容罪刑法定视域下现代法治国家刑法中的某一罪名并非褒义。可以肯定的是，立法者即使在罪名中设立兜底条款，其本意也绝不是让该罪成为"包罗万象"的口袋罪，而更多是鉴于其犯罪行为复杂性和法律条文普适性的要求，是在当时的立法技术下尽量满

* 肖皓文，北京航空航天大学法学院刑法学博士研究生。

〔1〕 陈兴良："口袋罪的法教义学分析：以以危险方法危害公共安全罪为例"，载《政治与法律》2013 年第 3 期。

〔2〕 1997 年《刑法》修订时，1979 年《刑法》第 160 条流氓罪被废除，原犯罪行为被分别规定为强制猥亵、侮辱妇女罪、聚众淫乱罪、聚众斗殴罪和寻衅滋事罪等。投机倒把罪因我国从计划经济向市场经济制度的转变，原包含的多种行为不再规定为犯罪，只保留了对非法经营的相关规定并在 1997 年《刑法》中独立规定为第 225 条非法经营罪。玩忽职守罪在修订时也被分解为几十个罪名，但仍在第 397 条规定了独立的玩忽职守罪，将国家机关工作人员玩忽职守，致使公共财产、国家和人民利益遭受重大损失的行为纳入该罪。

足"有恶能罚"的折中之举。对此,虽然我们能以理解的眼光去看待这些口袋罪的刑法规定,但必须承认行为要件的开放性加上缺乏限制的形式解释,确实易导致司法实践在界定此罪与彼罪甚至罪与非罪时出现错误。由于刑法边界是由各个具体罪名的处罚边界有机结合组成的抽象范围,因此个罪罪名的内容界定错误会使个罪的处罚范围出现偏离,造成定性上的不准确和量刑上的不恰当;而混淆罪与非罪的界限,将不当罚、不能罚的行为纳入刑法视野评价,更是直接导致刑法整体应当规制的犯罪行为和处罚的边界出现偏差,不当侵蚀我们希冀构建的相对清晰的刑法边界,危害和动摇罪刑法定的根基。

面对上述情况,基于刑法教义学的要求,本文拟以司法论为中心,以以危险方法危害公共安全罪这一典型的口袋罪为例,在现行刑法规范下,结合目前司法适用现状,用教义学方法厘清其罪状原意,在准确理解该罪的构成要件及其要素的基础上,正确适用该罪,合理限定其处罚范围,守住刑法的边界。

二、以危险方法危害公共安全罪司法适用的扩张现状及成因

(一)适用现状

目前,以危险方法危害公共安全罪的适用范围主要是道路交通安全,食品、药品安全,社会治安,公共秩序等领域。具体而言,在道路交通安全领域,主要包含破坏交通道路设施、驾车或劫持汽车冲撞人群、醉酒驾驶、吸毒后驾驶、乘客抢夺驾驶人员方向盘妨害交通秩序等情形。在食药安全领域,三鹿奶粉、河南"瘦肉精"、长春长生生物科技股份有限公司假疫苗等案的犯罪主体基于非法牟利的目的,生产、销售伪劣产品投入市场,这类危及消费者生命、身体健康的案件也持续刺激着公众的神经。在公共秩序领域,对于私设电网,为发泄不满情绪或追求刺激用砍刀、匕首等具有一定杀伤力的器具在公共场所乱刺乱砍等行为,司法机关有时也以该罪论处。在以上常见的情形中,有些确因行为手段危险且危害结果严重,应以以危险方法危害公共安全罪判处。但其实大部分案件的行为或结果并不符合或至少不完全符合该罪的构成要件,以该罪定性属于司法机关的错误适用。总结来看,主要有以下两种错误情况:

1. 混淆罪与非罪的界限。一种是将没有社会危害性或虽有一定的

危害性但不具备刑事可罚性的行为认定为该罪。例如，投放虚假危险物质的肖永灵案，在不存在实害结果和具体危险的情况下，仅因其造成社会恐慌就适用该罪。[1] 还有为发泄不满在公路上点燃0.3米高的火堆的行为[2]，行为并不具有造成严重后果的危险，但因具有危害结果（不一定是刑法的危害结果）而适用该罪。根据条文中"足以危害公共安全"的规定，该罪所处的《刑法》第114条所规定的罪名属于具体危险犯，即成立犯罪至少要求行为人的行为必须存在对公共安全造成紧迫侵害的具体危险。如果行为在当时的环境下只是对公共安全造成威胁而不可能产生具体危险，则不应成立该罪。另一种是为了处罚的需要而突破罪刑法定原则，将虽具有社会危害性，但不符合刑法任一罪名的行为以该罪论处。这种适用方式无疑使该罪成为一个满足"有恶能罚"刑事政策要求的、让部分所谓恶行在"需要"时即可以纳入犯罪圈的口袋罪名。

2. 模糊此罪与彼罪的范畴。即应适用其他罪名，但却适用以危险方法危害公共安全罪。这类情形还可细分为三种：

（1）涉及特殊条款与一般条款时，错误选择适用罪名。如生产销售伪劣商品的行为，当行为同时侵犯了国家对产品质量的监督管理制度以及消费者的合法权益及人身安全时，按照特殊法优于一般法的原则，应适用生产、销售伪劣商品罪。即便按照特殊情况下重法优于轻法的原则，也不宜直接认定为以危险方法危害公共安全罪。因为在《刑法》分则第三章第一节"生产、销售伪劣商品罪"的9个罪名中，有7个罪名的最高刑为无期徒刑或死刑，其法定刑并不一定低于以危险方法危害公共安全罪。但由于对保护公共安全法益的罪名范围认识不清，对以危险方法危害安全罪的兜底范围存在错误认知，从而放弃了对其他章节罪

―――――――――――

〔1〕 当时法院以以危险方法危害公共安全罪判处被告人肖永灵有期徒刑4年，部分学者认为该判决不符合罪刑法定原则，属于类推解释。判决作出后不久，《刑法修正案（三）》就增设了投放虚假危险物质罪和编造、故意传播虚假恐怖信息罪，使该类行为的定性最终得以解决，也从侧面反映了该案当时的定性确实不妥当。

〔2〕 2012年1月8日，村民李某为发泄不满，擅自进入京承高速公路，用干树枝、树叶在外侧车道点燃了一个火焰高约0.3米的火堆，并将火堆分为东西两堆。过往车辆将火堆轧灭后，又被其重新点燃，直至民警赶到后将火堆扑灭。后法院以危险方法危害公共安全罪判处李某有期徒刑3年，缓刑3年。"村民不满补偿高速路点火堆 危害公共安全被判刑"，载北大法宝法律数据库，http://www.pkulaw.cn/case/pal_a3ecfd5d734f711dbb26b625b7e14bc59556f604fe1f5479bdfb.html? keywords = 0.3% E7% B1% B3% E7% 81% AB% E5% A0% 86&match = Exact&tiao=1，最后访问时间：2019年4月18日。

名的映射。

（2）行为性质明确，符合且也只符合他罪的构成要件，本应适用他罪罪名，但却适用以危险方法危害公共安全罪。例如高空抛物、用刀具在公共场所乱刺的行为，其造成的结果并不属于危害"公共安全"，或虽然危害了公共安全，但并不属于该罪要求的"危险方法"，本应以故意杀人罪等普通的人身犯罪判处，但基于抚慰民意、追求社会效果的需要，仍选择适用以危险方法危害公共安全罪。

（3）行为性质不明确，在案件定性存疑时，司法机关为了防止引发争议或为了"不出错"，忽略对构成要件符合性的判断，适用罪状规定较为模糊的口袋罪。例如，面对实践中因醉酒驾驶、危险驾驶造成伤亡的案件，司法机关偏好适用以危险方法危害公共安全罪，而忽略依据对案发时行为手段、路况、车况、行为人对危险的主观意识等的考察，判定行为是否可能属于危险驾驶罪或交通肇事罪。

（二）形成原因

出现上述不当适用的现象，不可否认有立法上条文规定不明确的原因，但更多的问题是在司法层面上。一方面，司法工作人员无视罪名的确定性内容，随意解释构成要件，错误选择罪名适用；另一方面，司法机关通过制定司法解释，强行将其他性质的行为纳入该罪评价，扩张该罪适用范围。除此之外，重刑主义观念、量刑反制定罪的思维也在潜移默化地影响着司法人员对案件的认定。具体而言：

1. 对该罪构成要件理解不准确，以结果为导向而忽略对行为方法的判断。即将"危害公共安全"这一结果作为该罪成立的关键因素，忽略该罪对行为及行为方式的要求和限定。因为法条没有正面描述"以其他危险方法"中"其他"的具体形式特征，司法机关对行为方式的认定只能以同一条文中的放火、爆炸、决水等为参照。相较于行为方式的模糊规定，司法机关更多地依赖条文中明文规定的"危害公共安全"这一结果要件，从而忽略了对其他构成要件的判断。其实，"危害公共安全"仅是《刑法》第 114 条的必要条件之一，并非只要出现了危害公共安全的结果就能以该罪判处，还需谨慎判断行为手段和行为方式是否属于危险方法。根据同类解释，一般认为具有和放火、爆炸、决水等同质性、相当性的方法才属于该罪的危险方法。当司法机关将判断重心放在"危害公共安全"，而降低对"危险方法"相当性的评价标准时，就会使罪状中的"其他"和"危险"扩张为生活化语义，忽略与同一条款中其他规定的前后联系和其应具有的特殊刑法含义。

2. 对该罪兜底范围的错误理解。对于兜底范围的认识错误与对"危险方法"的不限定理解是相关联的。司法机关错误的思维路径一般是：当出现危害公共安全的案件时，因行为对公共安全法益的侵害，先在《刑法》分则第二章"危害公共安全罪"中进行事实与规范的涵摄。如果行为不该当这一章节的某一罪名，又不属于放火、爆炸、决水、投放危险物质这四种行为之一，即属于以"其他"方法危害公共安全，以以危险方法危害公共安全罪论处。这种判断方法一来如上所述，注重对结果的实质判断，忽视必要的对行为方式的形式判断，用"其他"一词涵盖无法映射到其他罪名中的行为人的行为手段；二来错误地认为《刑法》分则中只有第二章才存在对公共安全法益的保护，且将以危险方法危害公共安全罪认定为整个第二章的兜底罪名。这种对兜底范围的认识错误导致在选择适用罪名时，不可避免地出现选择范围上的前提性错误，当然就无法在错误的范围内选出正确的罪名。

同时，在特殊历史环境和事件背景下，为了惩治违法犯罪、稳定社会秩序而制定的司法解释，也倒逼了该罪与其他罪产生竞合时的错误适用。关于该罪，最高人民法院（以下简称"最高法"）、最高人民检察院（以下简称"最高检"）、公安部等部门颁布了关于办理邪教组织、预防和控制突发传染病疫情、醉酒驾车、信访活动、妨害公共交通工具安全驾驶等违法犯罪行为的司法解释。[1] 无论这些司法解释文件的功能类似于法律拟制还是提示性的注意规定，司法机关在遇到相关案件时，确实因有关文件关于罪名适用的指导而少了适用其他罪名的选择权。罪刑法定原则要求的刑法明确性，既可以通过刑事立法进行规定，也可以利用刑事司法对立法中不明确的刑法规范进行解释补充。在该罪中，由于立法无法做到绝对明确，此时本希望通过司法解释承担起对概括性条款的解释功能，而现实中部分司法解释也同样具有抽象性，不仅无法弥补立法上的不明确，反而模糊了该罪与其他罪的适用界限，导致该罪在明确性问题上出现立法无力、司法无能的窘境。

---

〔1〕 与以危险方法危害公共安全罪相关的法律法规主要有：2003 年最高法、最高检《关于办理妨害预防、控制突发传染病疫情等灾害的刑事案件具体应用法律若干问题的解释》，2009 年最高法《关于印发醉酒驾车犯罪法律适用问题指导意见及相关典型案例的通知》，2017 年最高法、最高检《关于办理组织、利用邪教组织破坏法律实施等刑事案件适用法律若干问题的解释》，2019 年最高法、最高检、公安部《关于依法惩治妨害公共交通工具安全驾驶违法犯罪行为的指导意见》等。

3. 重刑主义观念影响下的量刑反制定罪。根据刑罚处罚的轻重决定行为性质和罪名选择，突破个罪的构成要件，使定罪沦为量刑的工具。在传统文化、社会治理需求下形成的重刑主义观念，是影响司法人员判定的另一重要因素。我国正处于转型时期，重大的社会变革极易激发矛盾。在这种情况下，一方面，基于严厉打击公共领域犯罪、保障社会秩序的刑事政策要求，司法机关通过制定司法解释扩大该罪的适用范围；另一方面，乱世用重典的传统观念，让在变革时代对公共秩序有更高要求的公众提出了对危害公共安全类犯罪严惩的诉求。量刑反制定罪的思维，使司法机关摒弃行为性质相符但法定刑设置不高的罪名，选择法定刑较重的以危险方法危害公共安全罪，看似满足了罪责刑相适应原则而实则违背了罪刑法定原则。其次，就算应判处的罪名的法定刑设置与以危险方法危害公共安全罪相当，但基于后者在罪名表述上的威慑力和否定评价性更强，或因对社会法益和个人法益的保护程度不同[1]，针对社会关注度高，情节较为恶劣的案件，往往选择后者以符合公众的严惩诉求。例如，破坏交通工具罪、故意杀人罪、故意伤害罪，其法定刑最高档都是 10 年以上有期徒刑、无期徒刑和死刑，从刑罚设置来看并不低于以危险方法危害公共安全罪。但为了彰显司法机关的惩处态度，部分原属破坏交通工具、故意伤害性质的行为，最后仍以以危险方法危害公共安全罪论处。如果说前面关于罪名的错误适用是技术原因，则此时的罪名选择错误更像是情感观念影响下的故意为之。这种因思维定势及追求社会效果确定行为性质的方式，不仅易使案件定性发生错误，长此以往也会丢失法律规范的确定性，影响法的基本价值的实现。正如孙万怀教授所言，社会效果是一种综合了构成要件复合型、行为违法性、刑法基本理念以及社会和谐构建等内容的结果，在考察社会效果时需要把握法律的规范性基础和政策的指导性作用两个基点。从整体意义上说，立法本身就是一种适应和满足社会发展需要的结果，其最终就应该是社会效果的最大化体现。将个案的所谓民意视为正义的表达，实

---

〔1〕 在社会法益和个人法益保护顺序的问题上，张明楷教授认为，社会法益并不高于个人法益，只是个人法益的集合，是以个人法益为标准推论出来的。个人法益是社会法益的本源，保护社会法益的最终目的是更好地保护个人法益，保护好个人法益是保护社会法益的最佳途径。参见张明楷：“论以危险方法危害公共安全罪——扩大适用的成因与限制适用的规则”，载《国家检察官学院学报》2012 年第 4 期。

谓"只见树木不见森林"。[1]

刑法的不当适用不仅会导致各类冤假错案、侵犯当事人合法权益，也会使刑法个罪的规制范围和整体刑法的处罚边界出现偏差，从而制约刑事司法公正的实现，侵蚀法治建设的根基。由于刑事审判对个案的实体法评价是在法律事实和刑法规范之间进行双向比对，是对事实和规范同时作出阐释、解释的司法活动，因而刑法适用过程实则是刑法解释过程。[2] 所以我们必须重视刑法解释，通过对刑法规范和构成要件的准确理解，正确适用个罪罪名，更好地发挥刑法机能。

三、以危险方法危害公共安全罪的应有之义与适用范围

(一) 法教义学解释视角下该罪的应有之义

1979 年《刑法》第 105 条规定："放火、决水、爆炸或者以其他危险方法破坏工厂、矿场、油田、港口、河流、水源、仓库、住宅、森林、农场、谷场、重要管道、公共建筑物或其他公私财产、危害公共安全，尚未造成严重后果的，处 3 年以上 10 年以下有期徒刑。"1997 年《刑法》修订时并未修改该条的内容，直到 2001 年的《刑法修正案(三)》才对条文作了两处修改：一是为了打击恐怖活动犯罪的需要，将具体犯罪行为中的"投毒"补充为"投放毒害性、放射性、传染病病原体等物质"，取消投毒罪，改为投放危险物质罪；二是由于社会形势的发展，危害公共安全犯罪所指向的对象也在不断地发生变化，为了避免挂一漏万，删除了原条文中"工厂、矿场、油田、港口、河流、水源、仓库、住宅、森林、农场、谷场、重要管道、公共建筑物或其他公私财产"等特定犯罪对象。[3] 而关于以其他危险方法危害公共安全的规定，在罪名设置上，1979 年《刑法》并未将其规定为一个统一的罪名，而是根据行为人实际使用的危险方法来确定罪名，例如，行为人用工业酒精兑水后冒充白酒贩卖致人死亡的行为会被认定为以制造、贩卖

---

〔1〕 孙万怀："以危险方法危害公共安全罪何以成为口袋罪"，载《现代法学》2010 年第 32 卷第 5 期。

〔2〕 肖中华："刑法知识在司法实务中的不当运用分析"，载《中国人民大学法学院教授沙龙》编写组编著：《中国人民大学法学院教授沙龙》，中国人民大学出版社 2015 年版，第 373 页。

〔3〕 王爱立主编：《中华人民共和国刑法解读》，中国法制出版社 2018 年版，第 180 页。

有毒酒的危险方法致人死亡罪。直到 1997 年 12 月，为正确理解、执行修订后的《刑法》，颁布了《最高人民法院关于执行〈中华人民共和国刑法〉确定罪名的规定》，才确立了以危险方法危害公共安全罪，将以其他危险方法危害公共安全的行为统一概括为以危险方法危害公共安全罪。在罪状表述方式上，为惩治无法预测的、可能出现的新的犯罪行为，该条文一直未作具体明确的正面规定，只是理论和实务界在对条文具体理解时普遍都把"其他危险方法"解释为放火、决水、爆炸以及投放毒害性、放射性、传染病病原体等物质以外的其他任何足以造成不特定的多数人的伤亡或者公私财产重大损失的行为。

综观该罪的立法发展历程可以推断，在立法之初，立法者的本意就是用高度抽象的概括性语言把以其他危险方法危害公共安全设置成补漏条款，以处罚放火、决水、爆炸和投放危险物质方式以外的涉及危害公共安全的其他犯罪行为，而后该规定才又逐渐发展成为相对兜底罪名。那么如何准确理解该罪的构成要件，使其既能因开放的行为要件避免对犯罪行为的漏罚，又不会因缺乏限制的外延而不当扩大该罪的处罚范围呢？

1. "公共安全"。何为"公共"？从量的范畴看，因为该罪的保护法益是"公众"的生命健康和重大财产安全，故应重视行为对"公众"利益的侵犯；且刑法设置危害公共安全罪是将生命、身体等个人法益抽象为社会利益作为保护对象的，故应当重视其"社会性"。所以，从"公众"和"社会性"的要求来看，"多数"是"公共"的核心概念。而如果侵害对象为少数的或极个别的，则需要判断该少数是否属于不特定的对象。应注意的是：此处的不特定不仅指侵害的对象和可能造成的结果是事先无法确定的，还意味着行为造成的危险或侵害结果可能随时扩大或增加，行为人无法预料也难以实际控制。[1] 对于侵害结果不可能随时扩大的情形，如从高楼向地面人行道抛物，虽行为对象不特定，但该抛物行为除了使被害人或特定物受到损害外，行为没有向危及多数人安全的方向扩展之现实可能性，因此不属于侵害"不特定"少数人的安全，不能认定该行为对"公共安全"造成了危险。综上，该罪的"公共"含义应包含多数人（包含特定多数和不特定多数）以及不特定少数人。

何为"安全"？以危险方法危害公共安全罪规定在《刑法》第 114

---

[1] 张明楷：《刑法学》，法律出版社 2016 年版，第 687 页。

条、第 115 条。其中，第 114 条是具体危险犯，第 115 条是实害犯。结合第 115 条的条文可知，第 114 条所指的"危害公共安全，尚未造成严重后果"中的"严重后果"是指"致人重伤、死亡或使公私财物遭受重大损失"。此时"致人重伤、死亡"这种对生命、身体健康的侵害无疑在"安全"的保护范围内。那如何理解该条文中"或使公私财物遭受重大损失"的含义呢？即单纯的财产安全，是否属于该罪要保护的"公共安全"？如果按照"或"字在语法上的选择含义，则单纯造成重大财产损害的情况也属于侵犯公共安全。但笔者认为这种理解不妥。从刑法体系设置与罪名法定刑来看，假设我们将单纯的财产安全归于该罪的"公共安全"范围内，那么当行为人故意造成重大财产损害时，按《刑法》第 115 条第 1 款以危害方法危害公共安全罪处以最低 10 年有期徒刑、最高为死刑的刑罚；当行为人过失造成重大财产损害时，则按第 115 条第 2 款过失以危险方法危害公共安全罪，处以最低 3 年、最高 7 年有期徒刑的处罚。然而在我国《刑法》其他关于毁坏公私财产的罪名中，如第 275 条故意毁坏财物罪，《刑法》设置的最高法定刑为 7 年，对过失毁坏财物的，一般不按犯罪论处。这样相比之下，同样的故意且仅造成公私财产重大毁损的行为，依以危险方法危害公共安全罪最低面临 10 年有期徒刑，而以故意毁坏财物罪论处最高才面临 7 年有期徒刑。若因过失造成公私财产损毁的行为，更是造成有罪（过失以危险方法危害公共安全罪）与无罪的区别，这种相同情况不同处理的方式显然不公。也许有人认为，以危险方法危害公共安全罪中对公私财产的重大损害是针对不特定或多数人的财产安全，非特定个人的财产安全，因而会使公众产生危惧感，所以刑法要严加处罚。对此，笔者赞成胡东飞教授的观点：其一，任何犯罪都会破坏社会心理秩序的平衡，刑法不应单独就某种情况作出特别规定而置其他情形于不顾。其二，犯罪的本质在于法益侵犯性，刑法的目的在于保护法益。将社会公众的心理感受作为刑法的保护对象，与刑法保护法益的目的相违背。[1] 另外，从我国《刑法》规定看，对于财产类犯罪既不惩罚过失实害犯也不惩罚危险犯，但如果在该罪中需处罚单纯造成重大财产损害的情形，又因为《刑法》第 114 条为具体危险犯、第 115 条第 2 款惩罚过失的实害犯的特殊性，则说明在财产安全上，刑法对该罪比对其他财产类犯罪给予了提前（惩罚具体危险犯）且更严格（惩罚过失的实害犯）的保护，不符合对整

---

[1] 胡东飞："论刑法意义上的'公共安全'"，载《中国刑事法杂志》2007 年第 2 期。

个刑法体系的规定和理解。[1] 因此，尽管在条文中以"或"字作为连接词，但"致人重伤、死亡"和"重大财产损害"并非并列选择关系，有造成致人重伤、死亡的危险是成立该罪的必要前提，重大财产损害只是一个可以进行刑法评价的附加结果。因此，单纯地造成公私财产重大损害的结果，并不必然构成该罪，而应根据其行为手段是否具有造成人身安全的危险性进行判断。如果客观上造成了财产重大损害，但行为手段根本没有侵犯人身安全的可能性，此时只能根据主观认定为故意毁坏财物罪或无罪。只有行为同时具有造成人身损害的可能性时，才能以《刑法》第 114 条或第 115 条论处。即该罪中公共安全的内容限定为不特定或多数人的生命、身体安全，具有致不特定或多数人重伤、死亡的具体危险的可能性，是成立该罪的必要前提。

2. "危险方法"。除了危害"公共安全"这一实质要件外，对"危险方法"的准确理解与判断也是正确适用该罪的关键所在。以危险方法危害公共安全罪以兜底的方式规定在《刑法》第 114、115 条之中，在解释时应采用同类解释的方式参照比对条文中的其他行为手段。这里的同类解释规则是指如果法律上列举了具体的人或物，然后将其归属于"一般性的类别"，那么，这个一般性的类别，就应当与具体列举的人或物属于同一类型。[2] 据此，只有当采用的危险方法与放火、爆炸、决水、投放危险物质这四种方法具有性质上的同质性和程度上的相当性时，才能成立该罪。这就要求在性质上，这种危险方法需有广泛的杀伤力，在客观上具有导致多数人重伤或死亡的可能性，能够引起国民的重大恐慌与不安；在程度上，具有同时导致多数人重伤或死亡结果的直接性、迅速蔓延性与高度盖然性。[3]

危险是否具有迅速扩散的可能性是认定行为是否属于"危险方法"的关键问题。同一条文中放火、爆炸、决水、投放危险物质的行为，一旦实施，因其危险蔓延速度快、发散范围大、侵害面积广的特点，行为人对所侵害的对象和造成的结果无法及时有效地控制，行为随时可能向危及多数人安全的方向发展。这就要求以危险方法危害公共安全罪中所

---

〔1〕 劳东燕："以危险方法危害公共安全罪的解释学研究"，载《政治与法律》2013 年第 3 期。

〔2〕 王利明：《法律解释学导论：以民法为视角》，法律出版社 2009 年版，第 262 页。

〔3〕 陈兴良、周光权、车浩主编：《刑法各论精释（下）》，人民法院出版社 2015 年版，第 659~660 页。

采取的危险方法也应具有相似的特点。例如，在张纪召以危险方法危害公共安全案[1]中，被告人张纪召为报复张召阳，唆使他人向被害人卧室内释放5公斤液化气。经测算，该案中行为人释放的液化气在被害人的住宅内形成的浓度会达到液化气爆炸的极限，若遇明火会引发爆炸，危险会迅速扩散。这不仅危害张召阳本人，同时也足以危害与张召阳同居一室的家人及其周边居住群众的生命健康及财产安全。因此，该案被告人实施的是其不能控制的危及不特定多数人的生命、健康和重大公私财产安全的行为，应按以危险方法危害公共安全罪判处。但其实在实践中，以该罪判处的行为人的行为大多都不具有这种手段特点。例如，在徐敏超以危险方法危害公共安全案[2]中，被告人徐敏超挥动匕首在公共场合向游客和行人乱刺造成多人受伤。针对辩护人提出的徐敏超构成故意伤害罪的辩护意见，法院认为徐敏超持刀在人员聚集的旅游景点危害不特定多数人的人身安全，造成20名游客和行人被伤害的后果，危害了公共安全，与伤害特定的对象有明显区别，故不构成故意伤害罪。显然，法院在认定该案时，更注重考量"在公共场所造成多人受伤"这一最终的结果危险性，而在认定"持刀"的行为方式是否属于"其他危险方法"时出现偏颇。该案中，虽然行为人使用匕首造成了不特定多数人受伤的后果，但如高空抛物案一样，匕首这种物品的性质决定了行为人向不特定对象实施伤害行为时，除了使得该被害人受到危险或损害外，并不具有危及第三人安全的可能性，也即行为人实施的刺杀行为不具有快速蔓延的危险性。对这类案件不能以对结果危害性的判断取代对方法危险性的判断进而认定为以危险方法危害公共安全罪，而应认定为故意伤害罪或故意杀人罪。

（二）罪刑法定视野下该罪的适用范围

罪刑法定原则作为刑法的基本原则，更多的是在理念性的范畴内为人们树立一个不能突破的底线，而无法直接作为刑法解释、司法适用的指导原则，从规范和技术的角度为司法认定提供支持。要想使罪名的适用符合罪刑法定的理念，关键在于准确界定罪名，遵循刑法的目的和在

---

[1] 河南省洛阳市中级人民法院（2012）洛刑一终字第114号。
[2] 云南省高级人民法院（2008）云高刑终字第186号。

刑法条文可能的语义范围内解释犯罪的构成要件。[1] 前文通过法教义学的方法对该罪构成要件进行解释，希望在最大限度体现刑法目的的同时又不脱离文字可能的语义，以求准确适用该罪。

根据前文分析，最终能以危险方法危害公共安全罪处置的行为需同时满足以下几个条件：①造成多数人或不特定人的生命、身体健康或公私财产遭受重大损失的具体危险或实害结果。②不该当刑法分则中保护公共安全法益的其他罪名的构成要件（除非在想象竞合犯、牵连犯等情形下才可以考虑以该罪论处）。③行为方式与放火、爆炸、决水、投放危险物质等具有相当性，且所造成的危险或侵害结果具有随时扩大可能性。准确理解该罪构成要件后，就能更好地对疑难复杂案件定罪量刑，认识到情节严重程度与手段恶劣与否只能对量刑轻重产生影响，而不能决定犯罪行为的性质。例如，在醉酒驾驶、飙车导致伤亡的案件中，需判断驾驶手段的危险性。如选择在平时空无一人的郊外或废弃场地驾驶，行为产生的危险不具有迅速扩散伤及多数人的可能性，不能因偶然出现的结果而忽略对危险方法的判断。但如果是醉酒驾车肇事后继续驾车连续冲撞的行为，例如黎景全案和孙伟铭案，一般可认定为以危险方法危害公共安全罪。在驾车"碰瓷"案件中，也应根据案发时的路况、车况、人流密集度、车流密集度等具体情况进行分析。当处于车流量大或高速公路等危险区域时，因为撞击、紧急避让导致车辆失控或引发连续交通事故，危及不特定主体的人身和财产安全的，才应根据牵连犯判处的原则，将行为定性为以危险方法危害公共安全罪。

此外，也应进一步明确该罪的兜底范围。如前文所述，司法机关可能因行为侵犯公共安全但在《刑法》分则第二章中无法找到具体罪名涵摄，遂以该罪定性。首先要明确的是，并非只有《刑法》分则第二章才涉及公共安全，《刑法》分则其他章节中也存在对公共安全法益的保护。例如，《刑法》分则第三章破坏社会主义市场经济秩序罪中的生产、销售有毒有害食品罪，因为食用有毒有害食品会损害公众的生命、身体健康，当然属于危害公共安全的一种罪名。只是该罪保护的是复合法益，相较于传统的侵犯人身安全罪名，该罪除了保护公众的身体健康外，还保护国家对食品卫生的管理制度这种特别法益。该罪呈现的这种

---

[1] 肖中华："刑法知识在司法实务中的不当运用分析"，载《中国人民大学法学院教授沙龙》编写组编著：《中国人民大学法学院教授沙龙》，中国人民大学出版社2015年版，第377页。

特色使立法者将其规定在《刑法》分则第三章破坏社会主义市场经济秩序罪中，而非《刑法》分则第二章危害公共安全罪中，但这并不能代表该罪保护的法益中不存在公共安全。所以，危害公共安全的行为未必一定要以《刑法》分则第二章危害公共安全罪认定，如果符合《刑法》分则其他章节罪名的构成要件，就应以相关罪名认定。其次，因为在危害公共安全罪一章中，所有罪名都涉及公共安全法益，这就容易混淆以危险方法危害公共安全罪与其他危害公共安全罪之间的关系。以危险方法危害公共安全罪只是《刑法》第114条的兜底罪名，是立法者在刑法设置时基于社会生活的复杂性，为防止漏罚而设立的不确定罪名。这里的不确定罪名是指法律并未对该罪名的内容直接作出明白、确切的表述，而需要人们结合有关的规定进行分析、推理，才能得出该罪名的内容性质与主要特征。当然由于其不确定性，也暗含着在分析、推定其内容时作出错误推定的可能性。[1]《刑法》分则第二章保护的同类客体虽为公共安全，但章节下的具体罪名也有其保护的具体法益，所以当出现危害公共安全的案件时，要具体地判断其侵犯的法益为何，是否符合《刑法》分则第二章或其他章节的具体罪名，而不能一概而论。综上，该罪既非《刑法》分则第二章的兜底罪名，更不是所有危害公共安全法益行为的兜底罪名。需准确界定罪名的保护法益及兜底范围，准确区分相似罪名间的构成要件，处理好一罪与数罪的关系，才能避免对该罪的扩大适用。

这里还需厘清兜底条款和口袋罪的关系。虽然司法机关对罪状中概括性条款进行不限定解释是罪名发展成口袋罪的重要原因，但这些兜底条款的设置大部分是立法机关为了兼顾刑法的明确性和规范的普适性采取的折中手段，有其存在的合理性。需要说明的是，兜底性条款属于立法现象，而口袋罪作为一种司法现象，两者并不必然相互依存。存在兜底条款并不代表就是口袋罪，例如，《刑法》第263条抢劫罪规定，抢劫行为是指以暴力、胁迫或其他方法抢劫公私财物的行为，其中"其他"一词就是对暴力、胁迫以外的行为方式的补充规定。只是此处的"其他"受到了不知反抗或不能反抗这一抢劫行为本质特征的限制，且行为类型化程度较高，因此不存在成为口袋罪的困扰。同样，口袋罪也不一定存在兜底条款，例如《刑法》第293条寻衅滋事罪。虽然该罪罪状采取的是相对明确的列举式，但司法机关仍然利用法条语言进行弹性

---

〔1〕 陈兴良主编：《刑法各罪的一般理论》，中国人民大学出版社2007年版，第91页。

解释而使其成为口袋罪。由此可见，具有兜底条款的罪名之所以容易成为口袋罪，并非兜底条款的设置不合理，主要还是因为司法机关在适用时没有在法律规范的框架内进行限定解释。[1]

综上，当严格采取限定解释理解该罪构成要件时，该罪的适用范围便会有较大幅度的限缩，不易形成口袋罪。此外，我们也不能将对行为的评价、对行为人的特殊预防和对社会一般预防的目的寄托在具体的罪名上，以致为了追求个罪的社会效果因小失大，丢了法律规范的统一性、稳定性和权威性。

四、口袋罪适用中的刑法处罚边界的框定

（一）目前我国刑法口袋罪的处罚范围

我国《刑法》现有 469 个罪名。综观近十年刑法立法修改的方向，尤其是《刑法修正案（八）》和《刑法修正案（九）》，在恐怖主义犯罪和网络犯罪领域增设新罪、修改旧罪，使预备行为实行化、帮助行为正犯化。将部分罪由结果犯转为行为犯，实害犯改为危险犯，并通过增加行为方式、增加行为对象和降低入罪门槛的方式来扩充旧罪。刑法逐渐重视其预防功能和对抽象危险的介入及对集体利益的保护，更多地采取积极主义刑法观，出现了刑法介入早期化、法益保护提前化、行政违法行为犯罪化、刑事处罚前置化等趋势。

刑法对法益保护扩大化的趋势同样反映在口袋罪中。以非法经营罪、寻衅滋事罪这两个典型的口袋罪为例。在非法经营罪的适用范围上，以单行刑法、刑法修正案、司法解释、指导案例等不同方式，在制法、修法、释法和用法的过程中，将"非法从事资金支付结算业务""非法买卖外汇""非法经营出版物""非法从事进出中国港口的国际海上运输经营活动""扰乱电信市场管理秩序""非法经营国际或港澳台地区电信业务行为""暗扣销售""扰乱药品市场秩序""非法经营食盐""哄抬物价、牟取暴利""擅自设立互联网上网服务营业场所、擅自从事上网服务经营活动""擅自发行、销售彩票""非法经营证券业务""未经许可经营成品油批发业务""妨害信用卡管理秩序""非法经

---

[1] 于志刚："口袋罪的时代变迁、当前乱象与消减思路"，载《法学家》2013 年第 3 期。

营烟草专卖品""擅自发行基金份额募集基金""生产销售禁用的非食品原料""通过信息网络有偿提供发布信息服务或删除信息服务""非法生产销售使用'伪基站'设备""扰乱无线电通讯管理秩序""非法生产销售具有赌博功能的电子游戏设施""非法经营药品""非法贩卖麻醉药品或精神药品"等多种行为纳入非法经营罪的制裁范围。[1] 这些法律法规包含了市场经济领域各式各样的行为,其中部分是对《刑法》第 225 条非法经营罪前 3 项作出进一步的详细规定,属于文字可能的语义范围内,这种仍属于在刑法条文预留空间内的解释,符合罪刑法定原则,当属合理。但更多的是将只是违规但不属于非法经营罪的行为强行解释进该罪的打击范围之内,尤其是作为"其他严重扰乱市场秩序"的行为处理。这也正是因为在条款兜底范围的认识上,出现了与以危险方法危害公共安全罪相似的错误的逻辑推定。《刑法》第 225 条非法经营罪规定了空白罪状"违反国家规定"和兜底条款"其他严重扰乱市场经济秩序的非法经营行为",实践中司法机关在将法律事实与该条规范进行比对认定时,往往根据行为是否扰乱市场经济秩序进行实质判断,而不是比照同一条文中的前 3 项进行同类解释。因此便以非法经营罪包容评价所有扰乱市场秩序但又不该当扰乱市场秩序罪一节中其他罪名的行为,由此扩大了非法经营罪的适用范围,导致该罪发展成为口袋罪。

寻衅滋事罪在罪状设置上不同于以危险方法危害公共安全罪和非法经营罪,其没有设置兜底条款,采取的是相对明确的列举式。因为行为在形式上被语义的边缘范围控制,无法利用兜底罪名随意解释相关性较

---

〔1〕 非法经营罪相关法律法规文件有:1998 年单行刑法《全国人民代表大会常务委员会关于惩治骗购外汇、逃汇和非法买卖外汇犯罪的决定》,1998 年最高法《关于审理非法出版物刑事案件具体应用法律若干问题的解释》,2000 年最高法《关于审理扰乱电信市场管理秩序案件具体应用法律若干问题的解释》,2013 年最高法、最高检《关于办理危害食品安全刑事案件适用法律若干问题的解释》,2017 年最高法、最高检《关于办理扰乱无线电通讯管理秩序等刑事案件适用法律若干问题的解释》,2018 年最高法、最高检《关于办理妨害信用卡管理刑事案件具体应用法律若干问题的解释》,2019 年最高院、最高法《关于办理非法从事资金支付结算业务、非法买卖外汇刑事案件适用法律若干问题的解释》等近 60 个。

小的行为，所以在相关释法文件上还是较为克制的。[1] 但因条文中列举的行为方式多样，且司法机关利用语义可能的范围作出较为生活化的弹性解释，该罪被大量运用到严重破坏社会秩序的违法行为上，司法人为地使行为性质在行政违法和刑事违法的界限边缘跳跃。例如，对于有些行为性质不符合寻衅滋事但又无其他罪名映射，或性质虽符合寻衅滋事但情节不严重的本属于行政违法的行为，为实现有罪必罚和无恶亦罚的目的，都被适用于该罪中，使该罪逐渐成为社会治安管理领域的兜底罪名，发展成口袋罪。

总结来看，非法经营罪和寻衅滋事罪成为口袋罪的原因与以危险方法危害公共安全罪如出一辙。在罪名内部，不采用同类解释方法参照条文内的其他行为方式，或对构成要件缺乏限制的解释使得罪名本身打击半径伸长；在刑法体系上，司法适用时的逻辑推理错误导致对罪名兜底范围认识出现偏差。除此之外，社会治理需求下的有罪必罚、轻罪重罚，也使罪名的适用需求不断扩大。

（二）罪刑法定司法化下的处罚门槛及限度

刑法的设立和规制是严肃的，适用的触角和功能是有限的。行为是否具有刑事可罚性、能否入罪都需要经过严格的论证。法律作为一种维护社会秩序的方式，其规定的往往是最低的伦理道德要求，多数调整社会关系和规范社会行为的立法，都是道德法律化的结果，如《刑法修正案（九）》就将组织考试作弊、虚假诉讼等失信背信行为作为犯罪加以惩治。但面对其他的违背道德甚至突破伦理底线的行为，法律尤其是刑法是否应予以规制？又该如何规制呢？2018 年底的基因编辑婴儿事件就因实验人员违反科学道德、无视医学伦理规范引发了高度关注。除了因违反伦理遭到社会的谴责外，对于其具有的法律风险，应以何种法律法规予以惩罚也在法学界引发探讨。在刑法领域，不仅就该实验是否属于非法行医罪的"医疗行为"展开讨论，而且基于该实验的安全技术

---

[1] 寻衅滋事罪相关的法律法规文件主要有：2013 年最高法、最高检《关于办理寻衅滋事刑事案件适用法律若干问题的解释》，2013 年最高法、最高检《关于办理利用信息网络实施诽谤等刑事案件适用法律若干问题的解释》，2014 年最高法、最高检、公安部、司法部、国家卫计委《关于依法惩处涉医违法犯罪维护正常医疗秩序的意见》，2017 年最高检、公安部《关于公安机关管辖的刑事案件立案追诉标准的规定（一）的补充规定》，2018 年最高法、最高检、公安部、司法部《关于办理黑恶势力犯罪案件若干问题的指导意见》，2019 年最高法、最高检、公安部《关于依法惩治妨害公共交通工具安全驾驶违法犯罪行为的指导意见》等。

缺陷可能产生的脱靶效应以及未知的、不可控的风险可能带来的后果，有学者建议以刑事立法来规制此类行为，加强监管。如果此次实验真的造成了这些接受基因编辑的孩子携带不确定基因融入人类群体，从而影响人类基因库，我们的立法及司法应如何跟进？进一步而言，行为能否被定义为具有"社会危害性"，能否用刑法予以规制和处罚？法律固然不能阻碍科学探索的脚步，但当科学技术涉及人类社会伦理底线时，两者的矛盾如何化解？这都是值得探讨的问题。

刑法作为人类打击违法犯罪活动、维护社会秩序的有力工具，刑事立法的合理完备程度以及刑事司法是否得到有效执行都影响着打击犯罪的力度和效果。在我国，对于违法行为采取的是二元制裁模式，依行为性质和法益侵害程度区分行政违法和刑事违法，分别处以行政处罚或刑事处罚。这种制裁模式先考察行为性质，再考量"量"的因素。当行为性质不严重，没有刑事可罚性时，直接用治安管理处罚法予以行政处罚。行为性质比较严重时，根据情节、数额、危害后果等"量"的因素进行划分，轻微的予以行政处罚，较为严重的处以刑事处罚。当遇到性质非常严重的行为时，一律用刑法规制。我国这种立法定性又定量的定罪模式，不仅在形式上考察行为性质，也要求对行为中包含的量的因素进行实质审定。而在采取一元制裁模式的国家中，根据行为类型进行界分，立法只考察行为性质，危害程度极低的行为是通过司法程序排除在犯罪之外。这两种定罪模式的不同也导致了处罚范围的不同。在我国，只有性质较为严重且达到一定程度的行为才归属刑法管辖。而在立法定性司法定量的国家，因在司法过程中才对罪量因素进行审定，这意味着刑法管辖的范围中至少包含了性质严重但情节轻微的行为（无论其最后是否被予以刑事处罚，行为至少进入了刑事司法体系），而这些行为在我国可能只属于行政违法的范畴，不纳入刑法评价范围。这也是相比之下，我国刑法规制范围和犯罪圈较小的原因。因此，在我国目前的违法犯罪二元制裁体系下，为更好地发挥社会治安制裁权和社会治理功能，一方面，需要在立法时做好治安管理处罚法与刑法之间的衔接，提高可量化因素的精准度，加强规范的明确性以区分行为性质；另一方面，司法应尊重立法，司法解释应以立法条文为边界，不得超出可能的语义范围。司法惩治犯罪活动时也应遵守罪刑法定原则，严格认定行为是否符合具体罪名的构成要件，对于虽然违反行政管理有关规定，但尚未构成犯罪的行为，只能依照行政法规而不能依照刑法处罚。

五、余论

刑法边界的限缩和扩张是刑法理论和司法实务可以永恒讨论的话题，刑法的边界也是在现实经验与治理需求中，在立法制法与司法用法的结合中不断地伸缩。犯罪圈的大小从根本上取决于社会现实演变对规范提出的功能需求，其适度扩大是被允许且有一定社会治理功效的。但一个社会的治理方式有多种，希冀完全以刑法来规制反社会行为，不仅不符合刑法的谦抑性和补充性，更会落入刑法万能主义窠臼。虽然刑法对于某一类行为的规制和处罚，在短时间内能有效地减少该类行为的发生，但长此以往会使得刑法的工具性和社会治理的控制能力下降，这对刑事司法体系以及建设法治国家来说得不偿失。因此，我们在立法时，应在回应现实需求的情况下，理性谨慎地把握入罪标准；在司法释法时，应尊重立法并运用刑法教义学守则挖掘立法原意，解释补充刑法规范；在司法适用时，应在法律规范的框架内发挥司法能动性。这样方可发挥刑法机能，保障最大利益。

传播性病罪的教义学展开

李可儿[*]

一、引言

(一) 研究背景及意义

我国《刑法》中的传播性病罪，较《刑法》分则第六章第八节"组织、强迫、引诱、容留、介绍卖淫罪"中的其他罪名而言出现较晚。中华人民共和国成立伊始，国家对私娼、妓院、卖淫、嫖娼等都采取了严厉打压的态度，一系列的强硬措施使得当时的社会风气得到大幅改善，性病在我国几乎销声匿迹，传播性病行为失去了存在的土壤，所以在1979年《刑法》中并未出现传播性病行为的相关罪名或罪状。

但随着20世纪80年代开放的社会风潮逐渐深入各地，卖淫、嫖娼现象死灰复燃，迅速扩张。诸如梅毒、淋病等性病重新出现，传播之势迅猛。1989年，在全国人民代表大会常务委员会法制工作委员会起草制定的《全国人民代表大会常务委员会关于严禁卖淫嫖娼的决定》（以下简称《决定》）第5条中，首次将"明知自己患有梅毒、淋病等严重性病卖淫、嫖娼"的行为规定为犯罪，并于1991年通过施行。[1] 该《决定》一直被视为对1997年《刑法》中淫秽类犯罪的重大补充。因此，可以说，传播性病罪的出现与当时严厉打击卖淫嫖娼行为、防控性

---

〔1〕 1991年9月4日第七届全国人大常委会第21次会议通过并正式施行、2009年8月27日修正的《全国人民代表大会常务委员会关于严禁卖淫嫖娼的决定》第5条第1款规定："明知自己患有梅毒、淋病等严重性病卖淫、嫖娼的，处5年以下有期徒刑、拘役或者管制，并处5000元以下罚金。"

病扩散的社会背景与需要息息相关。

1992 年 12 月最高人民法院、最高人民检察院发布了《关于执行〈全国人民代表大会常务委员会关于严禁卖淫嫖娼的决定〉的若干问题的解答》（现已失效），首次明确本罪罪名为"传播性病罪"，还进一步说明了本罪为行为犯，是否造成传染结果不是成立本罪的要件；以及认定行为人"明知"自己患性病的两类标准。[1] 虽然该解释的内容较为简单，但不能否认其在提升本罪司法实用性上的意义。至此，我国的传播性病罪在立法与司法上基本成型。

1997 年，我国修订《刑法》（以下简称 1997 年《刑法》）时在第360 条第 1 款正式规定了传播性病罪，其具体内容直接采用此前单行刑法中的表述，仅把《决定》中规定的"并处 5000 元以下罚金"更改为"并处罚金"，给予了法官在罚金刑裁量方面更大的自主权。

虽然传播性病罪自此在刑法典中获得了一席之地，传播性病行为终于受到了最严厉的刑罚手段的规制，但艾滋病、性病持续扩散的社会现象表明，设立本罪名并未收到令人满意的成效。裁判文书网上现已上传的传播性病罪相关案件总数量为 376 个，具体年份的案例数量呈逐年递增趋势：2008 年至 2013 年每年上传的案件数量均为个位数，2014 年和2015 年分别为 37 个和 31 个，2016 年为 55 个，到 2017 年，案件数量陡增至 101 个，2018 年更是上升至 131 个。[2] 虽然上述数据可能受裁判文书网正式推行时间的影响，但案件数量飙升的事实是不容置疑的。尤其是在 2017 年前后，公开的裁判文书数量陡增。除了裁判文书公示的数据外，其数量大幅上升的原因大致有三：其一，国家医疗疾控部门加大了排查检测性病患者的投入，随着医疗水平提高，社区服务、艾滋

---

〔1〕 1992 年 12 月 11 日发布的最高人民法院、最高人民检察院《关于执行〈全国人民代表大会常务委员会关于严禁卖淫嫖娼的决定〉的若干问题的解答》指出："八、怎样认定传播性病罪？根据《决定》第 5 条第 1 款的规定，传播性病罪，是指明知自己患有梅毒、淋病等严重性病而进行卖淫嫖娼的行为。（1）本罪属特殊主体，即已满 16 岁，具有刑事责任能力，且患有梅毒、淋病等严重性病的人。中国公民和外国人均可成为本罪的主体。（2）必须实施了卖淫、嫖娼的行为。至于实际是否造成他人染上性病的结果，不影响本罪的成立。行为人通过其他方式（如通奸等）将性病传染给他人的，不构成本罪。（3）具备以下情形之一的，可以认定为'明知'：①有证据证明曾到医院就医，被诊断为患有严重性病的；②根据本人的知识和经验，能够知道自己患有严重性病的；③通过其他方法能够证明被告人是'明知'的。"

〔2〕 参见中国裁判文书网（官方网址 http：//wenshu.court.gov.cn），最后访问时间：2019 年 5 月 26 日。

病免费检查等普及，性病艾滋病确诊人数激增，患者对自身患病的知情率上升。其二，公安部门不断加强对于卖淫、嫖娼行为的打击力度，原本难以知悉的患病事实逐渐拥有了确凿的证据，卖淫、嫖娼者原本面临的 15 天行政拘留也顺理成章地变为了刑罚处罚。其三，也是最重要的原因是，2017 年 7 月两高发布的司法解释在 1992 年司法解释的基础上进一步表明，传播性病罪的成立并不需要造成实际的传染结果，且进一步明确"严重性病"的认定方法以及艾滋病病毒携带者传播性病行为的处理方法。[1] 此次司法解释的出台被视为是针对卖淫类案件中呈现的新情况、新问题的回应，解决了许多审判实务中隐藏的争议。各地司法机关也很快在传播性病罪案件的裁判中作出了反应。首先是案件的数量上升，原先可能出现的因"当事人的行为尚未造成严重后果"而从轻处罚的判决理由也不再出现于裁判文书之中[2]；其次，艾滋病病毒携带者在此类案件中的量刑有了明显提升，一年以下的自由刑基本消失，罚金刑的金额亦有所提升。

  近年来，大部分裁判文书中记录的定罪过程逐渐展现出模式化的倾向，即"当事人被抓嫖——此前已有确认患病的记录或在拘留过程中暴露出患病事实——当事人对事实无异议——定罪"的模式，其实质是罪名适用上的限缩。究其原因，应当是本罪规定中未决的争议点多及因果关系认定上多有困难，使得法官们在适用该罪名上倾向于完全遵循指导

---

  [1] 2017 年《最高人民法院、最高人民检察院关于办理组织、强迫、引诱、容留、介绍卖淫刑事案件适用法律若干问题的解释》第 11 条规定："具有下列情形之一的，应当认定为刑法第 360 条规定的'明知'：①有证据证明曾到医院或者其他医疗机构就医或者检查，被诊断为患有严重性病的；②根据本人的知识和经验，能够知道自己患有严重性病的；③通过其他方法能够证明行为人是'明知'的。传播性病行为是否实际造成他人患上严重性病的后果，不影响本罪的成立。刑法第 360 条规定所称的'严重性病'，包括梅毒、淋病等。其他性病是否认定为'严重性病'，应当根据《中华人民共和国传染病防治法》《性病防治管理办法》的规定，在国家卫生与计划生育委员会规定实行性病监测的性病范围内，依照其危害、特点与梅毒、淋病相当的原则，从严掌握。"第 12 条规定："明知自己患有艾滋病或者感染艾滋病病毒而卖淫、嫖娼的，依照刑法第 360 条的规定，以传播性病罪定罪，从重处罚。具有下列情形之一，致使他人感染艾滋病病毒的，认定为刑法第 95 条第 3 项'其他对于人身健康有重大伤害'所指的'重伤'，依照刑法第 234 条第 2 款的规定，以故意伤害罪定罪处罚：①明知自己感染艾滋病病毒而卖淫、嫖娼的；②明知自己感染艾滋病病毒，故意不采取防范措施而与他人发生性关系的。"

  [2] 例如，浙江省嘉兴市南湖区人民法院（2014）嘉南刑初字第 1089 号刑事判决书。在本案一审判决书中，法院认为："因本案尚未造成严重的危害后果……可从轻处罚。"此类判决理由在 2017 年《最高人民法院、最高人民检察院关于办理组织、强迫、引诱、容留、介绍卖淫刑事案件适用法律若干问题的解释》出台前偶有出现。

案例和司法解释强调的情形定罪，逐渐使本罪名失去了适用上的活力，限制了应有的适用空间，以致司法实务部门对该类犯罪的打击效果受到影响。因此，本文拟结合相关刑事立法与刑法理论，对传播性病罪适用中的若干疑难问题进行法教义学探讨，思考本罪未来的适用走向，以期对司法实践有所裨益。

（二）研究状况评述

我国学者对于传播性病罪的研究具有阶段性的特征。本罪出现之初，学者们讨论的焦点主要是罪名的确定，例如张明楷教授和李希慧教授都是从《决定》所描绘的罪状构成中总结出本罪的名称[1]。传播性病罪在 1997 年《刑法》中固定下来后的五六年内，许多学者围绕本罪进行了较为系统的比较研究，对比了意大利、苏俄、巴西和日本等地的不同立法选择，主要差异涵盖了"性病"之范围、客观行为、犯罪结果、主观认知等多个方面。[2] 但这些研究大多止于比较法条本身，很少涉及深层次的立法原意探究，并且由于成稿的时间较早，一些国外立法例的变更与迭代尚无成果进行回应，由此出现了比较研究上的空白与断层。比较研究的风潮暂落后，更多的学者开始关注本罪的司法适用疑难与立法效果不佳的困境，并结合此前的比较研究基础开展理论探讨，寻求立法完善。部分学者从法益出发，对比分析本罪保护的应然客体与立法实际目的的偏差，进而提出完善建议。[3] 也有学者从刑事司法角度切入，着力于讨论法条中可能存在的模糊和争议地带，诸如"严重性病"的内涵与外延，本罪的行为方式是否应当扩展，主观上的"明知"究竟如何解释，是否要求有传播的故意，与其他罪名的界限等。[4] 到

---

〔1〕 参见李希慧："明知患有严重性病卖淫、嫖娼罪若干问题探析"，载《河北法学》1992 年第 2 期。

〔2〕 参见柳淞、苗永水："传播性病罪比较研究"，载《中央政法管理干部学院学报》1997 年第 1 期；马长生："论传播性病罪的国际防治"，载《中国法学》2001 年第 2 期。

〔3〕 参见钱叶六："故意传播严重性病行为定性之探究——兼论现行《刑法》第 360 条第 1 款的立法完善"，载《政法论丛》2006 年第 3 期；赵军："传播性病罪法益研究——实然与应然之间"，载《湖北大学学报》2008 年第 6 期；骆群："被害人视域中的传播性病罪"，载《河北法学》2017 年第 2 期。

〔4〕 参见李振权、王彦："性病患者卖淫、嫖娼的几个法律问题"，载《法学评论》2000 年第 2 期；金泽刚、肖中华："有关卖淫犯罪的疑难问题新探"，载《华东政法学院学报》2005 年第 6 期；陈旭文："传播性病罪疑难问题研究"，载《中国刑事法杂志》2003 年第 1 期。

了近几年，针对传播性病罪这一罪名本身，有价值的讨论并不多。随着艾滋病问题成为受到广泛关注的社会议题，以性传播为主要传播途径之一的艾滋病传播问题转而成为这一领域绝对的热点。学界大体分为独立成罪说和不独立成罪说两种观点，支持故意传播艾滋病行为独立成罪的学者认为此种行为危害极大，与现有的传播性病罪、故意杀人罪、故意伤害罪等罪名的规定多有不符，适合单独设立罪名。[1] 后者在论证不应当独立成立犯罪的同时，又分别提出了以传播性病罪或故意伤害罪处罚，或是根据不同行为方式予以区别对待等解决路径。[2]

然而，上述观点与研究时间较早，而 2017 年 7 月 21 日《最高人民法院、最高人民检察院关于办理组织、强迫、引诱、容留、介绍卖淫刑事案件适用法律若干问题的解释》（以下简称"2017 年司法解释"）的出台解决了此前讨论的部分争点，也带来了新的思考。传播性病罪的法益倾向是否正在发生转变，司法机关的适用立场是否会走向扩大化，诸如此类的问题尚未有学者展开过系统研究与讨论。

二、传播性病罪的罪名合理性质疑

（一）本罪罪名由来

与我国刑法规定的大部分条款一样，传播性病罪在出现之初，其实并没有明确的罪名。《决定》仅以叙明罪状的形式阐述了本罪的基本构成，还一度引发学者们对如何概括本罪罪名的热议。直到 1992 年末，最高司法机关联合发布的司法解释才正式将本条款认定为"传播性病罪"。[3]

事实上，个罪罪名确定、使用上的混乱，曾经是我国刑法史上的一

---

〔1〕　参见高戈："论设立故意传播艾滋病罪的必要性"，载《河南司法警官职业学院学报》2017 年第 2 期；于焕超、刘川："故意传播艾滋病的法律责任分析——兼评'陈某犯传播性病罪'"，载《鸡西大学学报》2017 年第 1 期。

〔2〕　参见贾凌、张勇："论艾滋病传播的刑法控制"，载《昆明理工大学学报》2008 年第 11 期；赵西巨、唐炳舜："艾滋病传播犯罪与'同意'抗辩：我国的回应"，载《医学与社会》2009 年第 2 期。

〔3〕　1992 年 12 月 11 日发布的最高人民法院、最高人民检察院《关于执行〈全国人民代表大会常务委员会关于严禁卖淫嫖娼的决定〉的若干问题的解答》指出："一、《全国人民代表大会常务委员会关于严禁卖淫嫖娼的决定》规定了几个新罪名？《全国人民代表大会常务委员会关于严禁卖淫嫖娼的决定》规定了 4 个新罪名，即：……传播性病罪（第 5 条第 1 款）。"

大问题。为此，最高人民法院和最高人民检察院于1997年12月先后颁布了对1997年《刑法》中的罪名进行逐一确认的文件。[1] 因此，不同于意大利等国在法条前先用标题明示该罪名称的罪名立法化模式，我国刑法中的罪名绝大部分都是司法罪名，即最高司法机关通过司法解释所确定的罪名，而非立法罪名。而早在入刑之前就已经过司法机关确定的"传播性病罪"，无疑在1997年的《刑法》修改中再一次顺利通过了官方认定。

但屡次经过司法解释的认定并不意味着本罪名的拟定就是绝对成功的。罪名司法化的模式决定了我国具体犯罪罪名概括与立法之间或多或少存在断层，更不用说像《刑法》第360条这样在正式入刑之前就已经"确定名分"的条款了。多年来，传播性病罪的名称不时遭受诟病，究其原因，还需要对本罪名进行多方面的深入探讨。

（二）本罪罪名与罪状之偏差

所谓罪名的确定，即如何运用恰当的概念表现刑法有关法条所规定、描述的具体犯罪的本质特征。[2] 这种高度抽象和概括首先应当以罪状为基础，满足简明、准确、科学的要求。

"传播性病罪"的罪名本身是极为简洁的动宾结构，包含"传播"这一行为以及"性病"这一行为客体。《刑法》第360条则采用叙明罪状的形式[3]，对本罪的主观方面、客观方面和主体等犯罪构成都作了阐述：主观上"明知自己患有梅毒、淋病等严重性病"，行为客体是"严重性病"，核心行为并非"传播"，而是"卖淫、嫖娼"。如此对照，二者之间不仅不满足抽象与具体的关系，甚至在部分表意上背道而驰。

传播性病的行为方式多种多样，婚内性行为与非婚性行为，合法性行为与违法性行为，甚至血液传播、母婴传播等非性行为方式都可以作为其传播途径，但在《刑法》第360条的罪状中仅限定了"卖淫、嫖娼"这种违法的非婚性行为方式。由此来看，罪名以"传播"一词笼统描述本罪的客观行为方式，并未贴合法条所要表述的含义及重点，无

---

〔1〕 参见于志刚、郭小锋："关于'罪名滞后'问题及其解决模式——以刑法修正案（七）的颁行为视角"，载《人民检察》2009年第13期，第11~16页。

〔2〕 赵秉志主编：《刑法争议问题研究（下）》，河南人民出版社1996年版，第23页。

〔3〕《中华人民共和国刑法》第360条规定："明知自己患有梅毒、淋病等严重性病卖淫、嫖娼的，处5年以下有期徒刑、拘役或者管制，并处罚金。"

形中扩张了可入罪的行为范围。

除客观行为方式外，"传播性病"所传达出来的主观意味与罪状中的主观因素也有出入。它蕴含着行为人具有传播疾病之目的，追求传染结果之动机的潜在含义。然而，法条中虽然规定了"明知"，但"明知"的重点在于行为人了解自己患有性病的事实，明白存在传染的风险即可，并不需要讨论其犯罪动机。所以从主观层面来看，此罪名又疑似增添了入罪条件，从而缩小了本罪的适用范围。

也有学者认为，司法机关在拟定"传播性病"时，所侧重表达的并不是一种行为目的，而是应当受到刑罚规制的犯罪结果。[1] 但从这种角度来理解，本罪名所引发的误会更为明显。罪名"传播性病罪"叙述的是结果，那么《刑法》第 360 条也顺理成章地被理解为结果犯，即行为人实际造成了他人感染严重性病的结果。但根据罪状的表述和 2017 年司法解释的意思，本罪是标准的行为犯，即只要严重性病患者从事了卖淫、嫖娼行为，就足以引起性病传播的抽象的危险，并不要求造成实际的危害结果。

有了以上诸多偏差，也就不难理解"传播性病罪"罪名不时遭受质疑了。人们在了解某个具体犯罪时往往首先从罪名入手，所以如此所引发的结果必然就是社会公众对本罪的误解。当罪名给了民众甚至司法人员先入为主的误导后，再根据罪状进行理解和纠偏，无疑会事倍功半，这与设置罪名以帮助人们直观理解某一法条表述的功能明显背道而驰。

（三）本罪罪名的成因探究

翻阅 1997 年《刑法》中各罪的罪名不难发现，大多数拥有叙明罪状的法条，其罪名会直接保留其罪状中的核心行为作为组成部分，甚至会将多种行为方式并列排放，而并不会放弃精确性来刻意追求"言简意赅"。[2] 那么司法机关在为《刑法》第 360 条拟定罪名时采用"传播"二字置换掉原文表述中的"卖淫、嫖娼"的缘由是什么？又是否具有

---

〔1〕 参见刘艳红："罪名确定的科学性"，载《法学研究》1998 年第 6 期。

〔2〕 如"非法制造、买卖、运输、邮寄、储存枪支、弹药、爆炸物罪""盗窃、侮辱、故意毁坏尸体、尸骨、骨灰罪""走私、贩卖、运输、制造毒品罪""制作、复制、出版、贩卖、传播淫秽物品牟利罪"等长罪名，这种并列行为方式的选择性罪名在刑法典中十分常见，可见简洁性并非司法机关确定罪名时的首要要求。

其合理性？笔者认为，此问题可以通过对国内刑法典的体系研究和对国外立法例的比照两方面展开思考。

刑法分则中除了"传播性病罪"，同样使用了"传播"一词的罪名还有五个。[1] 详细对比本罪与这五个罪名及其罪状，主要差异有四：其一，其他五个罪名的罪状中均直接出现了"传播"二字，立法者也没有对传播的具体行为方式作出限定，通过传递书籍本册、网络空间交流、公共场合播放等都可以实现传播目的，这显然比本罪规定的行为方式更加贴近"传播"本身的含义；其二，其他罪名"传播"的客体为信息和淫秽物品，信息的传播需要载体，淫秽物品的呈现形式包括图片、文字、音频、影像等，二者的传播过程均是可见的，而性病的传播具有不可见性，疾病在传递时人的肉眼无法捕捉，所以往往难以被察觉，如果要认定传播结果与行为之间的因果关系，不会有类似的直接物证或电子证据的存在，显然更具证明难度；其三，其他罪名要求客体的传播具有一定程度上的广泛性，且行为人主动追求扩散的结果，具有明显的故意，但传播性病罪并不要求行为人有造成疾病扩散的故意，迫于生计而选择卖淫的严重性病患者，即使主动采取了安全措施，也可以满足本罪的定罪条件；其四，也是最明显的不同，即其他罪名都要求完成了传播，从而"造成严重结果"或是影响恶劣、"情节严重"，说明此类行为已经实现了现实危害，而本罪如前文所述，并不要求实际的传播结果，审判实务中的大部分案例也都尚未造成实质的危害结果，但并不影响其定罪。

因此，综观我国刑法的规定，"传播性病罪"与类似罪名的拟定思路并不相同，其核心动词亦不符合刑法上常见的"传播"的含义。企图用体系解释来证明本罪名合理性的假设并不成立。

排除了仿照国内刑法典其他罪名来拟定的可能性，国外刑事立法的先例就成了最有可能的参照对象。事实上，1992年我国首次设立本罪之前，确有多国刑法已规定了类似的罪名。《意大利刑法典》曾设立

---

[1] 《中华人民共和国刑法》第181条"编造并传播证券、期货交易虚假信息罪"，第291条之一"编造、故意传播虚假恐怖信息罪""编造、故意传播虚假信息罪"，第363条"制作、复制、出版、贩卖、传播淫秽物品牟利罪"，第364条"传播淫秽物品罪"。

"传染梅毒和淋病罪"[1]，《巴西刑法典》在第 130 条设立"传播性病罪"[2]，《俄罗斯联邦刑法》[3] 和《波兰刑法典》[4] 也分别在不同章节规定了罪名类似的"传染性病罪"和"传染艾滋病罪"。这些立法例具有十分相似的罪名构成，即"传染"或"传播"动词加上"梅毒""艾滋病""性病"等疾病名称的动宾结构，与我国规定的罪名如出一辙。从各地区刑法典颁布和此类犯罪出现的时间，不难看出我国司法机关参考各立法例来选取罪名的痕迹。但不同刑法在立法细节上其实各有不同，意大利和波兰刑法都将此犯罪规定为结果犯，以造成传染结果为要件；巴西刑法将其作为危险犯严厉惩治；意大利刑法一度要求行为人存在隐瞒病情的行为[5]；且没有任何一地立法例像我国刑法一样，将传播行为限定为"卖淫、嫖娟"等非法商业性性行为。因此对照其他国家和地区的罪名及其罪状时，很难产生二者之间存在偏差的质疑，或者引导人们对法条的含义产生无意识的误解。我国司法机关尝试借鉴国际立法经验，选取最为宽泛的表述来命名这一类似的条款，看似一个稳妥的选择，却直接忽视了本国规定的特殊行为要素，最终只能导致社会公众的困惑与司法人员在适用时的犹疑。

（四）本罪罪名之纠偏

综合前文所述，"传播性病罪"罪名与《刑法》第 360 条的整体结

----

〔1〕　1931 年生效的《意大利刑法典》（"罗科法典"）第 554 条规定："明知患有梅毒，隐瞒而与他人为有传染危险之行为，并因而传染予他人者，……明知患有淋病，隐瞒而为前款行为，致传染予他人并使发生严重之妨害结果者，亦同。"参见黄风译注：《最新意大利刑法典》，法律出版社 2007 年版，第 187~188 页。该罪名所在的第十章"危害血统健全罪"后于 1978 年 5 月 22 日被第 194 号法律第 22 条整章删除。

〔2〕《巴西刑法典》第 130 条规定："明知或应知自己患有传染性性病，仍然通过性交或者任何猥亵行为使他人处于受感染的危险状态的……"参见陈志军译：《巴西刑法典》，中国人民公安大学出版社 2009 年版，第 53 页。

〔3〕《俄罗斯联邦刑法》第 121 条规定："明知自己有花柳病而传染他人的……"第 122 条规定："故意将他人置于感染艾滋病的危险之中的……"参见黄道秀译：《俄罗斯联邦刑法典》，北京大学出版社 2008 年版，第 54~55 页。

〔4〕《波兰刑法典》第 161 条规定："①任何明知其已经被艾滋病病毒感染的人，直接地让他人遭受感染的……②任何明知其已经感染性传染病、严重的无法治愈的疾病或者已经对生命构成实际威胁的疾病的人，直接地让他人遭受感染的……"参见陈志军译：《波兰刑法典》，中国人民公安大学出版社 2009 年版，第 64 页。

〔5〕《意大利刑法典》规定此罪名的第 554 条及其所在的第十章"危害血统健全罪"已被 1978 年 5 月 22 日第 194 号法律第 22 条整章删除。

构与偏重都存在差异，调整个别字词已然不足以让罪名与罪状达到适配，只能摒弃此前的罪名结构，重新对罪状进行整体考量。

学界早有许多学者提出过有价值的罪名建议，支持者较多、罪名最为完整的有李希慧教授提出的"明知患有严重性病卖淫、嫖娼罪"[1]，及张明楷教授提出的"性病患者卖淫、嫖娼罪"。[2] 但笔者认为，前者将法条内容中的主观认识也完整放入罪名之中，虽然避免了遗漏本罪的主要特征，但在简洁性上稍有欠缺，且现行《刑法》中还没有出现过带有"明知"字样的罪名，至多只存在故意或过失的罪过形式，用以区分相近的罪名。而"性病患者卖淫、嫖娼罪"的表述与本法罪名拟定的风格大体一致，且完整表达出了本条的核心特征，兼具了简洁性、准确性和科学性。

三、传播性病罪之法益探析

传播性病罪的保护法益范围很广，涉及公共安全、社会管理秩序、社会风气、公民的身体健康权利，甚至是传染病管理制度等多个方面。但罪名的罪质与本罪的核心法益直接相关，核心法益有且仅有一个，它将直接决定认定诸多问题的价值标准。因此确定何者才是传播性病罪的核心法益，至关重要。

（一）本罪立法之实然法益

从刑法体系上看，我国刑法分则根据同类客体将具体罪名分为十类，每一类罪名都具有相同的法益。传播性病罪被放置在《刑法》分则第六章"妨害社会管理秩序罪"之中，表明立法者在设立本罪时想保护的主要法益是社会管理秩序与社会风气。

从本罪的立法背景来看，传播性病罪首次出现于 1991 年施行的《决定》之中，《决定》开宗明义地表明了《决定》的发布是出于"严禁卖淫、嫖娼""维护社会治安秩序和良好的社会风气"的目的，再次印证了本罪之主要法益是社会管理秩序与社会风气的观点。

从本罪的罪状构成来看，他人的身体健康并非本罪所必然侵害的对

---

〔1〕 参见李希慧："明知患有严重性病卖淫、嫖娼罪若干问题探析"，载《河北法学》1992 年第 2 期。

〔2〕 参见张明楷："论性病患者卖淫、嫖娼罪"，载《法律科学》1992 年第 2 期。

象。设立传播性病罪始终具有防治性病蔓延，保护国民身体健康的意图。但《刑法》并未将实质的危害结果纳入定罪的考量范围，将本罪规定为实害犯或危险犯，而是立足于行为无价值之立场，将本罪设计成了纯粹意义上的行为犯。是否侵害了公民的身体健康不能决定罪名的成立与否，也没有作为构成要件内容，可见公民的身体健康在本罪中仅仅处于一个"随意客体"的位置，并非主要保护的法益。而相对应的，卖淫、嫖娼行为被设计为本罪的核心要件，表明其设计更倾向于禁娼这一社会风化与社会秩序管理的目的。此倾向可以通过一个典型例证稍加体会：江西省东乡县人民法院曾就张某案向《人民司法》一刊询问，明知自己有性病而与多人通奸，是否可以认定为传播性病罪。[1] 张某的行为显然对他人的身体健康造成了巨大威胁，甚至危及公共安全。但研究组围绕本罪的构成要件研究过后，得出的结论是无法认定张某的行为构成传播性病罪，如果出现了将性病传染给他人的结果，受害人仅可以请求民事侵权损害赔偿。

综上所述，三个从实然角度出发的论证都得出了同一个结论，即立法者设立传播性病罪所考虑的核心法益是社会管理秩序与社会风气。

（二）本罪适用之应然法益

笔者认为，打击卖淫嫖娼、维护良好社会风气与管理秩序，本不应为本罪之法益。我国《治安管理处罚法》已对一般的卖淫嫖娼行为作出了相应的处罚规定，《刑法》中也将组织、容留、强迫卖淫等行为规定为犯罪。因此，再利用传播性病罪来打击卖淫、嫖娼行为，着实意义不大。

事实上，除我国以外，在其他将传播性病类的行为独立设罪的地区，全都将本罪放置在保护公民身体健康权利的类罪名之下。譬如俄罗斯的"侵害生命和健康犯罪"[2]，以及巴西的"威胁生命与健康罪"[3]。笔者认为，我国传播性病罪的核心法益也应当设置为公民的生命健康权利，这不是出于对他地立法例的单纯模仿，而是出于应然之合理性的考量。

---

〔1〕《人民司法》研究组："明知自己有性病而与多人通奸，是否属于传播性病罪？"，载《人民司法》2008年第13期。

〔2〕 参见黄道秀译：《俄罗斯联邦刑法典》，北京大学出版社2008年版，第54~55页。

〔3〕 参见陈志军译：《巴西刑法典》，中国人民公安大学出版社2009年版，第53页。

生命健康是一个人至高无上的权力，立法者理应将防治性病传播、维护他人生命健康放在首位。此外，性病的传播与性行为是否属于卖淫、嫖娼没有必然的联系。随着性观念的不断开放，非商业性、非婚性行为愈发常见，通过此类行为传播性病的危险性也不断上升。出于维护国民身体健康的立场，非商业性、非婚性行为也应当列入传播性病罪的规制范畴。

四、传播性病罪之构成要件分析

传播性病罪的客体，在法益部分已经进行过展开讨论，此处不再赘述。而本罪的主体应当是已满 16 周岁的具有刑事责任能力的严重性病患者。根据罪状的表述，对犯罪主体的限定首先取决于对"严重性病"和客观行为的认知，即主体包含在对此二者的理解之中。因此，只要明确了本罪客观方面与主观方面的涵义，本罪的主体问题也就迎刃而解了。

（一）"严重性病"的认定

1. "严重性病"的刑法语义探析。传播性病罪采用列举式与概括式相结合的方式对决定犯罪成立与否的性病范围进行限定，首先列举了最为典型和常见的梅毒、淋病，又以"等严重性病"的概括规定拓宽了其包含的范畴。这样一方面保留了本罪灵活适用的空间，但另一方面，概括规定的存在也显得"严重性病"的外延过宽，致使定罪标准模糊，有违背罪刑法定原则的明确性要求的嫌疑。

2017 年司法解释对"严重性病"的认定进行了进一步补充，解释其应当参照卫生部门发布的防治管理规定，依照"危害、特点与梅毒、淋病相当的原则"，"从严掌握"其种类，从而为认定不同种类的"严重性病"提供支撑。但各地法院在解释出台前后的审判过程中，认定过的性病种类几乎没有产生任何变化。除梅毒、淋病与艾滋病外，仅有尖锐湿疣在极其个别的案例中出现，更不用说卫生部规定的其他种类性病。这与各地性病疫情报告的事实数据是不相符的。可见，对"严重性病"的界定在实务中仍然存在许多犹疑，需要进行更为深入的探讨。

要把握"严重性病"的认定，首先要解决"性病"的内涵与外延问题。性病在医学上称为性传播疾病（STD），是指能够通过性交或其他性接触行为来传播的传染性疾病。[1] 但医学上的"性病"与法条之中的"性病"显然不能完全一致。比如"肝炎"也可以通过性接触传播，但这并非是其主要传播途径。普通公众很容易将"梅毒""淋病"视为"性病"，但却很难将肝炎也视为"性病"。也就是说，将医学上的标准转化为法律认定上的标准，应当再加入一个公众认知的因素。从一般社会人的认识出发，形成法律评价，才能让民众在对存在的危害性具有直观感受的基础上，理解相应传播行为的可罚性。

明确了法律上的"性病"应当是限定为主要通过性行为传播的疾病后，也就更好理解《刑法》上以"严重"来限制性病的范围了。"严重性病"首先要与医学上的标准划清界限，形成相对独立的法律评价标准；其次出于刑法的谦抑性，要进一步满足限制传播性病罪成立范围的要求，使一般性病之传播被剔除在犯罪评价之外。因此，对于确定"严重性病"的态度应当保持慎重。

学界对"严重性病"的内涵理解大致分三种观点：①认为是指病情严重，即出现了溃烂等严重的症状；②认为是指严重性质的性病；③认为是指严重性质的性病，同时严重性质的性病自然包括了发展到严重症状阶段的性病。[2] 笔者认为，综合司法实用性和社会公众的认知标准，第二种观点较为合理。性病的传染概率与症状的严重程度并不具有同步性。以梅毒为例，早期梅毒传染性强，但表征不明显，晚期梅毒虽到了症状严重的程度，甚至危及生命，但传染性大大降低。要求司法机关在确认行为人患有性病的同时，还要确认患有何种性病，发展到了什么程度，传染性如何，显然不利于审判标准的统一。社会公众对于性病的了解来源于社会宣传与经验，对于性病的发展阶段和危害都只拥有笼统的认知。如果把"严重性病"的标准设置得过于复杂，不仅行为人对自身行为的犯罪性认识不清，在普通民众中也难以实现清晰的警醒和威慑作用，因而偏离了刑法处罚的目的，无法达到理想的适用效果。

2. "严重性病"的特征归纳。虽然有了"性质严重"作为认定"严重性病"的准则，还可以结合 2017 年司法解释第 1 条第 3 款相当性原则的要求做进一步的判断，但不能否认，"严重性病"的具体种类本身是一个变数，而非固定的种类，应当是随着医疗水平和研究而发展变

---

〔1〕 赵秉志主编：《中国刑法案例与学理研究》，法律出版社 2004 年版，第 487 页。

〔2〕 参见鲍遂献主编：《妨害风化犯罪》，中国人民公安大学出版社 2003 年版，第 209页。

化的。一些未被认识的性病种类可能会出现，原本确定的性病种类也有可能由于防治而基本消失，或因为新的医疗手段而使其威胁性大大下降。譬如2012年卫生部发布的《性病防治管理办法》就完全删除了原有的软下疳、性病性淋巴肉芽肿等性病，而生殖道沙眼衣原体感染成为新的性病类型。因此，总结严重性病的特征或许比确定严重性病的种类更具意义。综合前述讨论，其主要特征应当有四个：一是传播途径以性传播为主；二是传播速度快，扩散性强；三是危害性大，难以治愈；四是有明显的高危人群，具有隐形病程和复发特征。[1]

在当前情形下，2012年《性病防治管理办法》中提到的五种性病显然都符合以上归纳的特征[2]，适合纳入《刑法》第360条规定的"严重性病"之中。除此以外，这五种性病也经由了疾病危害程度方面和流行情况方面的考量，所单独列出的性病种类，不仅体现了我国本土疫情的现实需要，还便于形成一般社会人的认识标准，有利于司法实践中判断行为人对于自身患有严重性病的"明知"的判断标准的建立。

3. 艾滋病是否属于"严重性病"。近年来，本罪"严重性病"之中是否包含艾滋病的问题饱受理论争议，不少学者甚至提出"故意传播艾滋病的行为应当独立成罪"，其理由不胜枚举。譬如，艾滋病传播途径多样，除了卖淫、嫖娼以外，还有多种多样的方式；艾滋病致死率高，传播艾滋病的危害性远大于传播其他严重性病，而传播性病罪的法定刑过低，不能满足为传播艾滋病行为量刑的需要；等等。

笔者认为，艾滋病固然具有自身的特殊性，但也不必动辄设立新罪名，现有的刑法体系完全具有规制传播艾滋病的各项行为的能力。

第一，性传播是艾滋病主要传播途径之一已经成为公众熟知的常识，无论是世界卫生组织还是我国的性病防治都没有否认过将艾滋病纳入性病范围的合理性。虽然2012年《性病防治管理办法》不再将艾滋病纳入"本办法所称性病"的种类，但这并不意味着艾滋病不是性传播疾病。而且，在2012年《性病防治管理办法》中，艾滋病并非从性

---

〔1〕 参见鲍遂献主编：《妨害风化犯罪》，中国人民公安大学出版社2003年版，第211页。

〔2〕 即梅毒、淋病、生殖道沙眼衣原体感染、尖锐湿疣和生殖器疱疹。2012年11月23日卫生部发布的《性病防治管理办法》第2条第1款规定："性病是以性接触为主要传播途径的疾病。本办法所称性病包括以下几类：①《传染病防治法》规定的乙类传染病中的梅毒和淋病；②生殖道沙眼衣原体感染、尖锐湿疣、生殖器疱疹；③卫生部根据疾病危害程度、流行情况等因素，确定需要管理的其他性病。"

病中被移除，而是考虑到疫情的严重性和自身的特殊性，将其防控上升到了新的高度，另行设置《艾滋病管理条例》进行更为详细的特殊规定。通过性行为传播艾滋病与传播梅毒、淋病只是情节轻重不同，并无罪质上的不同。这一点也通过 2017 年司法解释要求的"从重处罚"条款得到了验证。在 2017 年以后的传播性病罪案件中，被告人携带艾滋病病毒的，其量刑与携带梅毒、淋病的被告人之间已出现了明显的差距。这不仅符合罪责刑相适应原则，还充分发挥了传播性病罪的适用价值。

第二，现存的刑法体系是具有解决以不同方式故意传播艾滋病行为的能力的。"法律的生命在于解释。"除卖淫、嫖娼这一传播途径以外，依据其不同的行为动机、行为方式以及结果，可以适用故意伤害罪等其他不同罪名。随着医疗水平的发展，艾滋病患者通过药物控制，其寿命已经可以做到与普通人无异。今后也有可能做到完全治愈，则与普通的性病不再有巨大差异。如果贸然设立罪名，等到医疗领域实现突破后又讨论取消，这样仓促的立法行为反而不利于维护刑法的稳定性。

第三，从社会效应层面来看，近年来许多人致力于消除社会大众对艾滋病患者的歧视，帮助艾滋病患者回归正常生活。这样的行为明显有助于缓解社会矛盾，也有助于化解一部分艾滋病患者对社会的仇视情绪。如果突然选择将故意传播艾滋病的行为独立设罪，极有可能重新唤起社会大众对艾滋病的恐惧和厌恶，激化对艾滋病患者的敌对情绪。短期来看，或许可以达到打击恶意传播艾滋病的行为的效果，但是其所带来的潜在社会影响，或许更加难以抑制。

由此，将艾滋病纳入《刑法》第 360 条"严重性病"的范围是合情合理的，以传播性病罪规制明知患有艾滋病而卖淫嫖娼的行为也并不会妨碍以刑法其他罪名对其他传播艾滋病的行为进行打击。

（二）"卖淫、嫖娼"行为的认定

1. "卖淫、嫖娼"的刑法语义探析。如前文所述，传播性病罪的核心行为并非传统含义上的"传播"，而是"卖淫、嫖娼"行为。行为人并不需要完成实质的传播性病行为，基于卖淫或嫖娼的任一实行行为就足以满足定罪所需的行为要件。因此，它是决定本罪成立与否的另一个重要客观要件，也是我国传播性病罪相较于其他国家传播性病类犯罪之间最本土化的特质。

在我国，卖淫嫖娼行为不合法，同时也不单独入罪。单纯的卖淫、嫖娼是一般违法行为，行为人只需要接受行政处罚。在《刑法》设置的"组织、强迫、引诱、容留、介绍卖淫罪"一节罪名中，往往只围绕卖淫行为展开，打击的也不是卖淫、嫖娼者本人。本罪则是其中的特殊存在，不仅同时提及卖淫和嫖娼两种行为，还是针对此二类行为人本身的处罚规定。因此界定本罪中"卖淫""嫖娼"的内涵与外延就显得尤为重要。

卖淫、嫖娼是两个相对应的行为，所以本罪行为人的具体行为实际上具有选择性，完成其中一个即可。迄今为止，我国的刑事立法和各项解释都尚未对这两个行为的内涵作出官方说明。可参照的仅有公安部在一次批复中对卖淫嫖娼行为作出的描述[1]。但笔者认为，此描述不能直接作为本罪中"卖淫、嫖娼"行为的认定依据。首先是因为阐述此二者的概念严格来说属于立法解释的权限范围，不宜由司法机关作出解释[2]，更何况该批复的效力层级低，甚至不具有司法解释的性质；其次，该批复所关注的"卖淫、嫖娼"是违背社会管理秩序的一般违法行为，认定后对行为人采取的也是行政处罚措施，而本罪关注的是应当由刑罚规制的，同时侵害社会管理秩序和公民身体健康的犯罪行为。因此，本罪认定的"卖淫、嫖娼"行为从学理与实际需要上均有可能与公安机关适用行政处罚时的认定存在出入，还需要综合学界的理论意见和司法适用的经验展开讨论。

学者们针对"卖淫"和"嫖娼"行为提出的定义大体具有相似性，起码在两点上基本达成了共识：其一，此二者是以金钱与性服务进行交换；其二，行为的对象具有不特定性或随机性。这两点也是"卖淫、嫖娼"行为与通奸、"包二奶"、"一夜情"等常见非婚性行为的显著不同。以张明楷教授的表述为例，他认为本罪的"卖淫"是指"以营利为动机，与不特定的异性发生性交或从事其他淫乱活动"的行为，"嫖娼"则是指"以付出金钱或财物为代价与卖淫者发生性交或从事其他

---

〔1〕　2001年2月18日发布的《公安部关于对同性之间以钱财为媒介的性行为定性处理问题的批复》规定："根据《中华人民共和国治安管理处罚条例》和全国人大常委会《关于严禁卖淫嫖娼的决定》的规定，不特定的异性之间或者同性之间以金钱、财物为媒介发生不正当性关系的行为，包括口淫、手淫、鸡奸等行为，都属于卖淫嫖娼行为，对行为人应当依法处理。"

〔2〕　参见周峰、党建军、陆建红、杨华："《关于审理组织、强迫、引诱、容留、介绍卖淫刑事案件适用法律若干问题的解释》的理解与适用"，载《人民司法》2017年第25期。

淫乱活动"的行为。[1] 但结合近年来围绕非传统"卖淫"概念的讨论，不同学者对于这组对合行为的外延所提出的范围主张也存在着或大或小的差异，譬如，对性别主体是否存在固定的要求，手淫、口交、肛交等外围行为是否也在其范围之内。

2. "卖淫、嫖娼"的特殊主体界限。在通常情况下，"卖淫者"等同于"娼妓"或"卖淫女"，"嫖客"也被默认为男性。因此现在仍有学者认为，传播性病罪"对于目前危害严重的男性同性性行为、无金钱物质交换的性行为等故意传播艾滋病行为不能适用"。[2] 但笔者认为，这种观点过于刻板。随着经济社会的不断发展变化，商业性行为早已不止局限于女性向男性提供性服务，男性为获取金钱物质利益而与不特定女性发生性关系，以及同性之间的有偿性服务都愈发常见。如果本罪只规制患有性病的卖淫女与男性嫖客发生性关系，而让男性向女性卖淫、同性卖淫成为法外之地，显然违背了刑法面前人人平等的原则，也不利于对后两类参与人群的身体健康权利的保障。事实上，从医学角度来看，同性性行为在导致艾滋病等性病的传播的几率上高于异性间性行为；从刑事立法角度看，原有的"强迫妇女卖淫罪""引诱、容留妇女卖淫罪"均被修改细化为"组织卖淫罪""强迫卖淫罪"和"引诱、容留、介绍卖淫罪"，将卖淫主体的性别规定删去了。

实务中的情形更为复杂。不仅存在男性艾滋病病毒携带者向同性卖淫的案件[3]，还存在患有严重性病的男性乔装女性，与男性嫖客进行性交易的情况。在浙江余杭的一起案例中，被告人在明知自己患有艾滋病、梅毒的情况下，在小树林内，通过乔装成女性的方式与郭某进行卖淫嫖娼活动。[4] 据该案被告人吴某供述，其卖淫的动机并不是获取金钱，而是为了满足生理需要，索取嫖资是打消嫖客怀疑心理的幌子。此案暴露出行为界定上的另外两个疑问：其一，性交易中的一方乔装为异性，是否影响本罪中"卖淫"或"嫖娼"行为的认定；其二，本罪中的"卖淫"行为，是否应当要求以换取金钱物质为主要目的。

---

〔1〕 张明楷："论性病患者卖淫、嫖娼罪"，载《法律科学》1992年第2期。

〔2〕 贾明慧："故意传播艾滋病行为亟待刑法规制"，载《检察日报》2019年3月26日，第3版。

〔3〕 例如，浙江省杭州市拱墅区人民法院（2016）浙0105刑初315号刑事判决书。判决行为人犯传播性病罪，判处1年有期徒刑，并处罚金3000元。

〔4〕 浙江省杭州市余杭区人民法院（2017）浙0110刑初1044号刑事判决书。判决被告人吴某犯传播性病罪，判处有期徒刑9个月，并处罚金1000元。

前一种情况本质上还是突破常规的性别主体是否影响本罪定罪的问题。不论是严重性病患者乔装为异性卖淫，还是患有严重性病的嫖客与乔装异性的卖淫人员完成性交易的情况；不论是被认定为同性之间卖淫，还是不特定男女之间卖淫，客观上都不影响该种性交易破坏社会风气，同时使性病携带者造成性病传播的危险。虽然行为人或受害人的内心确信与事实稍有偏差，存在一定程度上的认识错误，但这种具体的事实上的认识错误过于细节，其主观上意欲侵害的对象与客观行为实际侵害的对象没有超出犯罪构成的范围，不影响对本罪保护法益的侵害，仍然成立传播性病罪。因此，乔装异性的行为不应当影响本罪中"卖淫、嫖娼"的认定。

对于后一个问题，一般来说，卖淫者与嫖客发生性关系的主要目的就是牟利，在对象选择方面具有不特定性，由此排除了恋爱、婚姻等关系中的性行为主体。但认定以卖淫为职业在取证当中本身就存在困难，再加上牟利目的的主观认知要求，很难树立清晰的标准。从实质过程来看，双方的性关系确实建立在牟利与给付利益的基础之上，满足了卖淫和嫖娼行为最核心的认定要素和公认的客观表征。行为人满足生理需求的主观目的并没有影响嫖客进行嫖娼行为的心理认知，社会良好风尚、社会管理秩序和对方的生命健康权利均遭受了侵害，其行为仍然表现为以牟利为目的，以性服务换取金钱物质的形式。在这种情况下，行为人对卖淫行为的主观心理，不应当再作为影响本罪定罪的理由。因此，行为人在患有性病的同时完成了以金钱交换性服务的交易，即应当以传播性病罪追究其刑事责任，这样的处理亦不违背本罪的立法精神与目的。

3. "卖淫、嫖娼"的行为方式界限。针对刑法上"卖淫、嫖娼"应当囊括的具体行为方式，在理论和司法实践中都各自存在着意见分歧。通常来说，卖淫嫖娼的传统行为方式是男女之间的性交行为，这也应当是传播性病罪中客观行为的标准模式。除此之外，围绕标准的行为方式，在卖淫、嫖娼行为中还逐渐衍生出口交、肛交、手淫等淫乱行为，以及陪玩、陪酒、陪睡等钱色交易活动。公安部在前述行政批复和实际适用中的态度均体现出，围绕卖淫、嫖娼行为所展开的一系列淫乱活动都应当予以查处。但是刑法上的传播性病罪是否同样应当将这些行为不加区分地全部纳入规制范围呢？

从保护社会风气和管理秩序的角度来讲，这些行为固然都会存在妨害和破坏的效果。但仅由这一点就将所有相关行为列入本罪的"卖淫、嫖娼"行为方式的范畴之内，显然过于草率，且不符合刑法的谦抑性要求。标准的性交行为被视为最容易造成性病传播的行为方式，主要是在于它会导向双方性器官的接触和体液交换，使得病毒或病菌也随这种接触而传染。在这一点上，口交和肛交所具有的危险系数与性交相似。三者的共性是一方生殖器进入另一方的体内，均属于进入式性活动，所以容易引起性病的传播。[1] 但手淫这样接触性的性服务，几乎没有造成性病传播的可能性，则当然不适合作为被规制的对象，更不用说像仅限于搂抱、亲吻等的"三陪"或外围的色情服务。反之，如果一味扩张"卖淫、嫖娼"的行为方式，将这些本身不会造成性病传播危险的情况全部纳入传播性病罪的评价范围之内，就不免会被诟病为越过了防治性病传播的应然目的，而变相地将"禁娼"的目的放在首位。

实质上，随着时代发展，公民的性观念愈加开放，人们的性生活方式也呈现出多样化和复杂化的特点。卖淫、嫖娼早已不是最主要的造成性病传播的渠道，"一夜情"、婚外性行为、非婚同居性行为、群体性行为等造成的危险绝不亚于商业性行为带来的风险，由此产生一大块立法和司法空白地带，更多被此类不安全性行为传染性病的人群因为不符合"卖淫、嫖娼"的行为条件而得不到保护。因此，在思考更合理的行为方式界限时，不仅应当突破传统的"卖淫、嫖娼"行为方式，更应当突破"禁娼"这一过时的立法意图，回归到遏制严重性病蔓延的考量上来，适当尝试将行为条件进一步放宽。当然这样的尝试必然涉及对取证方法、公民隐私权等方面的综合衡量，不可能一蹴而就，但也绝不能因为难以平衡而断然放弃此种利于跳出当下适用困境的有益尝试。

（三）本罪的主观方面

1. "明知"的认定。行为人是否对自己患有严重性病存有"明知"，也是直接影响认定本罪成立与否的要素。本罪在出现之初就对

---

[1] 参见周峰、党建军、陆建红、杨华："《关于审理组织、强迫、引诱、容留、介绍卖淫刑事案件适用法律若干问题的解释》的理解与适用"，载《人民司法》2017 年第 25 期。

"明知"进行过细化[1]，将其分为确知和推定明知。确知即有医疗机构的诊断证明、诊疗记录等，从而确定其明知自己患有严重性病的情况。推定明知包括根据本人的知识和经验，能够知道自己患有严重性病的情况，以及兜底性质的通过其他方法能够证明是"明知"的情形。实际上，审判案例中基本只出现过具有明确证据证明当事人被确诊为患有严重性病的确知情形，以及被告人自己供述患病事实的情况。可见推定明知的认定基本上还是处于模糊状态，还需要进一步明确行为人明知可能性的情形，才能实现指导实践的价值。

除了认定"明知"的方式，"明知"的内容和程度也是值得探讨的问题。有学者认为它至少包含两层含义：一是明知自己患有某种疾病；二是明知自己患有的疾病是具有严重危害性的性病，至于具体是何种性病并不要求明了。[2] 第一层含义是行为人对事实的认识；第二层含义是行为人对事实性质的认识，同时涵盖了对社会危害性和违法性的认识。从实务操作的角度来说，第一层"明知"的证明难度明显较小。作为一个有正常认识和行为能力的人，对于自己身体发生的某种病变一般不会注意不到，而且大多数性病具有外观性较强的症状。但第二层"明知"的实现，在"严重性病"尚存在讨论空间的情形下，不要说一般的行为人，就连专业的医生也不能肯定哪些性病属于严重性病。坚持该观点很有可能给实践认定带来很大的困难。除了被列举的梅毒、淋病以及"大名鼎鼎"的艾滋病外，其他性病很难符合认定行为人明知其为严重性病的条件，这与当下的审理困境如出一辙，显然有违立法与解释的初衷。所以笔者认为，只要明知自己患有性病，不管是否确知为严重性病，都应当认定为具备了主观方面的要件。而现阶段，何者为"严重性病"，其危害与特点是否与梅毒、淋病相当，应当留给立法者和司法人员判断，不适宜作为行为人认识的内容。

2. 罪过形式的探讨。一般来说，个罪的罪过形式和危害结果可以

---

[1] 1992 年 12 月 11 日发布的最高人民法院、最高人民检察院《关于执行〈全国人民代表大会常务委员会关于严禁卖淫嫖娼的决定〉的若干问题的解答》规定："八、怎样认定传播性病罪？根据《决定》第 5 条第 1 款的规定，传播性病罪，是指明知自己患有梅毒、淋病等严重性病而进行卖淫嫖娼的行为。（一）本罪属特殊主体，即已满 16 岁，具有刑事责任能力，且患有梅毒、淋病等严重性病的人。……（三）具备以下情形之一的，可以认定为'明知'：①有证据证明曾到医院就医，被诊断为患有严重性病的；②根据本人的知识和经验，能够知道自己患有严重性病的；③通过其他方法能够证明被告人是'明知'的。"

[2] 赵秉志主编：《中国刑法案例与学理研究》，法律出版社 2004 年版，第 488 页。

在罪名或罪状中清晰定位出来，如故意杀人罪，行为人对于死亡结果持希望或放任的态度，即罪过形式为故意，指向的危害结果为他人的死亡结果。单从传播性病罪的罪名来看，很容易误认为卖淫、嫖娼人员是"对性病传播结果"持故意态度，罪过形式为故意，指向的危害结果是他人染上严重性病的患病结果。但是实际上，根据文义解释，从《刑法》第360条的规定来看，该罪事实上属于"行为犯"（或"抽象危险犯"），并且从目的解释来看也是"行为犯"。该罪最开始出现在国家"禁娼"的规定中，极大程度上是基于打击卖淫嫖娼行为的立场，完成卖淫或嫖娼的实行行为即可以定罪。综上所述，传播性病罪打击的是"卖淫嫖娼的行为"，针对的并不是可能发生的危害结果，而是行为本身。

在众多的学术研究中，存在这样一种误解。持该观点者认为，本罪的罪过形式同时包含了直接故意、间接故意和过于自信的过失，表现为行为人对造成严重性病传播之危害结果的追求或放任，或是轻信自己的行为无法造成性病传播，甚至是自认为采取了有效的安全措施，可以避免传播结果的发生。基于此种信念，造成了对该罪理论研究和实践情况的种种疑惑。譬如传播性病罪在实践中会出现既遂、未遂的区分。在田某某传播性病罪一案中，当时双方谈妥价格并预付了嫖资，但由于无法入住酒店，遂中止了交易，最终被法院认定为"由于意志以外的原因而未能得逞，系犯罪未遂"。[1] 此外，还有许多因尚未完成性交易即被抓获的案例，同样被认定为未遂。[2] 如果说本罪的罪过形式的确包括间接故意与过失，那么这些案件没有造成所谓的性病传播的结果，不应以犯罪论处；更不应当出现未遂的形态，毕竟未完成形态只存在于直接故意的犯罪之中。但从本罪是行为犯的特点出发进行理论层面的思考，应当是存在既遂和未遂形态的。"行为犯构成既遂，按照法律的要求，这种行为要有一个实行过程，要达到一定程度，才能视为行为的完成。"[3] 行为人只有实施了卖淫、嫖娼活动中的任何方式的性行为的一

---

[1] 福建省福清市人民法院（2016）闽0181刑初第975号刑事判决书。判决被告人田某某犯传播性病罪，判处拘役5个月，并处罚金。

[2] 河南省新乡市卫滨区人民法院（2014）卫滨刑初字第10号刑事判决书。被告人沈某某明知自己已感染艾滋病，电话联系卖淫女并商定了嫖资，在酒店房间内洗澡完毕尚未发生性关系时，被公安民警巡查时查获，认定为由于其意志以外的原因而未得逞，系犯罪未遂，判处有期徒刑1年，并处罚金。

[3] 鲍遂献主编：《妨害风化犯罪》，中国人民公安大学出版社2003年版，第236页。

次完毕行为，才能构成既遂。

在笔者看来，这些疑问或矛盾的产生实质上代表着某种根源性的犯罪基本理论上的错误。究其原因，在于误解了传播性病罪意志因素的指向。对"将严重性病传染给他人的危害结果"所持的心理态度并不是传播性病罪主观构成要件的内容，本罪的主观罪过形式应当仅限于直接故意，其故意内容为明知自己患有严重性病而仍故意卖淫、嫖娼。

3. 被害人同意对定罪的影响。被害人同意，也被称为被害人承诺，是指经权利人的请求或者同意，损害其某种合法权益的行为。通常权利人请求或者同意行为人损害其某种合法权益，即表明他对此种合法权益的放弃，可以阻却行为人之行为的违法性。但在本罪中，当对方明知行为人患有严重性病，仍同意与行为人进行卖淫、嫖娼行为，是不能排除行为人传播性病行为的犯罪性的。其理由有二：其一，在我国，卖淫、嫖娼行为本身是妨害风化、破坏社会治安的行为，是为社会共同生活准则所否定的。明知患有性病而卖淫嫖娼的行为更是侵害了社会法益，这是无法由相对方作出同意承诺而放弃的，因此该承诺的意思表示理应无效。其二，相对方的同意不能排除传播性病的刑事违法性。法律对传播性病罪着重评价的是行为本身的社会危害性，这一点在本罪名行为犯的性质中就有体现。至于附随后果的发生，已经超出了法律评价的范围。本罪中相对方的同意承诺是针对感染严重性病的附随后果，对于行为本身的形式违法性无影响。

五、传播性病罪与他罪之界限

传播性病罪因其囊括法益的复杂性，天然地与多个罪名存在着适用上的相似性。在各国的刑法典中，不乏将传播性病类的行为归入伤害罪、危害健康罪，或是作为性犯罪的加重情节的情况。相对应的，在我国的刑法体系中，传播性病罪与故意伤害罪、故意杀人罪、以危险方法危害公共安全罪均存在混淆适用的可能性，在具体案例中也得到了体现。因此在下文中，笔者将结合审判实例与各罪的犯罪构成，寻找罪名之间适合于司法裁判的界分标准。

（一）本罪与以危险方法危害公共安全罪的区分

以危险方法危害公共安全罪是《刑法》第 114 条和第 115 条规定的选择性罪名之一，是指以放火、决水、爆炸、投放危险物质以外的其他危险方法危害公共安全的犯罪。实践中将传播艾滋病病毒等传染病的行为归类为"以其他危险方法"危害公共安全的典型情形之一，其原因主要是它造成了危及人体健康的紧迫危险，且传播的对象是社会不特定多数人，符合危害公共安全罪的客观行为要求与对象要求。

为便于与传播性病罪的适用作比较，笔者依据具体的传播方式，将相关的审判实例分为两类：一类是以扎针、咬人、在人群中洒携带病毒血液的图钉等非性接触途径，造成性病扩散之危险的案件；另一类是通过与多人发生性接触的方式，造成性病传播风险的案件。

第一类是将性病病原体作为营造风险的"武器"，采取多样化的行为方式使风险暴露在人群之中。例如，曾有艾滋病患者将装有自己血液的针管和沾有自己血液的图钉撒在医院的地上，以让人染上艾滋病相威胁，将患者吓跑，迫使医院给其医用麻醉药品。[1] 此案中危及的对象是医院中不特定的人，行为对象具有不可预知的随机性，在场的人都面临着被感染的风险，从而危害了公共安全。此类案件与传播性病罪的案件相比较，虽然在侵害的法益，以及造成性病传播的危险等方面存在一定的相似性，但在客观行为方式层面，物理性的伤害与非暴力性的性行为（或更明确为"卖淫、嫖娼"行为）方式之间存在明显的差异，因此不应当存在适用上的疑义。

第二类案件则更具迷惑性。一个典型案例是：艾滋病患者刘某某通过恋爱关系组织聚众淫乱活动，在明知自己患有艾滋病且属于性传染疾病的情况下，隐瞒患病事实，不采取任何安全措施而与不特定的多名女性发生了性行为。[2]此案的案件事实与传播性病罪的犯罪构成符合度明显上升。同样是明知自己患有严重性病的事实，同样是完成了性接触的方式，造成严重性病扩散的危险；不同点在于传播性病罪限定的是"卖淫、嫖娼"的行为方式，同时在行为对象上很难满足不特定多数和难以确定的要求。

但事实上，这些通过性传播方式认定的以危险方法危害公共安全罪的案件，本身也存在争议。以危险方法危害公共安全罪的核心在于侵犯了"公共安全"，也即不特定或者多数人的生命、身体或者财产安全。

---

〔1〕 吉林省辽源市龙山区人民法院（2012）龙刑初字第195号刑事判决书。判决被告人李某犯以危险方法危害公共安全罪，判处有期徒刑9年。

〔2〕 内蒙古自治区扎赉特旗人民法院（2017）内2223刑初7号刑事判决书。判决被告人刘某某犯以危险方法危害公共安全罪，判处有期徒刑8年。

所谓"不特定"，是指犯罪行为可能侵犯的对象事先无法确定。但是性接触方式针对的侵犯对象必然是确定的，并且在行为前就应当选中了。将这种行为解释为对不特定多数人的生命、健康造成损害的危险或可能，并非完全行不通[1]，但会存在扩张适用的嫌疑。由此可以看出，通过以危险方法危害公共安全罪在规制此类情况的时候，起到的主要是补充适用的效果，发挥的是兜底条款的补漏作用，而不是作为一个完全独立的罪名。"它在一定程度上起到了填补刑法漏洞的作用，以便等待立法跟进。"[2] 这个有待填补的立法漏洞即应当是卖淫、嫖娼行为方式以外的非商业性行为所造成的性病传播的风险，也是现有的传播性病罪受限于客观行为方式的规定而鞭长莫及的地带。

（二）本罪与故意伤害罪的区分

传播性病罪与故意伤害罪在犯罪构成特征上的界限比较清晰，差异主要表现为五个方面：①犯罪客体上的差异。传播性病罪的客体涵盖了社会管理秩序、社会风气和公民个人身体健康权利，而故意伤害罪的犯罪客体为单一的他人健康权利。②客观方面的差异。传播性病罪的客观方面表现为严重性病患者在明知自己患有严重性病的情况下从事卖淫嫖娼活动，故意伤害罪的客观方面为非法损害他人身体健康的行为。③犯罪主体上的差异。传播性病罪的主体为16周岁以上具有刑事责任能力的严重性病患者，故意伤害罪的主体不仅包括16周岁以上具有刑事责任能力的自然人，在故意伤害致人重伤或者死亡的情形下，还包括已满14周岁不满16周岁的自然人。④主观方面的差异。传播性病罪的主观方面仅限于直接故意，故意的内容为明知自己患有严重性病仍卖淫、嫖娼。故意伤害罪虽然也是故意犯罪，但包括直接故意和间接故意两部分，故意的内容为明知自己的行为会发生危害他人身体健康的结果，并且希望或放任该结果的发生。⑤更重要的差异在于，传播性病罪是行为犯，而故意伤害罪是结果犯，需要造成被害人轻伤以上的后果，才能认定为既遂。

从客观方面、犯罪主体与主观方面来看，故意伤害罪均有覆盖传播

---

[1] 可以进一步推论性行为的对象遭受了传染严重性病的风险，继而他们的伴侣、朋友、家人也有可能因此而遭受患病的风险，这些对象是行为人难以确知或具体预料到的。

[2] 陈兴良："口袋罪的法教义学分析：以以危险方法危害公共安全罪为例"，载《政治与法律》2013年第3期。

性病罪的要件范围的能力，所以在现实中，传播性病罪与故意伤害罪之间产生竞合现象，应当是情理之中的事情。当严重性病患者通过进行不安全性行为的方式将疾病传播给特定的人，同时主观上追求或放任他人被传染严重性病的结果发生，并将自己的目的掩藏在卖淫、嫖娼行为之下时，就发生了两罪的竞合。

为了明确具体如何对这两个罪名进行分别适用，我们首先需要厘清二者之间的竞合关系究竟属于哪一种类型。此处所谓的故意不采取防范措施的"不安全性行为"和"卖淫、嫖娼"行为，实质是一个实行行为，一个行为同时触犯两个罪名，则只有可能成立法条竞合关系和想象竞合关系。而法条竞合与想象竞合的区分关键在于，"触犯的数罪名所在的数法条之中，能否有一个法条完整评价该犯罪行为。如果不能完整评价，是想象竞合犯；如果能完整评价，是法条竞合犯"。由此，回溯两个罪名的定罪要件可以发现，传播性病罪评价的主要是"卖淫、嫖娼"的行为和妨害社会管理秩序的损害事实；而故意伤害罪评价的主要是受害人身体健康遭受重大伤害的结果。评价对象和客体之间的差异表明两罪的竞合关系应当是想象竞合，其中任一罪名都无法全面、有效地评价这种犯罪行为，只能择一重罪论处。

所以，在具体的认定情形上，需要综合对比案件事实结果和罪名的量刑幅度。传播性病罪仅有一档法定刑，即"5年以下有期徒刑、拘役或管制"；而故意伤害罪则拥有三档法定刑[1]，除基本刑为"3年以下有期徒刑、拘役或管制"外，其他两档加重法定刑的法定最高刑均高于传播性病罪的5年法定刑。

由于传播性病罪的行为人在主观上必须持直接故意，实践中可能出现"造成严重性病传染后果"与"未造成严重性病传染后果"两种情形，相当于故意伤害罪的既遂与未遂。如何为传染结果定性，成为定罪的关键。如果将"感染严重性病"视为重伤以上结果，则应定故意伤害罪；反之，则定传播性病罪。

结合《刑法》第95条第3项[2]以及2017年司法解释第12条来

---

〔1〕《中华人民共和国刑法》第234条规定："故意伤害他人身体的，处3年以下有期徒刑、拘役或者管制。犯前款罪，致人重伤的，处3年以上10年以下有期徒刑；致人死亡或者以特别残忍手段致人重伤造成严重残疾的，处10年以上有期徒刑、无期徒刑或者死刑……"

〔2〕《中华人民共和国刑法》第95条规定："本法所称重伤，是指有下列情形之一的伤害：①使人肢体残废或者毁人容貌的；②使人丧失听觉、视觉或者其他器官机能的；③其他对于人身健康有重大伤害的。"

看，指使他人感染艾滋病病毒的情形可算作"重伤"，应当以故意伤害罪定罪处罚。

此前还有观点认为，由于艾滋病的不可治愈性，故意传播艾滋病给特定对象基本等同于故意杀人，应当直接以故意杀人罪定罪处罚。但笔者认为，近年来已经屡有新闻报道艾滋病患者通过药物控制可以保持与常人相同的寿命，治愈艾滋病也不应当再被当作天方夜谭，因此不必贸然在被害人没有死亡的情形下认定为故意杀人罪，以避免违背罪刑相适应原则，产生新的逻辑悖论。除艾滋病以外的其他性病在现有医疗技术下均能治愈，则更应当谨慎处理，保持在传播性病罪规制范围之内为佳。

六、结论

法条的详尽程度决定了司法操作的难易，法条的逻辑清晰度也影响司法操作的适用。传播性病罪在近年来遇到的司法困境和适用空间上的限缩，与本罪不合理的罪名与罪状构成是离不开关系的。想要释放本罪的适用活力，需要重新对罪名进行考量，"性病患者卖淫、嫖娼罪"的罪名对解决人们长期以来对本罪内容的误读一定大有裨益。

此外，传播性病罪涉及的法益范围很广，但实然法益与应然法益之间却发生了严重错位，应当早日将其从妨害社会管理秩序的类罪名下移出来，归入侵害人身权利罪当中去。传播性病罪的各要件中也存在许多模糊点、争议点。本罪的"严重性病"范围一直没有得到明确，其认定不仅要把握好医学上的标准，还应辅之以社会公众认知来形成法律评价标准。由于"严重性病"的种类范围具有流动性，因此应当把握好它的本质特征以应对变化。对于传播性病罪的行为方式，我们不仅要勇于突破对"卖淫、嫖娼"行为的传统认知，更要勇于突破"传播"方式的禁锢。本罪的"明知"只要求行为人对自己的患病事实有笼统的把握，具体程度和危害应当交由司法人员判断。罪过形式只表现为直接故意，故意的内容应当把握为明知自己患有严重性病仍故意卖淫、嫖娼。此外，由于公共法益的存在，被害人同意对本罪的定罪而言是无效的。

正是因为我国的传播性病罪没有将公民的身体健康权利作为首要保护的法益，因此在司法实践中，不得不将越来越多的现实适用空间让渡给其他罪名，以保证不会出现大范围的司法适用空白地带。但本罪的刑法功能，不能也不应当被故意伤害罪或以危险方法危害公共安全罪完全替代。我国传播性病罪的设立最初是出于禁娼的考虑，定位在行为无价值的立场上，表达的理应是严厉打击传播性病之危险行为的目的，及严格防范性病传播之风险的考量。但是最终又囿于禁娼的立场，无法对造成性病传播的行为进行全面的打击。

所以，为了打破本罪的适用困境，应当尽早删除或修改罪状中的"卖淫、嫖娼"要件，适当调整法定的最高刑，顺应传播性病罪扩张化适用的需求。同时，性行为涉及公民个人隐私的内容过多，不适合再基于行为无价值的立场进行限制，否则不仅会在取证和论证的过程中受到诸多限制，还有可能陷入伦理困境，掉进社会治理刑罚化的陷阱。想要平衡好此二者之间的关系，单靠法教义学的方法，通过解释适用来探寻司法适用范围是万万不够的，更重要的是从立法角度进行高屋建瓴的主动变革，针对现存的主要矛盾合理增删认定条件，高效而彻底地探寻出传播性病罪科学的具体出路。

教唆、帮助自杀行为的可罚性研究

——兼评"蓝鲸"死亡游戏的刑法规制

吴　凡[*]

一、问题提出及研究意义

法国哲学家加缪在著作《西西弗神话》中有名言道："真正严肃的哲学问题只有一个，那便是——自杀。"[1]事实上，自杀不仅是哲学上具有终极色彩的追问，也是影响全球公共政策与社会发展的现实问题。世界卫生组织的统计数据显示，目前全球每年有 80 万以上的人死于自杀；我国在 2010 年已成为世界范围内自杀率第十高的国家，每年有数以十万计的公民因自杀死亡。[2]以上数据还未包括数量庞大的自杀未遂者。如何应对自杀及其相关问题，现代国家必须作出回答，公民个体亦需价值引导。

2015 年 11 月，一种名为"蓝鲸"的死亡游戏从俄罗斯兴起，并借助互联网在全球范围内迅速传播。这一诱导自杀的游戏之所以被命名为"蓝鲸"，是由于受高压等原因影响，深海中的蓝鲸时常会出现集体搁浅的现象，因而与人类社会中的自杀相似。"蓝鲸"游戏包括组织者和参与者两类角色，组织者通过发布指令、心理暗示以及恐吓等方式，诱导参与者在一段时间内完成一系列任务，这些任务一步步指向游戏的终极任务——让参与者通过自杀结束自己的生命。"蓝鲸"游戏很快在青少年群体中展现出了惊人的破坏性。据报道，在俄罗斯，已有近 130 名

---

* 吴凡，清华大学法学院硕士研究生。

〔1〕 〔法〕加缪："西西弗神话"，沈志明译，载柳鸣九等主编：《加缪全集 3 散文卷 I》，沈志明等译，河北教育出版社 2002 年版，第 69 页。

〔2〕 以上数据来自世界卫生组织网站自杀预防专栏，网址链接为 http: //www. who. int/ mental_ health/prevention/suicide/suicideprevent/zh/，最后访问时间：2019 年 6 月 20 日。

青少年的自杀与之相关。在智利、巴西、阿根廷等国家，"蓝鲸"游戏也被认为诱发了青少年的自杀案件。近年来，"蓝鲸"的影响已蔓延到中国，在北京、四川、江苏、安徽等地都出现了青少年参与死亡游戏的事件，引起了国内民众和警方的高度关注。[1] "蓝鲸"游戏的传播和危害表明，在如今信息网络技术发展的背景下，自杀行为和教唆、帮助自杀等自杀关联行为呈现出了一些新的形式和特点，尤其凸显出对后者厘清认识、提高警惕的必要性。

教唆自杀，是指行为人故意使他人产生自杀意图，其手段包括引诱、怂恿、欺骗等；帮助自杀则是在他人已有自杀意图的情况下，帮助他人自杀。[2] 针对教唆、帮助自杀等自杀参与行为（也有学者称为"加工自杀行为"或"自杀关联行为"）的法律性质，我国学者素来不乏争论，并产生了有罪说和无罪说的基本对立，由此分化出探讨教唆、帮助自杀行为的可罚性的多种具体路径，如引入单一正犯说、纯粹惹起说、最小从属性说、限制从属性说、先前行为说等。[3] 我国司法实践在传统上对教唆、帮助自杀行为大多以故意杀人罪论处，但近年来这一立场也有所缓和，不同地方、不同时期对于类似案件得出了有所不同的结论。研究教唆、帮助自杀行为的可罚性，涉及对刑法中法益概念的理解、自我决定权范围的认识、共犯理论的运用等，有利于为司法实务中自杀参与行为的处理提供指导，回应热点案件，兼具理论和现实意义。本文旨在分析教唆、帮助自杀行为的法律性质，并就"蓝鲸"死亡游戏的刑法规制提出建议。

二、自杀行为的法律性质

（一）探讨前提

如前所述，学者们对于教唆、帮助自杀行为的定性多有分歧。其中的一个重要原因就在于对自杀行为法律性质的认识不同：

1. 认为自杀是具有刑事不法的违法行为的学者，主张教唆、帮助

---

〔1〕 莫开勤、马天成："自杀行为认定标准探析——兼论蓝鲸游戏中自杀参与行为的法律性质"，载《山东警察学院学报》2017 年第 4 期。

〔2〕 张明楷：《刑法学》，法律出版社 2016 年版，第 849 页。

〔3〕 张明楷：《刑法学》，法律出版社 2016 年版，第 851 页。

自杀行为可罚的理由可能是：①采取可罚的违法阻却性说，认为自杀行为有违法性而只是不可罚，因为自杀行为本来是违法的，所以参与这种行为也是违法的，而且在这种场合具有可罚的违法性；[1] ②根据责任阻却说和限制从属性说，自杀虽然违法但阻却责任，共犯的成立不以正犯的责任为必要，教唆、帮助自杀者因此构成犯罪；[2] ③援引混合惹起说，认为教唆、帮助自杀行为首先间接地侵害或威胁了生命法益，加上从自杀者的违法行为中导出的违法性，这二者共同构成了教唆、帮助自杀行为的违法性。[3]

2. 认为自杀是合法行为的学者，如果主张教唆、帮助者的行为不可罚，往往以实行者的行为不具有违法性从而教唆、帮助者的行为也不违法来展开。[4] 如果持教唆、帮助自杀行为可罚的观点，则可能：①立足于最小从属性说，认为自杀虽然阻却违法，但仍然属于符合构成要件的行为，不影响教唆犯、帮助犯的成立；[5] ②从教唆、帮助自杀本来就是故意杀人的实行行为，构成独立正犯等角度寻找依据。[6]

综上可见，自杀是合法行为还是违法行为的问题，成为研究教唆、帮助自杀行为可罚性的逻辑起点。本文也将就此展开深入的分析和阐述。在具体研究与此相关的各种学说之前，有必要明确探讨自杀行为法律性质的前提。倘若自杀者结束自己生命的行为同时造成了对其他法益的侵害或威胁，如以危害公共安全的方式自杀等，即使自杀者的自杀行为未遂，也要在存在故意或过失的情况下，对其他法益的实害和危险结果承担相应的刑事责任。因此，在给自杀行为定性时，首先需要明确的是：本文探讨自杀行为的法律性质，限定为自杀者在自己生命处分的范围之内，与他人法益、社会公共法益之间不存在明显的紧张关系。

虽然对自杀行为法律性质的认定，往往绕不开对生命与自由、个体意志与社会共同体存续等不同价值之间的衡量，被认为是一个受价值观

---

〔1〕 ［日］西田典之：《日本刑法各论》，王昭武、刘明祥译，法律出版社2013年版，第17页。

〔2〕 ［日］须之内克彦：《刑法中的被害人同意》，成文堂2004年版，第135页。

〔3〕 李洁、谭堃："论教唆、帮助自杀行为的可罚性"，载《政治与法律》2013年第6期。

〔4〕 王钢："自杀的认定及其相关行为的刑法评价"，载《法学研究》2012年第4期。

〔5〕 张明楷：《刑法学》，法律出版社2016年版，第851页。

〔6〕 高铭暄、马克昌：《刑法学》，北京大学出版社、高等教育出版社2011年版，第462页。

念影响较大、充满张力的议题。但这个问题并不因涉及价值观的争论而丧失实际意义。事实上，无论解释者自知抑或不自知，往往是价值立场塑造着支撑刑法教义学的中层理论，从而进一步影响着各种教义学的解释方案、具体案件中的理论争点和实际解决方式。当前，从解释者不同的价值取向出发，针对自杀行为的法律性质，理论界存在法外空间说、自杀违法说和自杀合法说三种基本立场。

（二）自杀行为法外空间说批判

1. 法外空间说观点概述。1972 年，德国学者阿图尔·考夫曼（Arthur Kaufmann）在《法外空间与自我负责之决定》一文中集中探讨了"法外空间"的概念。考夫曼认为，仅以价值对立的"合法"与"违法"两种评价，不足以涵括所有刑法上具有重要性的行为；在"合法—违法"二分的价值范畴内不能够应对的场合，如悲剧性的冲突情况或在生存危机的紧急状态中，以"法外空间"模式思考相关问题可能更为妥当：对于某些事项，法律上有规定，但无评价。详言之，"法外空间所涉及行止，系与法律相关的且由法律所规范的，然而此行止既不能适当地评价为合法，亦不能评价为违法……（在这样的法外空间内）法律秩序对相关行止放弃评价，由行为人自行负责其行为的正确性"。[1] 考夫曼将以上"法外空间说"运用到自杀行为的定性上，结论是在自杀的场合存在着"无解的义务冲突"，如果法律秩序无论是在正面还是从反面都放弃对自杀行为进行规范，才将是一个在法律哲学上令人满意的答案。[2]

不难看出，对于自杀行为的法律性质，法外空间说试图超越合法抑或违法二中选一的思路，而认为其属于法律放弃评价的领域，既非合法行为，亦非违法行为。德国学者威廉·加拉斯（Willhelm Galls）对这一问题也持法外空间说：对于自杀行为的法律判断，不管认为自杀是合法行为（因为它代表了一项权利），还是认为自杀是违法行为（因为它在法律上受到禁止），二者同被排除；唯一可能的答案，乃将自杀视为

---

〔1〕［德］阿图尔·考夫曼：《法律哲学》，刘幸义等译，法律出版社 2011 年版，第 244 页。

〔2〕［德］Neumann、Hassemer、Schroth 等主编：《自我负责人格之法律——Arthur Kaufmann 的法律哲学》，刘幸义等译，五南图书出版股份有限公司 2010 年版，第 207 页。

"不禁止"的行为。[1]

在我国刑法学者中，周光权教授主张采用法外空间说阐述自杀的法律性质。周光权教授认为，对于自杀，国家只是默认和"只能如此"地接受，自杀并不是畅通无阻的权利，而仅仅是法律不想作违法或合法评价的法外空间，处于一种法律不禁止但也不能允许、鼓励的"灰色地带"。[2] 持相似意见的还有王贵松副教授，他强调法律对自杀不予评价，并不是希望或者纵容自杀，而是确实无法作出适当的评价。[3] 以上将自杀行为视为法外空间的观点，主要基于如下理由：某种举止合法，则不仅有法律予以承认的含义，还蕴含着法律明显地鼓励人们去从事该行为的这一层意思。具体到自杀问题，如果认为自杀是合法行为，那么对于这种行为，国家需要从合法的意义上鼓励、提倡，但事实上现代国家都认为不能让自杀传染下去，对于自杀会采取一定的救助乃至限制措施；如果认为自杀是违法行为，就意味着承认对团体而言，个人有不得不继续活下去的义务等社会伦理，实际上是将违法性建立在社会伦理可非难性之上，但这是不可取的。因此，既不能将自杀评价为合法行为，也不能将自杀评价为违法行为，只能认为自杀属于法外空间的领域，法律对此保留意见而放弃评价。

2. 对法外空间说的疑问。法外空间说虽然注意到了对自杀进行评价的复杂性，试图寻找与传统解决方式不同的新思路，但它并不能合理说明自杀行为的法律性质，存在如下明显的缺陷：

第一，法外空间说本身面临理论上的疑惑。无论是古老的"法不禁止即自由"的法谚，还是罪刑法定原则中"法无明文规定不为罪，法无明文规定不处罚"的内核，都提示着我们以下基本立场——对于某种行为，如果法律没有禁止，公民就可以实施。因此，在刑事不法的判断中，对于不具有刑事不法的行为，就应评价为刑法上的合法行为，而不应承认违法与合法二者的中间地带。法外空间说既然认为某些行为是法律所不禁止、默认乃至放任的，那便表明这些行为是完全可以实施的，即合法的。同时又以"法外空间"的提法代替这些不违法的行为，难

〔1〕 〔德〕Neumann、Hassemer、Schroth 等主编：《自我负责人格之法律——Arthur Kaufmann 的法律哲学》，刘幸义等译，五南图书出版股份有限公司 2010 年版，第 201 页。

〔2〕 周光权："教唆、帮助自杀行为的定性——'法外空间说'的展开"，载《中外法学》2014 年第 5 期。

〔3〕 王贵松："自杀问题的国家立场"，载《北方法学》2009 年 5 期。

免有偷换概念之嫌。

第二，法外空间说不仅可能存在逻辑上的摇摆和混淆，还有可能与罪刑法定原则中的明确性要求相冲突。法外空间的评价标准闪烁其词，其范围也较为模糊，究竟哪些事项属于"法外空间"，怎样判断考夫曼所说的"悲剧性的冲突情况"或"生存危机的紧急状态"，均没有一个明确的标准，是不利于发挥法的预测机能的。[1] 故而有理由认为，应当非常慎重地使用法外空间这一概念。在自杀行为这一涉及生命和自由等重大法益的场合，法外空间说的适用本身就有欠妥之处；采取"合法—违法"二分的评价体系，从整体上看是更为妥当的。

第三，法外空间说竭力强调法外空间与合法之间的区别，认为如果承认某种行为是合法的，就意味着国家要在合法意义上鼓励和提倡这种行为。这一观点看似先法益之忧而忧，但实际上并不周延。法律承认某些行为合法，只是默许了国民在这些事项上存在行为的空间和选择的自由，而并不意味着一定是倡导、鼓励的态度。例如，过量饮酒是合法的，公民可以这样做，但这不意味着法律在倡导国民酗酒；懒散度日是合法的，个人可以选择和实践这样的生活方式，但这丝毫不曾暗示国家在鼓励虚度光阴；只要钱财来源和消费手段正当，挥霍无度甚至也是合法的，但不能认为国家赞扬铺张浪费、无所节制。由此可见，法外空间说分析自杀行为的前提并不正确，"合法即国家的鼓励和提倡"是一个伪命题，所以其结论也难以令人信服。这在价值多元化的今天尤其值得重视。

本文认为，法外空间说的主要问题在于混淆了法律评价和权利主张。即使某种行为在法律上被评价为合法，也不意味着必然导致针对第三人、社会或国家的权利诉求，涉及法律持"放任"态度的事项时尤为如此。在自杀行为的评价上，没有必要采用法外空间说，走"合法"和"违法"之外的第三条路径。法外空间说将自杀认定为"不禁止"的立场，实际上就站在了合法说一边；至于所强调的"不鼓励、不倡导"的立场，也与合法说并不冲突。钱叶六教授亦认为，"即便将自杀理解为放任行为，但既然不违法，也就作出了与合法评价一样的评价"。[2]

法外空间说由于存在一系列理论上的问题，因此在法哲学领域发挥

---

〔1〕 王钢："法外空间及其范围——侧重刑法的考察"，载《中外法学》2015 年第 6 期。

〔2〕 钱叶六："参与自杀的可罚性研究"，载《中国法学》2012 年第 4 期。

的作用有限。考夫曼自己也曾不无委屈地说："法外空间学说……在法学上，特别是在刑法信条论上，辛苦度日，一直以来就像个灰姑娘一样。"[1] 事实上，法外空间说的精华在于"宽容"与"成熟国民之自我负责"这两点，如能合理扬弃，这一学说也将对研究自杀行为的法律性质提供有益的启发。

（三）自杀违法说批判

1. 自杀违法说的基本论点。因视角的不同，自杀违法说大致可分为责任阻却说和可罚的违法阻却说两种观点。前者认为，自杀行为具有刑事不法，但对自杀者进行刑法上的非难过于残酷，还会导致以下尴尬局面——如果自杀者试图停止自杀，将会面临选择继续自杀还是接受刑事处罚的窘境，因而阻却责任。这种观点的代表人物有日本学者泷川幸辰、佐伯千仞等。[2] 后者主张，虽然自杀违法，但自杀者一方面是行为人，另一方面也是被害人，存在被害人同意而降低其社会危害性的情形，进而使自杀行为没有达到可罚的程度。我国学者黎宏教授即持此说。[3] 尽管责任阻却说和可罚的违法阻却说在切入点上存在差异，但二者的共识是自杀行为在定性上仍属违法，只是因为其他方面的原因而不被纳入刑法调整范围。

违法说之所以将自杀评价为刑事不法行为，其理论基点是生命权的绝对优越性，认为生命的存续是值得绝对保护的，刑法对侵犯生命的犯罪采取"生命的绝对保护原则"，生命法益原则上不能被侵犯。[4] 在生命权和自我决定自由两者的关系上，主张违法说的学者认为，生命的存续是人的自由等一系列权利行使的基础，生命一旦结束，自由也毛将焉附。因此，即使是自杀者本人的自我决定或意志自由，也不能对抗生命结束的消极后果，自杀在这种意义上被评价为违法行为。

为了更进一步说明生命权相对于自我决定权的优越性，主张违法性说的学者还引入了刑法家长主义进行论述。所谓刑法家长主义，其核心在于：个人的自我决定权并非是一个无限制的、孤立存在的概念，而是

---

〔1〕 ［德］Neumann、Hassemer、Schroth 等主编：《自我负责人格之法律——Arthur Kaufmann 的法律哲学》，刘幸义等译，五南图书出版股份有限公司 2010 年版，第 328 页。

〔2〕 ［日］须之内克彦：《刑法中的被害人同意》，成文堂 2004 年版，第 142 页。

〔3〕 黎宏：《刑法学》，法律出版社 2012 年版，第 635 页。

〔4〕 王志鉴："权利或犯罪？从法哲学的观点论刑法对自杀及协助自杀行为的评价"，载《生命教育研究》2010 年第 2 期。

需要国家和法律等方面的力量进行一定干预和限制；换言之，自我决定权的天生对立面就是家长主义。[1] 家长主义的基本理据植根于保护原则和社会连带思想两点：保护原则认为个体具有脆弱性，法律应该保护个体免受外界伤害[2]，这个层面上的刑法家长主义也常被称为"父爱主义"，使刑法具有了"慈父"般的气质；社会连带思想则指出，个人与社会的关系既然无法完全割断，个人自然也不能无视社会的要求。[3] 将家长主义运用到自杀行为的定性方面，违法说的主张者曾根威彦教授曾指出：自杀是法益主体（自杀人）消灭自己的行为，是侵害自己决定的自由也难以比肩的侵害重大法益即生命的行为，因此，从消极家长主义的立场看，自杀具有违法性。[4]

为反驳自杀合法说的主张，主张违法说的学者往往提出如下论点：如果将自杀认定为合法行为，那么在他人阻止自杀者实施自杀这种合法行为的场合，自杀者对阻止自己自杀的人可以行使正当防卫的权利。[5]不仅如此，阻止他人自杀更会被视为干涉他人自由的违法行为，严重者甚至可能被认定构成非法拘禁罪或故意伤害罪，而这显然是令人难以接受甚至不可思议的。违法说主张者由此认为，以上情况反证了自杀只能属于违法行为，不能评价为具有合法性。

2. 自杀违法说缺乏现实和法律根据。

（1）首先需要指出的是，部分违法说的主张存在一定的逻辑问题。例如，有学者指出："在我国对教唆、帮助自杀普遍采取可罚性立场的前提下，可以反证自杀行为是违法的。"[6] 然而，司法实践将参与自杀行为按照故意杀人罪处理的现状，并不能由此说明自杀本身便是违法的。即使司法实践的这一处理方式是正确的，自杀违法和教唆、帮助自杀可罚二者之间也不具有必然的关联性——教唆、帮助自杀受到处罚，

---

〔1〕 车浩："自我决定权与刑法家长主义"，载《中国法学》2012 年第 1 期。

〔2〕 孙笑侠、郭春镇："法律父爱主义在中国的适用"，载《中国社会科学》2006 年第 1 期。

〔3〕 ［法］狄骥：《公法的变迁/国家与法律》，郑戈、冷静译，春风文艺出版社 1999 年版，第 443~444 页。

〔4〕 ［日］曾根威彦：《刑法学基础》，黎宏译，法律出版社 2005 年版，第 74 页。

〔5〕 ［日］山中敬一：《刑法各论》，成文堂 2009 年版，第 26 页。

〔6〕 李洁、谭堃："论教唆、帮助自杀行为的可罚性"，载《政治与法律》2013 年第 6 期。

可能是因为其被视为故意杀人罪的实行行为（或正犯行为）。[1] 自杀参与行为受到处罚在逻辑上不是自杀违法的充分条件，不能当然地推出自杀本身具有刑事不法。何况这一处理方式已面临许多学者的质疑，[2] 如若采用这种以司法实践通行做法反证理论合理性的逻辑，可能导致理论研究完全服从于司法实践，使实践中的不当做法反而得到确证与因循，有本末倒置之虞。

除此之外，一些持违法说的学者还提出："人和动物均具有死亡本能……而死亡本能正是我们应该竭力控制的对象。"[3] 这种观点试图以扬弃自然本性的必要性来论证自杀的违法性。然而事实上，还有相当一部分人认为，人和动物的本能是求生而不是死亡。可见克制死亡本能的前提是难以证实，甚至是未被广泛接受的，相应地，建立在这一基础上的结论便值得商榷。

（2）作为违法说基点的自我决定权与生命权之间的关系，恐怕没有其主张者所描绘的那样简单，对此本文将在后一部分详细论述。诚然，生命是意志自由的物理承载，但生命的存续并不是一个完全静止的、空泛的概念，其具有更加具象和生动的意义，还通过人的一系列举止、思想和选择体现出来。作为个体的人无法选择出生，而如果在生命的过程中，依自己的意志选择结束生命，很可能这一决定本身就体现了生命的存在与尊严。何况在人们逐渐接受和默认自杀现象在现代文明中客观存在的现实下，重新认定自杀违法恐怕缺乏必要性。如周光权教授所言，如果说自杀是违法行为，但世界各国都不禁止，那么，认为自杀违法的规范依据究竟在哪里？如果没有任何规范依据，说自杀违法岂不成了理论上的"为赋新词强说愁"？[4]

关于违法说主张者所援用的刑法家长主义，本文不认为刑法家长主义已经完全过时。虽然人们往往将家长主义视为个人自由的对立面，但刑法家长主义也存在自我决定权的保障者的功能；刑法家长主义不必然是一个僵化的概念，其内容仍然存在与时俱进的空间。尽管如此，理想

---

[1] 高铭暄、马克昌：《刑法学》，北京大学出版社、高等教育出版社 2011 年版，第 462 页。

[2] 陈兴良：《判例刑法学（下卷）》，中国人民大学出版社 2009 年版，第 162 页。

[3] 莫开勤、马天成："自杀行为认定标准探析——兼论蓝鲸游戏中自杀参与行为的法律性质"，载《山东警察学院学报》2017 年第 4 期。

[4] 周光权："教唆、帮助自杀行为的定性——'法外空间说'的展开"，载《中外法学》2014 年第 5 期。

状态的刑法家长主义仍是有所为而有所不为的。在自杀行为的定性上，不应直接根据刑法家长主义判断自杀为违法。如前所述，刑法家长主义的理据主要包括保护原则和社会连带主义两部分。如果根据保护原则，认为自杀者是弱而愚的个体，法律应通过限制其自由来保护其福利，将面临"本人原则上能够更好地判断自身的情况和处境"的观点的挑战[1]；倘若出于社会连带思想，认为自杀行为将对他人和社会造成较大负面影响，自杀者不能无视社会的要求，也可能将"个人面对群体必须继续活下去"的社会伦理与法定义务混淆。

（3）违法说常常提出的如果自杀合法，则针对阻止自杀的行为具有违法性进而可以正当防卫的论点，看似有针对性，实际上却是缺乏根据的。应当认为，干预合法行为的行为，不一定就具有违法性，更不一定就构成正当防卫场合中的"不法侵害"，对于合法行为中具有一定负价值的情况尤为如此。如前所述，公民 A 酗酒成性，过量饮酒是合法行为，但不能认为公民 B 阻止 A 酗酒的干预行为就是不法侵害（当然前提是 B 没有采用伤害 A 的身体等方式）。公民 C 不思进取，懒散度日也是个人可以选择的合法生活方式，公民 D 劝说 C 积极进取，显然也不能认为 D 的这种干预行为就构成违法，从而可以正当防卫。因为干预行为常常具有两重性，有些干预行为固然会损害被干预对象的利益，但客观上许多干预行为能增加被干预对象的利益和价值。可以认为，在自杀者决定实施自杀行为的场合，如果其他人阻止其自杀行为，这样的"干涉"并不是绝对被排斥的。也就是说，不是绝对不允许干涉，而是可能不允许"使状况变得更糟的干涉"。换一个角度思考，阻止自杀的人客观上在保护自杀者的生命，自杀者的生命又是其自我决定权的载体。所以，不能简单认为在自杀合法的语境中，阻止自杀的行为就是损害自我决定的、需要正当防卫的不法侵害行为。相反，我们甚至可以认为它通过保护生命这一载体，保护了自杀者的自我决定权。事实上，民法上的无因管理等制度，也从法律上认可了对于他人的合法财产和行为，在特定情况下对其进行干涉是合法的。这背后的原理实则是：法秩序承认某些外来干预的合法性及合理性，并不意味着否定法益人对该法益的权属和控制力。

---

〔1〕 ［英］密尔：《论自由》，程崇华译，商务印书馆 1959 年版，第 8 页。

（四）本文立场：自杀合法说

1. 自杀评价的历史演变。本文认为，法外空间说和违法说均不能合理判断自杀行为的法律性质，合法说是评价自杀行为更为妥当的立场。有学者指出，对自杀行为的定性反映出文化和制度建构的结果，而文化和制度总是处在流变之中。[1] 例如，在凉山彝族社会中广泛存在的"死给"现象就是将自杀作为一种启动权利救济系统的程序，是纠纷解决的方式，是英雄主义和彝族社会结构结合、互动产生出来的奇特制度，在这一制度下，自杀被视为神圣的权利。[2] 对自杀的评价离不开特定的时代语境和价值共识，这是分析这一问题时应当把握的重要思路。有鉴于此，有必要简要分析自杀法律性质的历史演变，从流变的制度与文化中寻找反映时代要求的合理趋势。

在西方历史上，对自杀的法律评价经历了较为曲折的演变过程。在古代希腊、罗马社会，所实施的是一种"自杀许可制度"，个人如果事先向元老院提出申请，陈述不能忍受生活的原因并得到批准，自杀即为合法。在这样的制度下，只有未经官方批准的自杀才属非法。[3] 例如，在古代雅典，"未经允许"的自杀者被视为背叛了城邦，要处以"阿迪米亚刑"，即不能享受荣誉和葬礼，尸体要被切下一只手异处埋葬。但后来随着"合法的"理由越来越多，因而禁止自杀的法律也就被认为名存实亡了。[4] 到中世纪，欧洲基督教会形成以后，教会便禁止自杀，自杀成为违法行为，甚至被作为犯罪处罚。在理论上，托马斯·阿奎那等神学家结合《圣经》论证自杀行为在宗教、道德和法律等方面的可谴责性。在立法上，英国、德国、意大利、西班牙、荷兰、俄罗斯等一些国家都制定了法律，对自杀行为加以惩罚，包括没收自杀者的财产、破坏自杀者的尸体、限制自杀者的下葬和对自杀未遂者施以刑罚等。[5] 到 18 世纪，尽管西方社会仍认为法律有理由对自杀行为予以谴责，然

---

〔1〕 李建军："'自杀：是'犯罪'还是'权利'？——自杀行为在西方法律史上的演变述评"，载《云南大学学报（法学版）》2009 年第 1 期。

〔2〕 王启梁："意义、价值与暴力性私力救济的发生——基于对行动的主观维度考察"，载《云南大学学报（法学版）》2007 年第 3 期。

〔3〕 ［法］埃米尔·迪尔凯姆：《自杀论》，冯韵文译，商务印书馆 1996 年版，第 11 页。

〔4〕 李建军："'自杀：是'犯罪'还是'权利'？——自杀行为在西方法律史上的演变述评"，载《云南大学学报（法学版）》2009 年第 1 期。

〔5〕 李建军："日本人自杀行为的历史文化因素"，载《社会学研究》1995 年第 6 期。

而启蒙思想家们已开始主张自杀是人的合法权利。如叔本华指出："所有针对自杀的刑罚，只不过是使求死者稍感踌躇罢了。"[1] 休谟也称："即使自杀不是结束生命的良策，但也不是什么罪恶。"[2] 18 世纪后，"自杀并不是对上帝的冒犯，而纯属个人的自由选择"的现代自杀观念逐渐在西方形成，英国、法国、德国、俄罗斯、美国等国家也逐步废除了惩罚自杀者的法律。

而在东方文化中，中日两国的立场可谓具有典型性。在中日两国历史上，从未有过"自杀罪"，也没有对自杀未遂者的制裁。相反，社会对自杀未遂者寄予同情与宽容。而且，法律对已自杀的罪犯不再追究，这些都与西方中世纪的法律大相径庭。由于独特的历史文化原因，日本甚至被认为自古有崇尚自杀的倾向。[3] 而在中国古代数千年占据主流文化地位的儒家思想中，亦有"舍生取义""杀身成仁"等表述。到近代，中华民国时期 1935 年刑法第 275 条的立法理由当中指出了自杀不为罪的原因：①法理上不便；刑罚的极端也不过能致人死亡，自杀者既然不畏惧死亡，则刑罚失其效力。②实际上不便；自杀既遂，自然就没有处罚的余地，如此可处罚的只能是未遂者。然而处罚未遂者，而既遂者不受处罚，岂不是要鼓励自杀的既遂？此非立法的本意。③无法借助法律的制裁来期待人们不会自杀。故而对于自杀者无论既遂、未遂概不加刑。[4]

综上可知，对自杀行为不作违法评价已经成为一种世界性的趋势。在西方社会，自杀入罪的历史与封建神权紧密联系在一起；自杀非罪的变迁则反映了对公民自由和权利的尊重。而中国法律和文化传统对自杀行为通常持宽容态度，在这样的制度和文化背景下，我国若将自杀行为评价为违法，不但有违尊重个体选择的趋势，而且是缺乏必要的。

2. 自我决定权的宪法根据。近年来，自我决定权在学理上受到关注与讨论。自杀行为是否合法，在一定程度上意味着是否认可公民对于生命的自我决定权（或称为自我处分自由）。尽管我国现行《宪法》并没有明确、直接地规定公民的自我决定权，但仍可从某些宪法条款中，

〔1〕 ［日］稻村博：《自杀学》，东京大学出版会 1977 年版，第 166 页。
〔2〕 ［日］稻村博：《自杀学》，东京大学出版会 1977 年版，第 186 页。
〔3〕 李建军："自杀：是'犯罪'还是'权利'？——自杀行为在西方法律史上的演变述评"，载《云南大学学报（法学版）》2009 年第 1 期。
〔4〕 王贵松："自杀问题的国家立场"，载《北方法学》2009 年第 5 期。

发现对《宪法》已列举权利之外的一般性处分自由的承认。《宪法》第33 条第 3 款规定:"国家尊重和保障人权。"《宪法》第 38 条进一步强调:"中华人民共和国公民的人格尊严不受侵犯。"以上两个条款中的"人权"和"人格尊严",可以被认为涵盖了公民处理自己事务的自我决定权,因为作为个体的主体意识、权利和尊严,往往是通过选择和处分的自由来体现的。

此外,《宪法》第 51 条规定:"中华人民共和国公民在行使自由和权利的时候,不得损害国家的、社会的、集体的利益和其他公民的合法的自由和权利。"这一条款可以理解为对公民自我决定权的限制性规定,要求公民在行使处分自由时,不得损害国家、社会和集体的利益以及其他公民的合法自由和权利。这也意味着在不损害国家、社会、集体利益和其他公民合法权利的范围内,公民的自由和权利可以不受干扰地行使;即从另一个角度看,范围的限定也是对范围内自由的承认和明确。自杀行为本身体现着个人对自身生命加以支配和处分的自由,虽然可能产生一些负面后果,但在本文已申明的探讨前提之下,公民自杀不能被认为损害了国家、社会和集体的利益,也并未妨害其他公民的合法自由和权利。总而言之,根据我国《宪法》相关条款的规定,将自杀行为评价为自我决定权的行使方式、不具有刑事不法的观点,有存在的空间。

3. 个人对自身生命加以支配和处分的自由应得到尊重。主张自杀合法说的学者,大多以强调个人的自我决定权(或自我处分自由、意志自由等)为展开基点,认为自己的生命权也是个人可以处分的,应当允许个人依照自己的意志,自由自主地做出生存还是死亡的选择。例如,冯军教授认为:"如果一个精神健全的成年人在不会对他人和共同体产生直接侵害的情形下明确地宣布放弃生命是自己的真实意思,那么,他人和共同体就应该尊重该人的这种真实意思,就没有权利强要他继续生存。自我决定权是最高的权利,具有绝对价值,因为它是人的自由的核心。人不仅享有生的权利,也享有死的自由。"[1]

事实上,人的生命权和自我决定的自由都具有崇高的价值。不应简单地认为,对生命权的尊重和保护,就必须排斥个人决定的自由。众所周知,法国哲学家帕斯卡尔曾有一段著名的论述:"思想形成人的伟大……人只不过是一根苇草,是自然界最脆弱的东西;但他是一根能思

---

〔1〕 冯军:"刑法教义学的立场和方法",载《中外法学》2014 年第 1 期。

想的苇草。用不着整个宇宙都拿起武器来才能毁灭；一口气、一滴水就足以致他死命了。然而，纵使宇宙毁灭了他，人却仍然要比致他于死命的东西更高贵得多；因为他知道自己要死亡，以及宇宙对他所具有的优势，而宇宙对此却是一无所知。因而，我们全部的尊严就在于思想。"[1] 对于"一口气、一滴水"就足以致其消亡的脆弱渺小的生命，是思想构成了它的壮丽与高贵。而这里所说的"思想"，另一种表述就是意志自由，当然也包括自我决定的权利和自由。

因此，个人在自感难以生存或不愿继续生存时，所做出的对生命走向的选择，至少应当得到尊重。这承认了人对于自身生命和价值的主体地位。事实上，生命和自由不是完全对立的，认为生命或者自由哪一者是完全凌驾于其他一切价值的绝对价值，可能都有失偏颇，都会遇到难以解答的具体困境。不应简单地说"生命优于自由"或"自由优于生命"，更圆融的立场可能是"生命允许自由"和"自由尊重生命"。将个人在道路曲折、心意彷徨处的自杀行为评价为合法，也更符合现代自由主义的要求，有助于发挥刑法的人权保障机能。

如果从法益保护的角度考察，应当承认的是，某种行为的社会危害后果不等同于刑法上的法益侵害。具体到自杀问题，首先应当认为生命权是一身专属法益而非社会法益，这更符合生命的本质和自然属性；如果认为生命权是社会法益，不但十分牵强，而且会导致许多操作上的困难。进一步考察这种一身专属法益会发现，生命法益所保护的并不只是生命存续或者说自然的耗损的状态，也包括个人根据自己的价值观念与目标设定自主地对生命加以支配和利用，从而发展自身人格，达成自我实现的（潜在）自由。[2] 因此，自杀者本人结束生命的行为，无论在其个人或社会的意义上说，都不构成法益侵害，不具有刑事不法。

事实上，自由也是一种责任，尊重个人对自身生命加以支配和处分的自由，体现了"宽容"和"成熟国民之自我负责"的现代精神。承认自杀合法，不意味着完全放任自杀行为、不对自杀行为开展任何救助和干预，也不意味着对生命的蔑视。事实上，在很长一段历史时期内明令禁止自杀行为的英国，废除自杀禁令后自杀率却出乎预料地下降了。[3] 这表明承认自杀合法并不会带来违法说学者所担忧的显著消极

〔1〕　［法］帕斯卡尔：《思想录》，何兆武译，商务印书馆1985年版，第157~158页。

〔2〕　王钢："自杀的认定及其相关行为的刑法评价"，载《法学研究》2012年第4期。

〔3〕　［加］布施丰正：《自杀与文化》，马利联译，文化艺术出版社1992年版，第4页。

后果。

三、教唆、帮助自杀行为的可罚性

（一）立法例规定

在自杀行为普遍非罪化的趋势下，为了实现对生命的保护，现代国家不但积极采取心理干预、宣传教育等预防和救助措施，也在教唆、帮助自杀等自杀参与行为的处理上采取了各自的立场。

部分国家选择将教唆、帮助自杀行为规定为犯罪。《日本刑法典》第202条规定："教唆或帮助他人使之自杀，或受被杀人嘱托或得其承诺而杀之的，处6个月以上7年以下惩役。"该条款将参与自杀和受嘱托杀人规定在一起，并适用相同的法定刑。西田典之教授认为，这是因为在有关生命的自己决定权的问题这一点上，二者具有共同性。[1]《巴西刑法》第122条规定："引诱或怂恿他人自杀、帮助他人自杀的处刑：如果自杀既遂，处2年至6年监禁；如果自杀未遂，但身体遭受严重损害，则处1年至3年监禁。"1961年《英国杀人罪法》也明确规定了参与他人自杀的刑事责任，该法第2条载明："任何人帮助、教唆、建议或者促成他人自杀或者促使他人自杀或者自杀未遂的，经公诉程序判罪，处不超过14年的监禁。"现行《瑞士刑法》第115条规定："任何人以利己原因唆使他人自杀或为其提供帮助，无论自杀是既遂或未遂，都将被判监禁，最高刑期5年。"[2]在美国这一联邦制国家，各州刑事立法大致存在两种模式：一种是将教唆、帮助自杀规定为一种独立的新罪，如明尼苏达州；另一种是将教唆、帮助自杀规定以二级谋杀罪论处，如纽约州等。

也有一些国家没有在法条中明确规定教唆、帮助自杀行为。例如，《德国刑法典》第216条仅规定了嘱托杀人罪，而未规定教唆、帮助自杀罪。这被认为与德国盛行的"自我答责"理论密切相关。有学者指出，德国和法国的强烈倾向和通行做法是：既然自杀本身是合法的，参

---

〔1〕〔日〕西田典之：《日本刑法各论》，王昭武、刘明祥译，法律出版社2013年版，第17页。

〔2〕李建军："自杀：是'犯罪'还是'权利'？——自杀行为在西方法律史上的演变述评"，载《云南大学学报（法学版）》2009年第1期。

与其间的帮助行为自然也是合法的。[1]

比较以上立法例可知，当前各国存在明确规定教唆、自杀行为可罚和对其未予明确规定的两种情况。即使是在刑法中明文规定教唆、帮助自杀可罚的国家之中，也存在规定为独立犯罪类型和规定按既有犯罪（通常是杀人罪或谋杀罪等）处理的两种做法。不同国家的视角和侧重点也有所不同，例如，瑞士强调考察是否出于利己动机，巴西则区分死亡和重伤害后果等。

（二）理论学说分析

纵览我国法律规定可以发现，目前我国《刑法》没有明确规定如何处罚教唆、帮助自杀行为；涉及教唆、帮助自杀行为的司法解释，主要是 2017 年 1 月 25 日发布的《最高人民法院、最高人民检察院关于办理组织、利用邪教组织破坏法律实施等刑事案件适用法律若干问题的解释》（法释〔2017〕3 号）第 11 条规定："组织、利用邪教组织，制造、散布迷信邪说，组织、策划、煽动、胁迫、教唆、帮助其成员或者他人实施自杀、自伤的，依照刑法第 232 条、第 234 条的规定，以故意杀人罪或者故意伤害罪定罪处罚。"因此，理论界围绕教唆、帮助自杀等自杀参与行为的可罚性存在较多争议，尤其是对组织和利用邪教组织之外的情况应该如何处理，学者们提出了许多不同的研究路径。

1. 共犯从属性说。从自杀违法说出发，有学者主张，由于自杀行为这一正犯行为具有违法性，故意杀人罪中的"人"包括自杀者本人，教唆、帮助自杀等行为从属地具有了违法性；即使自杀者不具有责任或欠缺可罚的违法性，也不影响教唆、帮助自杀者构成故意杀人罪的教唆犯或帮助犯，据此定罪量刑。国内采用这种路径的学者包括黎宏教授、钱叶六教授等。由于本文已采取自杀行为合法说，故对以上这种依据自杀违法说产生的观点（主要是共犯论角度）不予具体分析和采纳。即由于自杀是合法行为，不能认为教唆、帮助自杀行为构成自杀者的共犯从而具有了可罚性。

2. 实行行为说。我国传统主流观点认为，教唆、帮助自杀的行为符合故意杀人罪的构成要件，是故意杀人罪的实行行为，应当以故意杀人罪论处。如金子桐等学者在其著作中主张："教唆自杀的行为实质是

---

〔1〕〔美〕乔治·弗莱彻：《反思刑法》，邓子滨译，华夏出版社 2008 年版，第 245 页。

借他人之手达其杀人目的，我国刑法规定的故意杀人罪包括了教唆杀人行为。"[1] 高铭暄教授和马克昌教授也认为，教唆、帮助自杀并非属于共同犯罪中的教唆犯或帮助犯，但由于行为人的教唆、帮助行为对自杀者的死亡结果提供了原因力，即具有因果关系，所以一般应按故意杀人罪定罪处罚。同时，由于自杀者本人具有意思决定的自由，因而教唆、帮助行为的社会危害性较小，宜依照情节较轻的故意杀人予以从轻、减轻或者免除处罚。[2]

无论是分析自杀参与行为的实质，还是从因果关系的角度切入，实行行为说的基本主张是认为教唆、帮助自杀行为可以被评价为"故意杀人"行为。实行行为说被认为深刻影响了我国的有关司法实践，但同时也引发了许多质疑。当前理论界针对实行行为说的主要批判是，此说容易导致因果关系的无限溯及，并使故意杀人罪的实行行为丧失定型性。[3]

本文认为，故意杀人罪本来就是相对较缺乏定型性的行为，结合当前刑法解释学实质化的趋势和科技、社会发展日新月异的现状，实行行为的定型性（或称类型化）问题在此不需要作为主要的考虑。但教唆、帮助自杀行为是否足以被评价为故意杀人罪的实行行为，仍然需要进一步的分析。西田典之教授也指出，如果认为处罚教唆、自杀行为的目的是保护自杀者的生命，那么教唆、帮助自杀的行为应当对生命具有具体的危险。[4] 这一观点颇为切中肯綮。笼统地认为教唆、帮助自杀行为都是故意杀人罪的实行行为的观点，也可能将对自杀结果有条件作用但对于生命法益没有实质危险的行为评价为故意杀人行为，存在不合理之处。按照这种观点，如果成年人 E 站在楼顶徘徊，围观群众 F 在楼下喊"快跳楼呀"，E 果然从楼顶跳下死亡，即使 F 对 E 的死亡结果持放任甚至希望态度，也很难将 F 教唆 E 跳楼自杀的行为评价为故意杀人罪的实行行为，因为很难认为 F 在楼下的一句叫喊就造成了对 E 的生命的具

〔1〕 金子桐、郑大群、顾肖荣：《罪与罚——侵犯公民人身权利、民主权利罪的理论与实践》，上海社会科学院出版社 1986 年版，第 16 页。

〔2〕 高铭暄、马克昌：《刑法学》，北京大学出版社、高等教育出版社 2011 年版，第 462 页。

〔3〕 周光权："教唆、帮助自杀行为的定性——'法外空间说'的展开"，载《中外法学》2014 年第 5 期。

〔4〕 ［日］西田典之：《日本刑法各论》，王昭武、刘明祥译，法律出版社 2013 年版，第 19 页。

体危险。实行行为说所面临的不仅是因果关系溯及与限定的问题，其背后更是一概如此评价是否符合罪刑法定原则的问题。

3. 必要时类推说。王作富教授认为，虽然教唆、帮助自杀行为本身不符合故意杀人罪的构成要件，但在必要时可以类推为故意杀人罪定罪处罚。王作富教授首先肯定了教唆、帮助自杀行为具有社会危害性和可罚性："在我国刑法上，对于上述行为（即教唆、帮助自杀行为——笔者注）虽未作出明文规定，但是不能说这种行为没有社会危害性。因为，即使自杀本身不构成犯罪，不等于故意教唆、帮助他人自杀就毫无危险可言，或者根本不具有可罚性。因为，如果没有行为人的教唆和帮助，自杀事件本来不是不可避免的，甚至可以说是完全可以避免的。"[1] 针对司法实践中按故意杀人罪从轻处理的通常做法，王作富教授认为，教唆、帮助自杀行为虽然与故意杀人有表面上的相似之处，例如，教唆者和帮助者的行为同自杀者的死亡结果之间具有一定因果关系、主观上可能希望或放任被害人死亡等，但毕竟是由被害人自己的意志决定自杀的，这与违反自己意志被他人杀死有所不同，因此定故意杀人罪是值得商榷的。最终得出如下结论：在刑法无规定的情况下，完全按故意杀人罪来处理并不妥当，然而鉴于教唆、帮助自杀行为与故意杀人行为有相似性，在必要时应采用类推的方法，比照《刑法》第 132 条的规定定罪判刑。[2]

以上观点的出发点是教唆、帮助自杀行为与故意杀人罪的实行行为的异同分析。首先从《刑法》关于故意杀人罪的具体法条出发思考问题，结论是，教唆、帮助自杀不构成故意杀人罪；然而从犯罪概念的本质性特征"社会危害性"出发，这里同时隐含着从刑法目的与任务的一般性规定出发，得出了教唆、帮助自杀具有社会危害性而具有可罚性的结论，然后再到《刑法》分则当中去找一个"最相类似的条文"，即在必要时类推适用故意杀人罪的法条。本文认为，这些微妙的相似性与不同性，在一定程度上揭示了教唆、帮助自杀行为的可罚性，是理论界和实务界存在纠结与分歧的原因。然而如今刑法学界已基本达成了类推适用违反罪刑法定原则的共识，必要时类推并不是理想的解释路径。曲新久教授也指出，类推适用与扩张解释在接受目的指引上存在显著的差

---

〔1〕 王作富：《中国刑法研究》，中国人民大学出版社 1988 年版，第 518 页。

〔2〕 我国 1979 年《刑法》第 132 条规定："故意杀人的，处死刑、无期徒刑或 10 年以上有期徒刑；情节较轻的，处 3 年以上 10 年以下有期徒刑。"

异，"最相类似"很可能是完全不同，这正是禁止类推的理由。[1]

4. 无罪说。近年来，一些学者对教唆、帮助自杀行为可罚的观点提出了质疑，认为教唆、帮助自杀行为不构成任何犯罪，并批判了司法实践将教唆、帮助自杀行为认定为故意杀人罪的通常做法。陈兴良教授即以实行行为不存在为主要理由，认为教唆、帮助自杀行为不具有可罚性。陈兴良教授指出，教唆或者帮助他人自杀等自杀相关行为不符合故意杀人罪的犯罪构成，因此在法律没有明文规定的情况下，根据罪刑法定原则只能得出不应以犯罪论处的结论。[2]

王钢副教授从自杀行为合法的论点出发，认为既然自杀行为本身体现着自杀者处分生命的意志自由，就只能认为教唆和帮助自杀不能构成刑事不法。王钢副教授还结合法益侵害和因果关系等角度分析了教唆、帮助自杀行为不具有可罚性的具体原因：从法益侵害的角度考察，教唆或者帮助他人自杀的行为实际上并没有侵犯自杀者的生命法益；从因果关系的角度审视，由于是自杀者自主决定并且控制、支配了死亡结果的发生，那么就至少应当认定这种事后介入的被害人行为对死亡结果具有决定性作用，教唆、帮助自杀行为与自杀者死亡结果之间的因果关系此时被阻断。[3]

此外，冯军教授通过自我答责的法理论证教唆、帮助自杀行为不是刑法上的杀人行为，不具有可罚性。根据自我答责理论，一个没有影响他人自由的行为就根本不是不法，发生在自己的权利范围之内的纯粹自我损害不是不法。自杀作为事实上对社会的扰乱，虽然改变了社会的事实状态，但是并没有损害他人的自由，不是对法的破坏，因而更不是犯罪。因此，他人并没有权利阻止自杀者的自杀行为。将这个思路进一步延伸，冯军教授进一步认为，根据被害人的意志而杀死被害人的行为，也不是刑法上的杀人行为；把承诺杀人、教唆杀人或者帮助杀人视为杀人罪的刑事立法，都违反了"自由是法的存在根据"这一原则，都忽视了自我决定的绝对价值。[4]

无罪说强调教唆、帮助自杀行为不是符合故意杀人罪构成要件的实

---

〔1〕 曲新久："区分扩张解释与类推适用的路径新探"，载《法学家》2012 年第 1 期。

〔2〕 陈兴良："教唆或者帮助他人自杀行为之定性研究——邵建国案分析"，载《浙江社会科学》2004 年第 6 期。

〔3〕 王钢："自杀的认定及其相关行为的刑法评价"，载《法学研究》2012 年第 4 期。

〔4〕 冯军："刑法中的自我答责"，载《中国法学》2006 年第 3 期。

行行为，也不是具有法益侵害性和刑事不法的行为，因此当然地不具有可罚性；其论据以自杀者的意志自由为核心，认为教唆、帮助自杀行为只是促进自杀者实现意志自由的行为，部分持无罪说的学者还主张自我决定和意志自由的绝对价值。无罪说较为注重对构成要件和因果关系的实质考察，有助于避免传统主流观点"实行行为说"因果关系无限溯及的倾向。但如果认为教唆、帮助行为一概不具有可罚性，可能面临怎样理解国外大多数国家将教唆、帮助自杀行为规定为犯罪的现状问题。对此本文将在下一部分具体分析。

5. 间接正犯说。间接正犯说的基本观点是：所有故意教唆、帮助他人自杀的行为人都成立故意杀人的间接正犯，而自杀者应当被视为行为人用以实现构成要件的工具。间接正犯说主要基于如下理由展开：自杀者本人没有实现故意杀人罪构成要件的可能，相反，只有对自杀者进行教唆或帮助的行为人才可能成立故意杀人罪的正犯，其对故意杀人罪构成要件的实现与否具有（规范意义上的）支配性。[1]

以上观点主要着眼于教唆、帮助自杀者利用了自杀者缺乏构成要件要素的状态，认为一旦参与了这种欠缺构成要件要素的行为，就构成间接正犯。但这种教唆、帮助自杀行为均构成故意杀人罪的间接正犯的主张存在较为明显的问题。间接正犯是实行行为的一种表现形式，本质上具有正犯性，支配了构成要件的实现。[2] 由此可见，间接正犯的核心和可罚依据，主要在于通过他人支配了犯罪事实，而不是它所具有的利用他人或者呈现为非直接状态的外观。如果认为教唆、帮助自杀者存在对自杀者缺乏构成要件要素的行为的利用，这种利用也不是一概地、当然地构成间接正犯，而是还要求具有对结果发生的支配作用。对此有学者指出，自杀者本人不能实现故意杀人罪的构成要件这一点并不意味着其他进行教唆、帮助的行为人就可以"自动地"符合这一构成要件，至少还应论证教唆、帮助他人自杀的行为人侵犯了其与自杀者之间的外在自由关系。[3] 本文认为，这种"侵犯了外在自由关系"其实就是形成了实质上的支配，例如采用威逼、心理强制等手段，使自杀者丧失自由意志，或采用欺骗等方法，使自杀者产生对法益关系的重大认识错

---

〔1〕 Vgl. Schilling, Abschied vom Teilnahmeargument bei der Mitwirkung zur Selbst? ttung, JZ 1979, S. 163 ff.

〔2〕 张明楷：《刑法学》，法律出版社 2016 年版，第 145 页。

〔3〕 王钢："自杀的认定及其相关行为的刑法评价"，载《法学研究》2012 年第 4 期。

误。即使间接正犯说换一个角度，认为教唆、帮助自杀者是利用自杀者具有违法阻却事由的情形，也需要达到支配犯罪事实的程度，而不是在被利用者具有违法阻却事由时便当然地构成故意杀人罪的间接正犯。[1]

6. 不作为犯说。还有一种观点认为，教唆、帮助自杀的行为构成不作为犯中的先前行为，由于行为人实施了教唆、帮助自杀的行为，所以产生了阻止自杀者自杀或救助自杀者的生命的作为义务。如果行为人不履行这种作为义务，发生了自杀者死亡的结果，便构成不作为方式的故意杀人罪，具有可罚性。[2] 本文认为，将教唆、帮助自杀行为一概认定为产生作为义务的先前行为的观点，并不妥当。对于不作为犯中先前行为的条件，张明楷教授已有精辟的论述："如果不对先前行为进行实质的限定，就会无限扩大不作为犯的处罚范围。先前行为具备下列条件时，才能成为作为义务的发生根据。①对刑法所保护的具体法益造成了危险；②危险明显增大，如果不采取积极措施，危险就会立即现实化为实害；③行为人对危险向实害发生的原因具有支配。"[3] 教唆、帮助自杀的行为也只有符合以上三个条件时，才能认定为不作为犯中的先前行为，而不作为犯说的观点对于先前行为的理解过于形式化。例如，G打算去繁华的市中心自杀，要求F开车载自己前往市中心，并且告知了F自己的自杀计划。按照不作为犯说的思路，F开车载G前往计划自杀地点的行为，客观上为G实行自杀提供了帮助，构成先前行为，产生作为义务。然而，如果进行实质化的判断，F载G到市中心的行为没有对G的生命造成具体的危险，对危险向实害发生的原因也没有支配，甚至可以认为，F将G从较为封闭的家中带到人流量大的地方，至少没有增加G的生命危险，还可能降低G面临的危险，使G有更大的可能得到救助。所以，F的帮助行为不符合先前行为的条件，不会产生作为义务。

事实上，如果认为教唆、帮助自杀行为具有可罚性，大多数人首先还是会认为，处罚的侧重点不是未履行阻止、救助义务的不作为，而是教唆、帮助行为本身。法规范所直接期待的，应当是行为人不实施教唆、帮助自杀这种间接侵害生命法益的行为，而不是主要谴责行为人在能够履行应尽义务的情况下未履行义务；教唆、帮助自杀行为更宜被认

---

〔1〕 张明楷：《刑法学》，法律出版社2016年版，第403页。

〔2〕 张明楷：《刑法学》，法律出版社2016年版，第851页。

〔3〕 张明楷："不作为犯中的先前行为"，载《法学研究》2011年第6期。

定为作为形式的犯罪，而不是首先从不作为犯的角度进行解释。黎宏教授也结合具体案例指出："丈夫在妻子处于失去理性的亢奋状态下，明知自己的上述刺激行为可能造成妻子自杀的结果，却故意以言语刺激，强化其自杀的意思，且打开窗户，为他人的自杀提供方便，最终造成了妻子自杀的严重后果。丈夫诱发和帮助妻子自杀的行为，实质上是教唆、帮助他人自杀的行为，这样的见危不救行为属于作为，并非不作为。"[1]

此外，不作为犯难以解决不具有结果回避可能性时的问题。例如，I 教唆 J 产生具体自杀决意后，J 很快隐藏起来，与外界断绝联系后自杀。J 的隐藏行为导致 I 无法联系到 J，更无法找到 J 阻止其自杀，这时即使认为 I 的行为构成先行行为，I 也不具有作为可能性和结果回避可能性，不能按不作为犯处罚。但在这种情形下，与 I 能救助而不救助 J 的法益侵害性相比，很难认为存在实质上的差别。

（三）本文观点

1. 解释论角度。如前所述，许多国家已将教唆、帮助自杀行为明确规定为犯罪，而我国《刑法》对此没有明确规定。尽管也有一些学者主张存在增设相关罪名的必要性，并提出了一些立法构想，但由于解释论是刑法学的重心与本体，所以本文首先从解释论的角度提出，在我国现有的立法例下，教唆、帮助自杀行为本身不具有独立的可罚性。具体地说，不宜直接将教唆、帮助自杀行为当作故意杀人罪的实行行为处罚。如果形式上的教唆、帮助自杀行为对自杀者死亡结果的发生存在支配作用，具有间接正犯的性质，则应认定为故意杀人罪的间接正犯。如果教唆、帮助自杀者存在与法益的无助（脆弱）状态的特殊关系，或存在对法益的危险发生领域的支配状态，也不排除存在作为义务、成立不作为犯的可能性。

首先，对自杀参与行为的定性，离不开对自杀行为的法律性质判断。本文已经指出，法外空间说做出的"不禁止"评价实际上站到了合法说一边；违法说不符合历史发展趋势和尊重自由的要求，自杀应当是合法行为。在这样的前提下，很难将一般的教唆、帮助自杀行为评价为故意杀人罪中"非法剥夺他人生命"的行为，因为在教唆、帮助自

---

〔1〕 黎宏："排他支配设定：不真正不作为犯论的困境与出路"，载《中外法学》2014年第6期。

杀的场合，最终还是自杀者本人实施了直接结束生命的行为，教唆、帮助自杀者只是起到了一定作用，只是因果关系发展过程中的一部分。前田雅英教授主张，刑法中的实行行为，需要是符合构成要件、类型性的、具有侵害法益的紧迫危险的行为。[1] 具体到故意杀人罪，"杀人"必须有致人死亡的急迫危险性。[2] 一般的教唆、帮助自杀行为，缺乏致人死亡的紧迫危险，不能认为是故意杀人罪的实行行为。如果形式上的教唆、帮助自杀行为具有了侵害法益的紧迫危险，则可认为已经构成后述的故意杀人罪的间接正犯。

传统主流观点和众多司法实践之所以将教唆、帮助自杀行为视作故意杀人罪的实行行为，是因为认为教唆、帮助自杀的行为与故意杀人相似，都在主观上对他人死亡的结果持故意，客观上行为与结果之间具有因果关系，于是对于教唆、帮助他人自杀的行为，到《刑法》中寻找一个最相近似的条文——故意杀人罪。这背后实际上是一种类推适用的思维，是罪刑法定原则应当反对的立场。换一个角度思考，如果教唆、帮助自杀行为本身就是故意杀人罪的实行行为，国外许多国家也就没有必要将教唆、帮助自杀行为规定为独立的犯罪类型进行处罚。但这些立法例并不是多此一举，而是因为教唆、帮助自杀行为本身就与故意杀人罪的"杀害"行为之间存在相当的距离。

围绕着故意杀人罪"故意非法剥夺他人生命"的实行行为，自杀者自杀身亡的行为只有被评价为受到支配，即表面上是自杀者自己的行为，但实质上是将自杀者作为工具的他人行为，自杀者的生命才能认为是"被非法剥夺"的。这种场合的教唆、帮助自杀者，构成故意杀人罪的间接正犯。例如，采用精神强制的方法，使被害人丧失意志自由而自杀；又如教唆、帮助儿童或精神病患者等对死亡缺乏认识能力、遑论意志自由的人自杀；再如，医生欺骗尚能治愈的患者，称其患上了无法救治的绝症，诱导患者绝望自杀，也是一种利用专业知识、优越地位的支配，使被害人陷入了法益关系认识的重大错误。在这些情况下，不能认为死亡结果是自杀者自己的决定和行为所导致的，可以确定是形式上的教唆、帮助自杀者起到了实质上的支配作用。在我国最高人民法院、最高人民检察院《关于办理组织和利用邪教组织犯罪案件具体应用法律若干问题的解释》《关于办理组织和利用邪教组织犯罪案件具体应用法

---

〔1〕 ［日］前田雅英：《刑法总论讲义》，东京大学出版会 2015 年版，第 77 页。

〔2〕 张明楷：《刑法学》，法律出版社 2016 年版，第 848 页。

律若干问题的解释（二）》（均现已失效）等司法解释的有关条款中，针对邪教组织中指使、胁迫其成员或者其他人实施自杀行为的行为，组织、策划、煽动、教唆、帮助邪教组织人员自杀的行为，以故意杀人罪定罪处罚[1]，实际上也是因为鉴于邪教组织的精神强制性甚至人身控制性，这些形式上的教唆、帮助行为具有间接正犯的性质。

尽管在教唆、帮助自杀的场合，仍然有构成故意杀人罪的不作为犯的一定空间，但这不表明教唆、帮助自杀行为因此具有独立的可罚性。如果要寻找构成先前行为的教唆、帮助自杀行为，则这些行为需要支配危险向实害的发展的特征，实际上即构成故意杀人罪的间接正犯，没有必要再按不作为犯处理。但在其他场合，比如父母对未成年子女的教唆、帮助自杀行为，教唆、帮助自杀者处于排他领域支配地位的情况等，仍有可能成立不作为犯。例如，行为人 K 教唆被害人 L 在 K 的密闭住所内自杀，K 当时就在这一密闭住所内，则在 L 实施自杀行为时，K 有基于领域支配地位的阻止死亡结果发生的义务。但是这些教唆、帮助自杀场合中的作为义务，不是因为教唆、帮助自杀行为本身一概构成先前行为而产生的，与教唆、帮助自杀行为本身的可罚性没有直接关系。

2. 立法论角度：有必要规定教唆、帮助自杀罪。本文认为，虽然从解释论的角度考察，教唆、帮助自杀行为按照当前我国《刑法》的规定不可罚，但有必要借鉴国外相关立法例，将教唆、帮助自杀行为规定为具备可罚性和应罚性的犯罪行为处理，即应增设教唆、帮助自杀罪。自杀行为的合法性不意味着刑法只能对教唆、帮助自杀行为束手无策，这在信息网络高速发展、资源共享交换活跃、人与人之间联系日益紧密的今天，意义尤为显著。

第一，从法益侵害的角度来看，自杀者自己结束自己生命的行为不具有法益侵害性，但教唆、帮助自杀者导致他人生命结束则具有法益侵害性。这与前文所论述的对自杀行为的法律性质的认识不可分割。自杀是不可处罚的合法行为，是因为生命权是个人一身专属的法益，应当尊

---

〔1〕 1999 年 10 月 20 日发布的《最高人民法院、最高人民检察院关于办理组织和利用邪教组织犯罪案件具体应用法律若干问题的解释》第 4 条和 2001 年 6 月 4 日发布的《最高人民法院、最高人民检察院关于办理组织和利用邪教组织犯罪案件具体应用法律若干问题的解释（二）》第 9 条规定："组织和利用邪教组织制造、散布迷信邪说，指使、胁迫其成员或者其他人实施自杀行为的，组织、策划、煽动、教唆、帮助邪教组织人员自杀的，以故意杀人罪定罪处罚。"

重自杀者处分自己生命权的行为。也正因为生命权是个人一身专属的法益，所以不允许他人的负向干涉（使其状况恶化的干涉）。教唆、帮助自杀行为具有对他人生命的间接侵害性，对他人生命权造成了不当的干涉。在 M 教唆、帮助 N 自杀的场合，虽然在外观上只发生了 N 死亡这一个结果，但不能认为自杀行为的合法性就否认了教唆、帮助自杀行为的法益侵害性，"N 自己结束生命"并没有造成法益侵害，但"N 的生命受他人干涉而结束"却是一种法益侵害，这是生命法益的一身专属性所决定的。

第二，从意志自由的角度看，教唆、帮助自杀是对他人意志自由的不当干涉，不能认为是对自杀者的意志自由的实现。有学者认为，教唆、帮助自杀行为，仅仅是为自杀者行使自身的意志自由创设了外在的可能性或条件，并非对其自由的否定，但这一观点并不符合事实。平野龙一教授就曾指出："……况且，自杀的决意通常是违反自杀者本来的意思的，考虑到这一点，就更应该禁止参与自杀行为。"[1] 在教唆自杀的场合，自杀者本来没有自杀的决意，是教唆者使其形成自杀的决意，自杀者的意志自由受到了较为明显的干涉；在帮助自杀的场合，自杀者寻求他人帮助，例如请他人为自己购买毒药等，往往隐含了自己对于死亡的犹疑态度和薄弱意志，甚至有希望他人阻止甚至救助自己的潜意识，帮助自杀者实际上也干涉了自杀者的意志自由。

第三，从法规范的实质来看，法规范的实质是不得妨碍他人，教唆、帮助自杀者的行为对他人的生命和自由造成了妨害，是法规范应当禁止的违法行为。"法规范必须指明理性的个人可以在何种范围内活动，指示个人的行动边界，保障个人在一定区域范围内的自由。由于这种自由是在和他人权利相对的意义上而言的，行为是否违法也就取决于行为人是否限制了他人的自由空间，从而对他人造成妨害。"[2] 由此可见，个人的自由具有相对性，公民具有决定自己生命权的自由，不意味着他人可以任意干涉和妨害这种生命权和自由。

第四，主张不应处罚教唆、帮助自杀的学者的观点并不完善。如冯军教授认为，将教唆杀人或者帮助杀人视为杀人罪的刑事立法，都违反了"自由是法的存在根据"这一原则，都忽视了自我决定的绝对价值。

---

〔1〕 ［日］平野龙一："生命的尊重与刑法"，载《立教法学》1978 年第 27 期。
〔2〕 周光权："教唆、帮助自杀行为的定性——'法外空间说'的展开"，载《中外法学》2014 年第 5 期。

冯军教授还指出，没有人有权利阻止他人自杀。[1] 但本文认为，这种自我决定自由具有绝对价值的观点仍然值得商榷。"真正的自由人在今天最紧迫的责任莫过于要全力对抗那种堕落的自由主义，这种堕落的自由主义宣扬人的唯一目的就是只要活得开心而不受管教，却全然忘了人要追求的是品质高贵、出类拔萃、德性完美。"[2] 自我决定自由不应当是完全绝对的，更不意味着对生命等其他美好价值的消极态度，对自杀者进行阻止和救助，体现了对生命的珍视、社会共同体之间的互助与关怀，并不能完全被自我决定自由排斥。冯军教授的以上观点也无法解释得承诺杀人行为在我国以故意杀人罪处罚的原因。至于王钢副教授所主张的根据自我答责理论，自杀者对死亡结果负责，教唆、帮助自杀者不对死亡结果负责的观点，其亦有不当之处：首先被害人自我答责理论在我国的适用还具有许多争议和模糊性；而且该观点建立在"自杀是被害人完全自主决定的结果"这样的前提之下，然而本文已论及教唆、帮助自杀的行为实际上干涉了他人的意志自由，在教唆自杀的场合尤为明显，所以被害人未必能完全自我答责；退一步说，即使接受自我答责理论的观点，"只有当被害人没有完全自我答责地杀死自己时，行为人才可能以可归责的方式杀害他"[3]，这也只能说明教唆、帮助自杀人没有实施可归责的杀害行为，不能直接被认为是故意杀人罪的实行行为，但完全有理由要求其对造成的生命法益的间接侵害负责。

第五，从现实因素来看，由于对教唆、帮助自杀行为的可罚性在理论上还没有达成共识，加上传统主流观点的影响，司法实践中多按故意杀人罪处理。将教唆、帮助自杀这种确实具有法益侵害性、违反了法规范精神的行为规定为独立犯罪，将更有利于司法实务的妥当处理。需要强调的是，将教唆、帮助自杀行为规定为犯罪，并不意味着对所有形式上的教唆、帮助的行为都定罪处罚。结合保护生命的目的，教唆、帮助自杀的行为仍需达到对自杀者生命产生具体危险的程度才能作为犯罪处理，这样不会不当地扩大处罚范围，也能避免因果关系的无限溯及。

---

〔1〕 冯军："刑法中的自我答责"，载《中国法学》2006 年第 3 期。

〔2〕 ［美］列奥·施特劳斯：《自然权利与历史》，彭刚译，生活·读书·新知三联书店出版社 2003 年版，第 33 页。

〔3〕 Vgl. Roxin, Täterschaft und Tatherrschaft, 8, Aufl. 2006, S. 569 f; 573.

（四）当前司法实践评析

检索我国有关自杀参与行为的案件判决，可以发现当前我国司法实践对于教唆、帮助自杀行为的基本立场。在已判决的案件中，司法人员多将教唆、帮助自杀行为认定为故意杀人罪进行处罚；在一些情况下可能认定为犯罪情节轻微，构成故意杀人罪但免予刑事处罚。[1] 除此之外，也存在以过失致人死亡罪处罚的情况。在我国司法实务中，对教唆自杀行为进行判决的案件较少，帮助自杀行为案件的判决较多。对于相约自杀行为（尤其是近年来较多的社交网络相约自杀现象），司法实践也常归入教唆、帮助自杀案件处理。

1. 将教唆、帮助自杀直接按故意杀人罪处理的实践并不正确。本文已经论述过，通常教唆、帮助自杀行为不是故意杀人罪的实行行为，在我国现行刑事立法下，教唆、帮助自杀行为不具有可罚性。司法实践中将教唆、帮助自杀的行为按照故意杀人罪处理的做法可能缺乏法律依据，有违反罪刑法定原则之嫌。典型案例如下：

案例1：被某某的妻子程某某因做生意被骗2850多万元，在酒店房间服下自己带来的"杀鼠剂"自杀未果，要求被某某帮其购买农药再次自杀。被某某不忍心妻子受苦，接受妻子程某某的要求，以2.5元帮程某某买来一瓶"敌敌畏"，程某某服下"敌敌畏"后自杀死亡。经鉴定，程某某系服农药"敌敌畏"中毒死亡。

法院经审理认为：本案中，被某某明知被害人程某某将要实施自杀行为，购回农药交予被害人，放任危害结果发生，主观上是间接故意，客观上实施了协助被害人程某某自杀的行为，致被害人自杀死亡，应当以故意杀人罪追究刑事责任。被某某与被害人程某某系夫妻关系，对被害人有扶助义务，在被害人产生了轻生念头并实施了自杀行为未果后，其尚未穷尽有效措施加以阻止，而是实施帮助自杀的行为，与社会伦理严重相悖。被某某犯故意杀人罪，判处有期徒刑4年。[2]

分析以上案例，不难发现司法人员认定被某某构成故意杀人罪的思路如下：一方面，主观上是放任被害人死亡结果发生的间接故意；另一方面，客观上购买农药的行为对于被害人死亡的结果提供了原因作用，主客观相统一，故按故意杀人罪追究刑事责任。但本案中，被某某帮程

---

〔1〕 参见（2014）东三法刑初字第915号判决书。

〔2〕 参见（2015）禄刑初字第145号判决书。

某某购买农药的行为，本身没有对程某某的生命造成紧迫危险，不是故意杀人罪的实行行为。被某某也没有对程某某进行支配，是程某某服用农药的行为导致了死亡结果，被某某购买农药的行为不应认为构成《刑法》第 232 条规定的故意杀人罪。判决中提到"与社会伦理严重相悖"，却没有充分证明被告人的行为违反刑事法律规范，恐怕是用维护社会伦理的秩序替代了法益保护的目的。

本案中涉及的另一个争议问题是：夫妻中的一方在另一方自杀时是否有加以阻止的法律义务。法院判决以夫妻关系间的扶养义务为由，认定被某某必须穷尽有效措施救助自杀的妻子，然而有学者指出：夫妻间的私法上的扶养义务并不应被类推到属于公法的刑法领域，而认为夫妻间负有公法上的防止、挽救配偶自杀的"特定救助义务"。[1] 本文也主张，在心智健全的夫妻一方自杀时，另一方有权利阻止或救助，但配偶关系在此处不当然地产生作为义务，因为心智健全的成年人处分生命权的自由应当得到尊重；是否可能存在其他作为义务来源，则可以从其他方面具体判断。

2. 将自杀参与行为认定为过失致人死亡罪的司法实践。在存在教唆、帮助自杀行为的案件中，司法人员有时认定教唆、帮助自杀者成立过失致人死亡罪，典型案例如下：

案例 2：2015 年 6 月，被告人陈某甲通过网络结识了被害人林某，并相约一同烧炭自杀。同年 7 月 16 日，被告人陈某甲与被害人林某分别从居住地到约定地的汽车总站汇合，后由被告人陈某甲出资入住酒店。同月 17 日，由被告人陈某甲出资，与被害人林某一起购买了铁盆和胶布，被告人陈某甲又独自购买了打火机和炭。同月 19 日，被告人陈某甲出资租住了一间旅店供烧炭使用，两人一起入住。同日晚饭后，被告人陈某甲到网吧上网，而被害人林某则独自一人返回旅店房间。被告人陈某甲在上网期间，被其母亲陈某乙通过电话劝说，放弃了自杀念头。同日 19 时 26 分，被告人陈某甲返回旅店房间，并告知被害人林某其不想自杀后取回自己的行李离开，而被害人林某于 2015 年 7 月 22 日被发现在旅店房内烧炭自杀死亡。法院认为，被告人陈某甲通过网络结识了被害人后，二人详细讨论并相约烧炭自杀，并为自杀准备了作案工具，其本人后来虽然放弃了本人的自杀行为，但仍负有排除被害人实施

---

〔1〕 陈法："夫妻一方对他方自杀而'见死不救'之刑事责任新探——从'宋福祥故意杀人案'之判决理由谈起"，载《西南政法大学学报》2008 年第 2 期。

自杀行为，有效阻止、制止被害人自杀的义务。被告人陈某甲明知被害人一直有自杀的倾向，租住的客房仍留有二人之前准备的自杀工具，在被害人仍有可能实施自杀行为的情况下，疏忽大意，轻信被害人不会再自杀，没有尽到上述义务，导致被害人自杀死亡的结果发生，其之前实施的与被害人相约烧炭自杀，并为自杀准备了作案工具的行为与被害人死亡的结果存在直接的因果关系，其因疏忽大意，轻信被害人不会再自杀而未尽到上述义务行为属过失致人死亡行为。被告人陈某甲犯过失致人死亡罪，判处有期徒刑一年二个月。[1]

本案中，司法人员认为被告人轻信被害人不会再自杀、未尽到阻止被害人自杀义务的行为属于过失致人死亡罪，这种观点显然存在问题。如果说判决书强调被告人"仍负有阻止、制止被害人的义务""未尽到上述义务"，似乎是从不作为的角度认定被告人构成过失致人死亡罪，但在本案中不能认为被告人购买工具、出资租住旅社的行为，就是支配危险向实害转化的先前行为。本案中，被告人与被害人相约自杀，在尚未实施自杀行为之时，被告人放弃自杀念头，并告知被害人，很难认为存在阻止、救助被害人死亡的作为义务。如果说"为自杀准备工具的行为与被害人死亡的结果存在直接因果关系"是从帮助自杀角度认定被告人构成过失致人死亡行为，但这些行为不意味着必然存在结果回避义务，这种因果关系的溯及也并不合理。故本案中被告人构成过失致人死亡罪的判决并不正确。当前网络相约自杀案件较多，一部分参与者放弃自杀的情形也常有发生，在这种案件的处理中，不应过于形式化地理解作为义务和结果回避义务，轻率地认为中途退出者成立过失致人死亡罪。

3. 与利用迷信相关的案件。在司法实践中，因他人利用迷信造成自杀（至少外观是自杀）的案件也有所发生。与司法解释已经规定的邪教组织唆使、帮助自杀等行为不同，虽然在许多邪教组织中也经常存在利用迷信、传播迷信等现象，但一般的利用迷信行为相比于邪教组织来说，精神强制的程度较弱。利用迷信者常使被害人陷入错误认识，甚至可能导致精神意志在一定程度上的减弱，但利用迷信的行为是属于教唆、帮助自杀行为，还是构成故意杀人罪的间接正犯等其他行为，仍需要具体判断。典型案例如下：

案例 3：2014 年，沉迷迷信的被害人徐某甲和被告人廖益石接触，

---

[1] 参见（2016）粤 0703 刑初 405 号判决书。

廖益石帮其做法事驱除家里的鬼怪和身体的病痛，之后二人来往密切。2015 年 4 月 19 日晚间，廖益石在徐某甲家中，骗其说用液化气可以将房间内的蛇精和蜘蛛精杀死，徐某甲就将厨房内的液化气罐搬至客厅并打开。廖益石又欺骗徐某甲从液化气罐内倒出液化气水喝下，说可以杀死精怪。第二日上午 10 时许，廖益石赶到徐某甲家中，听到徐某甲讲没有睡好，脖子上觉得有两条蛇缠住。为了占有徐某甲的房产，廖益石骗其采用上吊的方法勒死蛇精，并帮助徐某甲上吊后离开现场。经鉴定，徐某甲系生前缢死。辩护人提出，本案是帮助他人自杀的案件，死者本身有轻生的念头。法院经审理认为，被告人廖益石为了无偿占有房产，利用迷信欺骗被害人，诱骗被害人自缢致死，其行为已构成故意杀人罪，判处无期徒刑，剥夺政治权利终身。[1]

本案中，虽然从外观上看，被害人系自缢身亡，但被害人受到被告人的欺骗，并没有认识到死亡结果，不能认为被害人上吊是处分生命权的自杀行为。因此，辩护人认为属于帮助自杀案件的理由不成立，被告人客观上实施了利用迷信方法诱骗被害人上吊、帮助被害人上吊的行为，支配了被害人死亡结果的发生，且主观上对被害人的死亡结果具有故意，符合故意杀人罪的构成要件，法院的判决具有合理性。

四、"蓝鲸"死亡游戏的刑法规制

(一)"蓝鲸"死亡游戏概述

从 2015 年开始，俄罗斯一位心理学专业的大学生菲利普·布德金在社交网络上设计并传播了一种名为"蓝鲸"的死亡游戏。在这个游戏中，包括组织者和参与者两类基本角色，所针对的参与者以青少年为主，但也不仅限于青少年。游戏组织者将参与游戏的人称为"蓝鲸"，通过对他们生活的空虚和性格中的阴暗面进行放大和渲染，不断灌输悲观厌世的思想，并宣扬自杀的观念。青少年们必须按要求完成数十天的练习任务，每天将完成的任务拍照发给组织者。"蓝鲸"游戏的任务包括用刀在自己手臂上刻蓝鲸图案，每天在 4 点 20 分起床，到高楼楼顶的边缘，观看恐怖、血腥等内容的电影等，在游戏结尾的第 50 天，组织者便会明确要求参与者以某种特定方式自杀。除此之外，组织者在游

---

[1] 参见（2016）赣刑终 133 号判决书。

戏开始之时会强调"一旦开始就必须玩下去"，参与者须将个人信息发送给组织者，包括家庭地址、联系方式甚至裸照，发送隐私信息的目的是防止参与者中途退出。如果将秘密说出去或者放弃完成任务，参与者的个人信息将会被公开。据俄罗斯媒体透露，发送假地址是无效的，组织者保留有用户原始IP，可以轻易查到真实住址。[1]

借助互联网打破与现实世界的物理隔绝，"蓝鲸"游戏已从俄罗斯传播到了包括中国在内的数十个国家。在中国，已经出现了"蓝鲸"死亡游戏的社交网络群组，群组成员中"90后""00后"参与者比例较高，部分群组中"00后"的参与者甚至达到50%。该游戏的根本目的就是诱惑参与者自杀。国内媒体已经指出："这种从境外流入的所谓游戏，根本目的就是诱惑参与者自杀。"[2]

（二）组织者可能成立故意杀人罪的间接正犯

"蓝鲸"游戏在我国的传播已造成了一些青少年自杀的事件，具有较为严重的社会危害性。本文认为，"蓝鲸"游戏的组织者有适用故意杀人罪的间接正犯的空间。针对年龄很小的参与者而言（例如12岁以下），他们对死亡结果没有清晰的认识，"蓝鲸"游戏相当于教唆、帮助儿童自杀，成立故意杀人罪的间接正犯。针对年龄较大的青少年参与者，虽然有研究者指出："随着死亡教育的普及，足以认为青少年能够认识到自己死亡的事实。"[3] 但不能据此否认"蓝鲸"游戏成立故意杀人罪的间接正犯的可能性。对于心智较为成熟、对死亡和自杀有清晰认识、已经有坚定的自杀决意的一些参与者而言，"蓝鲸"游戏可能只是增强了他们的自杀决意，只是起到了帮助自杀的作用，在我国当前的刑事立法下不具有可罚性。但对于大多数青少年参与者来说并非如此。

事实上，"蓝鲸"死亡游戏看似简单，但却暗含心理陷阱，组织者通过任务层层递进，意图最终实现对参与者的心理控制，以诱导参与者实现自杀的终极目标。组织者运用了投射技术、心理劫持、系统脱敏、

---

〔1〕 李忠东："俄罗斯：向'蓝鲸'死亡游戏宣战"，载《检察风云》2017年第14期。

〔2〕 赵丽："'捕鲸'法网下'蓝鲸'仍顶风作案"，载《法制日报》2017年5月11日，第5版。

〔3〕 莫开勤、马天成："自杀行为认定标准探析——兼论蓝鲸游戏中自杀参与行为的法律性质"，载《山东警察学院学报》2017年第4期。

认知塑造等心理学方法，逐步实现对参与者的精神控制。[1] 例如，在游戏中要求参与者于 4 点 20 分起床的任务，意图是长时间扰乱参与者的生理作息，通过剥夺睡眠时间让参与者心情压抑、精神耗弱、注意力和判断力下降。再如，要求参与者用刀刻划胳膊等行为，也是因为自伤、自残等行为能降低参与者对恐惧的敏感，增强对自杀行为的接受程度。对于辨认能力和控制能力并不健全的青少年来说，"蓝鲸"游戏有计划的心理控制措施能产生类似于精神强制的效果，许多参与者的自杀行为实际上是被支配进行的。更何况，在参与者想要退出"蓝鲸"游戏的时候，组织者常常会以泄露参与者的个人信息与隐私相威胁，使意志较为薄弱、恐惧不安的青少年陷入无路可退的境地，应当认为组织者的这种行为已经具有了胁迫性质。在这些情况下，此时应当认为"蓝鲸"游戏的参与者成立故意杀人罪间接正犯。

（三）信息网络犯罪角度的思考

针对信息网络违法犯罪的新情况，我国《刑法修正案（九）》增加了非法利用信息网络罪的规定。"蓝鲸"游戏以社交网络为主要传播方式，组织者往往通过设立信息网络群组寻找参与者并发布指令。那么，是否可以考虑从信息网络相关犯罪的角度规制"蓝鲸"游戏呢？

我国《刑法》第 287 条之一第 1 款规定："利用信息网络实施下列行为之一，情节严重的，处 3 年以下有期徒刑或者拘役，并处或者单处罚金：①设立用于实施诈骗、传授犯罪方法、制作或者销售违禁物品、管制物品等违法犯罪活动的网站、通讯群组的；②发布有关制作或者销售毒品、枪支、淫秽物品等违禁物品、管制物品或者其他违法犯罪信息的；③为实施诈骗等违法犯罪活动发布信息的。"第 3 款规定："有前两款行为，同时构成其他犯罪的，依照处罚较重的规定定罪处罚。""蓝鲸"游戏能否适用《刑法》第 287 条之一第 1 款的关键，在于是否能认为游戏群组内存在"违法犯罪活动"。自杀本身是合法行为，并不属于违法犯罪活动；教唆、帮助自杀行为不是"传授犯罪方法"，加之在我国也没有独立的可罚性，本身也不属于违法犯罪活动；而当组织者的手段具有支配性质且具有支配故意时，可认为构成故意杀人罪的间接正犯，此时可以评价为设立用于违法犯罪活动的群组，构成《刑法》

---

〔1〕 何炬松："网络教唆他人自杀犯罪的防范对策研究——以'蓝鲸'死亡游戏为例"，载《辽宁警察学院学报》2017 年第 6 期。

第287条之一规定的非法利用信息网络罪。组织者手段的支配性质，可以通过群组成员的年龄和心智状况、指令的具体内容、是否存在要挟手段等方面考察。

我国《刑法》第287条之二第1款规定了帮助信息网络犯罪活动罪："明知他人利用信息网络实施犯罪，为其犯罪提供互联网接入、服务器托管、网络存储、通讯传输等技术支持，或者提供广告推广、支付结算等帮助，情节严重的，处3年以下有期徒刑或者拘役，并处或者单处罚金。"《刑法》第286条之一第1款规定了拒不履行信息网络安全管理义务罪："网络服务提供者不履行法律、行政法规规定的信息网络安全管理义务，经监管部门责令采取改正措施而拒不改正，有下列情形之一的，处3年以下有期徒刑、拘役或者管制，并处或者单处罚金：①致使违法信息大量传播的；②致使用户信息泄露，造成严重后果的；③致使刑事案件证据灭失，情节严重的；④有其他严重情节的。"根据法条规定可知，"蓝鲸"死亡游戏也存在适用帮助信息网络犯罪活动罪和拒不履行信息网络安全管理义务罪的空间，信息网络管理者应当积极履行法律义务，防止"蓝鲸"死亡游戏对青少年生命的危害。信息网络自杀群组的行为将教唆自杀、帮助自杀等自杀关联行为对社会的危害成倍放大。要对"蓝鲸"游戏适用以上信息网络犯罪的规定，都需要以"蓝鲸"游戏的组织者存在"违法行为"或"犯罪行为"为前提，依照我国当前刑事立法的规定，教唆、帮助自杀行为本身并不是违法犯罪行为，这可能导致刑法在保护法益方面力有未逮，也从另一个侧面印证了增设教唆、帮助自杀等自杀关联犯罪的必要性。

五、结语

出于尊重个人对生命处分的现代自由主义要求，自杀行为属于合法行为，教唆、帮助自杀行为在我国当前的刑事立法下不具有独立的可罚性，只能考虑在存在支配性时按故意杀人罪的间接正犯处罚；或考察是否存在作为义务的发生根据，而成立不作为犯等。但自杀行为客观上具有一定的社会危害性，教唆、帮助自杀行为干涉了他人对生命的处分，间接侵害了生命法益，我国应增设教唆、帮助自杀等自杀关联犯罪，使迷途搁浅的"蓝鲸"，能够得到法律及时的引航和救赎。

域外借鉴

历史视角中的刑事违法性[*]

林西·法墨（Lindsay Farmer）　著

郭旨龙　李宗晋　译[**]

一、引言

关于刑法的合适范围以及可能对该法的原则进行定义、限制和组织的犯罪化理论，传统上以说明核心原则为开始，这些原则应当提供评估特定行为类型或立法的分析框架。这一般与限制国家权力和个人自由最大化相关。因此，这些理论中最著名的是约翰·斯图尔特·密尔的"危害原则"，尽管它远非被构想为这样的"犯罪化"理论——力图说清在什么条件下一些行为类型可以被适当地认为允许国家干预。[1]令人惊讶的是，之后更加明确地专注于犯罪化主题的著述并没有实质性地超越这些早期的洞见：大部分著述仍然在密尔设定的自由政治理论框架中展开，而且经常采取批判现行法律或国家实践的方式。现在已经有了概念性术语的完善，特别是在危害概念的讨论中和危害与违法性的区别上。然而，在很大程度上，这类讨论中的要素在密尔《论自由》出版之后没有改变多少。

关于犯罪化的讨论已经基本上聚焦于"危害"概念，这看起来为刑法提供了价值中立的基础，可以用来抵御特定道德和政治价值的施

---

[*]　原文载于 R. A. Duff etc. eds, *The Boundaries of the Criminal Law*, Oxford University Press, 2010, Chapter 9. 该书以下简称"本书"。文章作者及原载图书的出版社均已授权译者翻译本文。

[**]　林西·法墨（Lindsay Farmer），英国格拉斯哥大学法学院教授，研究方向为刑法历史与刑法原理。郭旨龙，英国格拉斯哥大学法学博士，中国政法大学讲师；李宗晋，格拉斯哥大学法学硕士，北京天达共和律师事务所律师。

〔1〕　JS Mill, *On Liberty*, Oxford University Press, 1991, p. 14.

行。然而，此处日益增加的理论复杂性被基础性概念的宽泛性削弱了。乔伊·范伯格关于刑法道德限制的四卷本论著发展了危害原则的精致叙事，具体针对犯罪化主题。[1] 但是，范伯格也不得不承认该原则有一些限制，例如，他努力处理父爱主义（对自己的危害）以及对他人的冒犯性（但非危害性）行为的问题。后来的评论强调了危害概念的本质不确定性，以及它外延过窄或过宽的可能性。[2] 尽管有这些批评，危害原则继续引发了广泛的学术讨论，并且成为论证刑法变化的知识资源。这在一定程度上是其政治吸引力的问题。例如，批判性的犯罪学家尽管基于没有危害的理由赞成合意行为的非犯罪化，基于扩张了的"社会"危害观念赞成一系列行为的犯罪化。[3] 类似地，因为危害涉及的是行为的效果而非行为的性质，觉得自己受害的个人或团体自然就基于他们所受的侵害要求法律保护。正如哈考特指出的那样，这里的问题是，一旦所有的要求都以危害概念解释，危害原则最终会简化为危害本身。[4] 一个最初作为限制国家权力的手段的原则竟然被用来帮助提出各式各样的主张，以扩张刑法的范围和国家权力，这是具有讽刺意味的，也说明了该原则在理论立场上的弱点。

相应地，学者们最近的注意力开始聚焦于"违法性"概念。该概念要么作为矫正危害性原则一些弱点的手段，[5] 要么作为不相关联的犯罪化理论的基础。当然，违法性观念在刑法中有很长的历史，最近的讨论经常把布莱克斯通的"公共危害"的概念作为起点。[6] 但是，最近的理论贡献的不同之处在于它们从对于报应刑理论（刑罚的前提必须是实施了违法的行为）的兴趣复兴中发展而来，而且寻求使用这一洞见

---

〔1〕 J Feinberg, *The Moral Limits of the Criminal Law*, Oxford University Press, 1984. 相关的、有用的评论和分析见 J Stanton-Ife, "The Limits of Law", *Stanford Encyclopedia of Philosophy*, (http://plato.stanford.edu/entries/law-limits/).

〔2〕 RA Duff, *Answering for Crime: Responsibility and Liability in the Criminal Law*, Hart Publishing, 2007, Ch. 6.

〔3〕 参照该书里的论文，P Hillyard et al (eds), *Beyond Criminology: Taking Harm Seriously*, Pluto Press, 2004; *Criminal Justice Matters* special issue on Criminalization, Vol. 2008, No. 1.

〔4〕 B Harcourt, "The Collapse of the Harm Principle", *Journal of Criminal Law and Criminology*, Vol. 1999, p. 109.

〔5〕 J Feinberg, *Harm to Others*, Oxford University Press, 1984, p. 31. 书中指出，具有法律相关性的伤害是一个利益的打击，并且是对利益被侵害人的不公正对待。另外，RA Duff, *Answering for Crime: Responsibility and Liability in the Criminal Law*, Hart Publishing, 2007, Ch. 6 中指出刑法不仅仅关注伤害，更关注有违法性的伤害。

〔6〕 *Commentaries on the Laws of England* (1765-9) Vol. IV, Ch. 1.

来对刑法内容提出观点。在极端情况下，这可以导致一种新的法律道德主义（有好的理由去惩罚所有道德上具有违法性的行为），假定了刑法就是一种道德理论。[1] 但更为常见的是，它试图缓和这一极端立场，承认有必要在作犯罪化决策中区分不同程度和类型的违法性。这一立场试图在法律道德主义者的强烈要求和危害原则之间取得平衡，只有满足一些条件，例如违法性一般要求已经带来了危害，此时违法性才能在法律上有意义。然而，问题是说明哪些条件应当得到满足：我们如何找到并认可一系列与法律相关的违法性？这依赖道德理论是不够的，因为即使我们能够认可违法性的一种解释，这也不能告诉我们哪一种违法性应当被法律一般性地落实，还是被刑法特别地落实，或者合适的定义和实行模式是什么样的。[2] 所以重要的是，如果要采纳一个路径，我们应当解释如何从道德违法性概念过渡到法律违法性解释，即从道德理论过渡到犯罪化。如果这不容易做到，那么我们会面临将违法性作为起点在路径上的可行性问题。[3]

在这一章中我将讨论最近刑法理论中三种不同的（即使会交叉）的方式，以弥合这一间隔，从而对许多犯罪化文献中非常不加反思地叙述关于罪行与违法性关系的现象提出挑战。在此过程中，我首先强调本章的目的不是发展关于危害性的一种理解，而是讨论违法性观念被使用的方式。一个意图是说明在道德理论和刑法之间没有简单的或直接的转化，很少有人注意到这一间隔。更为重要的是，本章将用历史上的例子来解决刑事罪行是否围绕着预想的道德违法性观念而被构想的问题，分析这一观念的内容是否、如何可能依时间而改变，以及如果可能，探讨违法性概念是否能够为犯罪化理论提供足够坚实的基础。

---

〔1〕 M Moore, *Placing Blame: A General Theory of the Criminal Law*, Oxford University Press, 1997, pp. 33~35.

〔2〕 J Elster, "Non-Criminalisation of Harmful and Immoral Acts", p. 8. （未出版的手稿）文中区分了"深层的"道德和规制的原则。

〔3〕 Cf N Christie, *A Suitable Amount of Crime*, Routledge, 2004, p. 3. 文中列出了"犯罪"和被作者称为"有害"的其他形式——骚扰、不舒服、恶心、原罪。他认为：犯罪的分类（因此，可能违法性也如此）没有一个固定的含义，它在特定的社会框架内获得含义。

二、刑法理论中的违法性

（一）"惯例主义者"的解释

最近最有影响力的犯罪化论述之一是胡萨克的书《过罪化及刑法的限制》。[1] 尽管该书对一般性的犯罪化话题论述很多，我在此想聚焦他论述的很小一部分，即关于违法性本质的部分。

胡萨克的起点是：过度犯罪化的现象导致太多的刑罚——判刑过重或者有罪判决不反映违法性，或者该行为本身就不应该被犯罪化，使得刑罚是不正当的。[2] 这导致他提出一系列的可能的内在和外在的对犯罪化的限制。对于内在限制，他表述为"违法性限制"："刑事责任不能强加，除非被告人的行为（在某种意义上）是违法的。"[3] 胡萨克认为这一限制是内在的，因为刑法总则要求只有在存在违法行为的情况下才能强加刑事责任。这可以通过宽恕理论得到说明，要求我们首先确定存在违法行为，然后考虑责任是否应当强加。[4] 没有这一违法性要求的假定，宽恕理论是说不通的。关于抗辩理由的主张随即被提出，以帮助人们理解在严格责任罪行的背景下，总则中的犯意要求应当被理解为在实体罪行中被犯罪化的行为是违法的。[5]

尽管这对该限制如何起作用给出了一些提示，但对该限制的内容却言之甚少——是什么使得该行为违法。关于胡萨克的观点中对该限制内容的提示和对犯罪概念如何理解的提示，我们必须看看他对自体恶和禁

〔1〕 Douglas Husak, *Overcriminalization: The limits of the criminal law*, Oxford University Press, 2008.

〔2〕 Douglas Husak, *Overcriminalization: The limits of the criminal law*, Oxford University Press, 2008, p. 3.

〔3〕 Douglas Husak, *Overcriminalization: The limits of the criminal law*, Oxford University Press, 2008, p. 66. 其他的是非轻微的伤害或者恶的限制、报应限制、举证责任限制，参见该书第二章。

〔4〕 Douglas Husak, *Overcriminalization: The limits of the criminal law*, Oxford University Press, 2008, pp. 72~73. 文中引用了 J Horder, *Excusing Crime*, Oxford University Press, 2004. 另见 G Fletcher, *Rethinking Criminal Law*, Mass: Little, Brown and Co, 1978, Ch. 6. 中关于不法行为与归责的区分。

〔5〕 Douglas Husak, *Overcriminalization: The limits of the criminal law*, Oxford University Press, 2008, p. 74.

止恶区别的讨论。[1] 他说当"规定的该行为在法律出台之前或者不管法律如何而违法"时,该事物是禁止恶。[2] 这里,在讨论多种多样的禁止恶之前,这些禁止恶从定义上说并不是错误的,胡萨克提出自体恶的违法性是显然的。[3] 尽管所有的刑事法律都应当受他提出的限制的约束,这似乎在"核心"犯罪中更为明确,因为它们的"违法性"将更为容易被认出。隐含在此的是两个在该书前面部分和他其他一些著述中明确的要素:刑法的核心和边缘有区别;一些犯罪是范例。[4] 核心罪行在法律出台之前或不管法律如何都是违法的,并"都有对正义重要的特征";[5] 边缘罪行,主要是新罪行,并不如此。为了理解那些对正义重要的特征,我们应当考察范例罪行这一观点。这能够为思考刑法的相关规范特征提供归纳基础的罪行,为合理理解作为规则系统的刑法提供模型。选择范例罪行的标准是规范性的,也就是说,不能仅基于诸如起诉频率的特征,而是要基于对正义而言重要的特征。[6] 回到我们的起点,它们的作用是对刑法分则的罪行结构设置限制,并因此能限制能被犯罪化的行为的范围。[7] 因此,核心罪行这一观念支持存在一个既定道德协议领域的主张,而"范例"罪行引导我们理解违法性应当如

---

〔1〕　Douglas Husak, *Overcriminalization: The limits of the criminal law*, Oxford University Press, 2008, pp. 103~119.

〔2〕　Douglas Husak, *Overcriminalization: The limits of the criminal law*, Oxford University Press, 2008, p. 105. 因此,含蓄地说,禁止恶是在法律出台之前或者不管法律如何而都违法的行为。

〔3〕　Douglas Husak, *Overcriminalization: The limits of the criminal law*, Oxford University Press, 2008, p. 104.

〔4〕　Douglas Husak, *Overcriminalization: The limits of the criminal law*, Oxford University Press, 2008, pp. 33~36. 同时请参见 D Husak, "Crimes outside the Core", *Tulsa Law Review*, Vol. 2004, No. 4, p. 755. G Fletcher (n. 14) 提及了核心犯罪 (p. 234), 但是他认为这些犯罪行为包括"一系列中心原则"; W Stuntz, "The Pathological Politics of Criminal Law", *Michigan Law Review*, Vol. 2001, p. 506.

〔5〕　Douglas Husak, *Overcriminalization: The Limits of the Criminal Law*, Oxford University Press, 2008, p. 34.

〔6〕　可以认为,这些特征包括对主观状态的要求,这种要求应该延伸到犯罪的所有客观要素。

〔7〕　参考 S Shute and AP Simester (eds), *Criminal Law Theory: Doctrines of the General Part*, Oxford University Press, 2002, pp. 17~18. 书中的 D Husak, "Limitations on Criminalization and the General Part of the Criminal Law" 一文。Cf G Fletcher, "Blackmail: The Paradigmatic Crime", *University of Pennsylvania Law Review*, Vol. 1993, p. 1617. 一个对勒索的不同视角,请参见 P Alldridge, "Attempted Murder of the Soul: Blackmail, Privacy and Secrets", *Oxford Journal of Legal Studies*, Vol. 1993, p. 368.

何被适当地在法律中制度化。这种解释可以被描述为惯例主义者的解释，因为它假定已经存在的刑法同时反映和支持了我们既定的道德直觉，并能够指导我们理解犯罪化的合适范围。[1]

这一解释带来的问题是某种程度的推诿：他的限制的基础从未被完全地阐述，而被推延到另一区别。尽管胡萨克可以合理地回应说，他的项目关心的是过度犯罪化的现象和禁止恶的泛化，他在该书的目的不是要提供违法行为的定义，但该项目似乎基于几个关键性的假设：存在前在于和独立于法律的自体恶，这些恶在法律中制度化是直接的、没问题的，存在既定的核心自体恶能够为他对过度犯罪化的批判提供基础。

为什么这是重要的？毕竟胡萨克可能合理地反对，说围绕一些在所有刑法体系都被当作严重犯罪的恶行（例如谋杀和强奸）存在事实上的既定道德协议，而且分析这些恶性是犯罪化理论的一个合适起点。尽管可以承认该主张的前半部分，我想挑战后半部分的观点，即这些恶性并不能必然得出关于刑法体系的任何结论，例如，它们定义核心罪行的方式或者这些核心罪行可能对法律内容或结构有更为宽泛的意义。这一点能通过三个更为具体的反对意见得到阐发。

第一，在这种分析中嵌入了一种潜在的历史，不管是不是特意的。在这种解释中，边缘罪行是附属的、重叠的、法定的和新的罪行（并且在定义上没有对正义而言重要的特征）；而既定的（并且更老的）核心罪行由既定的普通法罪行组成（基于它们现在的刑法总则得以构建）。[2] 现在我不想暗示这一区分被应用的方式是粗糙的或不加批判的，我更想批判、分析不能延伸至违法性的含义或者不轻微的危害——至少存在重现不加批判而突出老的、惯例的罪行这一普通法认识的风险。

第二，我们认为存在范例罪行含有诸多隐忧。我们可能貌似合理地认为，正如不同的历史时期关于刑法本质有不同的思考方式，它们可以有不同的或范例的罪行。在此，我们可以更进一步地在两种（可能重叠的）意义上想起范例：结构意义上的（有为刑法可归纳的特征，不管

---

[1] Cf G Lamond, "What is a Crime?", *Oxford Journal of Legal Studies*, Vol. 2007, p. 609. 文中建议任何一个理论都必须要给确定的犯罪情形提供一个"容易理解的理由"，该理由要基于被确定的情形的一般特征。

[2] D Husak, "Crimes outside the Core", *Tulsa Law Review*, Vol. 2003, pp. 756~757. 文中认为最核心的罪行是规范性的而不是历史性的，因此对核心犯罪行为的辨认要依靠对这些行为规范上的重要性的判断。

是否符合正义的要求）；实质意义上的（反映特定时期的担忧和害怕）。[1] 而且正如在历史上一个制定的罪行可能不能满足我们现在理解的正义的要求一样，我们应当认识到我们自己对法律表述正义要求的方式的理解可能本身是有历史随机性的。例如，尽管对犯意的要求已经长期被认为是惩罚的前提条件之一，但是在晚近人们才采纳了它的当代的"主观"形式。[2] 不管何种情况，都有必要对罪行如何得以塑造和它可能如何构造刑法大书特书。而且，如果我们认识到刑法中存在不同的责任形式，可能就没有单一系列的可归纳的特征。[3] "范例罪行"的观点可能因此在某一概括性程度上被表达，以至于对思考刑法没有帮助。[4]

第三，即使这是在用讲定的术语进行定义，包括对具有正义重要特征的罪行进行定义的情况下，这里存在讨论刑法核心是否合理的问题。一方面，我们可能认为刑法核心事实上总是在变化，因为曾经被认为是核心的或范例的罪行不再如此认为（例如叛国、渎神[5]）或者因为核心罪行的中心特征以改变该罪行含义和社会重要性的方式进行改变。[6] 即使我们求助于讲定的定义，也即任何时期的核心罪行应当仅包括事实上符合正义要求的罪行，非轻微危害或者违法性这一观点的内容也将高度取决于行为临时随机的社会意义。即人们很难决定某事物是否是前在

---

〔1〕 针对为什么对于现代刑法来说，谋杀是最完美、最典型的犯罪行为，这本书提供了不同的分析：L Farmer, *Criminal Law, Tradition and Legal Order*, Cambridge University Press, 1997, Ch. 5.

〔2〕 参见论文集中的 Lacey 和 Farmer 的文章：MD Dubber and L Farmer, *Modern Histories of Crime and Punishment*, Stanford University Press, 2007. 另见 Hildebrandt 在本书中的文章。

〔3〕 Fletcher 在书的第一部分针对盗窃罪和杀人罪分析了责任模式下的"范式"转型（n. 14），Husak 提到了这一点，讨论了一个多中心的模式，参见 D Husak, "Crimes outside the Core", *Tulsa Law Review*, Vol. 2003.

〔4〕 Fletcher 在他的文章中（n. 22）解释说勒索是一个典型的犯罪行为，这是因为它关注的是道德意义上的不公正支配关系。虽然这可能被认为是所有罪行的一个特征，但几乎肯定的是，它无法把某些罪行的具体违法性包括在内。

〔5〕 它已经被该法令所废除，Criminal Justice and Immigration Act 2008, s. 79. 参见 R Sandberg and N Doe, "The Strange Death of Blasphemy", Modern Law Review, Vol. 2008, p. 971. 另见 KD Watson, *Assaulting the Past: Violence and Civilization in Historical Context*, Cambridge Scholars Publishing, 2007. 该书中的以下一文 D Nash, "Blasphemy and the Anti-Civilizing Process" 和 E Visconsi, "The Invention of Criminal Blasphemy: Rex v. Taylor (1676)" *Representations*, Vol. 2008, p. 30.

〔6〕 例如，刑法对于盗窃行为的关注点由非法侵入转为不诚实；人身攻击中的人身范畴也扩大到包括身份的和心理的伤害，犯罪形式也扩大到包括以沉默和不到场的形式实施犯罪。

于和独立于法律的公共恶行。

（二）程序主义者的解释

第二种路径可以在安东尼·杜夫的著述中找到，他的观点聚焦于违法行为这一观念在对刑事行为的公共定义和谴责中可能起的作用，代价是详尽地审视任何特定罪行或者罪行群的违法性内容。[1] 像胡萨克一样，他从直觉出发：个人只能为违法行为答责和负责，但是既然并不是所有的违法性都可能或应当是犯罪，必须有一些方式能够区别不同的违法性。然而，对杜夫而言，可以没有核心的或者统帅的"主要原则"，例如危害原则，因为这种原则要么不够充分（如果该原则是确定的）、要么过于宽泛，难以对决定法律范围起任何作用。[2] 他的违法性和刑法关系的论点因此取决于另一种主张，一种主要不是关于实体内容的主张。

对于杜夫的刑法理解至关重要的是犯罪是"公共恶行"。[3] 他认为，这不应当仅仅被理解为对于公众的恶行，因为刑法也应当是包括保护私人个体不受恶行侵害的法律。犯罪应当被理解为关系到我们作为社群成员的恶行，因此犯罪能够区别于仅仅关系到直接涉及私人个体的罪行。这些公共罪行是"我们在刑事上作为公民应当对其他公民负责的"罪行。[4] 这是对答责性很重要、有说服力的一种解释，但是正如杜夫指出的，它本身不能回答为什么某事物应当被犯罪化或者对于哪种违法性，我们作为公民有共同利益所在的问题。杜夫对这些问题的回答是，公共恶行应当被理解为能被看作违反那些定义我们作为社群的价值的恶

---

[1]　参见 RA Duff, *Answering for Crime: Responsibility and Liability in the Criminal Law*, Hart Publishing, 2007, 尤其是第四章和第六章。另见 SE Marshall and RA Duff, "Criminalization and Sharing Wrongs", *Canadian Journal of Law & Jurisprudence*, Vol. 1998, p. 7; 另见 J Chalmers, F Leverick, and L Farmer（eds）*Essays in Criminal Law in Honour of Sir Gerald Gordon*, Edinburgh University Press, 2010 中的 RA Duff and SE Marshall, "Public and Private Wrongs"一文。

[2]　RA Duff, *Answering for Crime: Responsibility and Liability in the Criminal Law*, Hart Publishing, 2007, p. 135.

[3]　RA Duff, *Answering for Crime: Responsibility and Liability in the Criminal Law*, Hart Publishing, 2007, pp. 140~146. 这种恶行应该被妥善地理解为关系到公共利益的侵犯私人个体的行为，而不是仅仅作为公共利益的衍生物。Cf Husak, *Overcriminalization*（n. 11）, p. 199. 该作者用公共恶行的理念反对"法律道德主义"。

[4]　RA Duff, *Answering for Crime: Responsibility and Liability in the Criminal Law*, Hart Publishing, 2007, p. 142.

行。因此：犯罪化的正当理由需要一开始就指明能被认为是公共的价值，能作为该政体的自我定义；说明该行为如何违反了该价值或威胁了该价值保护的利益；论证该违反或威胁需要或者要求公共谴责。[1]

此处的要点是杜夫寻求在规范形成的过程中建立刑法的正当性。在此意义上，他论述的意义依赖于认识到道德恶行和犯罪化的恶行存在间隔，刑法的政治正当性不能完全依赖于或者主要依赖于道德恶行的解释。[2] 确实，在杜夫把正当性问题定位于规范形成的政治过程和否认道德理论有任何规定性作用的意义上，他论述了犯罪化问题的程序化。[3] 话虽如此，这一极简、抽象的叙述也可能对行为产生一些实质性内容。如果刑法要求个人答责的关键是承认和解决个体作为社群成员的个体，就可以说刑法必须至少包括一些规范，以制裁针对受重视和尊重的社群成员个体的行为。[4] 更为重要的是，也许杜夫的论点关键在于主张，行为不能仅仅从其结果被理解，而应当从其意义被理解——该行为对于行为人、被害人和社群而言的性质。因此，在讨论同意能够成为某些攻击行为（例如性虐待）的抗辩理由时，他认为，一个更好的路径是去理解该行为在情景中的意义，它是否满足了相关方的利益。[5] 同样地，在他讨论冒犯性行为是否应当被犯罪化时，他认为"一些行为有违法性……因为它有冒犯性"，这种主张要求更多地阐述某些行为如何、在何种环境下被理解为对他人有冒犯性。[6] 在此明朗化的是，对于严重依赖宣称行为意义的叙事，我们需要更多地了解这一意义如何在法

---

〔1〕　RA Duff, *Answering for Crime: Responsibility and Liability in the Criminal Law*, Hart Publishing, 2007, p. 143.

〔2〕　尽管杜夫在他的书里支持本身恶是在法律之前的恶行（RA Duff, *Answering for Crime: Responsibility and Liability in the Criminal Law*, Hart Publishing, 2007, pp. 82~89），但不确定的是他是不是把本身恶当作一种对公共恶行形成的独立限制。

〔3〕　RA Duff, *Answering for Crime: Responsibility and Liability in the Criminal Law*, Hart Publishing, 2007, pp. 86~87. Cf J Habermas, *Between Facts and Norms*, Polity, 1997, Chs. 3 and 4.

〔4〕　RA Duff, *Answering for Crime: Responsibility and Liability in the Criminal Law*, Hart Publishing, 2007, p. 87. 杜夫认为这甚至可能成为支持对本身恶进行犯罪化的理由，尽管这一理由可能有些极端。

〔5〕　RA Duff, *Answering for Crime: Responsibility and Liability in the Criminal Law*, Hart Publishing, 2007, p. 131. 在讨论以下案例时，参见 *R v Brown*（1994）1 AC 212，杜夫认为，我们应该考虑行为是否达到了道德上的合法目的，即相互的性快感，或者是道德上的令人赞赏的价值，即爱和尊重。

〔6〕　RA Duff, *Answering for Crime: Responsibility and Liability in the Criminal Law*, Hart Publishing, 2007, p. 133.

律中获取和得到承认。

（三）特定的违法性

第三种路径聚焦于对特定罪行或者罪行群而言很重要的违法性。[1] 这类叙事试图超越某些事物显然有违法性的观点或者关于违法性的一般性讨论，而讨论违法性的具体情形。尽管这些分析仅仅看待具体违法性的内容而不宣称阐发对整个刑法有益的"主导原则"，该路径有更广泛的意义，因为它指向了违法性及其与刑法整体的关系这一更为一般性的解释。这些分析显然聚焦于核心道德恶行的存在，它们独立于任何危害，能够在与具体罪行的关系中进行理解，理解这一恶行将阐明法定罪行的核心特征。（确实，用探索罪行"无害的"情形来阐明违法性的本质已经成为一种修辞。）这并不必然说明，任何个体违法性的性质应当为其他犯罪的违法性所共有，或者成为违法性公共的或者共享的性质。这种路径的典型是加德纳和舒特的有影响力的强奸罪行违法性的叙述。[2]

他们论文的核心主张是，强奸的违法性在于"完全地使用"另一个人，把他们当作物体，否认他们的人格。[3] 这一结论的基础是康德的观点：违法性应当理解为把受害人当作手段或物体。因此，他们主张，强奸不应当理解为危害或者对身体自我所有权的干预，这一危害性的理解进一步允许区别强奸与其他形式的违法性。[4] 因此，他们主张

---

〔1〕 参见 SP Green, *Lying, Cheating and Stealing: A Moral Theory of White‑Collar Crime*, Oxford University Press, 2006, pp. 39~47; J Gardner, "Rationality and the Rule of Law in Offences against the Person", *Cambridge Law Journal*, Vol. 1994, p. 502; RA Duff and SP Green (eds), *Defining Crimes: Essays on the Special Part of the Criminal Law*, Oxford University Press, 2005 中的 AP Simester and GR Sullivan, "On the Nature and Rationale of Property Offences" 一文。

〔2〕 参见 John Gardner and Steven Shute, "The Wrongness of Rape", in J Horder (ed), *Oxford Essays in Jurisprudence: 4th series*, Oxford University Press, 2000, pp. 193~217. 该文在重印时附带了对批评者的简短回应：J Gardner, *Offences and Defences*, Oxford University Press, 2007. （第一章 "The Wrongness of Rape"）J Stanton‑Ife 对于 2000 年一文的讨论参见本书第六章（"Horrific Crime"）。

〔3〕 John Gardner and Steven Shute, "The Wrongness of Rape", in J Horder (ed), *Oxford Essays in Jurisprudence: 4th series*, Oxford University Press, 2000, p. 205. 参见 Cf Ripstein 关于主权原则的观点：A Ripstein, "Beyond the Harm Principle", *Philosophy and Public Affairs*, Vol. 2006, p. 215.

〔4〕 或者，至少要允许在"纯"强奸案中的这种区分。John Gardner and Steven Shute, "The Wrongness of Rape", in J Horder (ed), *Oxford Essays in Jurisprudence: 4th series*, Oxford University Press, 2000, p. 197.

"所有对于人类的完全的使用，完全把他们当作手段，是滥用；强奸就是此类滥用的核心例子"——尽管同时承认，这不应当得出结论说，该种违法性的任何情形都应当被犯罪化。[1] 尽管他们可能在此完成论述，但他们继续考虑这一一般性的解释可能进一步启发对强奸罪的具体特征的理解——特别是对于缺少同意、插入式性虐、同意错误的聚焦。以第二个焦点为例，即性插入，他们认为这一要求的核心不能仅仅从康德的观点出发进行理解，而必须依赖于某些行为的社会意义。[2] 他们认为，这取决于"插入性行为的特别象征意义"及其在强奸中的败坏。[3] 因此，"将插入式非同意的性侵犯提升为具体范式的状态是久已有之但受文化限定的（更为一般性的原则）的应用"。[4]

我们在此得到了一个试图结合一般性哲学原则和反映现有法律中某些行为的社会意义的路径。这是重要的，因为尽管仍然在处理刑法的核心罪行，它超越了一般性违法性种类是自明的说法，而更为深入的是，它探究了具体行为如何可能合理地被犯罪化的问题。表面上它更为局限——仅处理强奸的违法性问题——没有宣称"主导性原则"的地位。[5] 尽管如此，加德纳和舒特没有回答重要的问题。首先，正如桑坦顿-艾夫指出的那样，他们的定义在某种程度上充斥了"完全的"使用或"纯粹的"手段这些词语。[6] 这些形容词无意是想加点什么东西，某种程度上强调最基本的（或"完全的"）康德教条，但桑坦顿-艾夫从没有真正说明这是什么。正如桑坦顿-艾夫指明的那样，在解释强奸相比其他罪行的严重性时，这似乎在构想中引入了一种特定的态度，一种使得这种使用或者那种行为比其他的行为更为严重的事物。然而，一旦承认这点，不详细解释这些行为的社会意义，就不清楚为什么

---

[1] John Gardner and Steven Shute, "The Wrongness of Rape", in J Horder (ed), *Oxford Essays in Jurisprudence*: *4th series*, Oxford University Press, 2000, p. 205.

[2] John Gardner and Steven Shute, "The Wrongness of Rape", in J Horder (ed), *Oxford Essays in Jurisprudence*: *4th series*, Oxford University Press, 2000, p. 210.

[3] John Gardner and Steven Shute, "The Wrongness of Rape", in J Horder (ed), *Oxford Essays in Jurisprudence*: *4th series*, Oxford University Press, 2000.

[4] John Gardner and Steven Shute, "The Wrongness of Rape", in J Horder (ed), *Oxford Essays in Jurisprudence*: *4th series*, Oxford University Press, 2000, p. 211.

[5] 尽管他们确实提出（John Gardner and Steven Shute, "The Wrongness of Rape", in J Horder (ed), *Oxford Essays in Jurisprudence*: *4th series*, Oxford University Press, 2000, p. 205）康德的论证可能解释其他犯罪中的恶行，但强奸是康德论证中的核心例子。

[6] 本书第六章（John Stanton-Ife, "Horrific Crime"）的第二部分。

一些涉及纯粹使用的行为比其他的行为更严重，或者为什么强奸是特例，或者什么应当解释强奸的特定违法性。在此我将提出，关于插入性行为的特殊象征主义，特别是它可能阐明相似的违法性问题的主张实在是太浅薄了，没有太大用处。如果它要提供这样的阐明，这一解释当然需要证明为什么插入应当有这一特别的象征主义，解释同意和性自主的观念如何与插入的观念相关——这无疑导致法律上违法性范围的扩张。[1]

强奸违法性的这一分析因此证明了这一路径的一些强项和弱处。一般性的模式是从既定法出发，然后认出一个"纯粹的"情况，作为分析具有一定普遍性意义的道德违法性的核心特征的手段。这一识别不同于违法性反映的特定价值和态度的一般路径，它貌似是以合理的方式去考虑特定行为为什么、怎么样应当被犯罪化，但我将提出这难以解释严重性的具体方面，也不必然能解释在不提到该行为的社会意义时，为什么应当把特定的行为形式看作具有不寻常的违法性。也就是说，在识别道德违法性和犯罪化叙述之间仍然存在间隔。而且，在这个路径试图通过审视现有刑法（当作我们对社会意义理解的基础）来填补这一间隔时，这一路径能接近于惯例主义者的路径（并因此也面临同样的批判），或者可能终止理解该行为的其他选项的探索。

一些更为普遍的结论能够从这些远非充分的文献调查中得出：

第一，像杜夫一样，我们应当怀疑识别出一个"主导性的原则"的可能性，既因为他提出的理由，也因为上述有限的讨论证明了当我们试图从道德理论过渡到法律上违法性的讨论时，情况变得太复杂而不能依赖任何单一的原则。

第二，考虑到将犯罪化理论置放于存在违法性核心情况的基础之上不安全，有必要从特定罪行的分析开始。如果可能，应在法律上的违法性的发展过程中确定责任模式以及它们如何与整个刑法相关。[2]

---

[1] 例如参见 Sexual Offences Act 2003 的第一节，和 Sexual Offences (S) Act 2009 的第一节，这两个法令都把强奸的定义扩大到包括阴茎侵入另一个人的阴道、肛门或者嘴巴。我们可以看到未经同意的性侵入被认为是非常严重的，但这并不能显而易见地让我们理解为什么除侵入阴道之外的行为也能等同于强奸，而要想理解这一问题就要明白设置这种犯罪对保护性自由的特殊价值。

[2] 事实上，即使我们想接受存在一个核心犯罪的观点，我认为，我们仍需去做很多工作来证明为什么这些恶行在一些特殊的法律形式下应该被当作核心犯罪，同时解释他们与刑法之间的关系。

第三，如果我们要追求这一路径，我们不能把社会意义当作毫无问题地体现在刑法中的东西，而必须探索意义是如何随着时间在特定社会生活领域发展变化的。换言之，如果我们要从现有的罪行或者刑法整体的理解出发，有必要否定关于刑法核心部分和范例的假设。然后更为普遍的结论是，这将支持麦金泰尔的论断：道德哲学假定存在基础性的社会学。[1] 在接下来的部分，我将阐明这种历史性的路径能够启发我们对这些核心的刑法违法性进行理解的三种方式。

三、犯罪化与历史视野中的违法性

（一）公共恶行与法治化

公共恶行和私罪行，犯罪和轻罪于民事伤害的区别似乎主要在于：私的或者民事的伤害是属于个人的民事权利的侵害或损失，仅仅为个人考虑；违法性或者犯罪和轻罪，是对公共权利和责任的违反，应在其社会聚集能力内为整个社群考虑……叛国、谋杀和抢劫列于犯罪行列是合适的；因为除了对个人的伤害，它们还对社会的存在本身进行了打击；如果这类行为逃避惩罚，社会将难以为继。[2]

正如我前面指出的那样，布莱克斯通常被引用来支持这一观点——犯罪必须被理解为"公共恶行"。但是，尽管他用了这个表达，这并不显然意味着该表达的意思和今天法理中的意思一样。对他而言，对社会存在本身进行打击的公共恶行的观念，其依据主要在于对国王安宁或拓展的王室领域的侵犯。[3] 应当指出，这进一步反映在他对犯罪的分类中，大致反映了严重性一步步降低；从侵犯上帝与宗教的罪行，到叛国和侵犯国王特权的其他重罪，再到侵犯公共安宁、贸易和公共健康的罪行，最后才到杀人和其他侵犯人身的罪行。当然，越来越多的人意识到把针对个人的恶行作为现代意义上的针对某种事物的公共恶行的重要性，这反映了自由和人格观念在改变，但这也反映了他的犯罪观念中的

---

〔1〕 A Macintyre, *After Virtue: A Study in Moral Theory*, 2nd edn, Duckworth, 1985, p. 23.

〔2〕 参见 Sir William Blackstone, *Commentaries on the Laws of England* (1765-9) Vol. IV, p. 5.

〔3〕 参见 MD Dubber, *The Police Power: Patriarchy and the Foundations of American Government*, Columbia University Press, 2005, Ch. 2. 书中将打击公共恶行的观念与现代警察力量的封建起源联系起来。

矛盾并非随着现代人身观念的完全成熟而出现。的确，在18世纪刑法通过围绕保护私权利中的公共利益的观念而被组织起来这一意义上，私有财产的概念被认为是法律和政治正当性的基础。[1] 更为普遍的是，这指出了对道德违法性、法律和政治上的违法性关系而言很重要的某种事物——法律违法性和严重性的观念与法律和政治正当性的制度和形式密切相关。应当说明，这不是说"违法性"能被简化为政治形式，而是说违法性的法律观念必须放在这个背景下理解。这对前面讨论的禁止恶和自体恶之间的区别的考虑有影响。刑法理论家已经为此区别挣扎不已，一边是一般性的禁止恶的地位，一边是特定类型比如严格责任罪行，这是因为认定它们犯罪化的原因不是"违法性"，或者因为违法性的本质和相关的责任形式很不明确。[2] 然而，另一种路径将探寻公共恶行法律观点的变化及其与变动着的法律主体和地位的形式的关系。当然，这不会直接回答任何给定情况下惩罚是否正当的问题，但是它将提供法律上对违法性和合适的法律或政治反应的更为巧妙和细致的叙述。[3]

在19世纪和20世纪，刑法扩张了，以规范大量的本来合法的行为方式。[4] 在创制这些新的罪行时，比起关注惩罚故意的恶行，法律更关注分配避免危害风险的任务。尽管这一般被理解为涉及承认在资本主义工业社会生产、销售商品和服务中的一系列新的社会危害，我们不应当忽视的事实是，它也包含了公共恶行概念的变化。这些扩张包括了所有的"以某种方式干预、确保个人带着作为社群完全成员的权利和公民身份融入政治制度"的条件的罪行。[5] 拉姆齐认为，在福利国家，这

---

〔1〕 参见 D Hay et al（eds），*Albion's Fatal Tree*，Penguin，1977 中 D Hay，"Property，Authority and the Criminal Law"一文。

〔2〕 例如参见 AP Simester（ed），*Appraising Strict Liability*，Oxford University Press，2005. 一书中的一些文章。现在，大家普遍认为并不是所有的法令所禁止的犯罪行为都应该被认为本身违法：本身并不具有违法性的行为不应该是本身违法，这些行为仅仅是拟制违法。相似的是，对于严格责任的反例是那些涉及严重违法性（并且因此不是传统概念上的拟制违法）但并不满足相应的过错要求的行为。

〔3〕 参见 M Hildebrandt，"Justice and Police：Regulatory Offences and the Criminal Law"，*New Criminal Law Review*，Vol. 2009，p. 43. 它指出，对于中世纪法学家而言，这一区分有着本体论的地位，并且讨论了这一区分在欧洲法学思维中的演进。

〔4〕 参见 P Ramsay，"The Responsible Subject as Citizen：Criminal Law，Democracy and the Welfare State"，*Modern Law Reviw*，Vol. 2006，p. 29.

〔5〕 P Ramsay，"The Responsible Subject as Citizen：Criminal Law，Democracy and the Welfare State"，*Modern Law Reviw*，Vol. 2006，p. 39.

主要反映了民主的公民身份的核心观念，组成了公民的、政治的和社会的各个方面，因为仅此就可证成"现代刑法显然具有多样的、相互冲突的形式与功能"。[1] 公民权利作为为个人自由所必要的权利的观点能够证成：不管是否发生危害——特别是那些认为是刑法核心的罪行，保护个人处分自己人身和财产权利的法律应当存在；形式平等性和去道德化的犯意形式只是在承认普遍的公民权利之后才为刑法所接受。然而，正如拉姆齐所指出的，社会身份的观念驱动了规制型刑法的发展——意图解决对公民和政治身份的实际或实质的限制——还寻求了使得这一更为宽泛的公共恶行的观点合理化，使风险的负担社会化的目标。[2] 换言之，国家既是自由的保障者又是提供者。在国家控制中引入的这些社会罪行，包括大量的严格责任的"规制"罪行，融入了现代刑法。更为重要的是，它们不能被看作是"仅仅技术性"或者道德中立的，因为它们保护了重要的法益。对于"公共恶行"的理解的变化反映了刑法不同功能和国家角色之间的微妙平衡，所以认为某些具体的违法性的形式具有历史上的或者规范上的优先性是说不通的。这不是说我们应当不加批判地对待这些规范，也不是说它们不引发正当性或合理性的问题，而是说我们对公共罪行的理解，正如它指向的一系列规范那样，与关于刑法的特定观点和特定制度化形式相关。

这一论点也与晚近学术界对过度犯罪化的兴趣的理解相关。[3] 理解这类观点的更大背景在于前面描述的现代刑法工程的合理性的下降，因为公民身份（以及相关的刑罚矫正等观念）的大工程已经被放弃，而新自由主义的、优先化国家安全和个人责任的工程得到了支持。[4]

---

〔1〕 P Ramsay, "The Responsible Subject as Citizen: Criminal Law, Democracy and the Welfare State", *Modern Law Reviw*, Vol. 2006, p. 40. 它讨论了 TH Marshall 提出的现代民主的公民身份的概念。

〔2〕 P Ramsay, "The Responsible Subject as Citizen: Criminal Law, Democracy and the Welfare State", *Modern Law Reviw*, Vol. 2006, pp. 48~52.

〔3〕 参见 Husak, Overcriminalization (n. 11); A Ashworth, "Is the Criminal Law a Lost Cause?", *Law Quarterly Review*, Vol. 2000, p. 225; MD Dubber, *Victims in the War Against Crime*, NewYork University Press, 2002; N Lacey, *The Prisoners' Dilemma: Political Economy and Punishment in Contemporary Societies*, Cambridge University Press, 2008; Stuntz (n. 6); N Christie, "Conflicts as Property", *British Journal of Criminology*, Vol. 1977, p. 1.

〔4〕 杜博在他的文章中阐发了一个关于现代刑法典的理念: MD Dubber, "Reforming American Penal Law", *Journal of Criminal Law and Criminology*, Vol. 1999, p. 49. 另见 N Lacey, "In Search of the Responsible Subject: History, Philosophy and Social Science in Criminal Law Theory", *Modern Law Review*, (2001) 64p. 350 中关于刑法的协调与合法性的问题。

这里没有篇幅来探讨这一发展的后果，但有趣的是，人们注意到法律的社会学论述将晚近的立法增长理解为后福利国家普遍的规制危机的一部分。[1] 这对刑法提出了两个重要的问题：首先，我们如何在法制化（作为过度规制）或者规制作为对国家正当性危机的反应的背景下理解过度犯罪化的现象。其二，刑法是否真有不同之处要求我们将刑法看作法制化的特殊情况。对于如此重要的社会学主题，大部分刑法理论没有对话，这是对刑法孤立状态引人注目的评价。

（二）正在改变的特定违法性内容

现在我想转向考虑一个问题：是否可能指明某些道德违法性是前在的（或者前在于、独立于刑法而存在）？或者违法性内容与结构的持续改变这一事实在根本意义上是否实际挑战了这样的断言？这也要求我们回到是否（以及在何种意义上）存在范例性的违法性或罪行这个问题上来。

在此我的起点是，某事物具有违法性的理解取决于事实上存在行为与结果之间的时空关系的理解，或者更为具体地说是相关人员之间的时空关系。[2] 违法性的判断不能是抽象而言的，而总是取决于对危害他人或他物的特定行为方式的一些解释。这也反映在犯罪的定义中。基本而言，通常所有的犯罪都会包括三个要素：要保护的对象的解释；行为模式的解释或者该对象可能被干扰或危害的方式的解释，或被禁止的行为的解释；以及相关意志形式的解释。[3] 但是，我们对于各个要素内容和意义的理解会被其他一系列要素所影响。刑法的客体（财产、人身等）和违法行为的方式（该违法性如何招致或引发的方式）是相关的——也就是说，它们取决于时空中对客体或行为的合适内容的社会性

---

[1] J Habermas, *A Theory of Communicative Action*, Polity, Vol. 1987, pp. 357～373; G Teubner (ed), *Juridification of Social Spheres*, de Gruyter, 1987; see also L Friedman, *Total Justice* Russell Sage Foundation, 1985. 一个简介请参见: S Veitch *et al*, *Jurisprudence: Themes and Concepts*, Routledge-Cavendish, 2007, pp. 216~226. J Braithwaite et al (eds), *Regulating Law*, Oxford University Press, 2004. 书中的 N Lacey, "Criminal Law as Regulation" 一文为理解当代刑法作出了初步的努力。

[2] 这个论点在 L Farmer, "Time and Space in the Criminal Law", *New Criminal Law Review*, 2010, p. 333 中有更加完善的论证。

[3] 例如参见 J Horder, "Rethinking Non-Fatal Offences against the Person", *Oxford Journal of Legal Studies*, Vol. 1994, p. 341. 这种解释并不企图做到详尽无遗——它至少要包含对罪名等问题的解释。

理解。因此，作为违法性任何判断的一部分，除了理解任何有害行为的内容——不在于它的结果而在于危害或者违法行为是如何产生的。我们判断的是关于时空中的客体的内容（我的身体在哪截止？我的财产是什么？等问题）。而且，我们对于自由意志的理解也嵌入在社会性的理解当中。这可能包括判断谁有无自由意志（一个精神失常者或机器人），但也延伸至更为宽广的人们如何可能通过时间和空间行动的理解上，例如，试图导致某一地点的未来结果。犯罪化的解释必须处理这种时间的和社会的关系。这些社会性理解也提出了历史性问题：用一个很杰出的犯罪历史学家的话来说，犯罪如何得以现代化的理解必须"将该问题放在人身举动、心理框架和对被改变的人的人际活动的期待这一更为宽阔的背景中"。[1]

我们能探索这些问题对于侵犯人身的暴力罪行的重要性。尽管这将被认为是刑法的核心领域，保护着人身或人格的根本利益，但即使是简短的历史调查，也表明难以确定存在核心的或一致的保护客体或确定存在如暴力的关键概念等清楚的或核心的意义。这提出了该领域犯罪的核心特征是否超越了其直接历史背景的核心性问题，因此表明我们应当提防给我们自己的局部性概念附加过多的规范意义。

在 18 世纪晚期，似乎许多攻击罪行很少被起诉，因为它们被认为是私人恶行或因为私人缺乏意愿或资源去起诉。[2] 在有组织的警察力量建立后，这种现象得以改变，使得作为公共恶行的人际暴力得到更为系统的起诉和惩罚。这一发展与更为广泛的论点相联系：英国社会自中世纪以来，暴力的数量总体下降，社会对暴力态度的不断变化表现为否定显然的攻击行为、减少公开的身体惩罚的使用。[3] 尽管在此文明化过程中的大多数努力都致力于消除人际暴力的公然形式——被认为是私人恶行的行为，因此改变为公共恶行——这伴随着对暴力和人身理解的微妙转型。

---

〔1〕 EA Johnson and EH Monkkonen（eds），*The Civilization of Crime: Violence in Town and Country Since the Middle Ages*，University of Illinois Press，1996，p. 30. 参见文中的 JA Sharpe，"Crime in England: Long-Term Trends and the Problem of Modernization" 一文。

〔2〕 Blackstone，*Commentaries*（n. 54）Vol. Ⅳ，pp. 356~357. 这在 P King，"Punishing Assault: The Transformation of Attitudes in the English Courts"，*Journal of Interdisciplinary History*，Vol. 1996，p. 58 一文中被引用。

〔3〕 参见 J Carter Wood，*Violence and Crime in Nineteenth-Century England: The Shadow of Our Refinement*，Routledge，2004，Watson（n. 25）.

这对刑法的范围和结构有巨大影响。攻击或殴打的责任起初基于人身攻击的观念：一种只能是故意实施的对于他人身体的直接攻击。[1]但是，随着现代刑法发展，这一定义的核心方面被改变为包括广泛的不同行为，微妙地改变了法律的对象。这反过来反映了人们对人际关系和个人行为的期待。首先，刑法责任的转型，特别是在人格领域的转型，使得刑法能够认出和保护更大范围的法律客体。如果说制裁攻击行为的法律起初保护肉身，这在现在已经被理解为保护更全面的人格：身体更少从它自身的角度作为客体受保护，而更多的是作为发展人格和自治意识的手段受保护。基于此，英格兰和苏格兰法最近的发展已经出现了针对"心理危害"的人身保护和部分"仇恨犯罪"中针对不同形式的种族、宗教身份的保护。[2]此处的人身概念中，人身将扩张至一种个体能够行使或发展自治和自我意识的个人空间。[3]此外，这允许了更大的实行模式范围，反映了人们对于暴力理解的变化。责任最初基于直接的人际暴力范例，即一个人攻击或伤害另一个就在其身边的人。相反，新的责任形式延伸至一系列其他引发危害或招致损坏结果的模式。[4]结果是，如果该行为干预了被害人的人格可将责任归于导致不同地方或者后续时间里的结果的行为。最近的英格兰案例显著地表明了这一点，案例中责任归于打沉默电话导致心理伤害的行为，尽管没有迹象显示被告人就在被害人身边。[5]

即使基于这一纲要性的叙述，我们也难以看出存在人身犯罪的先在"违法性"。我们看到了法律从直接和故意招致身体暴力的核心情况转向故意干预人身的核心情况。这包括所有符合原来概念的情况，但也允

---

〔1〕 Cf G Binder, "The Meaning of Killing" 在 Dubber and Farmer 一文中（n. 26），有关于现代早期杀人法中对杀人行为的理解。

〔2〕 *R v Ireland*；*R v Burstow*（1998）·AC 147；Crime and Disorder Act 1998 ss. 28~33；Criminal Justice（S）Act 2003, s. 74.

〔3〕 Cf D Cornell, *The Imaginary Domain*：*Abortion*, *Pornography and Sexual Harassment*, Routledge, 1995. 值得注意的是，这与传统的荣誉观念（即可能遭到攻击或需要被捍卫的东西）或地位有微妙的区别——这两者有时都受到刑法的保护。

〔4〕 例如参见 Lord Ellenborough's Act 1803（43 Geo III ch 58）："An Act for the further Prevention of malicious shooting, and attempting to discharge loaded Fire-Arms, stabbing, cutting, wounding, poisoning, and the malicious using of Means to procure the Miscarriage of Women." 另见 P Handler, "The Law of Felonious Assault in England, 1803-61", *Journal of Legal History*, Vol. 2007, p. 183 中关于 Offences Against the Person Act 1861 条款的讨论。

〔5〕 *R v Ireland*；*R v Burstow*（1998）AC 147.

许法律更为灵活和广泛地适用。尽管可以说二者都可被看作该法律领域的违法性的核心或范例形式，但更为根本的观点是，二者反映了、连接了随时间而变的行为的特定社会意义。同时可能的论点是攻击行为已经是现代刑法的范例，但是这不是说它提供了规范模式的范例，因为到 19 世纪中期暴力罪行已经被认为是比财产犯罪更大的社会威胁。[1] 此处的核心论点是：刑法罪行并不必然围绕着或反映了预想的道德违法性，而必须通过变动着的警察治安行为和现代性社会秩序转型得以阐述。甚至刑法违法性的规范解释也必须解释社会的和历史的背景，在此背景中刑法正以比那时更为复杂的方式进行发展。

（三）新的犯罪和新的恶行

我们到了最后一个问题，是不是新的恶行或者任何新的犯罪必然被归结成为一个已存的恶行？[2] 这个问题可以产生一些复杂的问题，关系到恶行的特征和我们如何阐明一套规则，以决定该事情是真正的新恶行还是仅仅是一个旧的恶行以新的形式表现出来。然而，这些问题非常有趣。我在这里主要是提出一些问题：关于它是否可以有助于思考一套确定的现存的恶行，或者更灵活地思考一套开放性的恶行？这里的变化可能在于，在社会的、道德的秩序不断生成和变化时，现有的权利和侵害的大意也在不断变化。

请让我以两个从最近的新闻报道而来的例子作为开头。在第一个例子里，中国-加拿大裔男演员陈冠希（以下简称"陈"）和不同女性的性裸露电子照片被大量（1300 张）发布在不同的网站上。[3] 陈声称这些照片是在得到对方同意的情况下拍摄的，并且只供他个人使用，但不幸的是这些照片被一个电脑维修店的工作人员获取并上传到不同的网站上。他本人认为这个事件是一个"有计划的攻击行为"，原因是这些照片不是被一次性地上传到网上，而是在一段时间内被分批次上传以获得更多的关注。这个事件使他不得不逃离中国，并且公开宣布放弃他的音乐和演艺事业。此案的犯罪嫌疑人被逮捕。司法机关以非法意图进入他

---

〔1〕　Handler（n. 74）p. 197.

〔2〕　或者说关于是否一个恶行的"旧"形式可能会变得过时，例如鸡奸和反自然的罪行。

〔3〕　http：//news. bbc. co. uk/1/hi/entertainment/7256657. stm.

人电脑为由提起公诉。[1] 第二个例子是关于"裙底摄影"，[2] 这个行为指的是男人用带有摄像头的手机在公共场所偷偷从裙下拍摄女性，并把照片上传至互联网。这种拍摄方法通常未经过被拍摄人的允许，并且拍摄人与被拍摄人往往不认识。[3] 这也引发了将这种行为在英国进行犯罪化的呼声。[4]

这两个例子引发了很多有趣的话题：

第一，在以上两个例子中，图片是电子版的这一事实意味着它们可以在短时间内被发送给大量的网民，这是旧的科技所做不到的。这种违法性不仅仅体现在未经允许而进入，更体现在照片以快速的、不可挽回的方式在公众中传播。[5]

第二，针对"裙底拍摄"这一例子，事件中的受害者对侵犯行为是没有察觉的，并且确实可能永远都察觉不了，即使从图片中也不能认出受害者是自己。

第三，尽管两个例子在一定程度上都涉及（至少）对受害者隐私的侵害，这似乎越过了传统的对公共和私人的理解。"裙底摄影"是在公共场合对隐私的侵犯，因而需要法律对私人部分以及私人行为进行保护。[6] 在陈的事件中，那些照片上不仅有陈本人（一个公众人物），还有那些最初同意被拍摄以作私用的女人。有争议的是，这个例子涉及一些更严重的违法性，这些照片被上传到网上构成对陈的人格和声誉的"攻击"或污辱，但在这里，很难说究竟是陈的什么受到了攻击。如果这是一个针对声誉的攻击（前者）或者针对隐私的攻击（后者），这将包含我们对污辱的理解的延伸；如果把侵害隐私作为中心违法性，那么这可能是由科技发展带来的，一个正在发展的，对于刑法来说新的、典型的重点。

---

〔1〕 http://www.guardian.co.uk/world/2009/feb/24/edison-chen-court-testimony-sex-scandal.

〔2〕 http://www.guardian.co.uk/lifeandstyle/2009/feb/25/women-upskirting.

〔3〕 尽管并不是所有的情况都是这样，也有"名媛裙底照片"这种明显受到小报和杂志青睐的情形。

〔4〕 参见现在的 Criminal Justice and Licensing（Scotland）Bill（Stage 2，Amendment 110）amending the offence of voyeurism in the Sexual Offences（S）Act 2009.

〔5〕 在陈的例子里，据称中国的相关网站收到 2500 万的点击量，这造成了好几个服务器瘫痪。

〔6〕 有一些案件是根据 Sexual Offences Act 2003，s. 67（sexual voyeurism）提起的公诉，这可能使得以下含义得到延伸：观察他人的私人行为。

　　第四，思考这两个最近立法的例子，这两个例子有着不能被简化为其他犯罪的意义和重要性：针对儿童的性培养[1]和持有极端淫秽作品。[2] 我不想在这为这些犯罪行为辩解，因为那些表述它们的条款实在编写得不好，并且在范围上太广，这是没有必要的，但是它们挑战我们，使我们认真地去反思我们对法律上和道德上的恶行认知的前提。[3]

　　前一个犯罪行为——性培养，被定义为与儿童先在至少两个场合见面或交流，然后与他们见面以实施相关的性犯罪（根据 2003 年《性犯罪法》进行界定）。这类犯罪行为的第一个要点是：这类犯罪是未完成的。对故意犯罪的传统理解，是否能够通过两次交流就确立有实施更严重犯罪的意图是不明确的，仅仅依靠见面的事实就认定犯罪行为由犯罪准备阶段到犯罪实施阶段，这种认定也是不明确的。从这两者来看，新的犯罪仅仅是把现存的犯罪行为重新犯罪化。[4] 为了回应大众对网络性捕食者的道德恐慌而创设的这一罪名是受到争议的，并且被许多刑法学者强烈批评——为了应对并不那般真实和广泛的恐惧，也为了犯罪化一个行为，而这个行为不存在不能被简化为一个现有罪行的危害和潜在的违法性。[5] 然而，我们或许会问，是不是法律正在提出一系列更根本的问题？一方面，它解决了一个有当代特色的关于个人脆弱性的问题，这个问题在网上交流中被激化；[6] 另一方面，它反映了人与人之间亲近和信任观念的颓败，这两者正是社会关系的支撑，并且反过来反映了刑法关于犯罪未遂观念的颓败。

　　后一个犯罪行为——持有极端淫秽作品行为，被定义为持有既淫秽

　　〔1〕　Sexual Offences Act 2003, s. 15 as amended by Criminal Justice and Immigration Act 2008, s. 73 and Sch. 15.

　　〔2〕　Criminal Justice and Immigration Act 2008, ss 63-7; Criminal Justice and Licensing (S) Bill, s. 34. 这项法律是一场运动产生的结果，这场运动的发起者是一名母亲，她的女儿在提供极端色情服务时被服务购买人杀害。这项法律的评价请参见 AD Murray, "The Reclassification of Extreme Pornographic Images", *Modern Law Review*, Vol. 2009, pp. 73~90; C McGlynn and E Rackley, "Criminalising Extreme Pornography: A Lost Opportunity", *Criminal Law Review*, 2009, p. 245.

　　〔3〕　它们都违反了诸如胡萨克所认定的外部制约，*Overcriminalization*（参 n. 11）Ch. 3.

　　〔4〕　也就是企图犯性罪行，尽管根据本法令可判处 10 年徒刑。

　　〔5〕　用胡萨克的话来说，这似乎是一种附属罪行（起诉核心罪行的替代品）：*Overcriminalization*, n. 11, pp. 40~44; 但可能这种针对儿童的性犯罪的前期行为造就了这种行为的违法性，例如，它可能会对孩子的发展产生不好的心理影响。

　　〔6〕　这个问题已经几乎被 Peter Ramsay 在 ASBO（反社会行为禁止令）的背景下完全解决。参见 MD Dubber and M Valverde, *Police and the Liberal State*, Stanford University Press, 2008 一书中的 "Vulnerability, Sovereignty and Police Power in the ASBO" 一文。

又极端色情的影像或图片。极端是指会威胁生命或造成严重身体伤害，或侵犯尸体，或与动物发生性行为，[1] 它是指以一个露骨和真实的形式演绎某种行为，理性的人看了会觉得里面的人和动物都是真实的，或者指"极度冒犯的，恶心的，或是淫秽的影像"。[2] 法律是用这种方式来定义这种行为的——针对持有，而不是针对提供或传播，这反映了刑法对色情的管控受到互联网的深刻影响。这是因为相比较而言，管制互联网，去追溯提供或传播行为，或者说在数字化和网络通信的影响下去实施这些法律会困难很多。另外，禁止这些行为的法律在传统上是要保护受害者免受其害（例如那些出现在照片里的人，被作为犯罪行为的一个记录），但是新的法律并不要求有任何的伤害发生，这使网络所呈现出来的事实的稳定性受到瓦解（眼见不一定为实）。[3] 人们可以理所当然地认为这些"假"照片产生了间接的损害，它们支持、鼓励、促成了更进一步的性犯罪，但是目前还没有证据能够支撑这一想法。[4] 同样困难的是，尽管持有淫秽图片的罪名成立，在没有真正实施一个性犯罪的条件下，很难分析该行为的违法性。[5] 可以说，互联网的影响导致一个问题必须被解决——防止未成年人接触到这类物品；保护那些被卷入这类物品的制作中的人，这个立法准确地诠释了通过用传统类型的危害（直接或间接）和违法性去解决问题是非常困难的。

以上的这些例子展现了新科技对刑法的影响，这引发了新科技是否导致了新的保护对象，和新的可能的恶行，或者促生了实施恶行的新的模式的问题。[6] 这些没有实害发生的情景引发我们去思考一系列术语的含义，比如暴力、"攻击"、受保护对象。探求这些问题的部分答案

---

〔1〕 Section 63（7）. 事实上，存在一个为该行为辩护的声音：被告人参与了该行为，但并没有参与到造成未经同意的危害行为中，或者说，那些被描绘为尸体的东西事实上并不是尸体。

〔2〕 Section 63（6）. 该罪行可判处 3 年以下监禁或罚金或并罚（s. 67）。

〔3〕 也就是说，一个图像或照片并不需要表现真实的事物或人物。参见 M McGuire, *Hypercrime*, Routledge-Cavendish, 2007, pp. 28~31.

〔4〕 通过类比儿童色情，参见 AD Murray, "The Reclassification of Extreme Pornographic Images", *Modern Law Review*, Vol. 2009, p. 77, 其中讨论了实证证据。

〔5〕 关于对持有罪行的批评，参见 MD Dubber, *Victims in the War Against Crime*, NewYork University Press, 2002, Ch. 2.

〔6〕 参见 M Hildebrandt 在本书的第五章论述的技术的"可见性"（"Proactive Forensic Profiling: Proactive Criminalization?"）. 另见 Creed, "Why Must You Be Mean to Me? Crime and Online Persona", *New Criminal Law Review*, Vol. 2010, No. 3, pp. 485~514.

很可能需要我们思考科技到底在多大程度上可以产生违法行为的新形式，更需要我们思考一个根本性的问题，即思考这些问题的概念性结构能够继续满足需求？

四、结论

在这一章我已经试着挑战了那些距离刑法太远的刑事违法性的理解路径。我也已经试着去展示这些路径是如何依赖刑法的特定假设，这至少应该被明确揭示出来，并且通过使用历史的和当代的例子去提出一些必须被犯罪化理论解决的问题。广泛地说，有两种可以互相替代的立场，可以说它们对思考犯罪化有着同样的暗示：首先，我们可以接受存在一些不变的道德概念上的违法性，但是它的法律内容是不断变化的。[1] 然而，这一让步并不是微不足道的或是偶然的———一旦明确了违法性的主要问题，一些细节就要填补，这一点是问题的核心。我希望我已经展示了一个理念，那就是道德违法性是那么地间接且笼统，无法对发展一个犯罪化的视角起到很大帮助。诚然，牢记这一点非常重要，但是我们缺少一个法律上的恶行是如何在社会秩序中产生，以及如何产生社会秩序的叙事。一个更加根本性的结论是，一些特定的、道德上违法性的概念本身是会随时间变化的，如果确实是这样，那么我们就需要更加专注于我们自身的理解是如何产生的。我并不是想要反驳用规范性理论思考犯罪化问题的重要性；我是想要揭示规范性理论需要解决一些未被探索的假设，以及回应社会关系和政治关系的转型。在提出我的观点时，我意识到这一章节展示了许多问题而不是问题的答案，在对制度理论的挑战里，在我看来，正开始形成一个更加丰富的叙事：什么是法律上的违法性，这些法律上的违法性如何连接社会的、政治的和法律的秩序。

---

〔1〕 这类似于 Gardner 和 Shute 的建议（n. 42，p. 210）："很多事情要留给法律制定者和解释者———决定如何在法律制度中最好地表现和反映这些象征性价值。"

论恐怖主义准备罪

马努埃尔·坎西欧·梅利亚

安内克·佩彻　著　　王永茜　译*

一、问题的提出

　　要讨论恐怖主义准备罪这个题目，首先就要讨论："这个用语的确切含义是什么？"尽管这一用语经常被规定在恐怖主义法案的条文中，[1] 但要为它找到一个明确的、达成共识的定义却很难。因此，首要任务就是确定这一用语应如何被理解和定义，因为只有赋予其一个准确的定义，它才能被有效地应用于学术讨论。基于此，本文的目的就是要将这一用语的定义限缩至其概念的核心，探讨这个领域的立法出现了哪些有问题的变动，然后再提出解决这些问题的建议。

---

　　* 第一作者：马努埃尔·坎西欧·梅利亚（Manuel Cancio Meliá），西班牙马德里自治大学刑法学教授，洪堡研究员；第二作者：安内克·佩切（Anneke Petsche），德国柏林洪堡大学刑法学讲师，英国利兹大学和西班牙马德里自治大学访问学者。译者：王永茜，北京航空航天大学刑事法研究中心副教授，西班牙马德里自治大学访问学者。原文载 Genevieve Lennon and Clive Walker, *Routledge Handbook of Law and Terrorism*, Routledge, 2015, Chapter 13. 本书作者及原载图书的出版社均已授权译者翻译本文。

　　〔1〕 参见 Clive Walker, *Terrorism and the Law*, Oxford University Press, 2011, paras 5.10, 5.33, 5.42, 5.87, 5.90. Walker 教授认为，除其他条款外，《恐怖主义法案（2000）》第54条（训练使用武器罪）、第56条（为恐怖组织指示目标罪）和《恐怖主义法案（2006）》第5条（准备实施恐怖主义行为罪）都是准备罪。

在恐怖主义这一特定领域，"准备罪"这一用语具有两种可能的含义，[1] 一种是相对宽泛的理解，另一种是相对限缩的理解。就其相对宽泛的含义而言，"准备"犯罪基本上可以由任何行为构成，这种行为既可能是任何一个预备行为，只要其以任何方式促成了恐怖主义犯罪的实施且行为自身又不构成恐怖主义法案所规定的犯罪（例如，抢劫或者伪造文件的行为）；也可能是一个仅在恐怖主义领域被规定为犯罪的行为，这个行为构成恐怖主义行为这一"核心犯罪"（例如，谋杀、杀人或绑架等）的预备行为。[2] 就其相对限缩的含义而言，"准备罪"这一用语仅指与特定的恐怖主义行为相关的犯罪行为（例如，与恐怖组织合作，资助或者赞扬恐怖主义的行为）。近年来，在很多欧洲国家都出现了一个新的变动，即处罚恐怖分子在发动恐怖袭击之前所采取的尚处于预备阶段的行为，通常，这些预备阶段的行为都属于后一种含义上的准备罪。在英国，这种立法上的例子有：《恐怖主义法案（2000）》第 54 条（参与武器训练）和第 56 条（为恐怖组织指示目标），还有《恐怖主义法案（2006）》第 5 条禁止恐怖主义的"任何预备行为"，这是处罚恐怖主义准备罪的最宽泛的立法例。在德国，这种立法上的例子有《德国刑法典》第 89 条 a、第 89 条 b 和第 91 条，这些条文分别规定了处罚危害国家的严重暴力犯罪的预备行为、出于实施危害国家的严重暴力犯罪的目的而与恐怖主义建立联系的行为，以及鼓励实施危害国家的严重暴力犯罪的行为。在西班牙，我们可以在《西班牙刑法典》第 576 条、第 576 条之一、第 578 条和第 579 条中找到相关立法例，这些条文分别规定了处罚与恐怖主义合作、赞扬和准备实施恐怖主义行为的相关

---

〔1〕 在宽泛的意义上，"准备罪"这个概念一般被用来标志整个刑事司法体系（包括刑法在内）从事后立场向私人和公共安全机构的预防立场转变［例如，参见 L Zedner, "Pre-crime and post-criminology?" (2007) 11 (2) *Theoretical Criminology* 261］；在恐怖主义领域更是如此。参见 C Walker, "Terrorism and criminal justice: past, present and future" (2004) *Criminal Law Review* 311; M Cancio Meliá, "Terrorism and criminal law: the dream of prevention, the nightmare of the rule of law" (2011) 14 *New Criminal Law Review* 108.

〔2〕 在美国立法中，"准备"这个概念是从以下有组织犯罪的立法中产生的：Racketeering Influenced and Corrupt Organizations Act 1970 (18 USC s 1956) and the Continuing Criminal Enterprises Act 1970 (21 USC s 848).

行为。[1]

要运用"准备罪"这一用语来认定各个国家在反对恐怖主义法方面的特定变动，重要的就是确定其限缩意义上的含义。因为只有对这一用语进行限缩解读，才能将它作为批判的起点，从而最终找到对这些立法上变动的解决之道——若是对这一用语进行宽泛解读，则将无法达成这一目标。因为一旦用语的含义太过宽泛，我们就将迷失在如何对这一用语进行限制的学术讨论中，反而不会将它用在应对近年来的特定立法变动上。因此，在本文中，我们将在限缩意义上使用这一用语，用它来处理核心犯罪之外的第二类犯罪，单独对那些与恐怖主义犯罪相关的行为进行犯罪化。

近年来，好几个准备类的罪名被规定在不同国家的刑法典中，这一事实——即对于所谓的"新型"恐怖主义的出现而作出的反应——一方面，使我们对于恐怖主义的犯罪化问题采取更加深入的措施成为可能；另一方面，这些准备类犯罪的性质本身就是恐怖主义领域的一种特殊变动，这些罪名的引入将使我们更加清楚地看到反恐怖主义法是如何偏离"普通"刑法所扎根的法治路径的。

二、准备罪的功能

在确定了"准备罪"这一用语的严格含义后，接下来就要说明这类犯罪的基本功能了。据称，这些准备罪的功能就是消除恐怖分子所造成的危险和风险，即便其"仅仅"在准备实施恐怖主义犯罪，也在所不论。但是，欧洲各国刑法典增加的这些新罪名，果真如各国立法者希望我们相信的那样，仅仅是为了用来防止与恐怖主义活动不同形式的

---

〔1〕 这一部分立法是应欧盟的要求而进行的，欧盟议会《2005 年预防恐怖主义的欧洲公约》（Council of Europe Convention on the Prevention of Terrorism 2005）（ETS 196）和《欧盟 2008/919/JHA 框架决议》（the European Framework Decision 2008/919/JHA）要求将恐怖主义准备行为予以刑罚化。In the latter, see M Cancio Meliá, "The Reform of Spain's Antiterrorist Criminal Law and the 2008 Framework Decision", in F Galli and A Weyenbergh（eds），EU counter-terrorism offences: what impact on national legislation and case-law?（L'Universite Libre de Bruxelles, Brussels, 2012）99.

（实质上的）合作行为吗？[1] 还是更确切地说，立法者予以犯罪化的行为——至少，在某些情况下——是对于恐怖团体在政治上或者在思想上进行支持的表达，而在这种情况下，立法者予以犯罪化的行为涉及宪法上的问题，尤其是与言论和思想自由相关的问题，这还不明显吗？更有甚者，如若考察是否所有被犯罪化的行为都确有可罚性——不是从形式意义上考察，立法者既然已经创设了一个犯罪行为，那么这个行为就具有可罚性；而是从实质意义上考察，犯罪只能处罚那些确实应当被处罚的行为，而行为确实应当被处罚是因为其具有紧迫的危险。[2]

为了回答上述问题，本文将进一步检验西班牙和德国法律中规定的准备罪，并找出在这些罪名中发现的问题。在此基础上，本文随后将讨论在恐怖主义法中规定的这些准备罪的预防效果。

三、合作还是思想支持？以西班牙为例

随着 2010 年第 5 号法案的通过，《西班牙刑法典》在 2010 年进行了修正，修正的目的就在于重新定义"与恐怖主义合作罪"。与恐怖主义合作可以包括接受恐怖组织的煽动、宣传、灌输和训练的行为。

但在西班牙反对恐怖主义的法律战场上，《西班牙刑法典》的这条修正案确有必要吗？看起来似乎没有。

---

〔1〕 例如，德国立法在通过一个法律草案时，在主观方面强调只有"危及国家安全的严重暴力行为"的准备行为才能被犯罪化，因为德国立法要求刑法对行为最早的干预可能性只能是因为行为具有危险性。Bundestag - Drucksache 16/12428, Available at: http://dip 21. Bundestag. de/dip21/btd/16/124/1612428，最后访问时间：2014 年 6 月 25 日。

〔2〕 在德国法中，核心问题是刑罚是否保护了法益（Rechtsgut），参见 C Roxin, *Strafrecht Allegeneiner Teil I* (4th edn, CH Beck, Munich 2007) s2 para 1 et seq; R Hefendehl, "Das Rechtsgut als materialer Angelpunkt einer Strafnorm", in R Hefendehl, A von Hirsch and W Wohlers (eds), *Die Rechtsgutstheorie–Legitimationsbasis des Strafrechts oder dogmatisches Glasperlenspiel?* (Nomos Verlagsgesellschaft, Baden–Baden, 2003); MD Dubber, "Theories of Crime and Punishment of Preparatory Acts in German Criminal Law" (2005) *Buffalo Legal Studies Research Paper* 2005/02. Available at: http://ssrn. com/abstract=829226，最后访问时间：2013 年 12 月 1 日; A Petzsche, "Punishability of Preparatory Acts in German Criminal Law" in A Sinn (ed.), *Menschen–rechte und Strafrect–Beiträge zur 4. Sitzung des International Forum on Crime and Criminal Law in the Global Era* (V&R Unipress, Göttingen 2013). 德国法中的法益原则与英美法系不同，英美法系主要强调"损害原则"，指的是只有为了防止对他人的损害，个人的行为才应该被限制。关于损害原则与法益原则的不同之处，参见 A von Hirsch, "Der Rechtgutsbergiff und das, Harm Principle" in R Hefendehl, A von Hirsch and W Wohlers (eds), *Die Rechtsgutstherie–Legitimationsbasis des Strafrechts oder dogmatisches Glasperlenspiel?* (Nomos Verlagsgesellschaft, Baden–Baden, 2003).

第一，对于合作的定义实际上是不必要的：为了让目标人员加入某一恐怖组织，对目标人员进行招募、训练和教育是这些恐怖组织成员的一种典型行为，因此，这些恐怖组织成员的行为已经符合了参加恐怖组织罪。

第二，在特殊情况下，假设恐怖组织将相关的招募、训练和教育行为都外包给恐怖组织外部的人员去实施，那么，所有这些方式的行为都可以被认定为与外部人员合作。《西班牙刑法典》第 576 条第 1 款和第 2 款已经明确规定了"恐怖组织或者实际培训的参加人"，同时规定了一个一般条款，处罚"任何其他与合作、帮助或者参与相当的行为方式"。因此，西班牙 2010 年刑法修正案对于新行为所作的规定就完全无必要了。[1]

第三，西班牙 2010 年刑法修正案关于灌输行为的规定是非常令人不安的，同时为将单纯表达观点的行为规定为犯罪铲平了道路。我们要如何界定"灌输"的含义、从而将其与合法的言论自由区分开来？我们要如何区分本罪与《西班牙刑法典》第 578 条规定的法定刑要宽缓得多的为恐怖主义犯罪提供"正当化根据"罪？[2] 如果说灌输的"意思方向"在于实施恐怖主义犯罪的行为，那"意思方向"又是什么意思？[3] 解释这条修正案所引起的问题可谓无穷无尽。但从立法目的的声明中可以看出，罪刑法定原则已经岌岌可危。[4] 因此，这一刑法修正案是不必要的、多余的、干扰性的。

第四，还应注意的是，当立法者引用欧盟《2008 年防治恐怖主义框架决议》（Framework Decision 2008/919/JHA，以下简称"《框架决议》"）来解释这一新定义时，他们已经脱离现实了。[5]《框架决议》

---

〔1〕 Likewise R García Albero, "La reforma de los delitos de terrorismo, arts 572, 573, 574, 575, 576, 576 bis, 577, 578, 579 CP", in G Quintero Olivares（ed.）, *La reforma penal de* 2010: *análisis y comentarios*（Aranzadi, Cizur Menor, 2010）369 f, 376; M Llobet-Anglí, "Delitos de terrorismo" in I Ortiz de Urbina Gimnero（ed.）, *Menento Experto Reforma Penal* 2010（Lefebvre, Madrid, 2011）n 6106.

〔2〕 O Ribberlink, *Apologie du Terrorism and Incitement to Terrorism*（Council of Europe, Strasbourg, 2004）.

〔3〕 鼓励或者煽动的准备行为已经被规定在《西班牙刑法典》第 579 条第 1 款第 I 段。

〔4〕 这方面的文献参见：F Muñoz Conde, *Derecho Penal. Parte Especial*（18th edn, Tirant lo Blanch, Valencia 2010）929 f; T S Vives Antón and others, "Terrorismo" in TS, Vives Antón and others, *Derecho Penal. Parte Especial*（3rd edn, Tirant lo Blanch, Valencia 2010）792 et sq.

〔5〕 Preamble, XXIX, para 4.

并未提到"灌输"行为，《框架决议》只是提到了"煽动实施恐怖主义犯罪"（煽动，指的是除上文提过的《西班牙刑法典》第 76 条之一规定的招募和训练之外的煽动行为）。此外，《框架决议》还规定了相反的内容："针对敏感的政治问题（包括恐怖主义）发表偏激的或者与公共观点相冲突的言论，尤其是公然煽动实施恐怖主义犯罪的定义，均不在本《框架决议》规定的范畴之内。"[1] 因此，西班牙立法者所称的，由这一新规定所引起的具有神秘模糊性的"法律的疑虑"[2]，要么压根儿就不存在，要么就只是意味着这一新规定的处罚范围与法治原则并不相容。欧盟并不应为这种国内立法上的灾难承担责任，但其再次为糟糕的国内立法提供了蹩脚的说辞。[3]

西班牙 2010 年刑法修正案对于与恐怖组织合作罪作了第二点新变动：将与资助恐怖活动组织相关联的行为进行了犯罪化。这一新罪名并不是受欧盟 2008 年《框架决议》的影响才写入西班牙刑法典的，而是受联合国 1999 年《制止向恐怖主义提供资助的国际条约》的影响结果。[4] 在任何情况下，这一特殊事项都应该被纳入反洗钱法的规制范畴，但现在却被放入了刑法修正案中，而根据西班牙立法者的说辞，这是根据《框架决议》作出的立法决定。

《西班牙刑法典》第 576 条第 1 款规定，为实施恐怖主义犯罪或者为恐怖组织提供或者筹集资金的，都是犯罪。第 576 条第 2 款规定，与恶意资助相关的过失行为也是不法行为。第 576 条第 3 款对此规定了个人应当承担的刑事责任。"恶意"被定义为"以任何方式，直接或者间接地"为实施恐怖主义犯罪或者为恐怖组织提供或者筹集资金。刑法条文自身就明确了，只要行为人实施资助行为时，"具有资助被恶意使用的意图，或者明知资助将被恶意使用"，即足以构成本罪，这意味着，本罪的成立无需资助行为造成任何现实的结果。基本上，只要增加一个

---

〔1〕 Para 14.

〔2〕 Preamble, XXIX, para 4 of the new reform Act No. 5/2010.

〔3〕 国内立法者经常采取有问题的举动为其有问题的立法提供正当化根据。《德国刑法典》第 89 条 b 也可以作为例子来说明这一点，因为德国立法者也引用了"欧洲的"文件作为这些国内立法的"理由"。但是，尽管德国立法者明确说明欧盟 2005 年通过的《防治恐怖主义公约》是其立法理由，但第 89 条 b 处罚的既不是"公然煽动实施恐怖主义犯罪"（《公约》第 5 条），也不是"为恐怖主义招募人员"（《公约》第 6 条），更不是"为恐怖主义培训人员"（《公约》第 7 条）。

〔4〕 （UNGA Resolution 54/109 of 9 December 1999）；这一国际公约自 2002 年 5 月 9 日起在西班牙生效。

像"明知"这样的主观要素，就可以将一个有害行为作为犯罪进行处罚（例如，恐怖分子接受资助的行为），而这最终会造成司法证明上的困难。这种对犯罪行为的定义——就平义解释而言，不做修改或者纠正——重述了1999年《制止向恐怖主义提供资助的国际条约》第2条所下的定义。

此处，同样，我们得到了一个完全不必要的、平添累赘的犯罪定义。无论是根据《西班牙刑法典》第576条的新规定，还是根据之前就已存在、但也同样多余的第575条的规定，[1] 向恐怖主义提供有效的经济支持的各种行为已经被规定在《西班牙刑法典》的新罪名里了，即已经被规定为与恐怖组织合作罪的一种行为方式了。因此，这一新罪名的增加并不能为《西班牙刑法典》的整体有用性作出有益的贡献。

新罪名处罚那些"具有资助可能会被恶意使用的意图"而单纯筹集资金、但并未与恐怖组织具有实际接触的行为，这一新罪名只是想处罚行为人的意图而已，而且，新罪名对此行为规定了与非法提供公民个人信息、非法提供武器或者资金行为相同的法定刑，而后述非法提供行为是《西班牙刑法典》第576条第1款规定的性质最为严重的与恐怖主义合作的行为。西班牙宪法法院曾作出裁决，警告立法者不区分行为的严重程度而进行界限不明的、不加选择的行为分类具有违宪性，但立法者对此完全无视。《西班牙刑法典》第576条和第575条（至今仍有效）之间的混淆继续存在，再加上这一完全不必要的新罪名，法条竞合的情形将更加频繁地出现，而这意味着完全相同的案件可能被判处不协调的不同法定刑。立法者被警告了：司法部部长早在2007年关于刑法修正案草案初稿的报告中指出，无论如何，这一条款都应该被放在《西班牙刑法典》第576条之下作为一个新的款项，而不应该作为一个不同的条文，立法若在这一点上失败，只会引起"荒谬的解释论上的难题"。[2]

在2010年4月28日通过的2010第10号《防止洗钱和恐怖主义融资法案》（Law 10/2010，Prevention of Money Laundering and Terrorism Fi-

---

〔1〕 详情参见 M Cancio Meliá, *Los delitos de terrorismo: estructura e injusto*（Reus, Madrid, 2010），256 et sq.

〔2〕 Available at: www. poderjudicial. es/cgpj/es/Poder – Judicial/Consejo – General – del – Poder – Judicial/Atividad – del – CGPJ/Informe – al – Anteproyecto – de – Ley – Organica – por – la – que – se – modifica – la – Rey – Organica – 10 – 1995 – de023 – de – noviembre – del – Codigo – Penal 146，访问时间：2014年10月25日。

nancing）（以下简称"2010 年第 10 号法案"）中，过失资助行为被规定为犯罪。2010 年第 10 号法案规定的是制止洗钱和资助恐怖主义，也对 2005 年 10 月 26 日通过的《欧洲议会和理事会 2005 第 60 号关于制止使用财务系统洗钱和资助恐怖主义的指令》（Directive 2005/60/EC of the European Parliament and of the Council of 26 October 2005 on the prevention of the use of the financial system for the purpose of money laundering and terrorist financing）作出了回应。抛开这一法律机制的体系价值不谈，可以清楚看到的是，过失资助犯罪不应该被规定在恐怖主义犯罪中。这一犯罪的不法方面是洗钱——而洗钱犯罪的处罚范围是由立法者确定的，例如，德国立法者。[1] 在任何情况下，洗钱行为本身并不是一个恐怖主义犯罪，因为洗钱行为缺少恐怖主义犯罪的核心要素，即所有的恐怖主义犯罪都包含的恶意这一主观要素。

西班牙 2010 年刑法修正案在《西班牙刑法典》第 579 条第 1 款的第二段增加了一种新型的残余犯罪，这种犯罪可以被概括为煽动。煽动行为被类型化地理解为，以任何方式散布或者传播"信息或者传单"，意图"唆使、鼓励或者促成"他人实施恐怖主义犯罪、"引起或者增加他人实际实施恐怖主义犯罪的危险"的行为。"信息或者传单"必须与实施某一犯罪的风险直接相关。这一新规定的措辞应该被视为具有重大瑕疵、明显违反宪法，并且为司法适用提出了相当大的难题。在这个罪名上，立法者继续走在一条可能将在思想上信仰恐怖主义的单纯确信行为犯罪化的道路上。[2]

关于合宪性的问题，除了将欧盟的《框架决议》作为遮面纱之外，可以明确的是，就其整体性而言，这一新规定并不符合《西班牙宪法》。在这方面，这一新规定是将通常的、单纯的思想确信作了犯罪化处理，即是说，思想确信是主观方面的事项，这一新规定甚至找不到一个犯罪化的"借口"或正当化理由。[3] 如果将这一罪名放到《西班牙刑法典》第 576 条第 3 款新规定的"灌输"型犯罪中，或者放到《西

---

〔1〕 尽管如此，德国立法者还是决定将某一些财务行为规定为犯罪，如《德国刑法典》第 89 条 a 第 2 款规定的恐怖主义准备罪，"上述第 1 款仅适用于准备以以下方式实施严重危及国家安全的犯罪人，……④收集、接受或者提供非无形资产，以供上述犯罪实施之用。"关于第 89 条 a 的更多内容，参加下文德国刑法部分。

〔2〕 Cancio Meliá, *Los delitos de terrorismo*（n 16）248 f, with additional references.

〔3〕 引用 T S Vives Antón and others（n 10）795 的说法："准备行为的准备行为"被处罚了。

班牙刑法典》第 170 条第 2 款规定的恐怖主义威胁罪中，或者放到《西班牙刑法典》第 578 条规定的赞扬恐怖主义犯罪中，很明显的是，从实质上看，恐怖主义犯罪的处罚范围已经延伸到单纯表达观点的行为。结果是：理论上产生了一大堆关于言论表达犯罪化的担心和反对将其犯罪化的争论。显然，西班牙法律在这个问题上已经超越了一个以法治为主导的社会所能允许的合宪性的界限。

最后，还应该强调的是，立法者将欧盟的《框架决议》作为引入"灌输"这一用语的正当化根据，立法者在这里并没有如实陈述。《框架决议》只是要求将"煽动他人实施恐怖主义犯罪"的行为纳入处罚范围，而这个要求可以被理解为将"发布信息以引起他人实施恐怖主义犯罪"的行为进行处罚即可，而发布行为已经被包含在刑法的处罚范围之中了（《西班牙刑法典》第 579 条第 1 款），《框架决议》要求处罚的行为与现行刑法修正案中规定处罚的行为并不相同。[1] 唆使他人实施恐怖主义犯罪是一回事，对他人实施的恐怖主义犯罪进行报道则是另一回事。

关于报道行为，立法通过一种模糊的界定——同样有害于罪刑法定原则——打开了一扇门，这扇门通往无穷的瑕疵和解释论上的难题，在司法实践中还会潜在地引发不良后果：这会"鼓励"恐怖主义犯罪的"实施"吗？例如，高呼"埃塔万岁，军事行动万岁！"[2] 或者，这反而会使得对恐怖主义犯罪感到兴奋（赞扬）的行为被视为《西班牙刑法典》第 578 条规定的犯罪行为之一？或者，这会使得报道行为也构成《西班牙刑法典》第 579 条第 1 款规定的教唆？或者，这甚至会使得报道行为被归入《西班牙刑法典》第 170 条第 2 款规定的犯罪行为，即由恐怖组织发出的"实施暴力行为的公然呼吁"？对此，我们无法从这些刑法新增的犯罪构成要件要素上作出判断。

如果一项刑事政策的施行会导致逮捕和起诉那些参加支持恐怖主义犯罪游行的公民，那么，这项刑事政策就是非理性的。[3] 立法对此进

---

〔1〕 参见 M Cancio Meliá，"Delitos de organización：criminalidad organizada común y delitos de terrorismo" in J Díaz-Maroto y Villarejo（ed.），*Estudios sobre las reformas del Código Penal*（Thomson Reuters，Cizur Menor，2011）643 et sqq，656 et sqq.

〔2〕 这是埃塔组织支持军队的一个常用口号，意思是"埃塔万岁，军事行动万岁"。

〔3〕 例如：德国立法——在 20 世纪 70 年代和 80 年代对这个领域的问题进行了深入的研究——在 2001 年废除了煽动行为的犯罪化，将处罚范围缩减为：只有恐怖组织的成员为了招募新成员而采用煽动手段时，煽动行为才具有可罚性。

行干预的行为本身——尽管这种干预是不适当的，但正是这些具有暗示性的法律用语，对恐怖主义潜在的"繁衍基础"都发出了处罚的警告[1]——表明了，在新的法律用语中存在着进一步扩大处罚的空间，通过解释可以将恐怖主义的支持者或者所谓的支持者的各种行为方式都予以犯罪化，这就因此会引发一种行为/反应现象，即尽管这些新的法律用语能够被很好地理解，但其具有被不断扩张解释的潜在可能性。[2]

四、扩张刑法的处罚范围：以德国为例

2009 年，德国立法者通过了《起诉准备实施危害国家安全的严重暴力犯罪法案》，以应对国际恐怖主义的威胁，尤其是恐怖主义训练、使用网络准备实施恐怖主义袭击以及独狼恐怖分子所诱发的危险。[3]这一法案的通过为《德国刑法典》引入了三个新罪名。

第一，《德国刑法典》第 89 条 a 规定了准备实施严重暴力犯罪，[4]其中，严重暴力犯罪是指危及生命[5]或者个人自由[6]的犯罪，意图实施危及或者足以危及国家或者国际组织的存续或安全，摧毁、剥夺联邦德国宪法的法律效果或者破坏联邦德国的宪法原则行为的，[7]将被处以 6 个月以上 10 年以下有期徒刑。

第二，《德国刑法典》第 89 条 b 规定，为了实施危害国家安全的严重暴力犯罪，出于接受指令的目的而与他人建立联系的，将被处于 3 年以下有期徒刑或者罚金。[8]如果实施上述行为完全是为了履行合法的职务或者业务的要求，则不构成本罪。[9]

第三，《德国刑法典》第 91 条规定了"鼓励他人实施危害国家安全的严重暴力犯罪"。如果实施上述行为是出于公民教育、防御反宪法

---

〔1〕 Preamble, XXIX, para 4.

〔2〕 参见 M Cancio Meliá, *Los delitos de terrorismo* (n 16) 62 et sq, 72 et sq, 77. 其中可以找到更多文献索引。

〔3〕 Bundestag-Drucksache 16/12428, 1. Available at: http://dip 21. Bundestag. de/dip21/btd/16/124/1612428. pdf accessed 25 June 2014.

〔4〕 《德国刑法典》第 89 条 a 第 2 款规定了本罪的构成要件。

〔5〕 《德国刑法典》第 211 条以及第 212 条。

〔6〕 《德国刑法典》第 239 条 a 以及第 239 条 b。

〔7〕 注意：《德国刑法典》第 89 条 a 第 4 款对于本罪的域外效力作了限制性规定。

〔8〕 注意：《德国刑法典》第 89 条 b 第 3 款对于本罪的域外效力作了限制性规定。

〔9〕 《德国刑法典》第 89 条 b 第 2 款。

运动、艺术与科学、研究和教学、报道当下或者历史事件的目的或者其他类似目的，或者完全是为了履行合法的职务或者业务的要求的，则不构成本罪。

这三个新罪名都将准备行为犯罪化，因此，实质上都扩张了德国刑法的处罚范围，显示了一种预防的性质。通过扩张刑法的处罚范围将恐怖行为的前期阶段都包含进来，目的是针对恐怖主义袭击而增强法律的保护，同时纠正在将恐怖主义准备行为进行犯罪化时的不足。要理解这三个新罪名的处罚宽度，有一个有趣的点需要注意：这三个新罪名都放弃了对于恐怖行为的从属性的要求，而是单独地、独立地处罚准备行为，准备行为的处罚与任何后续行为无关，因此，要处罚实施了准备行为的行为人，无需准备行为引起任何恐怖主义行为。这三个罪名全都受到了德国法律学者的严正批评，学者们不仅质疑这三个法条的设计，而且质疑这些罪名的根本合法性。[1] 为了搞懂这些批评以及这些批评对于关于准备罪的争议的重要性，本文接下来将更加细致地检验这些法条。

《德国刑法典》第 89 条 a[2] 处罚危及生命或者个人自由[3]的严重犯罪的准备行为，这些可罚的准备行为具有一定的客观上的结果发生可能性（"足以造成以下结果……"），同时具有主观上的危及国家安全的目的性（"出于……的目的"）。这些严重犯罪都是恐怖分子实施的典型

---

[1] 参见 O Backes, "Der Kampf des Strafreshts gegen nicht-organisierten Terror-Anmerkungen zum Referentenentwurf eines Gesetzes zur Verforgung der Vorbereitung von schweren Gewalttaten" (2008) *Strafverteidiger* 654; R Dechers and J Heusel, "Strafbarkeit terrorist-ischer Vorbereitungshandlungen-rechtsstaatlich nicht tragbar" (2008) *Zeitschrift für Rechtspolitik* 169; K Gierhake, "Zur geplanten Einführung neuer Straftbest？nde wegen der Vorbereitung terroristischer Straftaten" (2008) *Zeitschrift für international Strafrechtsdogmatik* 397; U Sieber, "Kegtunation und Grenzen von Gefährdungsdelikten im Vorfeld von terroristischer Gewalt-eine Analyse der Vorfeldtatbestände im, Entwurf eines Gesetzes zur Verfolgung der Vorbereitung von schweren staatsgefährdenden Gewalttaten" (2009) *Neue Zeitschrift für Strafrecht* 353; B Weißer, "über den Umgang des Strafrechts mit terroristischen Bedrohungslage" (2009) 121 *Zeitschrift für die gesamte Strafrechtswissenschaft* 132; A Petzsche, *Strafrecht und Terrorismusbekämpfung-Eine vergleichende Untersuchung der Bekämpfung terroristischer Vorbereitungshandlungen in Deutschland, Großbritannien und Spanien* (Nomos Verlagsgesellschaft, Baden-Baden, 2013).

[2] 关于《德国刑法典》第 89 条 a, 参见 A Petzsche, "The European Influence on German Anti-Terrorism Law" (2012) 13, *German Law Journal* 1056, 1061; Petzsche, *Strafrecht und Terrorismusbekämpfung* (n 33) 135.

[3] 这个指的是《德国刑法典》第 211 条和第 212 条（谋杀罪和故意杀人罪）；《德国刑法典》第 239 条 a 和第 239 条 b（出于勒索的目的绑架和劫持人质）。

犯罪中的内核犯罪，且可以被判处的刑罚都是最低 5 年有期徒刑甚或是无期徒刑。《德国刑法典》第 89 条 a 要求行为人实施危及国家安全的严重犯罪的准备行为，而《德国刑法典》第 89 条 a 第 2 款则详细列明了哪些犯罪是严重犯罪，不过，《德国刑法典》第 89 条 a 第 2 款明确规定只有特定的准备行为才构成本罪，同时规定了一份可能构成本罪行为的详细清单，例如："在生产或者使用枪支、弹药、爆炸物的过程中，指示他人或者接受他人指示的……"

为了说明这类准备犯罪中存在的一般问题，此处试举一例：[1] 2013 年 6 月，德国联邦检察院授权对两名突尼斯籍人的住所进行搜查，一处住所位于斯图加，另一处住所位于比利时。[2] 这两名男子涉嫌为了实施恐怖主义炸弹袭击而收集信息和物品，据判断，他们意图通过操控远程遥控飞机模型作为运输爆炸物的装备，从而实施爆炸行为。对其住所进行搜查的目的，就是获取与恐怖主义袭击相关的可能的计划或者准备方面的证据。搜查的结果是，迄今为止还没有任何犯罪嫌疑人被抓获归案。

上述案例表明，在反恐领域，司法部门早在什么事都没有发生之前就开始进行了司法干预——毕竟，在搜查时只有一架飞机模型被购买了——这不仅在理论上是可能的，而且在实践中已经实际上这么做了。把购买一架飞机模型这样的中立和准备行为，与一些模糊的表明主观恶意的线索相结合，司法部门已经对此行为作出反应并展开调查。尽管对于上述两位突尼斯人的调查还在等待最终的结果，但倘若我们假设，搜查时只是搜到了飞机模型和他们的行动指示，写着实施恐怖主义犯罪意图的笔记，那么，在德国，这一行为将构成《德国刑法典》第 89 条 a 第 2 款规定的第二个或者第三个罪名。根据该条规定，任何人，"如果通过……制造，为自己或他人取得，储存或者向他人提供武器、材料或者装置和设施"，或者通过"取得或者储存对于武器、材料或者装置和设施的生产至关重要的物品或者材料"，"准备实施危及国家的严重犯罪的"，[3] 均需承担刑事责任。事实上，同样的行为在英国和西班牙也

〔1〕 英国也发生了一起类似的案件，Saajid Badat 案，参见前注 1，Walker 教授书第 103 页第 5 段。

〔2〕 关于此案，详细信息参见 www.zeit. de/politik/deutschland/2013–06/deutschland–ter-roranschlag–islanmisen–terrorzellen–islamisten–planten–anschlag–mit–modellflugzeugen＿ aid＿ 1025007. html，最后访问时间：2014 年 6 月 26 日。.

〔3〕 《德国刑法典》第 89 条 a 第 2 款第 1 项。

将承担与此同样的法律后果。[1] 因此，一个没有危害或者没有潜在危害的行为被犯罪化了，并且要潜在地承担严重的刑罚处罚。

尽管迄今为止，行为人事实上只实施了一个准备行为，例如购买了一架飞机模型，但其行为具有可罚性。[2] 因此，通过上面所举的案例，这些新罪名的问题就暴露出来了，而这些问题涉及德国、英国和西班牙这三个法域。这些问题包括，新罪名大大扩张了刑法的客观处罚范围，导致主观要素对于被指控的犯罪行为而言越来越处于重要地位，以至于创设出思想犯的危险已近在咫尺。此外，这些新罪名的复杂性、不确定性及其不合比例性对于实质刑罚观的威胁都是必须要注意的问题。因此，《德国刑法典》第 89 条 a 在宪法价值和法治原则方面都存在诸多问题。

不过，德国立法者在准备行为的处罚上做得更加过分，他们通过了《德国刑法典》第 89 条 b，将"出于实施危害国家安全的严重暴力犯罪的目的而（与恐怖组织）建立联系的行为"规定为犯罪。[3] 构成本罪的客观方面仅仅要求行为人与"《德国刑法典》第 129 条 a 含义范围内的组织"（换言之，《德国刑法典》第 129 条 a 所定义的恐怖组织）建立或者保持联系即可，而这一行为本身显然并没有包含任何与犯罪相关的内容。能够被看作是为犯罪化提供根据的"危险"，只有在主观方面才变得明显，因为行为的实施必须具有"为了实施危害国家安全的严重

---

〔1〕 在西班牙，这一行为将触犯《西班牙刑法典》第 576 条第 1 款或第 3 款；在英国，这一行为将触犯《恐怖主义法案（2006）》第 5 条第 1 款或 a 项或 b 项："任何人，出于（a）实施恐怖主义行为，或者（b）协助他人实施恐怖主义的意图，为了实现上述意图而实施的任何准备行为，都构成犯罪。"

〔2〕 有趣的是，我们注意到，无论在德国、西班牙还是英国，都存在着一条相同的法律原则，即准备行为不可罚，关于这一原则的资料参见：M Brockhaus, *Die strafrechtliche Dogmatik von Vorbereitung, Versuch und Rücktritt im europäischen Vergleich: Unter Einbeziehung der aktuellen Entwicklungen zur Eropäisierung des Strafrechts* (Verlag Dr Kovac, Hamburg, 2006) 157 et seq, 279; A Petzsche, "Punishability of Preparatory Acts in German Criminal Law" in A Sinn (ed.), *Menschenrechte und Strafrecht-Beiträge zur 4. Sitzung des International Forum on Crime and Criminal Law in the Global Era* (V&R Unipress, Göttigen, 2013) 68. 但是，这一原则也存在着一些法定的例外情形，例如，在英格兰和威尔士，《1968 年盗窃法》第 25 条规定的"为盗窃而准备行窃物品罪"就是例外规定。西班牙法律中也有，《西班牙刑法典》第 17 条第 2 款包含的"提出犯罪建议"行为和第 18 条第 1 款规定的"煽动犯罪"行为也是例外规定。

〔3〕 关于《德国刑法典》第 89 条 b，参见 A Petzsche, *Strafrecht und Terrorismusbekämpfung* (n 33) 187.

暴力犯罪，出于接受指令的目的"。[1] 设立本条的目的就是要处罚那些为了在恐怖主义训练营接受训练、而与恐怖组织联系的人。[2] 参加恐怖主义训练营是越发常见的行为，尤其是在伊斯兰恐怖主义群体中，这就使得这一行为成为安全机关和司法部门的首要打击对象。[3] 为了找到这样的训练营地，行为人需要一个中间人，例如，一个管理营地的恐怖组织的成员帮他安排行程。因此，最理想的做法就是利用刑法直接打击实际的训练行为，防止训练行为的发生，或者一旦训练行为发生，即对这种行为进行处罚。但是，除了法条规定的罪名中暗含的意思之外（"出于实施危害国家安全的严重暴力犯罪的目的而与恐怖组织建立联系"），行为人的主观方面不必包含实施恐怖主义行为的意思，而是包含着实施恐怖主义行为之前的那一层意思：接受指示。因此，这是将"准备行为的准备行为"犯罪化了。

《德国刑法典》第89条b相当大地扩张了德国刑法的处罚范围，因为纯粹中立的联系行为也具有可罚性，最高可以判处3年以下有期徒刑。联系行为可能与恐怖组织建立联系，因为恐怖组织的成员必须作为联系的回应方，但仅凭这一点并不能充足联系行为的可罚性。被犯罪化的行为本身即需要具有不法性，立法者才能合法地对其进行犯罪化。尽管与恐怖组织联系可能代表着行为人向着激进化方向迈出了第一步，但寻求联系的这个人要开始对法益产生威胁或者实施任何危害行为，还要有数不尽的其他步骤去完成。此处唯一能表明行为不法性的就是主观方面，主观恶意要求行为人具有"出于实施危害国家安全的严重暴力犯罪而接受指令的目的"，这意味着《德国刑法典》第89条b距离思想犯只有一步之遥。更有甚者，联系行为与危害行为之间的关联性一点也不强，因为行为人建立联系的目的并不是实施恐怖主义犯罪，而仅仅是参加恐怖主义训练。

尽管存在着上述批评，但确实有行为最终造成了恐怖袭击，该等行为暂时地处于恐怖袭击的准备阶段，确实值得被犯罪化和被处罚，例如，在恐怖主义训练营地提供实际训练的行为。但是，将一个人与恐怖

---

〔1〕《德国刑法典》第89条b。

〔2〕 Bundestag-Drucksache 16/12428, 12, 16. Available at: http://dip 21. Bundestag. de/dip21/btd/16/124/1612428. pdf, 最后访问时间：2014年6月25日。

〔3〕 参见 Europol "TE-SAT 2011: EU Terrorism Situation and Trend Report" (European Police Office, the Hague 2011) 20.

组织建立初步联系，以便安排自己去营地接受训练的行为规定为犯罪，就有些走得太远了。《德国刑法典》第 89 条 a 本身就有问题，这条应该代表着刑事责任的外部处罚界限，但是，这个界限又被《德国刑法典》第 89 条 b 突破了。既然通过限制解释来限制处罚范围根本不可能，那么，《德国刑法典》第 89 条 b 就应该被德国立法者以立法的方式废除，且宜早不宜迟。

五、对刑法在恐怖主义犯罪中的一般功能的质疑

上文已经讨论了恐怖主义准备罪的几个例子及其问题特征，下面将检验此类犯罪的预防效果，因为对于实质刑法的处罚范围的扩张而言，预防效果是可以为其提供正当化根据的核心要点。

在德语和西语国家展开的围绕着"敌人刑法"——实际上存在着一套独特的刑法体系，仅仅适用于"国家的敌人"的观点——的学术讨论已经表明，为敌人（恐怖分子）设立不同规则的主要理由就取决于恐怖主义行为的危险。正是出于防止这一危险源出现的需要，推动了大量反对恐怖主义立法的通过。[1]

因为实施成功的恐怖主义行为都潜在地预示着灾难性的场面，所以恐怖主义在公共言论自由问题上会引起我们称之为"终极的"两难困境：面对着受现代宗教信仰激励而产生的伊斯兰恐怖主义难驯的暴力，这些暴力 2001 年在纽约制造了"9·11 恐怖袭击"、2004 年在马德里制造了"3·11 恐怖袭击"、2005 年在伦敦制造了"7·7 恐怖袭击"，这都为欧洲社会的政客们提出了问题：我们是向恐怖主义威胁"做好屈从的准备"，还是要"接受限制"来让渡我们的自由？

不过，尽管面对着"终极的"两难困境，从经验层面上的预防效果来看，其他欧洲国家对付 20 世纪 60 年代和 70 年代出现的恐怖组织（例如，德国的"红军连"、西班牙的"埃塔"和意大利的"红色旅"）的经验表明，在某些案例中，对犯罪人适用刑法特别规定的关于特定恐

---

〔1〕 参见 M Cancio Meliá，"Terrorism and criminal law"（n 2）108.

怖主义犯罪的准备罪（一般是受特定的重大事件推动而通过的修正案），[1] 本来是为了切断加入了恐怖组织"平台"的人对行为人可能提供的帮助，但这些特别条款并没有预防犯罪，反而有助于被锁定的恐怖组织吸引新的追随者，因此在某种程度上减慢了恐怖组织内源性的解散速度。所以，关于这个问题的现代讨论在主要的构成要素上缺少充分的事实基础吗？

　　不得不承认，没有人可以确定地知道惩罚刑事犯罪——不管对其规定的刑罚威胁有多么严厉——是否确定具有预防的效果，如果有的话，这种预防的效果会达到什么程度。[2] 有观点认为，更多的刑法等同于更多的安全，但这种观点缺乏经验上的证明。实际上，对于那些出于极端确信而实施行为的恐怖分子（例如，在现代经常出现的受宗教信仰激励的恐怖分子）和新形式的恐怖组织（例如，小型的恐怖主义团体，其中包含了没有任何犯罪记录的人，这些人往往是拟袭击国家的公民）而言，刑法要产生一个明显的预防效果，甚至，刑法为此规定了最严厉的刑罚，以便起到威慑的作用，而这一前景也是希望渺茫的，至少对于那些愿意实施自杀式袭击的恐怖分子没什么效果。

　　对于预防效果除了迷恋之外，关键问题是关于预防效果的基调占满了关于反恐的刑事政策的公共声明，预防效果被毫无疑问地接受，但是，这并不能使其成为指导新的犯罪政策的真正基础。例如，"敌人刑法"是如何发展起来的？一言以蔽之，这一理论之所以被创设出来，就是因为预防性话语的需要，随着国家强硬的（和有效的）措施而出现的。但是，如果观察关于恐怖主义的讨论（全面观察，例如大众媒体、

---

〔1〕 这一原则至今仍然成立，例如，英国《2001 年反对恐怖主义、犯罪和安全法案》就是例子，更多资料参见：H Fenwick，"The Anti-Terrorism Crime and Security Act 2001：The 'Response' of Great Britain's legal order to September 11. 2001：Conflicts with fundamental right"，in P Eden and T O'Donnell（eds），*September 11，2001：a turning point in international and domestic law?*（Transnational Publishers，New York，2005）；A Tomkins，"Analysis-legislating against terror：the Anti-Terrorism，Crime and Security Act"（2002）Public Law 205；D Williams，"The United Kingdom's response to international terrorism"（2003）*Indiana International & Comparative Law Review* 683，had been a direct reaction to 9/11 while the Terrorism Act 2006 has been-at least in part-a reaction to the London bombing of 7/7，A Jones，R Bowers and H Lodge，*Blackstone's Guide to the Terrorism Act* 2006（Oxford University Press，Oxford，2006）；C Walker，*Blackstone's Guide to The Anti-Terrorism Legislation*（2nd edn，Oxford University Press，2009）para 1. 88.

〔2〕 参见 *Routledge Handbook of Law and Terrorism* 一书第 20 章 Legrand，Bronitt 和 Stewart 三位作者对于这个问题的讨论。

政治和科学），就可以认识到：反恐不仅关系到危险预防，而且关系到将特定的行为人群体及其社会背景进行分类。"敌人刑法"的概念（主要是关于恐怖主义，后来也延伸到有组织犯罪和特定的性犯罪中）并没有处理多少纯粹的、冷酷的、理智的、军事类型的犯罪，或者将其作为具有特定危险的敌人，而是作为一种社会结构上的恶的分类，而这种分类与现代社会要将特定群体排除出去的一般趋势正相吻合。不过，在这样的设定中，犯罪人不是被作为犯罪人对待的，而是被看作是"国家的敌人"，任何立法行为似乎都更像是对于邪恶行为人的一场讨伐、而不是一种对于威胁的谨慎回应。更糟糕的是，在这样的设定中，恐怖分子几乎被看作是一种宗教意义上的"敌人"，而不是一种传统的军事意义上的敌人。[1]

尽管如此，本文承认在预防效果层面存在着种种困难，并不是暗指应在反恐领域提出废除刑事体系的建议。本文的意思是，与恐怖主义犯罪相关的法条根基不能被单纯地建立在实际预防的"必要性"上。为此，作为一种交流策略的恐怖主义犯罪性质必须被加以考虑：恐怖主义是一种挑战国家权力的策略，因此，国家将恐怖主义的地位定义为"恶"，这一交流行为本身可能反而有助于恐怖主义发展。[2]

六、结论

近年来，我们可以观察到一种分类上的混同，例如犯罪与安全，警察、安全机构和司法，预防和惩罚。在刑法上，准备罪的概念就是这一令人困扰的过程中的一个主要例子。将这种更加宽泛的概念混同背景谨记在心，就可以清楚地看到，为恐怖主义准备行为的犯罪化设定合理的界限是当务之急。创设纯正的准备罪只能从恐怖主义的内在危险性上找到正当化根据。反其道而行之，不仅会促进恐怖主义的自身发展，而且会给民主社会和法治原则造成威胁。本文所讨论的德国刑法和西班牙刑法的立法例已经表明了这种威胁的潜在性，而这两国的立法例代表了近年来遍地生花的诸多国家在刑事立法修改方面的发展趋势，而这种发展

---

[1] 参见 M Cancio Meliá，"Feindstrafrecht?"，（2005）117 Zeitschrift für die gesamt Strafrechtswissenschaft，p. 267，284.

[2] 参见 B de Graaf，Evaluating Counterterrorism Performance：A Comparative study（Routledge，Milton Park，2011）.

趋势不仅仅局限于反对恐怖主义的领域。准备罪的发展趋势与中立行为的刑罚化齐头并进，这就产生了创设"思想犯"的危险，从而使其合法性备受质疑。尽管确实存在着值得刑法处罚的准备罪的准备行为方式，重要的还是不要被这些预防效果的话语迷住双眼。恰恰相反，学术世界应该铁肩担道义，指出这些立法上的缺陷和不足，要求通过这些法律的各国立法者为这些立法提供比这些法律效力级别更高的正当化根据，而不能再习惯性地将含义模糊的危险性和风险作为正当化的理由敷衍了事。

追踪刑事犯罪的增设[*]

詹姆斯·查默斯（James Chalmers）、
菲奥娜·莱伍瑞克（Fiona Leverick） 著

郭利纱 译[**]

一、引言

有人断言，英国政府在过去 10 年的时间内增设了 3000 多个犯罪，这使得政府当局不得不引入一种机制，来"防止不必要的、新的刑事犯罪不断增加"。本文研究了英国增设刑事犯罪的数量证据以及这些刑事犯罪被增设的速度，这些研究表明，刑事犯罪被增设的速度比之前所建议的或者目前所认为的还要快得多。本文解释了如何对刑事犯罪的增设进行量化，以及可以从中得出哪些合理结论。在得出结论之前，本文将首先分析 1997 年工党政府和 2010 年联合政府当选后的第一年所增设的犯罪数量。

* 原文载 James Chalmers and Fiona Leverick, Tracking the Creation of Criminal Offences, Criminal Law Review（2013）Vol.（7）543~569, first published by Thomson Reuters（Professional）UK Limited.［《刑事法律评论》（Crim. L. R.）2013 年第 7 期，第 543~560 页］。作者感谢 Peter Duff, Lindsay Farmer, Pamela Ferguson 和 Findlay Stark 对本文初稿提出的宝贵意见。本文所讨论的部分问题之前在 James Chalmers 和 Fiona Leverick 共同撰写的《犯罪化的定量分析》（"Quantifying criminalization"）及《犯罪化：刑法的目标与限制》（Criminalization: The Aims and Limits of the Criminal Law）中已经有所讨论，本文进一步对基本的方法与结论进行了探讨。本文作者及原载图书的出版社均已授权译者翻译本文。

** 詹姆斯·查默斯（James Chalmers），格拉斯哥大学法学院教授，研究方向为刑法和刑事诉讼法；菲奥娜·莱伍瑞克（Fiona Leverick），格拉斯哥大学法学院教授，研究方向为刑法和刑事诉讼法。译者：郭利纱，浙江工商大学法学院讲师。

二、1997~2010 年犯罪增设的数量

（一）新增 3023 个新罪名

2006 年 8 月有文章称自 1997 年 5 月工党当选以来，工党政府已经创设了 3023 个新罪名。这个数字经常被引用作为过度使用刑法的证据，而自由民主党在其 2010 年竞选宣言中承诺将停止这种过度使用刑法的做法。[1] 紧接着，自由民主党在其 2010 年 5 月发布的《联合政府计划》（the Coalition's Programme for Government）中承诺，联合政府将"引入一种机制，来防止不必要的、新的刑事犯罪不断增加"。[2] 2010 年 11 月，司法部承诺打造"一个对所有包含了新增罪名的立法都进行严格审查的审查把关机制"，并且发布关于新增罪名数量的年度统计数据。[3]

根据《刑事犯罪审查把关机制》（Criminal Offences Gateway）规定的指导意见，如果有政府官员提出用立法来创设新罪、废除或重新制定现有罪名、修改现有罪名，或者在基本立法中利用权力，为次级立法或细则性立法增设或扩张犯罪创造有利条件，则该政府官员会被要求进行"通关审查"。司法部长只有在"所建议的犯罪是必要的，他对这种必要性感到满意"的情况下才会批准该等提案。关于犯罪的必要性没有公布考查清单，但有一个很长的清单列明了需要被纳入考虑的因素。[4]

2011 年 12 月司法部公布了英国和威尔士增设新罪的统计数据。根据这份统计数据，截止到 2011 年 5 月，在 12 个月内有 174 个新罪名被增设；而截止到 2010 年 5 月，同期 12 个月内有 712 个罪名被增设。[5]

---

〔1〕 Liberal Democrats, Liberal Democrat Manifesto 2010 (2010), p. 94.

〔2〕 HM Government, The Coalition: Our Programme for Government (2010) 11. 关于向媒体公布的协议的初步文本，参见 www.guardian. co. uk/politics/2010/may/12/lib-dem-tory-deal-coalition，最后访问时间：2013 年 4 月 20 日。这一承诺位于第 10 条末尾（民权），接近第 11 条的承诺（环境）"针对进口或占有非法木材的犯罪应对措施"，这是一个有些尴尬的位置。该方案的最终版本将这两项承诺进一步分开。

〔3〕 Ministry of Justice, Business Plan 2011-2015 (2010), pp. 18 and 30.

〔4〕 Ministry of Justice, Criminal Offences Gateway Guidance (2011)，网址：www. justice. gov. uk/legislation/criminal-offences-gateway，最后访问时间：2013 年 4 月 20 日。

〔5〕 Ministry of Justice, New Criminal Offences: England and Wales 1st June 2009-31st May 2011 (2011).

乍一看，上述统计数据似乎表明，阻止增设新罪浪潮的努力取得了令人印象深刻的成效。然而事实并非如此简单。我们承担了一个独立研究项目，旨在研究以下两个时期内增设的新罪：新工党在 1997 年当选的最初 12 个月；联合政府于 2010 年当选的最初 12 个月。我们的研究结论与司法部公布的统计数据有很大的不同。司法部声称，联合政府上台第一年有 174 个新罪名适用于英格兰和威尔士，而我们的研究所得出的数量是 634 个新罪名。[1] 虽然我们还没有对联合政府上台之前前一年的数据进行对比研究，但我们的研究显示：虽然司法部声称，在 2010 年至 2011 年，通过立法创设的罪名数量降低了 75.6%，但其并不能为这一说法提供足够的事实支撑。[2]

为什么我们的研究数据和司法部的统计数据会如此不同？这种不同有重要意义吗？在本文接下来的部分，我们将对这些问题进行讨论，不过，我们首先需要考察一下之前将英国刑事犯罪数量进行定量研究的努力。

（二）关于英国的刑事犯罪我们知道多少？

1980 年《正义》杂志发表了一份分析英国刑法内容的报告。该报告承认，要想查明英国刑法的全部罪名是困难的，转而采取了一种相对实用的解决办法，那就是采用 1975 年版《斯通法官手册》中提到的罪名。[3] 但《正义》杂志注意到，这种解决办法存在三大缺陷：①不能将那些仅存在于普通法中的罪名包含进来；②《斯通法官手册》并不是一份完整的罪名纲要，只涵盖了"那些足够常见的罪名，以便为治安（警事）法庭的法官们提供其所需的法律索引"；③不包括公共地方

---

〔1〕 我们的研究与司法部的有少许差别，这两个项目都评估了一年内新创设的犯罪数量。在我们的例子中，正如我们在下面解释的那样，时间是从 2010 年 5 月 6 日开始，即上次大选后的那一天。司法部的数据从 2010 年 6 月 1 日开始，司法部是按立法生效日期来统计的，而我们将犯罪视为在获得国王批准之日产生。这些因素会导致一些差异。英国政府在 2010 年 5 月 6 日至 5 月 31 日期间没有创设新罪名。司法部的 174 个犯罪包括（按它的计算方式）2011 年 5 月 5 日后创设的 12 个罪名，而这并不包括在我们的分析中。结果我们的数字与司法部的差距甚至比文本中提到的还要大。严格地说，在我们研究的确切时间段中，我们的 634 个犯罪只与司法部确定的 162 个犯罪具有对应关系。

〔2〕 Ministry of Justice, New Criminal Offences: England and Wales 1st June 2009–31st May 2011 (2011), p. 5.

〔3〕 JUSTICE, Breaking the Rules (1980); C. T. Latham and J. Richman (eds.), Stone's Justices' Manual, 107th edn (London: Butterworth & Co, 1975).

性法规或地方性法规细则所规定的罪名。[1] 尽管如此，这份报告仍然确定了 7208 个零散的罪名，这些零散的罪名分别由 466 项成文法规和 37 项法规性文件所创设。[2] 值得注意的是，"一份完整的罪名清单所包含的罪名数量或许远远超过报告公布的这个数量"。[3]

2006 年 8 月有报道指出，英国政府自 1997 年 5 月以来共创设了 3023 个罪名，其中，"1169 个罪名是通过基本立法设立的……而 1854 个罪名是通过次级立法设立的"。[4] 上述数据是由尼克·克莱格（Nick Clegg）——时任民主自由党内政事务发言人"披露出来的"。[5] 至于这些数据是如何被得出的，我们不得而知。在报道之后的几个月里，克莱格向议会提出了一系列的书面问询，要求各个立法部门列出其所创设的罪名，但他收到的回复基本上仅限于基本立法部门，列出的是相对较少的新罪名。[6]

克里斯·胡那（Chris Hunne）后来接替克莱格担任自由民主党内政事务发言人，他继续强调这个问题，以至于一位前任政府部长说，在听证会上陈述有多少被创设出来的新罪名是"令人感到乏味的"，"这对我们毫无帮助。我们生活在一个复杂的世界里"。[7] 此时，关于罪名的数据已经变得越发不稳定了。2010 年 2 月，胡那称自 1997 年以来英国创设了"超过 4200 个新罪名"；[8] 而在此后一个月，他又将这个数字改成了"3400 个新罪名"。[9]

法律委员会提出一种不同的解决办法，认为可以通过《英格兰和威尔士霍尔斯伯里法规全书》的页数来证明刑法的扩张："与之前 637 年创设的罪名所需的页数相比，1989 年至 2008 年这 19 年里所创设的罪

〔1〕 JUSTICE, Breaking the Rules (1980), para. 2. 17.
〔2〕 JUSTICE, Breaking the Rules (1980), p. 36.
〔3〕 JUSTICE, Breaking the Rules (1980), para. 2. 18.
〔4〕 N. Morris, "Blair's 'Frenzied Law Making': A New Offence for Every Day Spent in Office", The Independent, August 16, 2006.
〔5〕 这似乎延续了 Nick Clegg 的前任 Simon Hughes 承担的工作，参见 H. Kennedy, Just Law (London: Vintage, 2006), p. 23.
〔6〕 例如，英国环境、食品和农村事务部承认犯罪可能是由附属立法创设的，但是认为这方面的信息"只是提供了不成比例的成本。"参见 Hansard, HC, col. 14W (June 26, 2006).
〔7〕 Hansard, HC, col. 102 (January 18, 2010), Tony McNulty MP.
〔8〕 Hansard, HC, col. 606 (February 8, 2010).
〔9〕 Hansard, HC, col. 81 (March 8, 2010).

名所需要的页数已经超过了之前的 2.5 倍。"[1]

所有这些数据都是有严重缺陷的，尤其是那些经过编辑加工的资料，不知会漏掉多少刑事立法的数量。2006 年 8 月的 3023 个新罪名初看之下似乎更加精确，但是它的基础是模糊不清的。我们可以负责任地说，在这些研究的基础上，与《正义》杂志在 1980 年所提出的数字相比，现在的罪名要多得多。

我们对于现在到底有多少刑事罪名知之甚少，这一事实表明，我们这些教授刑法的人对刑法实际上是什么的认识都是相当粗浅的。不过，罪名的数量真的很重要吗？

（三）数据的局限性

虽然评论人士对我们不知道现在有多少刑事罪名表示遗憾，[2] 但认识到这一点并不会让我们走得很远。一方面，即使是最精细的评估也会有所不同，因为要准确地确定一项立法所创设的犯罪数量是非常困难的，这一点我们稍后再说；另一方面，也不存在犯罪数量的理想状态。即使我们承认现在罪名太多了，也并不必然说明减少罪名就是积极有利的。假如政府在法律委员会的劝说下坚持要求"相关各政府部门要在 5 年内将其刑事罪名数量至少减少 25%"。[3] 这样的处方可能比疾病本身更加糟糕。这样带来的可能并不是非犯罪化，而是把单个的犯罪行为合并到其他更大的犯罪规定中，而这会使入罪范围比原来更宽。

正如前文所表明的，罪名总数本身并不能准确地衡量犯罪化的范围。假设在司法辖区 A 中规定了杀人罪一个罪名，而在司法辖区 B 中规定了三个罪名：一级谋杀罪、二级谋杀罪和过失杀人罪。[4] 假如他们对于杀人罪的入罪范围是相同的，但是司法辖区 B 用了司法辖区 A 三倍的罪名数量来实现这一点。也许这么做是有道理的，比如基于公平

---

[1] Law Commission, Consultation Paper on Criminal Law in Regulatory Contexts, Law Com CP No. 195 (2010), para. 1. 17.

[2] 参见 K. Reid, "Strict Liability: Some Principles for Parliament", (2008) 29 Stat. L. R. 173, 178; N. Lacey, "Historicising Criminalisation: Conceptual and Empirical Issues" (2009) 72 M. L. R. p. 936, 951.

[3] Law Commission, Consultation Paper on Criminal Law in Regulatory Contexts, Law Com CP No. 195 (2010), para. 3. 16.

[4] 一个由法律委员会使用的例子，Consultation Paper on Criminal Law in Regulatory Contexts, Law Com CP No. 195 (2010), para. 3. 18.

的标签化[1]或者确定性[2]的考虑，因此更倾向于选择司法辖区 B 的路径。也就是说，在罪名数量与犯罪化的范围之间显然存在关联。假如立法技术是稳定的，可能允许在同一司法辖区内进行跨时间的比较，但很难进行跨管辖范围的有意义的比较。

正如胡萨克（Husak）所言，更为重要的是，没有人能够说出有多少罪名存在，这是一个更严重的问题：我们对于法定罪名的内容多样性，以及造成这一现象的原因一无所知。[3]"刑事法规很少被阅读，即使对于那些自称对刑法进行理论研究的人也一样。事实上，可以肯定地说几乎没有人系统性地研究过刑法法规……教授们很少将刑事法规作为作业分配给学生，所以学生们也不太可能对法规进行研究。刑法学者们仍然痴迷于所谓的刑法总则的研究，他们更着迷的是刑法的哲学基础，而非刑事法规本身。如此一来，他们的理论就失去了与法律本身之间的联系。"或者像威廉姆·斯顿茨（William Stuntz）所观察到的，刑法"不是一个领域，而是两个，包括'核心刑法'和'其他刑法'，前者在刑法教学和研究中占支配地位，而后者在刑法典中居于主导地位"。[4]

这并不是说刑法学者忽略了斯顿茨所说的"其他刑法"。刑事学家们经常对过于宽泛的刑法条文进行批判性分析，[5] 或者援引晦涩的法律条文来揭示其中的荒谬。[6] 不过这些例子并不能告诉我们刑事法律的体系是什么。这是相互独立的问题，还是系统性的问题呢？如果作为一个整体来看，"其他刑法"是什么呢？没有系统性分析我们顶多就是在跟一些吸引人眼球的事件打交道。但是系统性分析既复杂又费时，到

---

〔1〕 J. Chalmers and F. Leverick, "Fair Labelling in Criminal Law", (2008) 71 M. L. R. 217.

〔2〕 A. Ashworth, *Principles of Criminal Law*, 6th edn, Oxford：Oxford University Press, 2009, pp. 63~66.

〔3〕 D. Husak, Overcriminalization, *The Limits of the Criminal Law*, Oxford：Oxford University Press, 2008, p. 33.

〔4〕 W. Stuntz, "The Pathological Politics of Criminal Law", (2001) 100 Mich. L. R. 505, 512. 几乎不可能有别的做法，如果一个政府在一年内可以创设 634 个新犯罪，大多数对特定犯罪进行研究的教学工作和研究工作有必要围绕某一类犯罪进行研究，而无法进行全面研究。

〔5〕 参见 J. Hodgson and V. Tadros, "How to Make a Terrorist Out Of Nothing", (2009) 72 M. L. R. 984, discussing s. 58 (1) of the Terrorism Act 2000.

〔6〕 参见 P. Alldridge, "Making Criminal Law Known", in S. Shute and A. P. Simester (eds.), *Criminal Law Theory*：*Doctrines of the General Part*, Oxford：Oxford University Press, 2002, p. 103, 103 fn. 5. 文中注意到 1986 年的破产法案规定任何破产者在破产之后头 2 年内购买彩票的构成犯罪。值得称赞的是，这一犯罪被 2002 年的企业法案废除。

目前为止未取得进展也不足为奇。[1]

三、研究情况

（一）系统性分析：一个起点

在研究中，[2] 我们试图建立能够对特定时期创设的犯罪数量进行系统分析的方法论。我们并不依赖"被过滤过"的数据资源，如公开发布的立法纲要，我们也没有将研究对象局限于基本立法。相反，我们审查了两个特定年度内所有的议会法案、苏格兰议会法案、法定文件以及苏格兰法定文件。虽然这种方法比其他方法更加全面，但仍然存在不足之处，因为还存在创设新罪名的其他途径。据法律委员会估计，除了贸易标准局和486个地方当局，"目前有60个国家机构"有权力制定刑法。[3] 换句话说，我们不仅不知道有多少罪名，我们甚至搞不清楚有多少机构有权力创设罪名。

我们选定的时间段是本届联合政府的第一年（即所有罪名都创设于2010年5月6日至2011年5月5日）和新工党政府的第一年（即1997年5月2日至1998年5月1日）。[4] 我们的研究并不能说明总共存在多少罪名，那需要更全面和更加长期的研究。我们将从三个方面对这项研究进行报告。首先，我们解释采用了哪些基本的方法论。其次，对被评估的两个时期的基本情况进行概述。最后，我们提出几个简要的结论。

---

[1] 参见 A. Ashworth and M. Blake, "The Presumption of Innocence in English Criminal Law", (1996) Crim. L. R. 306; A. Ashworth, "Ignorance of the Criminal Law, and Duties to Avoid It", (2011) 74 M. L. R. 1, 7; A. Ashworth, "Is the Page13 Criminal Law a Lost Cause?", (2000) 116 L. Q. R. 225, 227; P. R. Ferguson, "Criminal Law and Criminal Justice: An Exercise in Ad hocery", in E. E. Sutherland et al (eds), Law Making and the Scottish Parliament: The Early Years (Edinburgh: Edinburgh University Press, 2011), p. 208, 216. 这些研究的目的不是要得出关于某一特定时期或创设的犯罪总数的结论，这些数字是其他工作的副产品。

[2] 我们感谢爱丁堡大学法学院（在本研究的初期，詹姆斯·查默斯教授曾在此工作）为我们提供资金，使我们有能力聘请彼得·莱温担任研究助理，感谢彼得的勤奋工作。

[3] Law Commission, Consultation Paper on Criminal Law in Regulatory Contexts, Law Com CP No. 195 (2010), para. 1. 21.

[4] 我们把政府的第一年视为是在有关大选后的第二天开始的，并将犯罪视为是在有关规定获得国王批准或法定文书制定之日产生的。

（二）关于方法论的几个注意事项

为了收集立法所创设的每一个犯罪的资料，有必要先确定什么是"一个"犯罪。[1] 在大多数情况下，这是相当明显的。法律规定的不同部分包含了不同的条款，将不同的作为或者不作为规定为犯罪，很显然，这是不同的犯罪。一般情况下，这种说法是成立的，但是，有些犯罪之间可能存在重叠，甚至是重复，例如，许多监管法规都将虚假陈述规定为犯罪，但这只不过是对普通法律中的欺诈罪在特定情境下的重申而已。[2] 这样的犯罪对于犯罪的总量是没有影响的（这便产生了一个问题，为什么要把这些罪名创设出来），[3] 不过，它们显然都是完全不同的罪名，我们对此只能这样分析。

然而，要评价一部法律的一个章节是创设了一个犯罪还是多个犯罪是相当困难的。例如，《饲养法（企业与中介机构）（1998）》第 91 条（a）[4] 规定：一个人"没有正当理由，违反本法第 33 条至 81 条的规定"，即构成一个犯罪。《饲养法（企业与中介机构）（1998）》第 33 条至第 81 条是一系列不同的限制性规定，在描述具体的禁止行为之前通常以"任何人不得……"或者类似的形式开头。乍一看，《饲养法（企业与中介机构）（1998）》第 91 条（a）可能被认为是一个单独的犯罪，但该条被认为创设了 48 个独立的罪名才合理。该条禁止了 48 种可能导致刑事处罚的犯罪行为，在第 91 条（a）将这一系列行为规定为犯罪之前，英国刑法第 33 条至第 81 条就已经列出了这些犯罪行为的"详细清单"。这些禁止性规定针对不同的对象：有时是"任何人"，有时是中介机构或是以特定方式获发许可证的中间人。对不同对象适用的刑罚，根据其所违反的具体规定的不同也有变化。[5] 有些违法行为要以刑事起诉状的方式提起公诉，有些违法行为只是通过简单的投诉状起诉。[6]

---

〔1〕 这项看似简单的工作中内在的困难早已经被注意到，参见 W. Stuntz, "The Pathological Politics of Criminal Law", （2001）100 Mich. L. R. 505, 514 and N. Lacey, "Historicising Criminalisation: Conceptual and Empirical Issues" （2009）72 M. L. R. pp. 936, 951~952.

〔2〕 Law Commission, Consultation Paper on Criminal Law in Regulatory Contexts, Law Com CP No. 195 （2010）, paras3. 123~3. 128.

〔3〕 我们已经讨论了其他可能的理由，参见 J. Chalmers and F. Leverick, "Fair Labelling in Criminal Law" （2008）71 M. L. R. p. 217, 229 and 231.

〔4〕 Feeding Stuffs（Establishments and Intermediaries）Regulations 1998（SI 1998/1049）.

〔5〕 Feeding Stuffs Regulations 1998 r. 92 （1）-（2）.

〔6〕 Feeding Stuffs Regulations 1998 r. 92 （1）-（2）.

有些违法行为要受到 6 个月的起诉限制，有些违法行为并不会。[1]

还有别的法规，要评价其是创设了一个犯罪还是多个犯罪的难度更大。例如，《商船和渔船法（工作时的健康与安全）条例（1997）》第 21 条[2]列出了一系列船上人员所负有的"一般义务"，涵盖了从一般的义务（如采取合理措施照顾自己和其他工作人员的健康和安全)[3]到更具体的义务（如不能切断、去除安全装置或妨碍其使用，报告相关人员的健康与安全方面的不足)。[4]不遵守第 21 条会被处以罚款，[5]但这是一个犯罪还是多个犯罪呢？我们把它作为一个犯罪看待。对第 21 条提出的不同义务很难进行明确划分，一个人可能同时违反数项义务。不管是在量刑上还是在诉讼程序上，即使具体违反了第 21 条的不同方面也不会产生什么不同结果。

正如这些例子所表明的，我们一般的做法是探究相关法律条款是否将相关的作为或不作为明确规定为违法，从而与其他行为相区别。我们将这称之为"可分性标准"。如果某一行为达到这个标准，则其就是一个独立的犯罪。[6]这一结论并不取决于立法技术。例如，《饲养法（企业与中介机构）（1998）》完全可以采取与上述不同的规定方式，将该法第 33 条至第 81 条的每一条都以这样的方式规定："任何人［实施了本法规定的某一特定行为］，都构成犯罪。"如果说两种后果相同的立法技术在一个案件中被视为创设了一个罪名，而在另一个案件中被视为创设了 48 个罪名，那就错了。因为，相比之下，《商船和渔船法（工作时的健康与安全）条例（1997）》第 21 条所规定的不同义务不具有明确的可分性，我们将其在整体上视为一个犯罪。在某种程度上，我们的做法是出于谨慎：我们不想夸大立法创设的犯罪的数量。我们将这称之为"简约性原则"。

有些犯罪是由非常难接触到的、又转弯抹角的立法技术所创设出来

---

〔1〕 Feeding Stuffs Regulations 1998 r. 93（1）.

〔2〕 Merchant Shipping and Fishing Vessels（Health and Safety at Work）Regulations 1997（SI 1997/2962）.

〔3〕 Merchant Shipping and Fishing Vessels Regulations 1997 r. 21（1）（a）.

〔4〕 Merchant Shipping and Fishing Vessels Regulations 1997 rr. 21（2）（b）and 21（3）.

〔5〕 Merchant Shipping and Fishing Vessels Regulations 1997 r. 24（3）.

〔6〕 这一结论是有根据的，不同的程序结果取决于作为或不作为的具体区分。

的。[1] 例如，《议会选举制度和选区法案（2011 年）》规定了关于选择式投票制条款。该法案附则 4 规定了与《公民代表法案（1983 年）》的不同章节，其中包括很多的刑事犯罪。但是，该法案附则 4 也列出了一系列的"修改"——对全部条款的修改或替换——因此，这些"修改"都应当适用于《公民代表法案（1983 年）》。其结果就是，试图准确查明《议会选举制度和选区法案（2011 年）》中存在多少跟选举相关的罪名，这是一个极其繁琐的过程。目前还没有《公民代表法案（1983 年）》的修正版本，因为《议会选举制度和选区法案（2011 年）》实际上并没有修改《公民代表法案（1983 年）》——它只是在特定时间内创设了《公民代表法案（1983 年）》修改后的僵尸版本。任何想要了解跟选举相关的罪名的人都必须同时阅读这两个法案，并且在必要时进行文字和条款的替换。[2] 为了达到我们的研究目的，这样的困难会通过花费更多的时间而被克服，不过这种特殊的立法技术对于实现法律的易理解性或公平通知的要求意义不大。[3] 类似的困难也出现在与欧洲联盟（"欧盟"）相互参照的复杂规定中，这些规定本身并没有表明究竟哪些行为是被禁止的。[4]

（三）研究概述：有多少新罪名？

表 1 显示了前述两个时期通过法规和法定文件创设的新罪名。

---

[1] J. R. Spencer, "The Drafting of Criminal Legislation: Need It Be So Impenetrable?" (2008) 67 C. L. J. 585; P. R. Ferguson, "The Drafting of Offence Provisions by the Scottish Parliament" (2011) 32 Stat. L. R. p. 161.

[2] 这就提出了一个问题，2011 年法案是否可以说是创设了新罪，或者仅仅是对现有规定的修改？总的来说，鉴于 2011 年法案对 1983 年法案本身的目的进行了修改，我们认为将其视为对公民投票创设新的犯罪是公平的。

[3] Lord Coleridge C. J. and Mathew J. 谴责它就是因为那些原因，而且是在相同的背景下（选举法）的一个多世纪前，参见 *Knull v Towse* (1889) 24 QBD 185 at 195~196.

[4] 至少在一个案例中，似乎不存在欧洲立法，参见 The Marketing of Fresh Horticultural Produce Regulations 2009 (SI 2009/1361). Commission Regulation 1580/2007 第 4 条第 (1) 项规定不遵守该规定者成立一个犯罪，第 4 条第 (3) 项和第 (4) 项也有相似的规定。条例还将不遵守第 10 条第 (4) 项的商人的行为规定为犯罪，但是第 10 条第 (4) 项并不是针对商人。

表1 1997~1998年及2010~2011年创设的新罪名

	1997~1998	2010~2011
法规	18	247
法定文件	1377	1513
总数	1395	1760

如表1所示，新劳工党的样本显示新创设了1395个新犯罪，而联合政府的样本显示创设了1760个新罪名。这些数字是惊人的，请不要忘了，我们前面提到的那个说法，英国政府在1997年5月之后的10年中创设了3023个新罪名，这基本上是每天创设一个罪名的速度。我们的研究表明，联合政府实际上是以比这高4倍的速度在创设新罪名。我们的研究也表明，工党政府创设新罪名的速度也比其之前宣称的要快得多。仅仅1997~1998一个年度，我们就查明了1395个新罪名，这表明：10年中创设了3023个新罪名这一数据是被严重低估的。

然而，表1所示的数据也夸大了那段时期所创设新罪名的范围，因为许多的立法内容仅适用于英国部分地区。在某些情况下，欧盟法律的执行将导致我们将同一个作为或不作为计算为三个不同的犯罪：一个适用于威尔士，一个适用于英格兰，一个适用于苏格兰。[1] 造成这一点的部分原因是权力移交，而这种权力移交的过程导致了苏格兰议会[2]和威尔士议会[3]的设立，这两个议会都拥有与"移交"事项相关的立法权。[4] 所以，在权力移交事项中，例如农业，相关的犯罪可能在英格兰、苏格兰、威尔士都被议会单独规定，这就导致了一种危险，即将

---

〔1〕 欧洲立法偶尔也与北爱尔兰分别实施，虽然两个样本中都没有这样的例子（只有一个例子，但不在我们的研究时间范围内）。

〔2〕 根据 the Scotland Act 1998.

〔3〕 根据 the Government of Wales Act 1998.

〔4〕 苏格兰议会在成立时被赋予了立法权，并可以在"保留事项"之外的任何事项上立法（表5，苏格兰法案1998年）。威尔士议会最初没有立法权，但是在2006年威尔士政府法案中获得了立法权（见表7中权力下放区域的名单）。

罪名数量按 3 倍计算。[1] 表 2 考虑了这些要素，只计算了那些在英格兰适用的犯罪（不管它们是否也适用于英国其他地区）。表 3 对苏格兰进行了类似的统计。

表 2　在两个时期新创设的适用于英格兰的新罪名

地理范围	1997~1998	2010~2011
英格兰	0	212
英格兰和威尔士	0	9
不列颠	213	4
英国	1022	409
总数	1235	634

表 3　在两个时期新创设的适用于苏格兰的新罪名

地理范围	1997~1998	2010~2011
不列颠	213	4
苏格兰	3	810
英国	1022	409
总数	1238	1223

正如上述表 2 和表 3 所示，即使在地理重复计算之后，所创设的新罪名的统计结果仍然惊人的高（634 个适用于英格兰和威尔士，1223 个适用于苏格兰）。值得注意的是，英格兰和威尔士在 2010~2011 年新设的罪名比 1997~1998 年明显减少，2010~2011 年间适用于苏格兰的新罪名几乎是适用于英格兰和威尔士的 2 倍。[2] 这样的差异可能是司法

---

〔1〕　参见 the Beef and Veal Labelling Regulations 2010（SI 2010/983）；the Beef and Veal Labelling（Scotland）Regulations 2010（SSI 2010/402）；and the Beef and Veal Labelling（Wales）Regulations 2010（SI 2011/991）（W 145）. Page14 The Beef and Veal Labelling（Northern Ireland）Regulations 2010（SI 2010/155）。在北爱尔兰实施相同的欧洲立法，但由于是在本文所涉及的时间段之前刚刚制定，因此不包括在我们的数据库中。

〔2〕　作为讨论资料，参见 J. Chalmers and F. Leverick，"Scotland：Twice as Much Criminal Law as England?"（2013）17 Edin. L. R.（forthcoming）.

部的审查把关程序所导致的,[1] 这一程序在 2011 年被引入英格兰和威尔士,但是要使这一结论具有说服力,仍然需要纵向数据。

（四）为什么这些数据与司法部的数据相差甚远？

正如前文所提到的,司法部宣称截至 2011 年 5 月的 12 个月内,英格兰和威尔士的基本立法和次级立法中创设了 174 个新犯罪。相反,我们研究发现在几乎相同的时间段内英格兰创设了 634 个犯罪。为什么我们的数据与司法部的数据差异这么大呢？我们受益于这样一个事实：司法部不仅公布了统计结果,还公布了基础数据。[2] 我们将司法部公布的 2010~2011 年的数据与我们的数据进行比较,先比较基本立法,再比较次级立法。

1. 基本立法。司法部的数据显示,在 2010~2011 年间只有三个议会法案创设了刑法新罪名。我们赞同这一点,但是不同意创设的罪名的数量：司法部宣称是 31 个,与我们所认为的 94 个相左。[3] 造成这种差异的原因是,司法部在计算犯罪个数时一直都小心翼翼地将罪名个别化的数量降到最低。例如,《身份证件法案（2010 年）》第 6 条第（1）款规定：

"任何人无正当理由,不得占有或控制以下对象：

（a）虚假的身份证件；

（b）非法获取的身份证件：

（c）他人的身份证件；

（d）基于个人的认识,任何用于制作虚假身份证件的设备,或者为了制作虚假身份证件而设计的设备,或者适合制作虚假证件的设备；

（e）基于个人的认识,任何用于或者特别设计的或适合于制作虚假身份证件的物品或资料。"

本部分提出五个不同的禁止性规定,可以分为两类：个人可能同时符合（a）（b）（c）中的任何一项,或者同时符合（d）或（e）中的

---

〔1〕 参见 Ministry of Justice, Criminal Offences Gateway Guidance (2011).

〔2〕 www. justice. gov. uk/statistics/criminal-justice/new-criminal-offences,最后访问日期：2013 年 4 月 22 日。

〔3〕 这些法规是 the Terrorist Asset-Freezing etc. Act 2010, the Identity Documents Act 2010 以及 the Parliamentary Voting System and Constituencies Act 2011。司法部认为这些法规分别新设了 113 个和 17 个新罪名,我们的数据是 154 个和 75 个。

任一项。运用可分性标准和简约性原则，[1] 我们能够得出第 6 条第 (1) 款创设了两项犯罪：第一个涉及身份证件，第二个涉及用于制造虚假身份证件的物品。然而司法部将其作为一个犯罪对待。这是不合理的：(a)(b)(c) 禁止的行为和 (d)(e) 禁止的行为明显不同。

在《议会选举制度和选区法案（2011 年)》中，司法部这种做法的不合理表现得更为明显。司法部认为该法规定了 17 个犯罪，其实并不是，而是该法有 17 个规定了犯罪的条文。其中一个就是附则 4 的第 1 条第 (4) 款，我们在前文提到过这个尴尬的规定。[2] 这一个条款就包含了《公民代表法案（1983 年)》中的一系列条款，其中包括了刑事犯罪的规定，将这些规定适用于为了"［选择式投票］全民公投目的"而实施的犯罪。这一条款包含了 59 种不同的罪行，这些罪行多种多样，包括在投票结束前发布出口民调[3]、发行伪造的投票卡[4]、警察非法拉票[5]。将这些行为全部加在一起，作为一个罪名是毫无道理的。[6] 这样做的话，只会使司法部违反它自己提出的明确性原则。该原则认为，任何一个条款要是对不同的行为规定了不同的法定最高刑，则该条款就应被视为规定了数个不同的犯罪，[7] 犯罪的数量取决于对其适用的刑罚的数量。[8]

2. 次级立法。司法部出于三个原因低估了 2010～2011 年新创设的犯罪的数量。

第一，他们故意忽略了由法定文件创设但只适用于"有限地区"的犯罪，如运输和工作行为法令以及海港法令。[9] 2010～2011 年度通

〔1〕 参见正文关于"可分性标准"的论述。

〔2〕 参见正文关于"简约性原则"的论述。

〔3〕 Representation of the People Act 1983（RPA) s. 66A (1)（最高 6 个月监禁或者不超过第 5 档的罚款)。

〔4〕 RPA s. 94 ［（最高不超过第 5 档的罚款：见第 92 条第 (2) 款至 169 条]。

〔5〕 RPA s. 100（最高不超过第 3 档的罚款)。

〔6〕 这不一定就是司法部的做法。但除此之外，似乎没有别的方法能使我们的统计数据与司法部的统计数据相一致。

〔7〕 Ministry of Justice, New Criminal Offences: England and Wales 1st June 2009–31st May 2011 (2011), pp. 2～3.

〔8〕 文中提到的三种犯罪的法定最高刑是明显不同的。参见上一页关于这三个罪名的法定刑的注释。

〔9〕 Ministry of Justice, New Criminal Offences: England and Wales 1st June 2009–31st May 2011 (2011), p. 4.

过这样的方式创设了 52 个新犯罪。[1]

第二，司法部的数据似乎忽略了 14 个次级立法，这本应该在统计范围之内。[2] 这 14 部立法创设了 164 个新犯罪，我们没有理由把这些立法排除在外：这与它们的创设日期和主题没有关联。

第三，即便考虑了次级立法，犯罪数量仍然被低估了，因为其采用的方式是任何规定了犯罪的部分都作为一个犯罪，而不管其中实际上包括多少犯罪。[3] 司法部确定了 30 个法定文件，得出的结论是 2010~2011 年间创设了 143 个新犯罪。而根据我们的计算，这 30 个文件实际上创设了 384 个犯罪。

抛开司法部忽略计算法定文件的问题，我们不想特别批评它在计算犯罪方法上所采取的做法。就像我们已经说明过的，这是一项非常困难的工作。[4] 然而，我们仍然难言司法部的方法论合理，特别是考虑到司法部着手这项工作的原因。司法部曾经采用完全依靠立法技术来识别犯罪数量的方法。公务人员或者立法起草者如果希望减少他所创设的犯罪的数量，往往会采取我们前面描述的"清单"的方法：根据司法部的统计方法，这会被视为一个单一的犯罪，而不论清单的长度，也不管禁止内容是否明显不同。我们之前提到，司法部声称 2010~2011 年法律创设的新犯罪数量下降了 75.6%。[5] 因为我们自己的数据不包括2009~2010 年，我们不能单独计算这两年之间的任何变化。然而，在没有证据表明立法技术在 2009~2010 年度和 2010~2011 年度之间是否发生变化的情况下，我们可以更有把握地相信：司法部对 2010~2011 年的统计数字没能为它声称的内容提供充分的事实依据。

---

〔1〕 在地方一级创设新罪名是一种奇怪的现象。本文暂且不对此作深入探讨。

〔2〕 即（SI 2010/1554）；（SI 2010/1882），（SI 2010/2079），（SI 2010/2225），（SI 2010/2228），（SI 2010/2281），（SI 2010/2035），（SI 2010/2503），（SI 2011/84），（SI 2011/657），（SI 2011/659），（SI 2011/1301），（SI 2011/1296），（SI 2011/1297）.（最后两个的日期是 2011 年 5月 18 日，所以我们不能包括我们自己的样本。）

〔3〕 司法部似乎又一次没有遵守自己在 Ministry of Justice, New Criminal Offences: England and Wales 1st June 2009-31st May 2011 (2011), pp. 2~3 中关于最高刑罚的规定，例如 The Timeshare, Holiday Products, Resale 的 r. 34, 以及 Exchange Contracts Regulations 2010 (SI 2010/2960)，尽管规定有两个最高刑，这似乎被认为是一个单独的罪行。

〔4〕 这些活动的复杂性意味着我们无法保证我们的数据完全没有错误，尽管我们已经尽力避免这一问题。如果真有错误，最有可能的情形不是夸大立法所创设的犯罪数量，而是在我们的计算中少算了一些犯罪。

〔5〕 Ministry of Justice, New Criminal Offences: England and Wales 1st June 2009-31st May 2011 (2011), p. 5.

（五）刑法的扩张：谁的责任？

对于刑法扩张的一个可能的解释是，政府受到外部压力而进行犯罪化。例如，《核爆炸（禁止和检查）法案（1998 年）》规定"引起核爆炸罪"[1] 受到了公开批评。克里斯·胡那（Chris Huhne）认为，这一行为完全可以被"一整套"现有罪名所涵盖。作为回应，内政大臣杰克·斯特劳（Jack Straw）指出，创设这个新罪名是为了履行英国根据国际条约所承担的义务。[2]

对于我们确定的每一个罪名，我们都记录了它的创设是否是为了执行欧洲指令或履行其他国际条约义务。我们是通过查阅相关立法文本[3]和注释说明来确定这一点的。这项工作可能是不完整的：立法文本和注释说明并不必然能够揭示影响立法的动机因素，更何况，一些立法连解释性说明都没有。因此，我们的数据可能被低估了。然而，正如表 4 所示，这种做法使我们对创设新罪名的缘起产生一些了解。

表 4　新罪名是为了履行国际义务吗？

	1997~1998	2010~2011
否	128（9%）	529（30%）
是——欧洲指令	947（68%）	1043（59%）
是——国际义务	320（23%）	84（5%）
是——欧盟层面履行的国际义务	0	104（6%）
总数	1395	1760

如表 4 所示，两个时期所创设的新罪名的主要部分源于国际或欧洲

---

〔1〕　Nuclear Explosions（Prohibitions and Inspections）Act 1998 s. 1

〔2〕　"Jack Straw Rejects Call to Repeal 'Trivial Laws'"，BBC News Online，January 22，2010. 条约涉及的是 Nuclear‑Test‑Ban Treaty（adopted September 10，1996）（1997）35 I. L. M. 1439，art. I（1），要求"各缔约国不得进行任何核武器爆炸试验或其他任何核试验，并禁止和防止任何核爆炸在任何其管辖或控制的区域出现"。

〔3〕　这项立法的长标题在这方面是能够提供信息的，例如 the Nuclear Explosions（Prohibitions and Inspections）Act 1998 指的是"1996 年 9 月 10 日通过的《全面禁止核试验条约》的某些规定和该条约的议定书，以及有关目的的行为"。

对英国施加的义务。在最常见的英国执行欧洲指令的情形中，这占新工党样本中新犯罪的 68%，占联合政府样本中新犯罪的 59%（如果将欧盟层面履行的国际义务情形包括在内，后者的数字会高达 65%）。

欧洲法律虽然是大多数新设犯罪的原因，但它本身并不能对犯罪的扩张进行完整的解释。事实上，并不属于国际义务所要求的新犯罪的数目在两个研究年度之间大大增加：从 128 个（占新工党政府样本的 9%）增加到 529 个（占联合政府样本的 30%）。这可能表明，欧洲对英国刑法的影响力正在减弱，要想在这方面得出任何明确的结论需要有纵向数据，但我们目前还不掌握这些数据。

（六）这些犯罪有多严重？

表 5 列出了我们样本中犯罪的最高处罚，从而表明了他们的严重性。[1]

表 5   定罪时可能判处的法定最高刑

	1997~1998	2010~2011
监禁	906（65%）	993（56%）
罚金（无限制）	202（15%）	123（7%）
罚金（分标准级别）[2]	270（19%）	641（36%）
罚金（指定数额）	17（1%）	3（0.2%）
总数	1395	1760

如表 5 所示，新设犯罪的法定最高刑很重：大多数是监禁（新工党样本的 65%，联合政府样本的 56%）。可能会有人希望监禁犯罪由议会创设、而非通过次级立法来创设，但事实并非如此，如表 6 所示，该表

---

〔1〕 法定最高刑并不是一个完美的严重性指标。参见 A. Ashworth, "Is the Criminal Law a Lost Cause?"（2000）116 L. Q. R. p. 225, 243. 225, 243.

〔2〕 "标准量表"是由基本立法确定的（参见 1978 年法案第 1 段相关内容），目前有 5 个层级，从 200 英镑到 5000 英镑不等（在英格兰、威尔士和北爱尔兰），以及 10 000 英镑（在苏格兰）。法令可以参照标准量表的某一点作为最高刑，或采用"法定最高限额"或"规定金额"。在英格兰、威尔士和北爱尔兰，"法定最高限额"或"法定金额"是 5000 英镑，相当于标准量表的最高点。然而在苏格兰，最高限额现在是 10 000 英镑：《刑事诉讼（改革等）法案（苏格兰）（2007）》第 48 条。然而，我们把所有法定最高限额或法定金额作为"标准量表"进行罚款。

集中关注法定文件所创设的监禁犯罪，展示了允许判处的监禁刑期的最长期限。

表 6　法定文件所创设的犯罪的最长监禁期限

	1997~1998	2010~2011
3 个月	6（0.7%）	334（39%）
6 个月	202（23%）	4（0.5%）
51 周	0	33（4%）
1 年	2（0.2%）	8（1%）
2 年	664（74%）	355（41%）
5 年	1（0.1%）	130（15%）
7 年	21（2%）	1（0.1%）
10 年	0	2（0.2%）
法定文件创设的监禁犯罪总数	896	867

　　如表 6 所示，在新工党样本的 906 个新罪名中，896 个（约占 99%）是通过法定文件创设的。联合政府样本的比例要好一些，但仍然高达 87%。其中相当一部分是具有高度惩罚性的：新工党样本中通过法定文件创设的 686 个犯罪，以及联合政府样本中的 488 个犯罪，其最高刑罚为 2 年监禁或更高。

　　还有一点值得关注，与 1997~1998 年度期间增设的犯罪相比，2010~2011 年间法定文件所创设的最高刑期为 5 年或以上的犯罪数量大大增加。这些犯罪分为两类，其中包括政府根据《联合国法案（1946 年）》第 1 条制作的《疏密令》。[1] 这些命令都是为了执行安全理事会的决定，即在对威胁和平、破坏和平或侵略行为作出反应时，应采取不涉及使用武力的措施。[2] 考虑到这些法令的性质，以及遵循安理会决定的事实（英国在安理会中有否决权），法定文件创设最高刑为 5 年或

――――――――

〔1〕　这种疏密令是法定文件，不是基本立法，参见 Statutory Instruments Act 1946 s. 1（1）(a).

〔2〕　Charter of the United Nations, October 24, 1945, 1 UNTS XVI, art. 42.

以上的犯罪可能不成问题。1997~1998 年度通过法定文件创设的最高刑为 5 年或以上的 22 个犯罪均属于此类情形。

2010~2011 年间，通过法定文件创设的 133 项犯罪中只有 3 项属于这类情形。其他 130 项载于苏格兰的法律《水环境（受管制活动）（苏格兰）法规（2010 年）》。[1] 这项法律文件是基于基本立法的权限，特别允许创设刑期为 5 年监禁的犯罪，[2] 这样的惩罚性权力被附属立法享有，这一点被认为是适当的，对此我们不清楚理由何在，[3] 尤其是大部分此类犯罪对犯罪人的主观方面并没有要求。

（七）这些犯罪是针对谁的？

在分析的最后，我们希望指出与"特定身份"相关的问题。通常，刑事犯罪的主体并非一般公众，而是指向特定的人群。有些犯罪只有持有某些许可证的人才能触犯，有些犯罪的主体仅限于担任某些角色或从事特定活动的人。特殊情况下，有些犯罪只能由特定的个人才能实施。[4] 表 7 列出了这两个研究年度内新设的犯罪要求犯罪主体具有"特定身份"的情形。

表 7　每个新设罪名对主体所要求的特定身份

	1997~1998	2010~2011
无要求	33（2%）	200（11%）
由于从事某种活动而具有的身份	728（52%）	652（37%）
由于被授予执照或登记注册而具有的身份	87（6%）	158（9%）
由于某种地位（如"债务人"）而取得的身份	0	18（1%）

---

〔1〕 Water Environment（Controlled Activities）（Scotland）Regulations 2010（SSI 2011/209）. 英国政府曾用法定文书以同样高的刑罚创设了犯罪，但是并不在我们的样本周期内，如 the Groundwater（England and Wales）Regulations 2009 r. 13（1）and 18（2）.

〔2〕 Water Environment and Water Services（Scotland）Act 2003 Sch. 2 para. 20（2）.

〔3〕 注释说明与政策备忘录均不能说明这一点。

〔4〕 例如，《1998 年波罗斯马多格港口修订令》第 17（2）条规定，潮汐工程的毁坏或腐烂，如未能通知德特福德斯特隆德三一学院公司即属违法，而该公司只能由 Gwynned Council 负责。

续表

	1997~1998	2010~2011
由于一般人绝对不会从事的活动而具有的隐含的身份	256（18%）	345（20%）
由于一般人通常不会从事的活动而具有的隐含的身份	47（3%）	117（7%）
基于先前情况（如接收消息或捐赠）而具有的隐含的身份	20（1%）	39（2%）
基于对被告人的事先要求或指示而赋予他的特殊身份	203（15%）	187（11%）
公司犯罪	9（0.6%）	35（2%）
特定机构（如"海岛信托机构"）	12（0.9%）	6（0.3%）
家庭成员的身份	0	3（0.2%）
总数	1395	1760

我们需要对表7中的分类方法进行解释。有些犯罪行为明确要求犯罪主体有特殊身份：一个例子是《作物改良法（苏格兰）（2010年）》第31条规定，土地所有者在未对土地所有权转移进行登记的土地上放牧即构成犯罪。其他的条款没有明确规定主体的特殊身份，但是有隐含性规定，我们在表中列入了两类：特殊身份是隐含的要求，因为犯罪行为要求被告人从事特定的活动，而这样的活动是"一般人"绝对不会或通常不会从事的活动。前者的适例《食品卫生规定（英格兰）（2010年）》，其中的污染物条款第3条第（1）款规定，将污染物含量超过一定限量标准的食物投放到市场，即构成犯罪。后者的适例是《马匹身份规定（威尔士）（2009年）》第17条（a）款规定，如果一个人破坏或修改了马匹的身份证明文件，则其行为构成犯罪。对于某一个犯罪应当归属于这两类"隐含身份"中的哪一类，这种区分很难，而且这种区分对于定罪结果来说也没有什么特殊意义。关键点是——这两类犯罪都不是针对一般人而规定的。

如表7所示，这两个样本中的绝大多数犯罪都不适用于"一般人"，而是针对那些基于特定身份实施特定活动的人（占新工党样本的

98%，联合政府样本的 89%），这是一个重要的发现。"行政"刑法被大多数的刑法文本或期刊[1]所忽略，但是，至少在我们的两个样本中，它主导着刑法。[2]

四、几条初步结论

我们上面的数据提供了当前实践的快照。我们提出的许多问题还有待通过进一步的工作来解决，但我们还是在现阶段提出以下观察意见：

第一，我们希望能够证明的是，对政府使用刑法的情况进行合理的量化研究是具有合理的可能性的，这也表明我们的研究项目能够为实践中的犯罪化研究带来一点曙光：政府如何运用刑法作为法律工具？我们的研究结果有助于加深我们对于刑法领域的理解。虽然新设的罪名很少或从未被起诉适用，但这并不是问题的关键。即使一个罪名从未被起诉，它也会对试图遵守它的人施加监督作用，这可能会引起人们对于被起诉可能的恐惧，而这可能（正当地或者不正当地）被用作调整性工具。[3] 此外，如果这些罪名只有在任意起诉或者前后不一致的起诉中才会被适用，则其可能在案件中导致实质上的不公正。[4]

第二，增设刑事犯罪太过容易。审查把关机制在一定程度上能够弥补这一不足，这一点可能具有重要意义。2010~2011 年所创设的新罪名适用于苏格兰（把关机制不适用于苏格兰）的速度比英格兰和威尔士要快得多（尽管为了得出更确切的结论，我们需要更多的纵向数据）。然而，决定哪些行为受到公众如此关注以至于那些参与其中的人应该受

---

[1] 这个期刊发现了一些值得注意的例外情况：G. Richardson, "Strict Liability for Regulatory Crime: The Empirical Research" (1987) Crim. L. R. p. 295; J. Rowan-Robinson, "Crime and Regulation" (1988) Crim. L. R. p. 211. 一系列结合行政监管与刑事司法之间的文章，参见 H. Quirk et al (eds.), *Regulation and Criminal Justice: Innovations in Policy and Research*, Cambridge: Cambridge University Press, 2010. 当然，严格责任受到学术界的关注 [例如 A. P. Simester (ed.), *Appraising Strict Liability*, Oxford: Oxford University Press, 2005]，不过这仅代表一个方面，最重要的特征在于其属于以行政法规定的刑事犯罪。

[2] 应该指出，关于行政管制的大量文献，其中包括刑事措施的作用。参见 I. Ayres and J. Braithwaite, *Responsive Regulation*, Oxford: Oxford University Press, 1992); R. Baldwin and J. Black, "Really Responsive Regulation" (2008) 71 M. L. R. p. 59; T. Prosser, *Law and the Regulators*, Oxford: Oxford University Press, 1997.

[3] G. Richardson, "Strict Liability for Regulatory Crime: The Empirical Research", (1987) Crim. L. R. p. 295, 300.

[4] J. Black, "Talking about Regulation", (1998) P. L. p. 77, 93.

到惩罚——在某些情况下，可能是长期监禁——这在原则上应该是议会的事，而不是行政管理机关的事。[1] 如果这一原则有适当的例外可能会比较好，但是目前还没有关于这一限制的认识，正如我们前文已经表明的，一些高惩罚性的犯罪是通过次级立法创设的。[2]

第三，许多犯罪常常以令人难以理解的方式来规定，这违反了公平告知原则。[3] 例如，我们想要挑战一下读者，让他们承担这个看似简单的任务，然后设想一下，如果对方是一个没有接受过任何法律培训的人，完成同样的任务需要多长时间。以《议会选举制度和选区法案（2011年）》所规定的［选择式投票］全民公投的规定为例，以下问题需要答案：在全民公投中发行虚假投票卡片是否成立犯罪？成立这一犯罪的条件是什么？将其入罪后适用什么刑罚？（我们觉得很少有读者愿意接受这个挑战，本文末尾的脚注中列出了所需的步骤）。我们也注意到，借鉴其他犯罪的定义方法，[4] 或者通过参考冗长的欧盟指令也有难度。[5] 这需要人们予以特别的重视，因为不知法律这一辩护理由受到如此严格的限制，以至于几乎不存在成立的可能。[6] 正如托尔森法官（Toulson L. J）在《法庭》一书中所说：

"不知法律不免责，这是一个原则。但是，如果法律本身就难以让人读懂，那么这一原则本身就不切实际……令人担忧的是，在很大程度上，成文法今天经常让人不知所云，即使是对其宪法职责进行解释和执行的法院来说，也是如此。"[7]

〔1〕 Law Commission, Consultation Paper on Criminal Law in Regulatory Contexts, Law Com CP No. 195 (2010), para. 3. 157.

〔2〕 若要深入讨论，参见 J. Chalmers and F. Leverick, "Quantifying criminalisation", in R. A. Duff et al (eds.), Criminalization: The Aims and Limits of the Criminal Law, forthcoming.

〔3〕 "公平告知"的概念在 A. Ashworth, "Ignorance of the Criminal Law, and Duties to Avoid It" (2011) 74 M. L. R. p. 1, 4. 一文中有所谈及。

〔4〕 参见 Coroners and Justice Act 2009 Sch. 6 Pt 2, para. 8 (1).

〔5〕 参见 the Animals and Animal Products (Import and Export) Regulations r. 33 read with r. 5 (1), 规定任何违反 45 项不同指令的进口牛或猪制品的行为都构成犯罪。

〔6〕 A. Ashworth, *Principles of Criminal Law*, 6th edn, Oxford: Oxford University Press, 2009, p. 219; J. Chalmers and F. Leverick, *Criminal Defences and Pleas in Bar of Trial*, Edinburgh: W Green/Scottish Universities Law Institute, 2006, Ch. 13.

〔7〕 Chambers (2008) EWCA Crim 2467 at (64). 这个案件充分展示了法条让人读不懂所导致的不公正。感谢 George Gretton for bringing it to our attention: see G. L. Gretton, "Of Law Commissioning" (2013) 17 Edin. L. R. p. 119.

托尔森法官继续将此描述为"一种可悲的状态"。[1] 有人可能会说这是反应过度了。正如我们前文已经证明的,一般来说,大量的法定犯并不适用于一般人,而是适用于拥有特定身份的人。这不是没有道理的,我们可以期待公民(或企业)理解一个他们自愿涉足的领域中的法律。但这个理由并不具有说服力。发现特定领域的刑事犯罪是一个巨大的挑战,即便对于我们这些受过专门学术训练的学者来说,这也是很大的挑战。并不是所有在特定领域活动的人都有能力聘请法律专家,告诉他们相关的犯罪规定,更何况,其中有很多是普通的个人、个体户或家庭经营的小型企业。

对于这种"可悲的状况"我们应当做什么呢?有人建议应当整理所有法律规定的犯罪,形成一个统一的犯罪清单,并将其公之于众,从而能够让人们都轻易看到。[2] 做到这一点很难,但这并不是否定这种做法的理由:如果政府想对公民施加制裁,就要承担公平告知的义务。[3] 反对这一建议的真正理由在于:刑事犯罪太多了,而犯罪清单对于公平告知并没有什么意义,尤其是在许多犯罪规定本身就不明确的情况下。[4] 也许答案在于,需要考虑一些不太严重的罪行是否应该由刑法处理。在 2010~2011 年间有没有必要创设 1760 个罪名?我们对这种必要性表示质疑。[5] 人们通常会认为,我们面临着过度犯罪化的危

---

〔1〕 Chambers (2008) EWCA Crim 2467 at (68).

〔2〕 P. R. Ferguson, "Criminal Law and Criminal Justice: An Exercise in Ad hocery", in E. E. Sutherland et al (eds), *Law Making and the Scottish Parliament: The Early Years*, Edinburgh: Edinburgh University Press, 2011, pp. 208, 223~224; JUSTICE, Breaking the Rules (1980), pp. 53~54.

〔3〕 A. Ashworth, "Ignorance of the Criminal Law, and Duties to Avoid It", (2011) 74 M. L. R. p. 1, 10; D. Husak, "Ignorance of Law and Duties of Citizenship", (1994) 14 L. S. p. 105, 115.

〔4〕 Law Commission, A Criminal Code for England and Wales, Law Com No. 177 (1989), para. 3. 3.

〔5〕 为了进一步讨论和思考其他路径,参见 J. Chalmers and F. Leverick, "Quantifying criminalisation", in R. A. Duff et al (eds.), Criminalization: The Aims and Limits of the Criminal Law.

机[1]，而我们在这篇文章中的初步研究结论恐怕很难消除人们的这种疑虑。[2]

---

〔1〕　例如 D. Husak, Overcriminalization, *The Limits of the Criminal Law*, Oxford：Oxford University Press, 2008, p. 33；A. Ashworth and L. Zedner, "Defending the Criminal Law：Reflections on the Changing Character of Crime, Procedure and Sanctions" （2008）2 Criminal Law and Philosophy 21.

〔2〕　我们在前两段提出的问题的解决方案如下：读者将在 2011 年法案附表 1 的第 4 部分找到"仿制投票卡"的内容，此处并不明确这种行为是否是一种犯罪行为，而是引导读者注意 1983 年《人民代表法》第 94 条，它适用于"公投的修改"。在第 94 条中，读者会发现发行仿制投票卡的行为是被禁止的。在第 92（2）条中指明这是一个"非法行为"。读者可能不会立即意识到这一点的重要性，并可能天真地在三个单独的"解释"条款中寻求指导。这种做法是无益的，不过在这一过程中，可能会偶然发现第 169 条规定了"非法行为"应根据简易程序进行起诉，并规定一经定罪，可处以不高于"标准量表"第 5 级的罚款。我们的新手如果还没有在挫折中放弃，也许想知道这意味着什么。然而，就像通常的做法那样，标准并不是在 1983 年法案中定义的。我们必须希望他们能以某种方式将我们引向 1978 年《解释法》的第 1 条，人们会发现这意味着该条（对于英格兰和威尔士的人）与 1982 年《刑事司法法》第 37 条规定的范围相同。最后，根据这项规定，人们将发现该罪行的最高刑罚为 5000 英镑。需要指出的是，这要求我们的初学者查阅 1978 年和 1982 年法案的修订版，而不是查原始文本，这些修订版可通过 www. legislation. gov. uk （2013 年 4 月 22 日查阅）免费获得。

英国《2006 年诈骗罪法》之沿革与架构

张梓弦[*]

一、引言

近年来，以德日诈骗罪为蓝本而展开的重构我国诈骗罪之解释论的尝试不胜枚举，而英美法系国家中的诈骗罪之架构却鲜有人关注。此类"亲大陆法系，而远英美法系"之现象背后的成因，往往是"法系不同，相应的解释论亦不可同日而语"的思维惯性。但无论如何，此类思维惯性并不代表英美法不具有值得参考或反思之处，相反，不管是正面可借鉴参考之例，抑或反面需谨慎反思之例，明确他国条文之成因才是比较法视野下所应秉持的态度。本文所欲介绍的英国《2006 年诈骗罪法》中的地位滥用型诈骗便是值得我国学者反思之例。

二、英国诈骗罪的立法沿革

（一）《1916 年盗窃罪法》（The Larceny Act 1916）

与大陆法系国家不同，英国并不存在着统一的刑法典，取而代之的则是各类单行刑法。在财产犯罪领域，最初为人瞩目的法典编纂即为英

---

* 张梓弦，东京大学大学院法学政治学研究科博士。

国《1916 年盗窃罪法》（The Larceny Act 1916）[1]。该法所涵盖的内容极为琐碎，在盗窃类罪名中，除却通常意义上的盗窃罪之外，仍存在着诸如"以偷盗之目的杀害牲畜（Killing animals with intent to steal）""盗窃处于生产制造过程中的财物（larceny of goods in process of manufacture）""盗窃土地证书及其他法律证书（Larceny of documents of title to lands and other legal documents）"等 15 个具体的行为类型之规定。在盗窃类犯罪之外，《1916 年盗窃罪法》中也规定了"侵占（Embezzlement）""抢劫（Robbery）"等财产犯罪。不过，该法中并不存在现代意义上的"诈骗（Fraud）"或是"欺诈（Deception）"等概念，唯一存在的与诈骗罪相关的行为类型为"虚假陈述（False Pretense）"[2]。在这样一部庞杂且毫无体系性的盗窃罪法的背景下，英国的学界以及实务界亦作出了相当程度的反思，一方面认为该法条不编排章节的立法模式增大了实务层面的适用难度，另一方面认为各行为类型之间的关系不明晰也导致了罪名适用时的逻辑体系紊乱。[3] 在这种反思与变革潮流的推动下，在历经了 50 年的沉淀以及积累后，英国国会颁布了《1968 年盗窃罪法》（The Theft Act 1968）[4]。

---

〔1〕 《1916 年盗窃罪法》的具体条文可参见 http：//www. legislation. gov. uk/ukpga/1916/50/contents/enacted. 此外，还需注意的是，英国在《1916 年盗窃罪法》之前，便已存在着《1827 年盗窃罪法》（7&8 Geo. 4，c. 29）以及作为《1827 年盗窃罪法》的修正及扩充的《1861 年盗窃罪法》（24&25 Vict.，c. 96）等。不过，18 世纪的英国在法典编纂层面受到了当时立法技术疲敝之制约，因而《1827 年盗窃罪法》和《1861 年盗窃罪法》在理论层面或体系层面皆可谓杂乱无章，空有其表而无其实，因此，本文对 18 世纪英国的财产犯罪立法不再展开探讨。

〔2〕 该条的具体内容为：实施虚假陈述者，将以轻罪论，并处 5 年以下之刑。所谓虚假陈述，即是：①以欺诈之意图，从他人处获得动产、金钱或有价证券；致使或引发所有人将金钱、动产或有价证券交付至自己或第三人，进而获得该类财物之使用利益；或以图谋自己或者第三人之利益为目的，致使或引发上述财物之交付。②以欺诈或损害他人财产之意图，致使或诱使他人行使、制造、接受、背书或销毁任何有价证券的全部或部分；或以之后制作或转换为有价证券之目的，使得他人在纸张或证书上书写、盖印或附上他人之姓名。

〔3〕 Criminal Law Revision Committee，8th report：theft and related offences，1966. Para. 6.

〔4〕 《1968 年盗窃罪法》的具体条文可参见 https：//www. legislation. gov. uk/ukpga/1968/60/contents.

（二）《1968年盗窃罪法》（The Theft Act 1968）

《1968年盗窃罪法》的诞生主要是为了弥补不当的处罚间隙[1]，且能够对各犯罪之定义予以精简化，从而使得财产犯罪整体构造更具有体系性。与《1916年盗窃罪法》相同的是，《1968年盗窃罪法》也在盗窃罪之外规定了抢劫、敲诈勒索等罪名；而与《1916年盗窃罪法》不同的是，《1968年盗窃罪法》首次规定了现代意义上的"诈骗罪（Fraud）"，并对各类性质不同的罪名划分了章节。[2] 具体而言，《1968年盗窃罪法》第15条规定了"诈骗取财罪（obtaining property by deception）"[3]，第16条规定了"诈骗获利罪（obtaining pecuniary advantage by deception）"[4]。从学理的角度而言，此两条罪名均要求行为人通过其意思表示致使被害人陷入错误[5]，从而交付财产、有价证券抑或转移财产性利益等。而伴随着被害人之交付，行为人则会相应地获得财产或财产性利益[6]。

从大体的方向性而言，《1968年盗窃罪法》与大陆法系国家同样就

---

〔1〕 例如，《1968年盗窃罪法》的起草者之一 Seaborne Davies 教授曾说道，"盗窃半便士之人往往会被判以重罪，而通过欺诈的方式获得一百万镑之人也不过只会被判以轻罪"。这也是当时英国盗窃罪法将主要的着眼点集中于财物转移型的"盗窃罪"，而轻视对于财物交付型的"诈骗罪"的体系性构建的一个缩影。相应内容可参见，Seaboene Davies, *Reform of the Criminal Law*, Law Reform & Law Making, 1953, p. 69.

〔2〕《1968年盗窃罪法》于第1条至第6条对该法中所出现的一些概念进行了定义；第7条至第14条将盗窃、抢劫以及不法侵入型盗窃归为同一章；第15条至第21条则将诈骗以及敲诈勒索归为同一章。

〔3〕 该条的第1项以及第2项的具体内容为："①以欺诈之方式，不诚实地获得本属于他人之财产，并以永久剥夺该财产为意图者，视为违反本条之规定，处10年以下之刑。②本条所谓'获得财产'，即为获得他人财产之所有权、占有权抑或支配控制权，所谓'获得'，包括使得他人获得，或者授权他人获得财产"；此外，该条的第4项规定，"本条所谓'欺诈'（对此欺诈，行为人的主观内容为'积极之意图'抑或'消极之轻率'则在所不同），即为以言语或作为之方式隐瞒事实或法律，亦包括实施诈欺之人或第三人之当下意图的隐瞒"。

〔4〕 该条的具体内容为：①以诈欺之方式，不诚实地为自己或者第三人获得任何财产性利益，视为违反本条之规定，处10年以下之刑。②本条所谓"财产性利益"，即为：（a）债务之全部或者部分免除；（b）获得被允许透支之机会；（c）获得被雇佣之机会。

〔5〕 可以说，在英国法的理论中，行为人之行为之所以被评价为"欺诈行为"，是因为其使得被害人陷入错误从而交付了财产。在这种情形下，若被害人意识到行为人实施了虚假之意思表示但仍然选择了交付该财物，或者即便知道行为人实施了虚假之意思表示但仍会做出相同的财产交付行为，自始便不可评价为"欺诈行为"。Ady (1985) 7 C & P 140; Edwards (1978) Crim LR 49; Roebuck (1856) Dears & B 24.

〔6〕 Ormerod/Laird, *Smith and Hogan's Criminal Law*, 14th ed, 2015, para. 23. 1. 2.

针对财物的一般诈骗与诈骗财产性利益进行了区分，但该法第 16 条的条文中对于"财产性利益"予以的具体解释实则限缩了该条的成立范围，从这个角度而言，《1968 年盗窃罪法》第 16 条之"诈骗获利"仍不可与大陆法系国家之"诈骗财产性利益"同日而语。但无论如何，《1968 年盗窃罪法》中单独将"诈骗罪（Fraud）"规定为独立于盗窃罪的一章，并在其条文中对于所谓的"欺诈行为"进行具体的规定，不失为此法的一大特色。

不过，即便《1968 年盗窃罪法》在相当的程度上弥补了《1916 年盗窃罪法》的诸多不足，但有关财产犯罪的立法并未就此于英国停滞不前。相反，针对《1968 年盗窃罪法》中"以欺诈之方式，不诚实地为自己或者第三人获得任何财产性利益"这一规定，学界以及实务界普遍认为该规定过于抽象化、宽泛化（特别是有关于"债务全部或者部分免除"之规定的适用）。[1] 因此，在《1968 年盗窃罪法》成立仅 10 年后，为弥补其在"财产性利益"的解释论层面之不足，《1978 年盗窃罪法》旋即登场。[2]

（三）《1978 年盗窃罪法》（The Theft Act 1978）

《1978 年盗窃罪法》从实质的角度而言并不能算是一部新的立法，其初衷在于弥补《1968 年盗窃罪法》第 16 条第 2 项的（a）所存在的适用层面的难点[3]。亦即，《1978 年盗窃罪法》不过是对于《1968 年盗窃罪法》的补足性规定，并未对《1968 年盗窃罪法》进行全盘性的否定。具体而言，当时的刑法修改委员会就《1968 年盗窃罪法》第 16 条所面临的问题提交了第 13 回刑法修改报告书，在该报告书中，委员会一方面主张废除《1968 年盗窃罪法》第 16 条第 2 项，另一方面规定了取而代之的草案。《1978 年盗窃罪法》则原封不动地援用了该草案。

---

〔1〕 之所以学界以及实务界会存在对于《1968 年盗窃罪法》过于抽象化以及宽泛化的批判，是因为在《1968 年盗窃罪法》之前，英国在财产犯罪领域并不存在针对"财产性利益"的犯罪。而《1968 年盗窃罪法》在没有任何学理层面的基础的前提下，将"财产性利益"规定为"（a）债务之全部或者部分免除；（b）获得被允许透支之机会；（c）获得被雇佣之机会"，这自然会存在着适用层面的诸多难题。See Edward Griew, *The Theft Act*, 7th ed, 1995, para. 7-04.

〔2〕 《1978 年盗窃罪法》的具体条文可参见 https://www.legislation.gov.uk/ukpga/1978/31/data.pdf，最后访问时间：2018 年 10 月 14 日。

〔3〕 See Jeremy Horder, Aschworth's Principles of Criminal Law, 8th ed, 2017, p. 417.

其中，《1978 年盗窃罪法》重新规定了三种类型的财产性利益的诈骗行为，第一种为"通过欺诈的方式而获得服务/劳务（Service）"，[1] 第二种为"以欺诈之方式免除自己的义务（Liability）"，[2] 第三种为"不予支付（Making off without payment）"。[3] 不过，虽然《1978 年盗窃罪法》的制定旨在解决《1968 年盗窃罪法》第 16 条第 2 项所存在的适用层面的难题，但是《1978 年盗窃罪法》自身亦存在着诸多法解释层面无法自洽的问题，因而导致许多以现在的视角来看，应被予以处罚的案件只能以无罪的结果而告终。[4]

（四）《2006 年诈骗罪法》（The Fraud Act 2006）的成立背景

在英国的学界以及实务界意识到前述《1968 年盗窃罪法》以及《1978 年盗窃罪法》无法应对随着时间的推移而呈现出井喷式增长的诈骗类犯罪后，[5] 英国《2006 年诈骗罪法》当初制定的最大目的无疑在于：消除《1968 年盗窃罪法》以及《1978 年盗窃罪法》之下所有可能存在的处罚漏洞。[6] 早在 1996 年，英国的法律委员会就提出了新设诈骗罪法之提案，[7] 认为不能因《1968 年盗窃罪法》和《1978 年盗窃罪法》存在着无法自洽之处或存在着诸多处罚间隙就应对诈骗罪采取一般性、概括性的立法方式（Grand Fraud），相反，在立法论层面所应做的无非只是"针对现行规定的修正"。[8] 但针对此提案，学界亦不乏一些批判之声，认为应该创设一系列更为"概括性"的规定，从而使

---

〔1〕 例如，行为人以诈骗的方式无偿乘车等。

〔2〕 例如，行为人以诈骗的方式免除自己的债务等。

〔3〕 例如，行为人去饭店点单后不予支付相应价款而逃走等。

〔4〕 举例而言，《1978 年盗窃罪法》所规定的第三种行为类型"不予支付（making off without payment）"在当时的语境下即存在着诸多疑问。如行为人所具备的"不予支付的意图"发生在事前还是事后是否会对定罪产生影响；该"不予支付"的行为是否与该法所规定的第一种行为类型"通过欺诈的方式获得服务/劳务"存在竞合等，都是在当时悬而未决的难题。

〔5〕 See G. R. Sullivan, *Fraud and the Efficacy of the Criminal Law: A Proposal for a Wide Residual Offences*, Crim. L. R., (1985), p. 616.

〔6〕 See Ormerod, *The Fraud Act 2006——Criminalising Lying?*, Crim. L. R. (2007) p. 193~194.

〔7〕 See Consultation Paper No. 155, Legislating the Criminal Code, Fraud and Deception (1999).

〔8〕 See Consultation Paper No. 155, Legislating the Criminal Code, Fraud and Deception (1999), Para. 5. 32. 此外，法律委员会认为若采取概括性的立法方式，则很有可能导致处罚范围的无限扩大，从而与欧洲人权条约之基准相悖（Id. para. 5. 52）。

得诈骗罪之处罚更能够积极地应对现实层面所发生的欺诈事件。[1] 在经受了这些批判之后，法律委员会于 2002 年公布了以诈骗罪为题的第 276 回报告书，该报告书即为"概括性的诈骗罪"的导入奠定了基础。[2] 在此之上，政府于 2004 年公布了与诈骗罪有关的修正法案，[3]《2006 年的诈骗罪法》便是以政府于 2004 年所公布的法案为蓝本制定而成的。[4]

三、英国《2006 年诈骗罪法》之架构

根据法律委员会于 2002 年所公布的第 276 回报告书，本次修法最为重要之特色即为"诈骗行为类型之概括性规定"。[5] 亦即，《1968 年盗窃罪法》以及《1978 年的盗窃罪法》中的所有与诈骗罪所关联的行为类型在本次修法中均被废止，取而代之的是可以囊括眼下所有诈骗类型的三种新设的行为模式。即"虚伪意思表示型欺诈（Fraud by False Representation）""情报不公开型欺诈（Fraud by Failing to Disclose Information）"以及"地位滥用型诈骗（Fraud by Abuse of Position）"。三种行为类型中，均要求行为人是基于"不诚实（Dishonestly）"而实施了诈骗行为，此构成要件要素则是延续了《1968 年盗窃罪法》和《1978 年盗窃罪法》中的相应规定。此外，行为人在实施行为之时，需具有"获利或导致他人之财产损害或财产损害之风险的意图（Intention, to make a gain or cause a loss to another or expose another to a risk of loss）"这一主观的超过要素。以下分别以表格的形式对三种新设行为类型的构成要件进行概观。

---

〔1〕 例如，Ormerod 教授即为对诈骗罪采取概括性立法的积极支持者。See Ormerod, *A Bit of a Con? The Law Commission's Consultation Paper on Fraud*, Crim. L. R., (1999) p. 789.

〔2〕 See Law Commission Report No. 276, Fraud (2002).

〔3〕 See Home Office Consultation Paper, Fraud Law Reform (2004).

〔4〕《2006 年诈骗罪法》的具体条文可参见 http://www.legislation.gov.uk/ukpga/2006/35/pdfs/ukpga_ 20060035_ en. pdf，最后访问时间：2018 年 10 月 14 日。

〔5〕 See Law Commission Report No. 276, Fraud (2002), para 7.

（一）虚伪意思表示型欺诈（Fraud by False Representation）[1]

	客观要素（Actus reus）	主观要素（Mens rea）
行为要素 （Conduct element）	做出意思表示 （Making a representation）	（故意）Voluntary
情状要素 （Circumstance element）	1. 行为人所作出的意思表示为虚伪之意思表示（Defendant's representation is false） 2. 行为人所作出的意思表示为不诚实之意思表示（Defendant's representation is dishonest）	1. 明知或预见可能性（Knlowedge or foresight of a possibility） 2. 明知（Knowledge）
结果要素 （Result element）	无	无
主观超过要素 （Ulterior mens rea element）		通过作出虚伪之意思表示从而获利或具有导致他人之财产损害或财产损害之风险的意图（Intention, by the making of the representation, to make a gain or cause a loss to another or expose another to a risk of loss）

---

〔1〕 See Child/Ormerod, Smith, Hogan, *Ormerod's Essentials of Criminal Law*, 2nd ed, 2017, p. 388. 该条的具体内容为："基于自己或者第三人获利之意图，或者造成他人之财产损害或财产损害之危险的意图，以不诚实的方式实施虚伪之意思表示。"最为传统意义层面的伪装自己具有支付能力从而骗取他人财物；信用卡、借记卡诈骗等都属于第一行为类型之范畴。再如，利用他人名义开设银行账户（*R v Cleps*〔2009〕EWCA Crim 894）；为获取职位而伪造身份证明等亦该当此例（*R v Kapitene*〔2010〕EWCA Crim 2061；*R v Haboub*〔2007〕EWCA Crim 3320.）。

（二）情报不公开型欺诈（Fraud by Failing to Disclose Information）[1]

	客观要素（Actus reus）	主观要素（Mens rea）
行为要素（Conduct element）	情报不公开（Failing to disclose information）	故意（Voluntary）
情状要素（Circumstance element）	1. 行为人具有情报公开的法律义务（D has a legal duty to disclose the information） 2. 行为人并没有实施该情报公开是不诚实的（D's failure to disclose is dishonest）	1. 无 2. 明知（Knowledge）
结果要素（Result element）	无	无
主观超过要素（Ulterior mens rea element）		通过情报不公开从而获利或具有导致他人之财产损害或财产损害之风险的意图（Intention, by failing to disclose, to make a gain or cause a loss to another or expose another to a risk of loss）

[1]　Child/Ormerod, Smith, Hogan, *Ormerod's Essentials of Criminal Law*, 2nd ed, 2017, p. 395. 该条的具体内容为："基于自己或者第三人获利之意图，或者造成他人之财产损害或财产损害之危险的意图，在具有情报公开这一法律义务的前提下，基于不诚实而不公开该情报之行为。"例如，隐瞒自己的犯罪记录从而获得职位（*R v Daley*［2010］EWCA Crim 2193）；隐瞒自己的国籍，以伪造身份证的方式获取职位等（*R v Mashata*［2010］EWCA Crim 2595）。另需注意的是，第二行为类型和第一行为类型往往会存在着竞合的关系，一般而言，在行为人具有情报公开的"法律层面"的义务之时，往往成立第二行为类型。Ormerod/Laird, *Smith and Hogan's Criminal Law*, 14th ed, 2015, para. 23. 4. 3. 2.

（三）地位滥用型诈骗（Fraud by Abuse of Position）[1]

	客观要素（Actus reus）	主观要素（Mens rea）
行为要素（Conduct element）	作为或者不作为（Acts or omissions）	故意（Voluntary）
情状要素（Circumstance element）	1. 行为人处于被期待保护他人的财产利益之地位（D occupies a position in which he is expected to safeguard the financial interests of another） 2. 行为人滥用该地位（D abuses that position） 3. 行为人是基于不诚实而滥用该地位（D's abuse of position is dishonest）	1. 无 2. 无 3. 明知（Knowledge）
结果要素（Result element）	无	无

---

[1] Child/Ormerod, Smith, Hogan, *Ormerod's Essentials of Criminal Law*，2nd ed, 2017, p. 398. 该条的具体内容为："保护他人之经济利益或被期待不违背此保护他人经济利益之立场者，基于自己或者第三人获利之意图，或者造成他人之财产损害或财产损害之危险的意图，不诚实地滥用其地位之行为。"具体而言，酒吧的酒保在营业时间内向客人贩卖自己的酒并从中获利；软件开发公司的职员擅自拷贝自己公司所开发的软件并将其卖给他人；公司经理将其被委任签订的可以使得公司获利之合同转而用于自己获利（See Card/Molly, Card, *Cross & Jones Criminal Law*，22nd ed, 2016, para 12. 25; See also Sullivan, *Fraud-The Latest Law Commission Proposals*，[2003] 67 JCL 139, p. 145.）；护理中心的职员不当地使用居住于该护理中心的居住者的存折取现（*R v Marshall* [2009] EWCA Crim 2076）；搬运公司的分店经理滥用其地位，从其委托人处收取了 100 英镑的报酬，从而在没有确认货物的情况下，将一般情况下不允许通关的货物予以通关放行（*R v Gale* [2008] EWCA Crim 1344）。

	客观要素（Actus reus）	主观要素（Mens rea）
主观超过要素 （Ulterior mens rea element）		通过滥用自己的地位从而获利或具有导致他人之财产损害或财产损害之风险的意图（Intention，by abuse of position，to make a gain or cause a loss to another or expose another to a risk of loss）

（四）财产损害以及获利（Gain and Loss）

在《2006 年诈骗罪法》中，除上述三个不同的行为类型之外，该法在其第 5 条中还对"财产损害（Loss）"以及"获利（Gain）"进行了概念层面的规制。亦即，"本法第 2 条至第 4 条所提及的'财产损害（Loss）'以及'获利（Gain）'，其范围仅限于金钱（Money）或其他财产（Property）。该金钱或财产可以是一时性的或永久的。所谓财产（Property），既可以是不动产（Real Property）亦可以是动产（Personal Property）。其中，'财产损害（Gain）'包括了通过自己所持有之物而获利，亦包含了通过自己并未持有之物而获利。'获利（Loss）'包括了被害人损失了应得的财物之情形，亦包含了被害人与自己所持有之物相分离之情形"。[1]

四、英国《2006 年诈骗罪法》之特征

（一）以行为人主观要件为着眼点之规制

1. 不诚实（Dishonesty）。如前所述，《2006 年诈骗罪法》中所包含的三种行为类型均要求行为人基于"不诚实"而实施行为。从英国法的沿革中也可看出，"不诚实"这一构成要件要素，早可散见于《1968

---

〔1〕 相关内容还可参见 Monaghan, *To Prosecute or Not to Prosecute? A Reconsideration of the Overyealous Prosecution of Parents under the Fraud Act* 2006, 74 JCL, 2010, p. 264.

年盗窃罪法》的诸多罪名中。以前文所列举的条文为例，《1968 年盗窃罪法》第 15 条第 1 项对诈骗罪规定如下："以欺诈之方式，不诚实地获得本属于他人之财产，并以永久剥夺该财产为意图者，视为违反本条之规定，处 10 年以下之刑。"［1］从中不难看出，《1968 年盗窃罪法》中的诈骗罪其本质便在于"不诚实地获得他人之财产"。而英国在经历了多次立法之后，"不诚实"这一构成要件要素仍得以保留，并成为财产犯罪中解释论层面的核心要点，可以说，对于"不诚实"之理解直接决定了《2006 年诈骗罪法》在学理层面的走向。

有关于此，1982 年的 Ghosh［2］案可谓首次对"不诚实"提出了具体且明晰的解释路径。该案中，被告人是一名临时外科医生，在其工作期间，其谎称由他人所执行之手术实则为自己所执行，从而向英国的医疗保险请求该次手术的报酬。被告人主张，不论他是以怎样的名义去申请的该次手术的报酬，该手术报酬的支付本身是正当且合理的，因此并不符合《1968 年盗窃罪法》中所要求的"不诚实"这一构成要件要素。不过最终陪审团仍然认为被告人构成《1968 年盗窃罪法》第 15 条所规定的"诈骗取财罪"。随后，被告人针对此判决结果提出了上诉，但上诉法院仍然主张被告人有罪并驳回了被告人的上诉。上诉法院认为，就诈骗取财罪中的不诚实这一构成要件要素的解构而言，应分为两个阶段进行判断，第一阶段应以"合理一般人"的基准判断被告人所实施的行为是否为不诚实，若并非不诚实则不可罚，若在合理一般人的基准下可断定被告人所实施的行为不诚实的，那么则进行第二阶段的判断。第二阶段的判断则是，被告人是否认识到了自己的行为符合该经由合理一般人所判断出的不诚实这一点，若对此并不具有认识则不可罚，若对此具有认识则可肯定其可罚性。

从上诉法院的判决要旨中可以看出，实务中对于"不诚实"的判断实则采取了主客观折中的判断方式。这种判断方式虽遭受到了学界的

---

［1］ 此外，除诈骗罪之外，《1968 年盗窃罪法》同样在盗窃罪的构成要件中也规定了"不诚实"这一构成要件要素。如《1968 年盗窃罪法》第 1 条第（1）项规定："A person is guilty of theft if he dishonestly appropriates property belonging to another with the intention of permanently depriving the other of it；and 'thief' and 'steal' shall be construed accordingly."

［2］ *R v Ghosh*（1982）EWCA Crim. 2

质疑,[1] 但从之后的判例来看,此种判断模式似已成为英国实务界的通说。[2]

2. 图利加害意图。

(1)财产损害及图利（Loss and Gain）。如前文所述,大部分诈骗罪的案例中,图利之意图和造成他人财产损害之意图都具有紧密的关联性。换言之,诈骗罪中的被害者所遭受的损害即为行为人所获取之利益。但即便如此,造成他人财产损害之意图并非无关紧要。具体而言,在行为人并不追求任何利益,而只是单纯想要对被害人予以损害之时,此财产损害意图之重要性方可体现。[3]

(2)意图（Intention）。此处所谓的意图,则与刑法总则理论中所提及的行为人主观层面的意图相差无几,其内涵在于对犯罪结果的实质且明确之预见（foresight）。例如,行为人虽并不想通过其行为对被害人造成财产层面的损害,但对于其行为于事实层面能够对被害人造成财产性损害这一事实具有确实的预见可能性（foreseeing that it is virtually certain）,且仍然作出了相应的虚伪之意思表示时,方可肯定行为人之意图[4]。

（二）"基于错误的财物交付"以及"财产损害发生"等要件之欠缺

如前所述,英国早期的盗窃罪法中,虽然并没有彰显诈骗这一概念的核心与本质,但是在其中所规定的诈骗型犯罪之构成要件中,可以看出诈骗行为所对应的一定是"财物交付"这一结果。不过,从前文所述的《2006 年诈骗罪法》的条文文本来看,此类"财物交付"或"财产损害发生"之结果要件完全消失殆尽,取而代之的是行为人对于自己或第三人之图利以及对他人造成损害或损害之风险的"意图"。换言之,与大陆法系国家传统意义上的诈骗不同,《2006 年诈骗罪法》中并不要求行为人对被害人造成实质层面的财产损害,甚至不要求财物的交付和转移,行为人仅具有对被害人造成财产损害之意图即可成立诈骗

---

〔1〕 例如,有学者认为"不诚实"这一概念无法在陪审团处得以切实地理解和贯彻;而《1968 年盗窃罪法》中规定的"不诚实"这一构成要件要素也无非只是表明了行为人"并没有诚实地主张权利"。See Williams, *The Standard of Honesty*, New L. J., 1983, p. 636~638.

〔2〕 例如,1983 年的 Woolven 事件便贯彻了 Ghosh 事件中所提出的标准。*R v Woolven* (1983) 77 Cr. App. R. 231.

〔3〕 Ormerod/Laird, *Smith and Hogan's Criminal Law*, 14th ed, 2015, para. 23. 2. 4. 2.

〔4〕 *Ibid.*

罪。从这个角度而言，《2006年诈骗罪法》除具有相当程度的概括性之外，其对于行为人行为之介入较之于之前的诈骗罪规定而言更为"前倾化"。[1]

另外，在2006年立法的背景下，"欺骗他人，使得他人陷入错误从而交付财物"这一传统诈骗罪的观念也不复存在，致使对于机器等实施"诈骗"的行为亦可被评价为"诈骗"。在这种既不要求被害人基于错误的交付，也不要求行为人对被害人造成任何财产损害的构成要件下，有学者认为，《2006年诈骗罪法》规定的三种罪名似乎已成为"无被害之犯罪（Victimless Crime）"。[2]

（三）地位滥用型欺诈之"异质性"

综合上述分析，作为《2006年诈骗罪法》第三种行为类型的地位滥用型欺诈也并非交付型犯罪，亦非针对全体财产之犯罪。确切而言，其本质在于处罚行为人的不诚实之行为以及图利加害型人格。从这个角度而言，在略去了"诈骗"这一概念之本质考量以及"财物交付"和"财产损害发生"这一结果要件之要求时，英国法中的诈骗罪之犯罪处罚效果有着极度的"泛道德化"之嫌。可以说，英国对于诈骗罪之概括性立法本身源于诈骗类犯罪之恶化，但由于其立法过犹不及，导致英国的诈骗罪从一个极端游移至另一个极端。[3] 此外，行为人基于不诚实而滥用自己被期待之地位，从而对被害人造成财产损害之风险的行为

---

〔1〕 当然，这种"概括性"规定和对于诈骗行为的"前倾化"处理自然也难免遭到学界的批判。不过在急需弥补诈骗罪的处罚间隙的大环境下，《2006年诈骗罪法》所采取的立法模式可谓是不得已而为之。See Ormerod/Laird, *Smith and Hogan's Criminal Law*, 14th ed, 2015, para. 23. 1. 3. 1.

〔2〕 See Ormerod/Laird, *Smith and Hogan's Criminal Law*, 14th ed, 2015, para. 23. 3. 1. 2. 不过对于公诉机关而言，向陪审团指明诈骗罪中的被害人以及被害人之损失当然可以作为证明行为人实施"虚伪意思表示"等行为的证据。

〔3〕 此类"滥用对他人财产处于保护之地位而造成他人之财产损害"的行为在大陆法系国家的视野下往往由"背信罪"所涵盖，因而其与第一行为类型以及第二行为类型具有相当程度的"异质性"。在德日的文献中，亦不乏学者直接将英国《2006诈骗罪法》中的第三行为类型视为"英国的背信罪"，进而与德日等大陆法系的"背信罪"进行比较法层面的考察。Vgl. Vogel, Eine rechtsvergleichende Untersuchung zum Aussageverlust materiellen Rechts bei Betrug und Untreue in England und Deutschland, 2014., S. 94ff; Rönnu, （Rechts－）Vergleichend überlegungen zum Tatbestand der Untreue, ZStW 2010., S. 300ff; Bois-Pedain, Die Strafbarkeit untreueartigen Verhaltens im englischen Recht："Fraud by abuse of position" und andere einschlägige Strafvorschriften, ZStW 2010., S. 325ff.

类型反而和大陆法系国家的"背信罪"雷同,[1] 其本质已完全脱离了诈骗罪所应有的内涵。由于地位滥用型欺诈并不为我们所熟知,因此本款将着重对其构成要件进行介绍。

1. 客观构成要件（Actus reus）。从体系性角度而言,"地位滥用型欺诈"的构成要件因与"虚伪意思表示型欺诈"及"情报不公开型欺诈"大相径庭而一直为学界所诟病。然真正使得地位滥用型欺诈于实务层面的适用不甚明了之元凶并非仅仅在于其与《2006 年诈骗罪法》中所规定的前两种行为类型不具有匹配性和类同性,究其原因则是其构成要件的"不明确性"。[2] 也正因此,地位滥用型欺诈于法解释层面而言可谓法律适用者的"噩梦",该行为类型之存在也间接地为《2006 年诈骗罪法》招致了相当程度的"恶评"。[3] 从下文的描述中可以看出,地位滥用型欺诈罪的每个构成要件要素都存在着有待商榷之处。

（1）地位（position）。行为人所被期待的保护他人财产之地位具体而言指代为何,是首先需要明确之问题。有关于此,最直率的理解是将此构成要件中所谓的"地位"理解为私法层面的"信义义务（fiduciary

---

〔1〕 通过条文的比较也可看出,符合英国《2006 年诈骗罪法》的行为类型在德语圈三国以及日本的语境下往往会成立背信罪。

(1)《德国刑法典》第 266 条:行为人滥用其基于法律、行政机关之委任,或因法律行为而被授予的处分他人财产之权限或使得他人负担义务之权限,抑或行为人违反了基于法律、行政机关之委任,或因法律行为或基于信赖关系而负担的保护他人财产利益之义务,从而对其负有保护其财产利益之人造成损害的,处 5 年以下之自由刑或罚金。

(2)《瑞士刑法典》第 158 条:①行为人基于法律、行政机关之委任,或因法律行为而管理或监督管理他人之财产时,因违背其义务从而对他人造成财产损害,或允许该财产损害发生的,处 3 年以下自由刑或罚金。不具有委托关系的业务执行人亦同。若行为人实施背信行为是基于为自己或为第三人图谋不当利益之意图,则可处 1 年以上 5 年以下之自由刑。②行为人基于为自己或为第三人图谋不当利益之意图,滥用基于法律、行政机关之委任,或因法律行为而授予的代理他人之权限,从而对被代理人造成财产损失的,处 5 年以下自由刑或罚金。③因背信行为而对具有亲属关系或家族内部之人造成财产损害的,告诉才起诉。

(3)《奥地利刑法典》第 153 条:①明知滥用了处分他人财产之权限或使得他人负担义务之权限,并据此对他人造成财产损害者,处 6 个月以下之自由刑或 360 日以下之罚金。②所谓权限滥用,是指行为人以不正当之方式,违反了经济层面的财产权人的财产保护之规定。③通过背信行为造成了超过 5000 欧元之损失者,处 3 年以下之自由刑;通过背信行为造成了超过 30 万欧元之损失者,处 1 年以上 10 年以下之自由刑。

(4)《日本刑法典》第 247 条:为他人而处理事务者,以追求自己或第三人之利益或对本人造成损害之目的,实施违背该任务之行为,从而对被害人造成财产上之损害的,处 5 年以下惩役或 50 万日元以下之罚金。

〔2〕 See Hansard, HC, 12 June 2006, col 549.

〔3〕 Standing Committee B, 20 June 2006, col 25.

duty）"。[1] 亦即，受托人基于委托人对其的信赖与信任，在为委托人实施相应行为的过程中具有谨慎的善意与诚实义务。不过此种理解方式被认为一方面将私法中复杂且争议不断的概念纳入到了刑事裁判中；另一方面也被认为此私法层面的"信义义务"会导致地位滥用型欺诈的成立范围过于狭隘。[2] 有关于此，法律委员会在其报告书中就如何理解"地位"这一构成要件要素给出了自己的见解：

"本条中行为人与被害人之间的必要关系在于以下情形，即受托人之于受益人，董事之于公司，代理人之于被代理人，职员之于雇主，抑或合伙人之间。然而，这种关系不仅仅局限于法律层面，诸如家庭内部成员之间，自发的志愿工作之中，双方当事人之间等，亦可存在此等关系。但凡存在由私法所认同的信义义务之关系，那么该关系便该当本条。不过，为何此信义义务之存在是必要而不可或缺的，其理由无从而知。因此，在实务中，必要关系的存在不仅仅是事实层面的问题，其更多的在于行为人与被害人之间的关系应由法官自行判断，而在存在陪审团的情形下，则应提示陪审员们行为人与被害人之间有着此等关系之存在。"[3]

可以看出，法律委员会在认定行为人是否有着地位滥用型欺诈罪中所要求的地位时，虽然主要的着眼点仍是"信义义务"的存在本身，但实则具有一定程度的扩大化之倾向。例如家庭成员内部，自发的志愿工作等也可纳入本条的考察范畴之内。据此，顺应着法律委员会的此种理解方式，具有介入被害者（具体的被害人或者被害公司）之不动产、商品、记录档案、人事构成等权限之行为人则具有本条所谓之"地位"；另外，父母对于子女之财产，并不具有信义义务但具有能够泄露公司商业秘密之地位的职员，都有可能构成地位滥用型欺诈。[4] 申言之，根据法律委员会的观点，地位滥用型欺诈的本质并不仅仅在于法律层面的"信义义务"，而在于"事实与法律层面的信义义务"。

针对法律委员会的此种见解，英国刑法学界亦提出了诸多批判。如有学者认为，单纯的以信义义务为基准并不能穷尽说明地位滥用型欺诈

---

〔1〕 Collins, *Fraud by Abuse of Position*： *Theorising Section 4 of the Fraud Act* 2006, (2011), Crim. L. R. , p. 516.

〔2〕 See Ormerod/Laird, *Smith and Hogan's Criminal Law*, 14th ed, 2015, para. 23. 5. 2. 1.

〔3〕 Law Commission Report No. 276, Fraud （2002）, para 7. 38.

〔4〕 See Ormerod/Laird, *Smith and Hogan's Criminal Law*, 14th ed, 2015, para. 23. 5. 2. 1.

的理论根据。[1] 法律委员会认为行为人所具有的地位并不仅仅局限于法律层面的信义义务,事实层面的信义义务也可纳入考察的范围之中,此种解释方式实际上仍然不能明确何种情况下行为人负有信义义务,且很有可能导致信义义务的解释范围过广,从而同时涵盖了"契约义务""纷争回避义务""公平公正义务"等。[2] 特别是当行为人与被害人之间具有类似于受托人和受益人关系的情形下,信义义务自然是明确且毫无争议的,但在别的场合之中,判断行为人是否负有信义义务则并无明确之标准。[3] 还有学者认为,需要考察的并非是受委托之人是否具有信义义务,而是委托人对受委托之人是否具有"忠诚性之期待"。[4] 根据此种理解,"地位"这一构成要件要素的解释实则取决于"保护他人之经济利益或被期待不违背此保护他人经济利益"之解释。[5]

(2) 期待性(Expectation)。与前述"地位"这一构成要件紧密关联,行为人所处的一定是"保护他人之经济利益或被期待不违背此保护他人经济利益"这一地位。相应地,法律委员会对于此行为人的期待性解释如下:

"例如,行为人为了被害人的经济利益,事先被授予了行使裁量权的余地,抑或事先被授予了介入被害人的资产、不动产、商品等权限的情形下,则具有对他人的经济利益予以保护之期待性。在这些场合下,行为人已事先从被害人处获取了必要的协助(如权限的赋予等),因而为了确保结果能按照被害人之期待所发生,行为人在行使权限的过程中具有相当程度的自由裁量权,无需被害人过多的协助。"

---

[1] Collins, *Fraud by Abuse of Position: Theorising Section 4 of the Fraud Act* 2006, (2011), Crim. L. R., p. 516.

[2] See S. P. Green, Lying, *Cheating and Stealing: A Moral Theory of White-Collar Crime*, 2006, p. 103.

[3] Collins, *Fraud by Abuse of Position: Theorising Section 4 of the Fraud Act* 2006, (2011), Crim. L. R., p. 516.

[4] Arlidge/Parry, *Arlidge and Parry on Fraud*, 3rd ed, 2007, para. 6-078.

[5] 英国学者往往还会探讨的一个问题是,当明确了"地位"的内涵之后,行为人必须确实的"具有(Occupies)"该地位才可该当地位滥用型欺诈。根据 Smith and Hogan's 在教科书中的举例来看,行为人是否"具有"该地位所对应的问题是,行为人在被解任之后,仍然根据其所掌握的被害人之情报,并基于贪图自己的利益之意图,从而对被害人造成损害的情形是否构成地位滥用型欺诈。有关此点,常务委员会在其报告书中指出,"行为人可能具有超越其职务范畴而负担义务之地位(A Person can Occupy a Position where the owe a Duty that goes beyond the Performance of a Job)"。据此,行为人在委托关系结束之后,仍然有可能构成地位滥用型欺诈。

从法律委员会的解释来看，此所谓"期待性"可以解读为"在具有相当程度的自由裁量权的情形下，行为人被期待不对被害人具有开放性的财产状态予以任何损害"。那么，随之而来的问题则是，"谁"的期待在此具有决定性意义？

对于此问题的解答，首先可以排除行为人自身的期待。若将此期待性理解为行为人对自身的期待的话，那么大部分地位滥用型欺诈的案件中，行为人势必会对自己设置较低程度的期待值，因而不可取。[1] 有部分学者认为，此处的期待应以被害人为视角，不过此种以被害人为视角的见解会导致该基准飘移不定；[2] 具体而言，被害人会根据自身的"脆弱性"将此期待值变高，但现实生活中的被害人却往往未必会处于一种脆弱的支配关系中。[3] 伴随着此二种理解方式的不妥，有部分学者认为法院在处理此问题时应设置一种"合理的一般人基准"，[4] 但其内涵为何则仍不明晰。可以说，此问题在英国法中仍有待更进一步地探讨。

（3）经济利益（Financial Interests）。对于经济利益，条文中仍然没有明确的定义。不过可以肯定的是，理论以及实务界对于"经济利益"的解释采取的是更为宽泛的路径。无论是有形的或无形的，一时性的或永久性的，都可囊括至此构成要件要素之中。[5]

（4）滥用（Abuse）。同样，"滥用"这一构成要件要素亦不存在明确的定义。若将前文所述的"地位"解释为"信义义务"的话，那么此处所谓的"滥用"则为"信义义务的违反"。[6] 从实务的角度而言，判例则往往将滥用理解为"不当（wrongly）""不适当（improperly）""不当使用（uses incorrectly/puts to improper use）"等。[7]

2. 主观构成要件（Mens rea）。在地位滥用型欺诈这一行为类型中，

---

[1] See Ormerod/Laird, *Smith and Hogan's Criminal Law*, 14th ed, 2015, para. 23. 5. 2. 3.

[2] *Ibid.* 当然，也有学者支持采用被害人视角，因为地位滥用型欺诈本身保护的便是被害人的财产不会因行为人滥用自己的地位而被损害。See Collins, *Fraud by Abuse of Position: Theorising Section 4 of the Fraud Act* 2006, （2011）, Crim. L. R., p. 518.

[3] 例如，在父母对于子女财产的支配关系下，自然可以肯定子女作为被害人时的"脆弱性"。但公司董事对公司本身的财产进行管理和运用时，则难以肯定公司处于"脆弱性"的关系之中。

[4] See Ormerod/Laird, *Smith and Hogan's Criminal Law*, 14th ed, 2015, para. 23. 5. 2. 3.

[5] See Ormerod/Laird, *Smith and Hogan's Criminal Law*, 14th ed, 2015, para. 23. 5. 2. 3.

[6] *Ibid.* para. 23. 5. 2. 5.

[7] （2014）EWCA Crim 598.

其主观构成要件和前两种行为类型相同，均要求行为人的"不诚实"以及具有"图利加害意图"，因此本文不再赘述。另需注意的是，"图利加害意图"这一主观构成要件要素往往在行为人"不诚实地"实施了"滥用其被期待的地位"这一客观行为之后方可得以证明。因而在实务中，行为人的"图利加害意图"这一构成要件要素的地位实则是被予以了相当程度的削弱。

五、结语

不难看出，英国《2006 年诈骗罪法》对于诈骗罪的精细化以及体系化梳理并不成功，其不仅未能明确诈骗罪的核心及内涵，反而导致了处罚犯罪过于"前倾化"和"扩大化"。其中，"地位滥用型欺诈"更是有诈骗罪之名却无诈骗罪之实，虽与"虚伪意思表示之欺诈"及"情报不公开之欺诈"规定在同一部法律中，但其本质却与大陆法系国家的"背信罪"雷同。然而，以德国为首的大陆法系国家往往要求背信罪和诈骗罪具有"财产上的损害"这一结果，与此同时，即便在没有要求诈骗罪必须具有"财产上的损害"这一结果的日本，其诈骗罪的构成要件中仍然坚持了需以被害人"基于认识错误而实施财物的交付"为前提。[1] 而英国《2006 年诈骗罪法》中规定的三种行为类型并不要求行为人之行为导致了被害人"财产上的损害"，亦不要求被害人"基于认识错误而实施了财物的交付"，仅仅从行为人的主观层面进行了相应地规制。而着眼于行为人的"不诚实"以及"图利加害之意图"的立法，其出发点可谓并非基于"被害人财产法益的保护"，而更多的是在于"将道德层面的不法行为予以犯罪化"。[2]

综合前文的分析，《2006 年诈骗罪法》的立法初衷无疑在于应对与日俱增的诈骗类犯罪。因此，英国在立法的当初所设想的，也无非是能够制定一部对所有类型的诈骗行为都可适用的诈骗罪法。但从最终结果的角度来看，英国的学者以及实务家所面临的问题恰恰不是立法本身，

---

〔1〕 总结而言，德日等大陆法系国家的背信罪均为针对全体财产的犯罪，但是在诈骗罪领域则略有不同，德国要求诈骗罪需存在财产损害而无需存在被害人的交付，但日本的诈骗罪则并不需要存在财产损害，只需被害人基于错误而实施交付。

〔2〕 Vgl. Vogel, *Eine rechtsvergleichende Untersuchung zum Aussageverlust materiellen Rechts bei Betrug und Untreue in England und Deutschland*, 2014., S. 100.

而是在于该法律文本背后是否能够有着一套逻辑自洽的解释论的展开。而回到我国的语境下，面对新类型之犯罪，我国实务界的应对方式又何尝不是通过不断地新增兜底性、口袋性罪名以达到遏制犯罪的目的。然在诸多口袋性罪名的背后，一个行为其可罚性何在，其与其他罪名之体系性关联为何，却往往是我们所忽略的问题。本文对于英国《2006年诈骗罪法》之铺陈不过寥寥数语，但其条文背后之学理层面的反思亦望我国能以此为鉴。

司法实务

二次饮酒型危险驾驶罪的认定

——兼议"公安机关依法检查时"

蒋同一　韩　璐*

一、引言

行为人酒后驾驶机动车发生交通事故，逃逸后又继续饮酒，之后被公安机关抓获的，因行为人肇事逃逸，公安机关接警后未能及时进行呼气或血液酒精含量检测，导致无法证明首次饮酒后是否达到醉酒标准。此时，应以二次饮酒后的血液酒精含量作为危险驾驶罪的定罪量刑依据，相关不利后果由逃逸行为人自行承担。

公安机关依法检查时，不仅包括公安民警现场正在进行的执法检查，亦应包括公安民警的非现场电话盘问检查。从公安机关接警后开始调查取证至调查结束期间，均属于"公安机关依法检查时"，即该时间是一个过程，而非一个时点。

二、问题的提出

危险驾驶罪自 2011 年《刑法修正案（八）》入刑以来，在维护道路交通秩序、减少恶性交通事故、保护群众生命财产安全方面发挥了积极作用。然而危险驾驶罪依然处于高发的状态，根据淮安市清江浦区人民法院的统计，2015 年至 2018 年间，危险驾驶罪的案件数量共计 504 件，占到刑事案件总数的 19.84%，为收案数第二多的刑事案件。

尽管如此，大多数醉酒型危险驾驶案件并无太大的争议，犯罪嫌疑人大多明知醉酒驾驶的刑事违法性，只是心存侥幸。但随着实践的不断发展，出现了二次饮酒型危险驾驶，这是一种较为罕见的情况，对此如

---

* 蒋同一，江苏省淮安市清江浦区人民法院；韩璐，江苏省淮安市清江浦区人民检察院。

何定罪量刑争议较大。2013 年 12 月 18 日发布的《最高人民法院、最高人民检察院、公安部关于办理醉酒驾驶机动车刑事案件适用法律若干问题的意见》（法发〔2013〕15 号）（以下简称《意见》）第 6 条第 2 款规定："犯罪嫌疑人在公安机关依法检查时，为逃避法律追究，在呼气酒精含量检验或者抽取血样前又饮酒，经检验其血液酒精含量达到本意见第 1 条规定的醉酒标准的，应当认定为醉酒。"对该条的理解，尤其是对"公安机关依法检查时"的理解存在较大的分歧，进而对二次饮酒型危险驾驶的定罪量刑形成不同的意见。

为了更好地说明该争议问题，笔者援引一则真实的案例：刘洪松危险驾驶案。[1] 简要案情为：

2018 年 3 月 26 日 20 时 30 分许，被告人刘洪松酒后驾驶鲁 JJ8226 号小型轿车沿淮安市淮海东路由西向东行驶至圩北路交叉路口时，追尾前方由薛蒙驾驶的同向行驶的苏 HHZ801 号小型轿车，造成了两车损坏的道路交通事故（撞坏对方车辆后保险杠）。经双方下车确认事故情况后，刘洪松直接驾车离开事故现场，薛蒙随即拨打 110 报警。刘洪松离开现场后前往丰惠广场皇金国际 KTV。到达皇金国际 KTV 后，被告人刘洪松再次饮酒。当日 21 时 49 分，公安机关拨打被告人刘洪松手机询问其事故情况，被告人刘洪松否认自己驾车发生事故。当日 23 时左右，被告人刘洪松准备离开 KTV 时，薛蒙在淮海东路丰惠广场停车场内将其拦截，后公安机关将被告人刘洪松抓获归案。经鉴定，刘洪松血液中乙醇含量为 154.6mg/100ml，已达到醉酒标准。

三、处理意见

上述案例所展现的事件发展过程为：行为人饮酒后驾驶机动车发生交通事故，因害怕被公安机关查处选择事故逃逸，然后二次饮酒，被抓获后经检测已达到醉酒标准。

对该案形成了三种不同的意见：

第一种意见认为：被告人酒后驾驶机动车发生交通事故并逃逸，在抽取血样前再次饮酒，其行为不符合《意见》第 6 条规定的条件，血液酒精鉴定结果不能作为认定醉酒的证据。指控被告人犯危险驾驶罪证据不足，指控罪名不能成立，应判决被告人无罪。其理由是：

---

〔1〕 该案为淮安市清江浦区人民法院（2018）苏 0812 刑初 431 号。

认定被告人的行为构成危险驾驶罪，其驾驶时血液酒精含量必须达到醉酒标准。但《意见》作出法律拟制，规定符合一定条件时，被告人驾车结束再次饮酒，所作的血液酒精检验结果仍可以作为认定醉驾的证据。

《意见》第 6 条第 2 款规定：犯罪嫌疑人在公安机关依法检查时，为逃避法律追究，在呼气酒精含量检验或者抽取血样前又饮酒，经检验其血液酒精含量达到本意见第 1 条规定的醉酒标准的，应当认定为醉酒。

由此可见，适用《意见》第 6 条第 2 款，必须同时具备以下三个条件：①须在公安机关依法检查时；②主观上须有逃避法律追究的目的；③再次饮酒须在公安机关依法开始检查至呼气酒精含量检验或者抽取血样之前这一时间段内，且达到醉酒标准。

该案中，被告人从酒后驾驶机动车发生事故，逃逸后再次饮酒，一直到被被害人薛蒙拦截于丰惠广场停车场。在此期间内，并无公安机关依法对其进行检查。当日 21 时 49 分，公安民警拨打被告人手机，询问其事故情况。但民警的电话询问行为也不应视为公安机关的检查行为，理由如下：①侦查机关的检查必须由 2 名以上侦查人员实施，并出示证件；②根据最高人民法院刑五庭高贵君等人撰文对《意见》的理解与适用："在《意见》起草过程中，[1] 有的部门建议，实践中有的犯罪嫌疑人为逃避法律追究，在检查时当场饮酒，《意见》可明确规定以其饮酒后的血液酒精含量检验结果作为认定其醉酒的依据。经研究，采纳第一种意见（即上述意见）"。可知，《意见》第 6 条中"依法检查"是指公安机关现场对醉酒驾驶犯罪嫌疑人进行检查。对"公安机关检查"不宜作无限扩大解释。

由于本案不能适用《意见》第 6 条第 2 款的规定，现有证据也无法证实被告人驾驶时血液酒精含量达到醉酒标准。公诉机关指控的犯罪事实证据不足，应判决被告人无罪。

第二种意见认为：被告人的行为构成危险驾驶罪，应该按照其二次饮酒后的血液酒精含量对其定罪量刑。其理由是：对于《意见》第 6 条第 2 款规定的"公安机关依法检查时"应作扩大理解。当日 21 时 49 分，交警一大队民警电话通知刘洪松去一大队接受调查，应视为"公安

---

〔1〕 高贵君、马岩等："《关于办理醉酒驾驶机动车刑事案件适用法律若干问题的意见》的理解与适用"，载《人民司法》2014 年第 3 期。

机关依法检查时"。被告人再次饮酒的时间段符合该条规定的在呼气酒精含量检验或者抽取血样前又饮酒的情形，故该血液酒精含量应作为定罪量刑的依据。

第三种意见认为：被告人的行为构成危险驾驶罪，理由同第二种意见。但不应按照其二次饮酒后的血液酒精含量对其定罪量刑，因为本案的危险驾驶行为是指发生交通事故时的危险驾驶，应综合认定其首次饮酒的相关数量予以酌定量刑。以再次饮酒后的血液酒精含量来定罪，会与客观实际不符，不利于保护被告人的合法权益。

四、评析意见

对于二次饮酒型的危险驾驶出现不同的处理意见，其原因主要有：一是罪刑法定原则要求法无明文规定不为罪、法无明文规定不处罚。二是对于该情形如何处理，现有法律规定不明确。《意见》第6条第2款是现有法律规范中跟二次饮酒有关的条款，能否适用于本案所涉及的情形，是定案的关键所在。

笔者同意上述第二种意见，即被告人的行为构成危险驾驶罪，并应按其二次饮酒后的血液酒精含量予以量刑。理由具体阐述如下：

（一）对"公安机关依法检查时"的理解

查处饮酒型危险驾驶行为，通常有两种检查方式：一是道路临检，即在道路上设卡进行常规例行检查；二是事故检查，即发生交通事故后，对机动车驾驶人进行酒驾检查。

道路临检情况下，公安民警与机动车驾驶人呈现面对面的当场检查状态，这完全符合《意见》第6条规定的"依法检查时"的要件。而事故检查，因事故发生的不确定性，公安民警在接警后到达现场需要一定的时间，该段时间内如二次饮酒或者肇事逃逸后饮酒的，虽不符合面对面现场检查的时间要求，但仍应认定为"依法检查时"。认定的理由主要有四个方面：

第一，对法条的理解。法条理解应结合文义解释和目的解释。对于"依法检查时"除字面含义外，还应当结合三个方面予以理解：一是检查的必然性。即这种检查必然发生，不是可能会可能不会。二是检查的即时性。即检查将在短时间内发生，饮酒的时间节点与检查时间也具有紧密的时间关联。三是检查的目的性。检查的内容是对行为人是否驾车、是否饮酒及事故相关情况的全盘确定，不仅仅是酒精检测。笔者认为，从公安机关接警后开始调查取证至调查结束期间，均属于"公安机关依法检查时"，即该时间是一个过程，而非一个时点。

第二，对案情的理解。将对上述法条的理解结合到具体案情中，被告人酒驾发生事故在先，事故现场有监控、有被害人，交警到场检查必然进行酒精检测，只要被告人履行驾驶员最低行为准则即留在现场，依法检查就不可避免，这也正是被告人逃离现场的原因。实践中像本案这种因酒驾发生事故，进而在事故检查中查处酒驾同样是常见的发案形式，并且此种查处不是可能发生而是必然发生。

第三，对"电话盘问"的理解。交警的电话盘问，证明公安机关已经发现事故并启动了依法检查的程序，并且将被告人纳入检查排查范围，应当视为"依法检查"的开始。严谨的检查形式要件的成立的基础是行为人到案，侦查人员才有出示证件的对象。在被告人逃离现场的情况下，交警电话盘问，明确表明身份并且所有发问均是围绕事故相关情况的调查，其实质就是在特定条件下的检查排查。从被告人在交警电话盘问之后继续饮酒可以看出，其对之前的酒驾行为持一种放任的态度。

第四，法条背后的应有之义。为何《意见》规定行为人抗拒检查，再次饮酒需对最终的酒精含量承担责任？从法理层面讲，行为人在面对公安机关执法时，根据《治安管理处罚法》《刑事诉讼法》等法律法规的规定，被赋予接受、配合执法的义务，与此相对应，公安机关负有严格执法、不枉不纵、保障当事人权利的义务，双方形成了权利、义务关系，而各自遵循权利、义务是法律施行的基底。所以行为人面对执法，故意不履行义务造成的不利后果由其本人承担，即为躲避、抗拒检查二次饮酒，造成对首次饮酒血液酒精含量无法确定结果的，以最终血液酒精含量予以认定。

（二）对行为人主观的认定

主观意图存在于人的大脑中，比较抽象，是一种意识形态，依靠行为人自我叙述表现，但其真实性值得怀疑。更多时候要结合具体行为来判断，因为行为是意识的外在表现。

1. 行为人的供述。由于行为人自侦查到审查起诉直至庭审、补充侦查，对其首次饮酒量的供述呈现逐渐减少的趋势。行为人庭前对离开事故现场原因的供述稳定，承认是害怕酒驾被查，也承认离开后喝酒是希望能逃避处理，但庭审时予以否认。由此不难看出，行为人的供述越来越有利于脱罪，这是受人性趋利避害的本能驱使。

2. 行为人的行为。行为人是在案发当晚接到交警盘问电话，通话中交警明确告知其车辆发生追尾事故，而其予以否认，并在电话挂断后继续饮酒。其躲避处罚的目的和行为是一致的。发生事故逃离现场、电话盘问矢口否认、盘问结束继续饮酒，这些行为和内心想法其实是高度一致的，其目的就是逃避处罚。

（三）血液酒精含量应作为定罪量刑的依据

二次饮酒型危险驾驶的特殊性在于，案件中经检验的血液酒精含量是行为人结束驾车二次饮酒后的，并非是首次饮酒后的，且该检验结果也是案件中唯一的血液酒精含量检验结果。这样就出现了酒后驾车行为与血液酒精含量并不完全一对一匹配的情况。

笔者认为，这并非对罪刑法定原则的突破或违背，而是针对二次饮酒型危险驾驶所作的特殊法律拟制。根据《道路交通事故处理程序规定》第13条的规定，驾驶人有饮酒嫌疑，并发生财产损失事故的，当事人应当保护现场并立即报警。而在本文所讨论的案件中，行为人并没有遵循规定去保护现场，而是选择了逃逸，行为人违背义务在先。

根据《意见》第6条第2款的规定，经检验其血液酒精含量达到《意见》第1条规定的醉酒标准的，应当认定为醉酒。该条款的规定，亦明确了直接以第二次饮酒后的血液酒精含量作为定罪的依据，亦应以该数据作为量刑的依据。

基于二次饮酒型危险驾驶的特殊性，在首次饮酒后的血液酒精含量没有证据证明的情况下，应以二次饮酒后的血液酒精含量作为定案依据，不必再考虑之前饮酒的具体情况。

五、判决的社会示范性

行为人酒后驾驶机动车发生事故，如其在原地等待交警到来接受处理，则其必然会因为酒后驾车而受到相应的法律制裁。该制裁可能是酒后驾车的行政处罚，也可能是醉酒驾驶的刑事处罚。而行为人因为害怕受到这样的制裁选择了肇事逃逸，又因为逃逸而导致无法确定其驾车时的血液酒精含量。在这种情况下，如以该事实来认定其危险驾驶证据不足，判决其无罪，将对打击醉酒驾驶的犯罪行为产生严重的负面示范效应。

酒后驾车发生事故，逃逸不配合交警部门调查取证的人，反而比配合调查取证的人获得更轻的法律制裁，这是不符合法律规定目的、不符合人民群众预期的。

相反，行为人因为逃逸不配合交警部门调查取证，而让其承担相应的不利后果，体现了权利、义务的对等关系，符合法律目的，可以起到法律示范引领的作用。

综上，笔者认为，行为人酒后驾驶机动车发生交通事故，逃逸后又继续饮酒，之后被公安机关抓获的，因行为人肇事逃逸，公安机关接警后未能及时对其进行呼气或血液酒精含量检测，导致无法证明其首次饮酒后的血液酒精含量是否达到醉酒标准。此时，应以二次饮酒后的血液酒精含量作为危险驾驶罪的定罪量刑依据，相关不利后果由逃逸行为人自行承担。

关于醉驾型危险驾驶类案件情况的调研报告

—— 以淮安市清江浦区人民法院办理的醉驾型危险
驾驶类案件为调研对象

北京航空航天大学法学院实习团队[*]

一、绪论

（一）选题背景及选题原因

在《刑法修正案（八）》颁布以前，因醉酒危险驾驶行为造成危害结果的，我国司法机关通常根据危险行为造成的危害后果程度的不同及情节的轻重，分别以交通肇事罪、以危险方法危害公共安全罪或者其他罪名进行刑事处罚。随着新闻媒体对醉酒驾驶行为的播报，更多的危险驾驶事件走进了人们的视野，2011 年 2 月 25 日，经全国人大常委会表决通过的《刑法修正案（八）》首次将醉驾列为犯罪行为。随后最高人民法院、最高人民检察院、公安部于 2013 年 12 月 18 日针对司法实践中存在的细节问题联合发布了《关于办理醉酒驾驶机动车刑事案件适用法律若干问题的意见》，对醉驾的认定与处理进一步作出了规定。在现实生活中，"酒后开车"的定罪量刑问题受人瞩目，醉驾型危险驾驶类案件也是基层法院受理的刑事案件的重要组成部分。因此，北京航空航天大学法学院 2017 年暑期淮安实习队以淮安市清江浦区人民法院办理的醉驾型危险驾驶类案件为调研对象，通过对该类案件的调查与研究，以期发现淮安市清江浦区醉驾型危险驾驶类案件情况的基本特征及司法

---

    * 本文为北京航空航天大学法学院实习团队赴江苏省淮安市清江浦区人民法院实习期间（2017 年 7 月至 8 月），在法院部分导师的指导下完成，后又经法院指导老师补充调研数据至 2018 年末，因而署名如此。法院指导老师为：李博、蒋同一，实习团队学生包括：陈祖晖、杨阳、祝福临、齐棋、王静远、孙睿、李漪一、周文清、周彦菁、韩卓菲。

实践中的问题，并对法院处理醉驾型危险驾驶行为提出合理建议。

（二）调查时间、地点以及方式

江苏省人民政府办公厅于 2016 年 7 月 7 日发布了《省政府关于调整淮安市部分行政区划的通知》，决定将原淮安市清河区、清浦区合并为淮安市清江浦区，以原清河区、清浦区的行政区域为清江浦区的行政区域，原清河区人民法院、原清浦区人民法院合并为清江浦区人民法院，因此，此次调研我们将原两区法院分别办理的案件合并，进行了统计分析。实习队利用 2017 年 7 月中旬至 2017 年 8 月中旬将近 1 个月的时间，以审结的醉驾型危险驾驶类案件为主要调查对象，通过调取案件卷宗、与审判人员交谈、旁听案件审理过程、查阅文献等方式，调查了 2011 年 5 月 1 日至 2017 年 7 月 31 日淮安市清江浦区全部的醉驾型危险驾驶类案件，调查地点为清江浦区人民法院办公区。

二、清江浦区醉驾型危险驾驶类案件的现状

（一）案件数量的年分布情况

自《刑法修正案（八）》将危险驾驶行为纳入刑法范畴之后，原清河区人民法院、原清浦区人民法院在 2011 年 5 月 1 日至 2011 年 12 月 30 日共审结醉驾型危险驾驶类案件 32 件；2012 年共审结醉驾型危险驾驶类案件 122 件；2013 年共审结醉驾型危险驾驶类案件 73 件；2014 年共审结醉驾型危险驾驶类案件 58 件；2015 年共审结醉驾型危险驾驶类案件 101 件；2016 年共审结醉驾型危险驾驶类案件 128 件；2017 年共审结醉驾型危险驾驶类案件 136 件；2018 年共审结醉驾型危险驾驶类案件 141 件。从案件数量上看，从 2011 年 5 月 1 日至 2018 年 12 月 31 日，淮安市清江浦区法院共审结 791 件醉驾型危险驾驶类案件，并以 2017 年和 2018 全年的案件数量最多，2013 年和 2014 年呈下降趋势。具体情况见图 1。

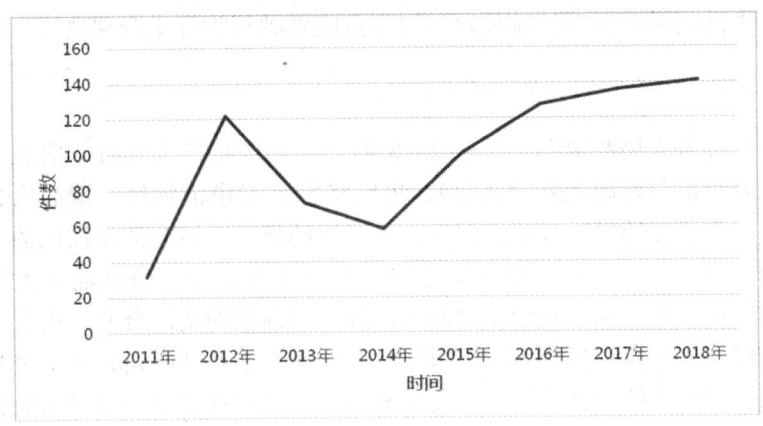

图 1　2011 年 5 月至 2018 年醉酒类危险驾驶类案件结案数

（二）罪犯性别情况

由于我国的酒文化历史悠久，吃饭喝酒的观念在人们的心里根深蒂固，在各种社交活动中，喝酒是必不可缺少的一环。受传统思想观念影响，男性参与的社交活动较多，加之喝酒过程中容易与他人不良攀比以及受他人不良鼓动的影响，一些男性在饮酒之后精神亢奋，因而放纵自己酒后驾车。相对比男性而言，女性参与的社交活动比较少，在驾驶时也更加细致谨慎，尤其是在喝酒以后，一般不驾驶车辆上路。在上述791 件案件中，罪犯为女性的仅有 18 件，不到案件总数的 2.3%。

（三）罪犯年龄情况

根据调研的数据，在淮安市清江浦区法院审结的案件中，有 69 人案发时不满 25 周岁，占据总人数的 8.7%；有 385 人案发时年龄为 26周岁至 40 周岁，占据总人数的 48.7%；有 333 人案发时年龄为 41 周岁至 60 周岁，占据总人数的 42.1%；有 4 人案发时年龄大于 60 周岁，占据总人数的 0.4%。以上数据一方面说明，受制于身体状况和年龄因素的影响，青年人和老年人在喝酒之后一般不敢贸然驾驶，当然，不满25 周岁的青年人和大于 60 周岁的老年人拥有机动车的人数可能也相对中年人更少；同时也说明，中年人作为饭局应酬喝酒的主力军，其在身体状况允许的情况下，更容易抱有不会被查获的侥幸心理，放纵自己酒后驾驶。关于此类案件被告人年龄分布情况，详见图 2。

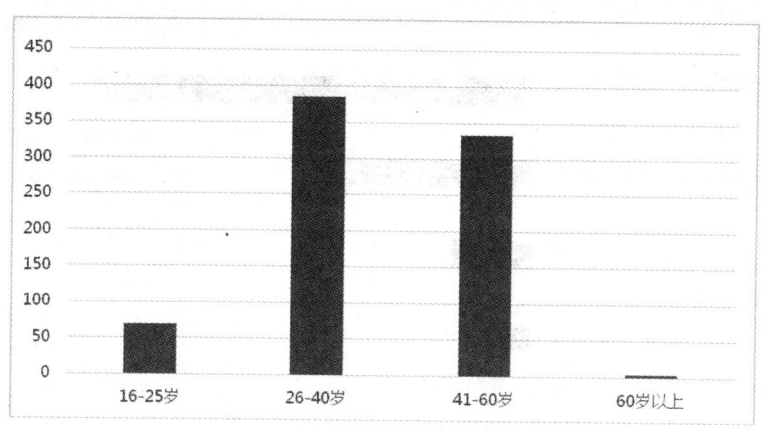

图2 醉驾型危险驾驶类案件被告人年龄

（四）罪犯职业情况

自全国人大常委会将醉酒驾驶纳入《刑法修正案（八）》以来，公安司法机关打击醉驾的力度也进一步加大。全国各级机关、事业单位都纷纷出台内部条例并细化规定，以严惩醉酒驾驶。机关、事业单位人员一旦醉酒驾驶，不但要受到法律的裁判，还有可能面临被开除公职的危险，因此，上述人员涉嫌醉酒驾驶被处罚的案件寥寥无几。然而，在共计791件醉驾型危险驾驶类案件中，仍有三百多名被告人有自己的职业，且多分散于公司、企业、个体经营等行业，这说明绝大多数的驾驶员酒驾后在自己的工作岗位上并不会因此受到处罚。

（五）罪犯文化程度情况

根据调研的数据，在淮安市清江浦区审结的791件醉驾型危险驾驶类案件当中，有54人具有大学本科以上文化程度，占据总人数的6.9%；有82人具有大学专科和专科学校文化程度，占据总人数的10.4%；有203人具有高中、中专、中等技术学校文化程度，占据总人数的25.7%；有452人具有初中及初中以下文化程度，占据总人数的56.9%。具有初中以下文化程度的人，其中无职业人员占了59.0%。这足以反映出被告人所受文化教育程度不高，导致其法律意识也较为淡薄。该案案件被告人文化教育程度见图3。

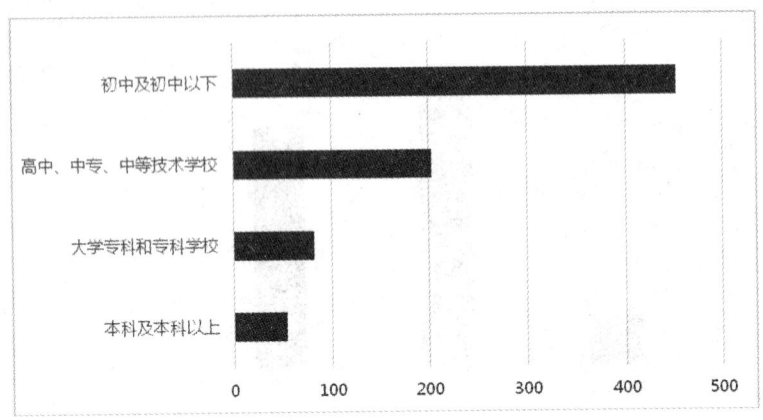

图 3 被告人文化教育程度

（六）案发时间、地点和案发原因情况

从案发的时间来看，醉酒驾驶的高峰时段是 21 时至 24 时，这一时间段的案发比例为 36.5%，次高峰时间段为中午的 12 时至下午 6 时，这一时间段的案发比例为 29.1%。案发比例最低的时间段为上午 6 时至中午 12 时，仅有 14 例案件，占案件总数的 2.3%。具体案发时间情况见图 4。

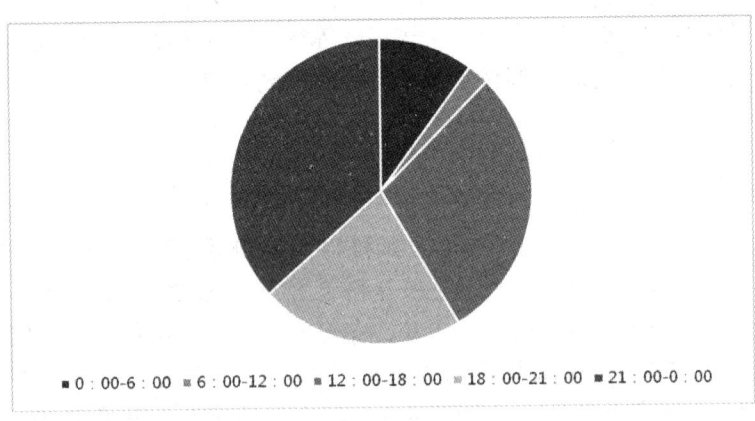

■ 0：00-6：00　■ 6：00-12：00　■ 12：00-18：00　■ 18：00-21：00　■ 21：00-0：00

图 4 案发时间分布情况

从案发地点来看，791 件案件中，有 706 件发生在市区的道路上，约占案件总数的 89.3%。分析其原因，在这些区域，一方面人多车多较为拥挤，通行不便利，醉酒驾驶易引发交通事故；另一方面交警部门多在这些区域布置人力例行检查，因此醉驾被查获的概率也大为增加。

（七）机动车类型情况

涉案的机动车，主要分为以下几类：①摩托车，约占全部车辆的41.8%；②小型汽车（包括载客与载货），约占全部车辆的49.5%；③客车与公共汽车，约占全部车辆的5.8%；④大型货车，约占全部车辆的0.8%；⑤其他车型，约占全部车辆的2.1%。在醉酒驾驶摩托车的案件中，无驾驶资格、驾驶无牌照摩托车的现象较为严重，结合较高的摩托车涉案比例，这在一定程度上说明了对摩托车监管的不足以及摩托车驾驶人员安全意识的缺乏。涉案比例最高的是小型汽车，其中私家车占绝大部分。涉案机动车类型的具体情况见图5。

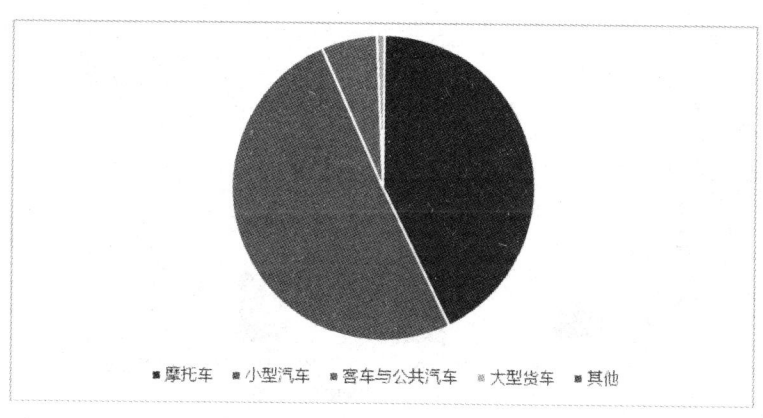

■摩托车　■小型汽车　■客车与公共汽车　■大型货车　■其他

图5　机动车类型

（八）被告人血醇含量情况

当前认定是否构成醉酒驾驶，主要是检测行为人的血液酒精含量是否达到80mg/100ml 以上。在司法实务中，被告人的血液酒精含量达到200mg/100ml 以上，一般被视为情节较为严重。对调研的数据进行分析后发现，在所有醉酒驾驶案件当中的被告人，有 77 人血液中的酒精含量经检测小于 100mg/100ml，占到醉驾人总数的 9.7%；有 553 人血液中的酒精含量经检测介于 100mg/100ml ~ 200mg/100ml 之间，占到醉驾人总数的 69.9%；有 147 人血液中的酒精含量介于 200mg/100ml ~ 300mg/100ml 之间，占到醉驾人总数的 18.6%；有 14 人血液中的酒精含量高于 300mg/100ml，占到总人数的 1.8%。具体情况见表 1。

表 1　被告人血液酒精含量情况统计表（单位：人）

	80mg/ml-100mg/ml	100mg/ml-200mg/ml	200mg/ml-300mg/ml	300mg/ml 以上
人数	77	553	147	14
占总人数比	9.7%	69.9%	18.6%	1.8%

从调研所得的数据来看，醉驾者中有相当数量的醉驾人醉酒程度比较高。用柱状图可以更直观地显示被告人的醉酒程度对比，具体情况见图 6。

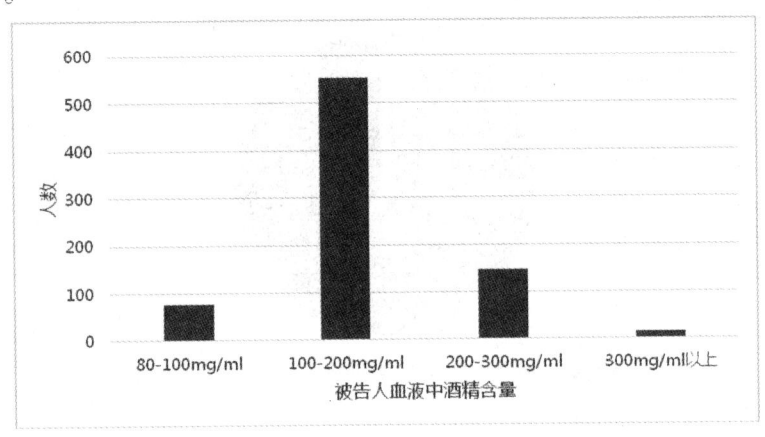

图 6　被告人醉酒程度对比图

（九）案件判决情况

《刑法修正案（八）》和《刑法修正案（九）》为危险驾驶罪配置了我国刑法分则中最轻的法定刑，即"拘役，并处罚金"。在总共的 791 件案件中，仅有 5 例案件被告人免于刑事处罚。拘役刑期方面，共有 671 名被告人被判处的拘役刑期为 1 个月至 2 个月，108 名被告人被判处的拘役刑期为 3 个月至 4 个月，7 名被告人被判处的拘役刑期为 5 个月至 6 个月。罚金数额方面，共有 668 件案件判处的罚金为 0～4000 元人民币，105 件案件判处的罚金为 5000 元人民币，18 件案件判处的罚金为 6000 元及以上。详情见图 7：

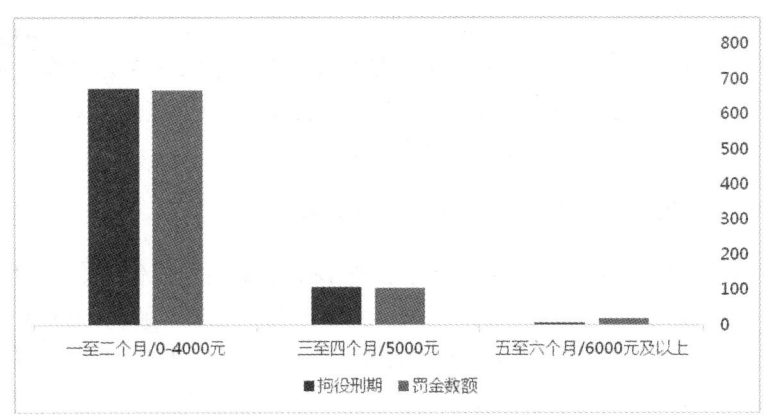

图 7　拘役期限与罚金数额关系图

由图 7 可知，拘役刑期与罚金数额存在相当的正相关关系。

三、审理醉驾型危险驾驶类案件存在的问题

（一）判决书中写明的认定事实不够详细

主要表现为：①案发时间不明。在统计有效的 791 件案件中，有 21 个案件的判决书中未说明案发时间，有少量文书中只表述为"晚上"。②所驾车型不准确。在全部案件中，有 11 个案件对被告人所驾机动车的类型只表述为"机动车"。③对驾驶人或被告人的职业状况，部分案件中未作表述。

（二）初期罚金刑适用无统一标准，且数额偏高

醉驾入刑初期，裁判标准相对混乱，尤其是罚金刑没有统一标准。从调研结果来看，存在着不同年份的被告人犯罪情节类似但刑罚差异大的情况。比如 2011 年的四例被告人经检验其血液中乙醇浓度在 200mg/100ml～300mg/100ml 的案例，罚金的数额均在 0～4000 元的范围内，而在 2012 年的被告人血醇含量同在上述范围的 20 起案件中，10 件案件的罚金数额在 0～4000 元范围内，7 起案件的罚金数额为 5000 元，3 件案

件的罚金数额为 6000 元。而在被告人被判处一个月或两个月拘役的 671 件案件中，有 564 件案件被告人被判处的罚金数额在 4000 元以下，98 件为 5000 元罚金，8 件为 6000 元罚金，甚至有一起达到 8000 元罚金。2013 年以后，量刑相对均衡，尤其是罚金数额超过 5000 元的案件数量减少，2014 年的 59 件醉酒危险驾驶类案件中仅有 2 件，2015 年无，2016 年仅有 4 件，2017 年仅有 3 件，2018 年 3 件。

（三）相对于免刑，缓刑适用较为宽松

经统计，全部的 791 件案件中，有 184 件案件的被告人具有发生交通事故致他人受伤或较大财产损失、血液酒精含量在 200mg/100ml 以上等情节，其中 48 件案件的被告人适用缓刑。因此，我们认为法院在适用缓刑上标准相对宽松。与之相对的，791 件案件中，被告人血液中乙醇含量在 80mg/100ml～100mg/100ml 之间的有 59 件，其中仅有 5 件案件被告人免于刑事处罚，不到总案件的 0.6%，可以看出法院对于免于刑罚持谨慎态度，而缓刑适用较为宽松。

四、对于醉驾型危险驾驶类案件的建议

上文是我们对得到的数据进行了分析以后总结出的清江浦区醉驾型危险驾驶类案件的现状以及发现的问题，接下来我们将结合自身所学，对立法机关、司法机关处理这一类型案件提出几点建议：

（一）准确界定、定义相关概念

1. 准确界定醉酒驾驶构成犯罪与行政违法的界限。危险驾驶行为虽然也具有危害公共安全的性质，但归根结底是轻罪，预防醉驾不能单纯依靠刑罚。对于情节显著轻微、危害不大的"酒后驾驶"行为不构成犯罪的，给予相应的行政处罚即可。这不但体现了刑法的谦抑性，也节约了司法资源，更有利于减轻司法机关工作负担和办案压力。而构成犯罪与行政违法之间的界线，则需要立法机关、司法机关进行界定、解释。

2. 如何定义"道路"的内涵。关于道路的理解，清华大学的张明楷教授认为："本罪行为不要求发生在公共道路（公路）上，只需要发生在道路上即可。"[1]《道路交通安全法》第 119 条第 1 款规定："'道

---

[1] 参见张明楷：《刑法学》，法律出版社 2016 年版，第 725 页。

路',是指公路、城市道路和虽在单位管辖范围但允许社会机动车通行的地方,包括广场、公共停车场等用于公众通行的场所。"因此,只要是社会机动车能自由通行的场所,均可按"道路"论。

3. 如何定义"醉酒"的内涵。在司法实践中,对于是否是醉酒驾驶,司法人员所认定的依据是《车辆驾驶人员血液、呼气酒精含量阈值与检验》国家检验标准,根据该标准,车辆驾驶人员血中的酒精含量大于或者等于 20mg/100ml,小于 80mg/100ml 属于饮酒后驾车;醉酒驾车是指车辆驾驶人员血液中的酒精含量大于或者等于 80mg/100ml 的驾驶行为。从法律操作的角度讲,"醉驾"的认定以行为人血液中酒精含量为标准,与人的意识清晰程度、控制能力无必然关系。这样的认定标准具有易于操作、普遍性强、受干扰的可能性小等优点,然而是否所有血液中的酒精含量大于或者等于 80mg/100ml 的车辆驾驶人员的驾驶行为都具有足以为刑法所禁止的社会危害性,这是一个理论界争议较大的问题。本文从司法实践的操作性出发,支持"醉驾"的认定以行为人血液中酒精含量为标准。

4. 如何认定本罪中的自首。我国《刑法》规定,犯罪以后自动投案,如实供述自己的罪行的,是自首。对于自首的犯罪分子,可以从轻或者减轻处罚。在危险驾驶罪中,有特殊的认定自首的情节。行为人已经知道他人报警而主动停留在现场等候处理,如实供述犯罪事实的,可以以自首论。同时,醉酒驾驶机动车发生交通事故后,行为人主动报警或者委托他人报警,未离开现场并如实供述的,以及因救护被害人而没有及时报警,在公安民警抵达后主动如实供述接受司法机关处理的,应认定为自首。

(二)提高判决书质量

为解决危险驾驶罪判决书中存在的事实认定不详细的问题,我们认为,法院应当明确规定判决书必须具备的事实和法律要素。可以通过发布判决书撰写指导文件,加强司法文书审查,涉及定罪量刑的案发时间、涉案车辆信息、车辆驾驶人等基本信息应力求精确,并写入判决书,提升判决书信息完整度。

司法数据化、精细化是信息化时代的发展所趋,判决书要素信息的完善有助于后续司法调研,为司法改革的精细化发展提供第一手数据。以法院司法数据为基础,可以帮助有关部门对危险驾驶罪的潜在人群、案发原因、案发时间等因素进行分析,更有针对性地加强酒驾宣传教育。

（三）统一并坚决执行量刑标准，实现"同案同判"

醉酒型危险驾驶类案件的量刑依据除了最基本的血液中的乙醇含量外，还应综合考虑认罪态度、危害大小、酒驾目的、是否有酒驾前科等因素。在司法实践中，由于没有一个统一的标准，导致出现了"同案不同判"的情况。判决书中对于相似的酒驾情形，在拘役期限和罚金数额上可能会出现偏差。建议规定并执行量刑的统一标准，主要分为三个部分：第一部分是将血醇含量从 80mg/100ml 开始划分不同等级，对应相应的拘役期限和罚金数额，在量刑过程中依据统一标准处以相应刑罚。第二部分是规定从重处罚情节，如抗拒检查的、有酒驾前科的、发生交通事故等，有这些情节的案件应当体现从重处罚。此外，认罪态度好、事后积极赔偿等也应作为从轻的情形，并应在判决书中体现出来。这些加重或减轻处罚的情节应对应明确的加重或减轻刑罚的量刑，主要体现在拘役期限、罚金数额以及缓刑适用上。

（四）重视缓刑的适用，坚决把关缓刑的适用条件

缓刑在醉酒型危险驾驶类案件中的适用具有重要意义：一方面，它是为了更好地彰显宽严相济的刑事政策；另一方面，它可以避免服刑期间交叉感染的弊端。应以权威解释、类案指导等方式明确醉驾案件的缓刑适用标准，并贯彻执行。

五、结语

本次调研在充分收集数据的基础上，首先针对案件审理的真实情况进行数据的统计并进行归纳分析。其次，以调研的醉酒型危险驾驶类案件的数据为基础，列举典型案例，针对司法实践当中反映出来的有争议的疑难、复杂问题进行深刻剖析。最后，针对相应问题，进一步提出相应的完善对策和建议。

由于本组成员的时间和学术水平有限，本文可能存在一定的疏漏之处，需要我们在今后的学习与工作中进一步思考和完善。也希望本篇调研报告能发挥其存在的意义，引起更多人对有关醉驾型危险驾驶类案件的研究关注与深刻思考。

醉驾型危险驾驶罪的刑事处罚边界

赵　杨[*]

一、引言

自《中华人民共和国刑法修正案（八）》（以下简称《刑法修正案（八）》）颁布以来，醉驾入罪已有 8 年。在此期间，醉驾型危险驾驶罪的案发率居高不下，以案件数来看，目前已成为仅次于盗窃罪的第二大罪名，在某些省份甚至已成为第一。无论理论界还是实务界，都一直在研究醉驾型危险驾驶罪的出罪、免刑等刑事处罚边界问题，本文以我国《刑法》第 13 条"但书"在醉驾型危险驾驶罪中的适用争议为切入点，对此罪的刑事处罚边界进行分析与思考。

二、醉驾型危险驾驶罪的出罪现状

（一）司法判例现状

笔者在中国裁判文书网，运用"案由'危险驾驶罪'、法律依据'第 13 条'"的条件进行检索，[1] 并在北大法宝法律数据库，运用"案由'危险驾驶罪'、关键词'无罪'"的条件补充检索，[2] 共计得到裁判文书 154 份。其中大多数裁判文书中"第 13 条"和"无罪"的关键词来源是辩护意见，裁判结果为无罪判决的裁判文书共 14 份，其

* 赵杨，北京航空航天大学法学院刑法学博士研究生。

〔1〕 检索网址为：http://wenshu.court.gov.cn/Index，最后访问时间：2019 年 6 月 17 日。

〔2〕 检索网址为：http://www.pkulaw.cn/Case/，最后访问时间：2019 年 6 月 17 日。

中13份文书为血液酒精含量检测的过程中存在延迟送检、未低温保存、未按规定密封、检验方法不当等违反程序规定的情况，法院对证据不予采信，依照《刑事诉讼法》第200条第3项作出证据不足、指控的犯罪不能成立的无罪判决。

经过筛选，最终只有一个案例为依据《刑法》第133条之一、第13条作出的无罪判决。[1] 此案中被告人血液酒精含量为84mg/100ml，饮酒行为发生在前一天，属于"隔夜醉驾"，且被告人是在交警的指挥下挪动车辆。法院判决认定被告人饮酒后已经过一夜的休息，缺乏危险驾驶的主观故意，且是短距离低速移动车辆，符合情节显著轻微的情形，可不认为是犯罪，由此作出了无罪判决。

此案是醉驾型危险驾驶罪中目前唯一可检索到的依据《刑法》第13条"但书"规定作出的无罪判决，对于醉驾型危险驾驶罪这一抽象危险犯作出无罪判决，在学界引发了广泛的关注。事实上，自2011年醉驾入罪以来，对于醉驾是否一律入罪的讨论一直未曾停止，学界和实务界众多专家学者给出了不同的答案。

（二）学界理论争议

我国刑法学界对于醉驾型危险驾驶罪能否一律入罪的观点存在着较大对立，可以分为一律入罪、适用"但书"出罪和不适用"但书"出罪三种观点。

1. 一律入罪。[2] 主张醉驾型危险驾驶罪一律入罪的学者认为，条文中已经明确规定了血液酒精含量80mg/100ml这一确定的入罪标准，说明在立法时便已考虑了《刑法》第13条"但书"的规定，血液酒精含量低于80mg/100ml自然就是"情节显著轻微危害不大的，不认为是犯罪"。醉驾型危险驾驶罪作为典型的抽象危险犯，其成立不以情节严重或情节恶劣为要件，只要醉驾者实施了醉驾行为，那么就构成危险驾驶罪，这是基于罪刑法定原则产生的必然结果。

---

[1] 新疆维吾尔自治区哈密地区中级人民法院（2016）新22刑终113号刑事判决书。

[2] 参见谢望原、何龙："'醉驾型'危险驾驶罪若干问题探究"，载《法商研究》2013年第4期；梁根林："'醉驾'入刑后的定罪困扰与省思"，载《法学》2013年第3期；殷磊："论刑法第13条功能定位——兼论（醉酒型）危险驾驶罪应一律入刑"，载《政治与法律》2012年第2期；张建："'醉驾型'危险驾驶罪的反拨与正源"，载《华东政法大学学报》2011年第5期。

2. 适用"但书"出罪。[1] 主张适用《刑法》第 13 条"但书"出罪的学者认为，刑法总则对刑法分则所有罪名都具有指导和制约作用，所有分则罪名的适用都必须受总则制约，危险驾驶罪作为分则规定，理所当然要适用《刑法》第 13 条"但书"的规定。同时认为，行为人并非只要在醉酒状态下在道路上驾驶机动车就一定成立犯罪，而是要求该行为具有危害公共安全的抽象危险才成立犯罪。抽象危险犯的性质说明，立法者已经推定只要行为人实施醉酒驾驶行为便具备了危害公共安全的抽象危险，但同时也允许行为人反证并不存在这样的危险，所以抽象危险犯并不排斥"但书"的适用。

3. 不适用"但书"出罪。[2] 主张不适用《刑法》第 13 条"但书"出罪的学者认为，最终通过的《刑法修正案（八）》没有对醉驾型危险驾驶罪设定"情节严重"等限制条件，正是为了避免具体执行中难以把握情节轻重的问题，如果再通过"情节显著轻微危害不大"的"但书"规定出罪，显然是违背立法原意的。能够使醉驾型危险驾驶罪出罪的根据，应该是存在违法性阻却事由或者责任阻却事由，而不应直接适用"但书"出罪。

（三）司法实务界态度

针对醉驾型危险驾驶罪是否一律入罪以及能否适用"但书"出罪的问题，司法实务界的态度也并不统一。尤其是最高司法机关之间也存在着对立观点，并不止一次颁布了相关的司法解释。

2011 年 10 月在重庆召开的全国法院刑事审判工作座谈会上，时任最高人民法院副院长张军指出，虽然《刑法修正案（八）》规定追究

---

〔1〕 参见何荣功、罗继洲："也论抽象危险犯的构造与刑法'但书'之关系"，载《法学评论》2013 年第 5 期；熊伟："论'醉驾不必一律入罪'"，载《法学论坛》2012 年第 6 期；周详："'醉驾不必一律入罪'论之思考"，载《法商研究》2012 年第 1 期；赵绘宇、纪翔虎："对于危险驾驶行为适用'但书'条款并无不当"，载《法学》2011 年第 7 期；赵秉志、赵远："危险驾驶罪研析与思考"，载《政治与法律》2011 年第 8 期；刘宪权、周舟："《刑法》第 13 条'但书'条款司法适用相关问题研究——兼论醉驾应否一律入罪"，载《现代法学》2011 年第 6 期。

〔2〕 参见刘艳红："醉驾型危险驾驶罪刑事证据规则研究——基于刑事一体化的尝试性构建"，载《法律科学（西北政法大学学报）》2014 年第 2 期；付立庆："应否允许抽象危险犯反证问题研究"，载《法商研究》2013 年第 6 期；曲新久："醉驾不一律入罪无需依赖于'但书'的适用"，载《法学》2011 年第 7 期；冯军："论《刑法》第 133 条之 1 的规范目的及其适用"，载《中国法学》2011 年第 5 期。

醉酒驾驶机动车的刑事责任，没有明确规定情节严重或情节恶劣的前提条件，但根据《刑法》总则第 13 条规定的原则，危害社会行为情节显著轻微危害不大的，不认为是犯罪。对在道路上醉酒驾驶机动车的行为需要追究刑事责任的，要注意与行政处罚的衔接，防止可依据道路交通安全法处罚的行为，直接诉至法院追究刑事责任。该讲话被学界和实务界认为是最高人民法院支持醉驾不宜一律入罪及醉驾型危险驾驶罪可以适用"但书"规定出罪的直接依据。

与最高人民法院意见不同，2011 年 9 月 19 日发布的《公安部关于公安机关办理醉酒驾驶机动车犯罪案件的指导意见》，指出公安机关办理醉酒驾驶机动车犯罪案件，要进一步规范立案侦查，从严掌握立案标准。"经检验驾驶人血液酒精含量达到醉酒驾驶机动车标准的，一律以涉嫌危险驾驶罪立案侦查；未达到醉酒驾驶机动车标准的，按照道路交通安全法有关规定给予行政处罚。"[1] 2011 年 5 月 23 日，时任最高人民检察院新闻发言人、办公厅主任白泉民接受采访时也表示，对于检方来说，醉驾案件只要事实清楚、证据充分，一律起诉。[2]

2013 年 12 月 18 日发布的《最高人民法院、最高人民检察院、公安部关于办理醉酒驾驶机动车刑事案件适用法律若干问题的意见》（以下简称《意见》）第 1 条规定："在道路上驾驶机动车，血液酒精含量达到 80 毫克/100 毫升以上的，属于醉酒驾驶机动车，依照刑法第 133 条之一第 1 款的规定，以危险驾驶罪定罪处罚。"该《意见》采纳了"醉驾一律入罪"的观点，明确指出除血液酒精含量外，不存在其他入罪出罪标准。

然而 2017 年 5 月 1 日颁布的《最高人民法院关于常见犯罪的量刑指导意见（二）（试行）》规定："对于醉酒驾驶机动车的被告人，应当综合考虑被告人的醉酒程度、机动车类型、车辆行驶道路、行车速度、是否造成实际损害以及认罪悔罪等情况，准确定罪量刑。对于情节显著轻微危害不大的，不予定罪处罚……"在 4 年之后又重新采纳"醉驾不一律入罪"的观点并认可适用《刑法》第 13 条"但书"规定出罪。

---

〔1〕 参见"公安部：警方对醉驾一律刑事立案"，载《新京报》2011 年 5 月 18 日，第 A07 版。

〔2〕 参见"最高检表态：只要证据充分醉驾一律起诉"，载《北京晚报》2011 年 5 月 24 日，第 8 版。

三、《刑法》第13条"但书"的性质及适用

针对醉驾型危险驾驶罪是否一律入罪以及能否适用《刑法》第13条"但书"规定出罪的问题，首先要对我国《刑法》第13条"但书"规定的性质及适用进行探究。

（一）我国一元犯罪化模式下的"但书"规定

世界上大多数国家，无论是英美法系还是大陆法系国家，"对犯罪概念的理解至今基本停留在'犯罪即恶行'的定性认识阶段，一般不包括数量大小和情节轻重等定量因素"。[1] 所采纳的犯罪化模式一般都是"立法定性而司法定量"的二元模式。即刑事立法只含定性描述，立法者在规定犯罪的概念时，只对行为的性质进行考察，不作任何量的分析，犯罪构成中不含数量成分，定量标准由司法者在司法过程中予以弥补。[2] 而中国、俄罗斯等少数国家采取的是"立法定性且立法定量"的一元模式，既对行为的性质进行考察，又对行为中所包含的数量进行评价，其是否达到一定的数量对决定某些行为是否构成犯罪具有重要意义。

这种"立法定性且立法定量"一元模式不仅体现在刑法分则所规定的犯罪构成上，更体现在刑法总则关于犯罪概念的规定上。《刑法》第13条"但书"的规定就是在犯罪概念定性的基础上，将定量分析纳入犯罪概念的具体体现。[3] "这是对刑法分则诸多具体犯罪构成的数量要件的概括、抽象的规定，从而明确地把定量因素引进犯罪的一般概念之中。这种将定性因素和定量因素结合起来的犯罪概念的最直接效果就是缩小了刑法的打击面"。[4] 也可以说，这是"我国《刑法》第13条'但书'系当前各国刑事立法例中极少数叙明刑法谦抑性之条款"[5]的体现。

---

〔1〕 刘艳红、周佑勇：《行政刑法的一般理论》，北京大学出版社2008年版，第127页。

〔2〕 梁根林：《合理地组织对犯罪的反应》，北京大学出版社2008年版，第129~134页。

〔3〕 储陈城：《出罪机制保障论》，法律出版社2018年版，第113页。

〔4〕 刘艳红、周佑勇：《行政刑法的一般理论》，北京大学出版社2008年版，第127页。

〔5〕 刘艳红："目的二阶层体系与'但书'出罪功能的自洽性"，载《法学评论》2012年第6期。

在"立法定性且立法定量"一元化定罪模式下，立法者不仅应当通过定性描述来设定可得犯罪化的不法行为的类型，以确定刑法评价和干预不法行为的范围边界，而且应当通过定量标准限定刑事可罚的不法行为的危害程度，以确定刑法评价和干预不法行为的程度边界。[1] 司法者在解释适用刑法分则构成要件时，不仅应当判定行为是否符合刑法分则条文关于该不法行为定性的类型特征，还应当具体认定行为是否达到法定的情节、后果或者数额等体现定量要求的罪量标准。原则上，只要行为符合刑法分则规定的不法行为定性的类型特征，又达到法定的罪量标准的，即得予以定罪处罚，司法者并无如"立法定性而司法定量"的二元定罪模式下广泛而自由的决定罪与非罪的裁量空间。[2]

立法时犯罪概念的定量因素是我国刑法的创新，我国刑法中犯罪概念的定量因素具体体现在刑法总则规定的犯罪的一般概念和刑法分则规定的诸多具体犯罪的概念之中。[3] 我国刑法分则中含有定量因素的条文有两类，第一类是直接规定了数量限制，第二类是在条文中写明了"情节严重""造成严重后果"的，含有定量因素的具体犯罪概念在我国刑法中占绝对比重。此类犯罪概念中的定量因素，是总则一般犯罪概念中定量因素的体现，也是但书的具体表现。将这些定量因素作为具体犯罪概念的一部分，在认定犯罪时便已体现了但书的照应功能。[4]

刑法分则条文对某些犯罪的罪状只含定性描述、未作罪量要求，形式上明文排除了罪量要素在罪状中的存在，但这绝不意味着排除了"但书"对符合罪状类型特征的不法行为的入罪出罪规制功能。在立法者看来，不含罪量要素的罪状所描述的法定犯罪，或者是侵犯比较重大法益的犯罪，或者是以性质与危害比较严重的方式实施的犯罪，或者是处于特别的主观心态实施的犯罪，只要行为符合立法对罪状的定性描述，即被认为具有严重不法，即应赋予刑事可罚性，因而没有必要明文规定罪量标准，即原则上只要符合罪状的定性描述，即得认为行为符合构成要件，并具有刑事可罚性。

构成要件既属不法行为特征的类型化概括，司法者在解释、适用法条规定的罪状时，虽然原则上可以根据行为符合罪状对不法行为特征的

〔1〕 梁根林：《刑事法网：扩张与限缩》，法律出版社2005年版，第29页。

〔2〕 梁根林：《刑法总则问题论要》，北京大学出版社2018年版，第183页。

〔3〕 储槐植：《刑事一体化论要》，北京大学出版社2007年版，第113～116页。

〔4〕 储槐植：《刑事一体化论要》，北京大学出版社2007年版，第100页。

定性描述，判定构成要件的该当性，但是仍然不能排除例外情况下，结合个案具体情况，斟酌确定是否存在着因"情节显著轻微危害不大"而"不认为是犯罪"的可能空间。也就是说，即使是那些不法行为本身的性质已经类型性地使其具有刑事可罚性的刑法分则条文，在解释适用时仍得受"但书"的指引。如果综合案件事实的全部情况，认为确属"情节显著轻微危害不大"的，仍得认为不该当构成要件，不得认为是犯罪，即在例外情况下，行为即使符合罪状的定性描述，仍因"情节显著轻微危害不大"而认为不符合构成要件。因此，即使是对于只含定性描述不含罪量要素的罪状的解释与适用，仍然必须肯定"但书"作为出罪指导准则的信条性刑事政策指引功能。[1]

（二）我国《刑法》第 13 条内容分析

我国《刑法》第 13 条采取的是一种混合型犯罪概念，这一概念将犯罪的形式与实质特征拆分，形成以犯罪构成为核心的形式判断与以社会危害性为核心的实质判断组成的二元化犯罪判断标准，社会危害性的实质判断标准置于犯罪构成的形式标准之外。[2]

《刑法》第 13 条所规定的犯罪概念，只是犯罪成立与否的指导形象，而不是认定犯罪的具体标准；"但书"的规定，也只是"出罪"的指导原则，而非排除犯罪的具体标准。[3]《刑法》第 13 条前半段犯罪定义和后半段"但书"的规定，并不意味着认定犯罪必须采取两个步骤——首先判断行为是否具有依法应受刑罚处罚的社会危害性，其次再判断情节是否显著轻微危害不大。这是因为，不管前一判断得出的是肯定结论还是否定结论，都没有必要进行后一判断。所以，只能将情节是否显著轻微危害不大的判断融入前一判断。[4]

（三）"但书"规定的功能与适用

"但书"规定最重要的意义在于刑事立法层面的立法指引功能。在"但书"精神指引下，立法者规定了以情节严重、数额较大、危害结果

---

〔1〕 梁根林：《刑法总则问题论要》，北京大学出版社 2018 年版，第 184~185 页。

〔2〕 谢杰："'但书'是对抽象危险犯进行适用性限制的唯一根据"，载《法学》2011 年第 7 期。

〔3〕 周光权：《刑法总论》，中国人民大学出版社 2016 年版，第 5 页。

〔4〕 张明楷：《刑法学》，法律出版社 2016 年版，第 90 页。

等作为构成要件的分则条文。[1] "但书"在立法设罪方面具有指引性，即要求立法者在立法规定犯罪时，应当只将危害程度严重的行为规定为犯罪，考虑一定量的要求。立法者在我国刑法分则规定的大多数罪状中，根据构成要件行为类型的不同性质，特别是法益的不同性质、侵犯法益的不同行为方式以及侵犯法益的主观心态的不同情况，将数额、情节等罪量要素规定为犯罪构成的成立要件。如果不法行为没有达到数额较大、情节恶劣或后果严重等罪量标准的，就认为不该当构成要件，因而"不认为是犯罪"。[2]

"但书"对于司法的作用主要体现在司法者适用解释刑法分则规定的罪状时，其具有信条性的刑事政策指引功能。这不仅要求司法者在解释与适用规定了罪量要素的刑法分则条文时，要具体判断行为是否该当构成要件的类型特征，以及是否达到罪状规定的罪量标准，二者兼备时，才能判定被告人的行为该当构成要件；而且体现在解释与适用罪状只含定性描述而未作罪量要求的刑法分则条文时，"但书"仍然具有"出罪功能"。[3] 而事实上，"司法者只需根据立法者已经设定好的犯罪条件判案定罪即可，无须受到'但书'的限制"。[4]

"但书"是从属于评价犯罪的构成要件标准说的提示性、注意性规定，而不是法律拟制，不是在认定行为是否构成犯罪的犯罪成立条件理论之外提出的"出罪"标准。刑法分则将"情节严重"作为某些行为构成犯罪的必要条件，是考虑某些行为中具有情节较轻的一面，包括情节显著轻微，社会危害性不大的，理所当然不应当规定为犯罪。据此"情节显著轻微"当然不属于情节较重或情节严重，不能在具备较重情节或者严重情节的犯罪行为中再去认定"情节显著轻微，危害不大"的情况。[5] 因此，对"但书"规定的理解应是：行为因为不符合刑法分则罪状的规定，不具备犯罪成立条件，所以，可以认定为"情节显著轻微，危害不大"，从而"不认为是犯罪"，而不应在司法活动中直接

---

〔1〕 曲新久："醉驾不一律入罪无需依赖于'但书'的适用"，载《法学》2011 年第 7 期。

〔2〕 梁根林：《刑法总则问题论要》，北京大学出版社 2018 年版，第 183~184 页。

〔3〕 梁根林：《刑法总则问题论要》，北京大学出版社 2018 年版，第 184 页。

〔4〕 方鹏：《出罪事由的体系和理论》，中国人民公安大学出版社 2011 年版，第 291~292 页。

〔5〕 张永红：《我国刑法第 13 条但书研究》，法律出版社 2004 年版，第 82 页。

引用《刑法》第 13 条的"但书"规定宣告无罪。[1]

四、醉驾型危险驾驶罪出罪的理论探索

（一）总则中"但书"与分则中醉驾型危险驾驶罪的关系

采取总则和分则相结合的刑法立法模式，是近代以来世界各国刑事立法共同的基本形式，[2] 刑法总则对刑法分则的条文具有制约和指导的作用，但在总则和分则的具体关系上，学界存在着争议。

有学者认为，刑法分则是刑法总则之原则、原理的具体体现，刑法分则要接受刑法总则的指导和制约，不能与总则相抵触，[3] 故"醉驾不一律入罪"是以《刑法》总则第 13 条"但书"规定为基础的。而笔者更赞同的观点是："总的来说，刑法总则规定与分则规定大体上是一般与特殊、抽象与具体的关系，但严格来说，由于分则是具体或特别规定，所以不能要求分则规定完全'符合'总则规定。"[4]

基于此理解，刑法总则规定的"但书"与刑法分则中醉驾型危险驾驶罪规定的量的因素存在一种照应关系，醉驾型危险驾驶罪罪名对于量的因素的规定是刑法总则"但书"概括性规定的具体化。

（二）醉驾型危险驾驶罪不能适用"但书"规定的分析

在《刑法修正案（八）》2010 年 8 月 23 日的草案中，立法工作机关将此罪的法条规定为："在道路上醉酒驾驶机动车的，或者在道路上驾驶机动车追逐驾驶，情节恶劣的，处拘役，并处罚金。"但事实上，此条规定中"情节恶劣"这一罪量要素只归属于追逐驾驶，故在二审稿中调整了本条的语言结构，改为"在道路上驾驶机动车追逐驾驶，情节恶劣的，或者在道路上醉酒驾驶机动车的，处拘役，并处罚金"。[5]

〔1〕 张明楷：《刑法分则的解释原理》，中国人民大学出版社 2011 年版，第 110 页。

〔2〕 何荣功、罗继洲："也论抽象危险犯的构造与刑法'但书'之关系"，载《法学评论》2013 年第 5 期。

〔3〕 赵秉志、赵远："危险驾驶罪研析与思考"，载《政治与法律》2011 年第 8 期。

〔4〕 张明楷：《刑法分则的解释原理》，中国人民大学出版社 2011 年版，第 109~110页。

〔5〕 高铭暄：《中华人民共和国刑法的孕育诞生和发展完善》，北京大学出版社 2012 年版，第 333 页。

"如果再增加'情节严重'等限制条件，具体执行中难以把握，也不利于预防和控制这类犯罪，建议维持草案的规定，立法采纳了这个意见。"[1]

《刑法修正案（八）》草案中表述语序上的调整，进一步明确了立法者对于追逐竞驶行为规定了"情节恶劣"的罪量要素，而对醉酒驾驶则没有规定。但这并不意味着法条对醉驾型危险驾驶罪的罪状描述只含定性规定而排斥定量要求，而是条文通过涵摄的暗示罪量要素的方式加以规定，其中对于血液酒精含量的规定便直接体现了定量因素："如果根据'情节显著轻微危害不大'这一标准使醉酒驾驶行为出罪，就会使以血液里的酒精含量大于或等于 80mg/100ml 这一血液酒精含量值为标准来判断醉酒驾驶行为'危害大小'的规定完全失去意义。"[2] 80mg/100ml 的血液酒精含量，说明此时的驾驶行为与由《道路交通安全法》规制的酒后驾驶行为相比，升高了危险程度，其本身便相当于已包含了"情节严重"的规定，所以若再适用"情节显著轻微"的"但书"规定便自相矛盾。

2011《刑法修正案（八）》出台的同时，《道路交通安全法》也在同一次表决中进行了修改，直接删除了对血液酒精含量达到 80mg/100ml 的醉酒驾驶采取拘留处罚的规定，不仅延长了驾驶资格的禁止期限，而且规定达到醉酒标准的直接移送追究刑事责任。这一修改的目的便是配合刑法中醉驾型危险驾驶罪的设立调整其对醉酒驾驶的行政处罚，实现刑法与行政法对醉酒驾驶处罚上的衔接。[3] 本罪设立的同时，行政处罚对醉酒驾驶的拘留、罚款等规定便被删除，除资格刑之外，排除了行政法对醉酒驾驶的适用，其一律交由刑法处理。若是对于血液酒精含量达到 80mg/100ml 的醉酒驾驶行为，却通过"但书"规定出罪，显然不利于刑法与行政法对酒驾、醉驾行为规制的衔接。

"但书"作为刑法总则规范，对于判断醉酒驾驶行为是否该当醉驾

---

〔1〕 黄太云："《刑法修正案（八）》解读（二）"，载《人民检察》2011 年第 7 期。

〔2〕 冯军："论《刑法》第 133 条之 1 的规范目的及其适用"，载《中国法学》2011 年第 5 期。

〔3〕 2007 年修正的《道路交通安全法》第 91 条规定，"醉酒后驾驶营运机动车的，由公安机关交通管理部门约束至酒醒，处 15 日以下拘留和暂扣 6 个月机动车驾驶证，并处 2000 元罚款"；2011 年修正后，该关于醉酒驾驶的规定修改为第 91 条第 2 款："醉酒驾驶机动车的，由公安机关交通管理部门约束至酒醒，吊销机动车驾驶证，依法追究刑事责任；5 年内不得重新取得机动车驾驶证。"

型危险驾驶罪的构成要件，即判断"醉酒""道路""驾驶""机动车"等要素时，仍然具有规范指引的功能。但行为若不能作为犯罪处罚，是因为行为不符合刑法分则的罪状规定，不具备犯罪成立条件。"在行为与刑法分则的规定相一致，符合犯罪成立条件的情况下，又根据'但书'的规定排除其犯罪性，是自相矛盾的说法，没有坚持构成要件的观念，弱化了犯罪成立条件的功能，可能冲击罪刑法定原则。"〔1〕 如果行为符合犯罪成立条件，却又根据《刑法》第13条"但书"宣告无罪，便使刑法规定的犯罪成立条件丧失应有的意义。基于此，《刑法》第133条之一已经通过血液酒精含量的标准表述将情节显著轻微的情形排除在犯罪之外，只要行为符合刑法分则规定的成立条件，就应当认定为犯罪，而不能以"情节显著轻微危害不大"为由宣告无罪。〔2〕

五、醉驾型危险驾驶罪出罪与免刑的路径探究

（一）"醉驾不一律入罪"的情形

入罪必须法定，而出罪必须合理，且并不必然需有法律根据。我国《刑法》规定了正当防卫、紧急避险等法定的出罪事由，但除了法定的出罪事由外，还存在非法定的出罪事由，可以说，出罪事由是一个开放的体系。〔3〕 理论上讲，对于血液酒精含量达到80mg/100ml的醉驾行为并非一律定罪，但却不应依据"但书"规定出罪，而应依据阶层犯罪论体系的构成要件该当性、违法性和有责性组成的定罪理论模型。在道路上醉酒驾驶机动车只是该当此罪的构成要件，但还可能存在着违法阻却事由与责任阻却事由。

违法阻却事由包括：正当防卫，如为制止不法侵害而驾驶机动车追赶不法侵害人；紧急避险，如为摆脱针对自己或他人人身的致命攻击，明知自己可能处于醉酒状态而驾驶机动车逃跑；自救行为，如为夺回当时发现被侵犯的财产等。责任阻却事由包括：行为人未达刑事责任年龄、因精神疾病包括病理性醉酒而丧失责任能力、因被迫或受骗陷入醉酒状态等。

---

〔1〕 张明楷：《刑法分则的解释原理》，中国人民大学出版社2011年版，第110页。

〔2〕 张明楷：《刑法学》，法律出版社2016年版，第91页。

〔3〕 陈兴良：《刑事法治论》，中国人民大学出版社2017年版，第322页。

除上述情形外，对于行为人醉酒驾驶持续的时间、路程较短、以较低的速度醉酒驾驶、在人流量、车流量较少的道路上醉酒驾驶、血液酒精含量较低等情形，尽管危险性相对较小，也不可出罪。

（二）统一醉驾型危险驾驶罪免刑适用标准的倡导

关于醉驾入罪，也有学者称为醉驾入刑，入罪与入刑虽是一字之差，含义却有所不同。入罪是一个罪与非罪的问题，出罪则无刑。但入刑是一个是否应当受到刑罚处罚的问题，根据我国刑法规定，因为存在着免予刑事处罚的规定，故入罪未必入刑。[1] 醉驾入罪与入刑存在差异，与此对应，醉驾出罪与免刑当然也需进行区分。

对于行为人危险性相对较小的行为，虽不可出罪，但可以适用《刑事诉讼法》第 177 条第 2 款作出相对不起诉决定或适用《刑法》第 37 条免予刑事处罚的规定作出免予刑事处罚的判决。而在中国裁判文书网[2]和人民检察院案件信息公开网[3]分别运用"案由'危险驾驶罪'、法律依据'第 37 条'"和"案由'危险驾驶罪'、文书类型'不起诉决定书'"的条件进行检索，得到免予刑事处罚判决书 8251份，不起诉决定书 725 份，可见对于危险性较小的醉驾行为，作出相对不起诉决定和免予刑事处罚判决是司法实务中的常态，但相对不起诉和免予刑事处罚的适用标准尚未统一。

事实上，各省已经就此问题陆续展开了探索，如湖南省人民检察院于 2019 年 1 月 11 日印发了《关于危险驾驶（醉驾）犯罪案件不起诉参考标准（试行）》，其中规定"血液酒精含量在 150mg/100ml 以下，没有从重处罚情节的，可以适用相对不起诉"以及"血液酒精含量超过150mg/100ml 但低于 200mg/100ml，没有从重情节，具备以下情形的，可以适用相对不起诉：①驾驶车辆的目的是挪车位且未发生严重后果的；②因事发突然，情况紧急驾驶车辆，且未发生交通事故的；③驾驶车辆行驶一段距离后主动放弃驾驶，且未发生交通事故的"。安徽省高级人民法院于 2019 年 6 月 10 日印发了《关于审理"醉驾"刑事案件量

---

[1] 陈兴良：《刑事法治论》，中国人民大学出版社 2017 年版，第 282 页。

[2] 检索网址为：http://wenshu.court.gov.cn/Index，最后访问时间：2019 年 6 月 17 日。

[3] 检索网址为：http://www.ajxxgk.jcy.gov.cn/html/index.html，最后访问时间：2019 年 6 月 17 日。

刑工作指引》，可以免予刑事处罚的情形是："①血液酒精含量未达到130mg/100ml；②血液酒精含量达到 130mg/100ml，尚未达到 150mg/100ml 以上，系短距离挪动车位、非因检查原因自动停止驾驶、隔夜驾驶等情形的。"

由此可见，对于相对不起诉决定和免予刑事处罚判决的适用标准，挪动车位、自动停止驾驶等因素得到普遍认可，但作为关键罪量因素的血液酒精含量，各省认识存在较大差异，需要学界与实务界广泛探讨调研，统一适用标准，使"醉驾免刑"能更好地得到适用。

理 论 探 索

论刑事法律援助的提供模式

吉冠浩　马婷婷*

一、问题的提出

2018 年，我国《刑事诉讼法》进行了第三次修正。修改的重点内容之一在于完善刑事法律援助制度，建立法律援助值班律师制度，在法院、看守所等场所派驻值班律师，建立法律援助工作站，为犯罪嫌疑人、被告人提供法律咨询、程序选择建议、申请变更强制措施、对案件处理提出意见等法律帮助。同年 10 月，法律援助立法纳入全国人大常委会的立法规划，该工作由全国人大监察和司法委员会牵头负责。[1]当前，我国《法律援助法》正在紧锣密鼓地制定中。其中涉及众多理论争议，而刑事法律援助的提供模式也成为争议之一。本文拟对此进行专门研习。

作为辩护权的本源主体，犯罪嫌疑人、被告人依靠其知识储备与物质条件，很难有效行使该项权利，此时必须有派生权利主体提供帮助才能切实有效地保障其辩护权的实现。但据不完全统计，我国的刑事辩护率不到 30%，有超过 70% 的人无法获得律师的辩护。[2]究其原因，至关重要的一点在于国家提供的法律援助的覆盖范围和援助力度尚不足以全面保障犯罪嫌疑人、被告人的辩护权。

对比同期国外和其他地区的法律援助财政支出与人均费用，我们发

---

* 吉冠浩，北京航空航天大学法学院讲师、硕士生导师，北京大学法学博士。马婷婷，北京航空航天大学法学院诉讼法学硕士研究生。

〔1〕 参见周宵鹏："张苏军代表：把社会主义核心价值观融入法治建设"，载《法制日报》2019 年 3 月 6 日，第 5 版。

〔2〕 参见司法部法律援助中心编：《中国法律援助年鉴·2012》，中国民主法制出版社 2013 年版，第 216 页。

现，我国在法律援助上的投入远远不足。以欧洲为例，英国、德国、法国等国近年的法律援助年度总经费与人均经费均远超我国。[1] 以 2012 年为例，我国法律援助经费总额为 140 283.24 万元，[2] 全国人均法律援助财政拨款为 1.04 元，其中，上海的人均最高，也仅有 2.25 元。[3] 我国幅员辽阔、人口众多，一项制度的实施难免会因人口因素而无法完全落实，或者即使落实也会因地域经济文化的差异而效果不同，但如今保障辩护权已经成为国际社会的共识和我国刑事司法制度改革的发展趋势，因此，完善我的法律援助制度，尤其是建立完善刑事法律援助的提供模式成为保障犯罪嫌疑人、被告人辩护权的重中之重。

下文我们将对我国现有刑事法律援助的提供现状进行反思，同时对其他国家和地区现有的法律援助提供方式进行模式化研究，进而研习我国正在形成的"以公设辩护人为主体的多元提供模式"。

二、我国法律援助提供现状的反思

对我国刑事法律援助制度进行观察，我们发现，其问题主要表现在法律援助国家责任错位、律师资源区域失衡、办案经费占比失调和质量控制缺位等四个方面。

（一）法援国家责任错位

根据我国《法律援助条例》（以下简称《法援条例》）第 3 条的规定，[4] 政府是法律援助事业的责任主体，其责任主要体现在三个方面：其一，政府须积极推动法律援助工作，这一主体为政府而非他人；其二，政府为法律援助提供财政支持，以保障案件费用的支出；其三，政

---

〔1〕 Maurits Barendrecht, Laura Kistemaker, Henk Jan Scholten, Ruby Schrader, Marzena Wrzesinska. *Legal Aid in Europe: Nine Different Ways to Guarantee Access to Justice?* The Hague: Hill, 2014.

〔2〕 这一数据由 "2013 年法律援助经费总额为 162 868.87 万元，比 2012 年增长 16.1%" 推算得出。参见 "2013 年全国法律援助工作统计分析（四）"，载《中国司法》2014 年第 9 期。

〔3〕 参见顾永忠主编：《刑事法律援助的中国实践与国际视野：刑事法律援助国际研讨会论文集》，北京大学出版社 2013 年版，第 22 页。

〔4〕 《法律援助条例》第 3 条："法律援助是政府的责任，县级以上人民政府应当采取积极措施推动法律援助工作，为法律援助提供财政支持，保障法律援助事业与经济、社会协调发展。法律援助经费应当专款专用，接受财政、审计部门的监督。"

府监督法律援助经费的使用，专款专用，保障法律援助制度的有效实施。在法律援助资金来源方面，1997 年中国法律援助基金会获准正式成立，其为我国唯一一家发展法律援助事业的全国性公募基金会，其基金来源主要是国家财政支持、组织募捐、自然人和法人捐赠及投资收益等。由于社会捐赠有限，因此该基金会的法律援助经费主要还是由国家财政提供补助。[1] 从财政部、司法部 2005 年共同印发的《中央补助地方法律援助办案专款管理暂行办法》可以看出，中央财政对地方法律援助也会有一定程度的支持。

虽然法律明确了法律援助的责任主体是政府，但法援实践所呈现的却并非完全如此，法律援助的责任在政府与律师之间出现了错位。《律师法》第 42 条和《法援条例》第 6 条中均规定了律师和律所的法律援助义务。此外，《法援条例》第 27、28 条还规定了律师事务所与律师在不承担法律援助义务后的惩罚措施。对于律师事务所和律师不履行义务的行为，法律规定了消极后果，而对于政府的责任，却只规定了财政支持和监督实施，并无追责机制，这在一定程度上使得有些政府部门怠于履行职责，甚至将责任推诿至律所、律师或者是其下属的法律援助机构。进言之，《法援条例》第 3 条只规定了政府要"提供财政支持"，但未明确指出法律援助需要纳入财政预算，所以一些地方政府并未将法律援助经费纳入财政预算，[2] 导致地方法律援助经费不足以支持当地法律援助事业。

此外，各机构职能分工的不明确也使得法律援助责任无法有效落实。在我国司法行政系统中，司法部下属的机关司局中设有法律援助工作司，直属的事业单位中包括法律援助中心。此二者中，法律援助工作司的职能为对我国的法律援助进行最高层级的监督、指导与布局，法律援助中心则为申请法律援助或被指定辩护的当事人提供法律援助。由此可知，各地方司法行政部门只负责法律援助的监督和实施，而不承担具

---

〔1〕 以《中国法律援助基金会 2018 年财务报表》中的收入为例，2018 年全年收入为150 418 431. 64 元，其中政府补助收入为 136 900 000. 00 元，捐赠收入为 12 075 816. 82 元，其他收入为 1 442 614. 82 元，政府补助收入约占全年整体收入的 91%。参见 "2018 年财务审计报告"，中国法律援助基金会官网，http：//www. claf. com. cn/h－nd－1167. html#_ np＝138_883，最后访问时间：2019 年 4 月 20 日。

〔2〕 参见汪海燕："责任、范围和标准：刑事法律援助制度的隘口"，载顾永忠主编：《刑事法律援助的中国实践与国际视野：刑事法律援助国际研讨会论文集》，北京大学出版社2013 年版，第 162~163 页。

体的法律援助职责。《法援条例》第 4 条和第 5 条并未规定各级法律援助机构的隶属关系，可见法律援助中心是独立的法律援助机构。但在实践中，很多地方法律援助行政机构和具体提供法律援助的机构出现了"两块牌子、一套人马"的现象，这使得司法行政人员与法律援助提供者高度重合，发生角色混同、责任不明、监管失灵等情况。

因此，法律援助的责任归属，即法律援助责任在国家和社会个体或群体之间的分配，仍需要进行反思。

（二）律师资源区域失衡

我国法律援助制度在人力资源上的缺陷表现为偏远地区法律援助律师的缺乏。截至 2018 年底，我国共有执业律师 42.3 万余人，其中专职律师 36.4 万余人，法律援助律师仅 7400 余人。[1] 当新疆、宁夏等西部地区在为法律援助机构覆盖或法律援助财政拨款增多而感到欢欣鼓舞时，[2] 浙江、上海、广东等东部地区的法律援助早已实现智能化且开始追求受援人的服务体验。[3] 区域经济和资源差异使法律援助的实施效果处在"饥饱"的极端，这种不平衡在法律援助人员的配置上尤为突出。

就法律援助人员的区域差异来看，不仅存在专业性不足问题，还存在律师资源配置不平衡问题。[4] 在中东部地区，律师资源较为充足。[5] 虽然自 2009 年起，我国启动了"1＋1 法律援助志愿者行动"，

〔1〕 参见司法部"2018 年度律师、基层法律服务工作统计分析"，司法部官网，http://www.chinalaw.gov.cn/government_public/content/2019－03/07/634_229827.html，最后访问时间：2019 年 4 月 20 日。

〔2〕 "新疆扩大法律援助范围，法律援助将覆盖低收入群体"，法制网，http://www.legaldaily.com.cn/index/content/2017－02/14/content_7011413.htm? node＝20908，最后访问时间：2019 年 4 月 20 日。

〔3〕 "'五跑'联动跑出公共法律服务'加速度'"，中国法律援助网，http://www.chinalegalaid.gov.cn/China_legalaid/content/2018－02/24/content_7479285.htm? node＝40873，最后访问时间：2019 年 4 月 20 日。

〔4〕 参见司法部 2013 年 7 月 3 日发布的《司法部关于加快解决有些地方没有律师和欠发达地区律师资源不足问题的意见》：目前全国仍然有些地区没有执业律师，据统计，全国有 164 个县（市、区）没有律师，其中，126 个县既没有律师也没有律师事务所，38 个县有律师事务所没有律师，此外，还有 92 个县（市、区）只有 1 名律师。

〔5〕 河南省 2015 年全年投入到律师法律援助专业培训的资金达 80 万元，培训人员 2000 人次。参见司法部法律援助中心编：《中国法律援助年鉴·2015》，法律出版社 2016 年版，第 74 页。

旨在为新疆、西藏、甘肃、宁夏等地提供律师帮助，但是相比较各贫困地区的律师资源短缺的情况，这种志愿者活动能解"近渴"，却无法改变一些地区长期没有律师的状况。

在律师的办案补贴方面，根据各地出台的法律援助补贴办法，发达地区和欠发达地区也呈现出不同的样态。以北京为例，侦查阶段和审查起诉阶段每件补贴均为 1200 元，一审、二审、再审、自诉案件每件补贴 2000 元。[1] 西部地区的法律援助补贴则明显少于东部地区。以新疆为例，仅就刑事辩护和刑事案件代理而言，侦查阶段和审查起诉阶段每一阶段仅为 100 元；一审与二审每件 500 和 300 元，办理一审又办理二审的案件，二审补贴减半支付。根据上述数据可以看出，西部与东部地区的律师法律援助补贴之间存在巨大的差距。其中，西部地区较东部地区物价低，补贴较少情有可原。但是，该因素不能成为法律援助补贴相差近 10 倍的理由。若法律援助人员的案件补贴并未达到合理的状态，势必会影响法律援助律师的积极性，因此埋下律师资源分布不均的隐患，进而影响到法律援助的质量。不均衡的律师分布状况必然会使急需法律援助的群体无法得到及时帮助，这就与法律援助制度的初衷背道而驰。

（三）案件补贴占比失调

2003 年《法援条例》颁布后的十余年里，我国整体的法律援助经费投入有了直观的变化。尤其是 2012 年《刑事诉讼法》修正后，扩大了法律援助的适用范围，法律援助经费不断增长成为必然趋势。2003年我国法律援助经费为 16 456.84 万元，其中财政拨款 15 211.66 万元，占比92%；[2] 2013 年我国法律援助经费总额为 162 868.87 万元，比2012 年增长了 16.1%，其中财政拨款 160 738.59 万元，占经费总额的98.7%。[3] 我国法律援助在经历了十年的发展后，经费有近 10 倍的增长，政府财政拨款一直占绝大比重，且占比仍在增大。除此之外，法律

---

〔1〕 参见 2011 年 11 月 22 日出台《北京市财政局、北京市司法局关于印发〈北京市法律援助补贴办法〉的通知》第 5 条。

〔2〕 参见汪海燕："责任、范围和标准：刑事法律援助制度的隘口"，载顾永忠主编：《刑事法律援助的中国实践与国际视野：刑事法律援助国际研讨会论文集》，北京大学出版社2013 年版，第 162~163 页。

〔3〕 参见"2013 年全国法律援助工作统计分析（四）"，载《中国司法》2014 年第 9期。

援助的案件数也在不断增长。2013 年全国批准的法律援助案件共 1 158 876 件，其中刑事案件为 222 200 件，比 2012 年增长了 66.2%。[1] 经费总额虽然在不断增长，然而真正投入到法律援助事务的占比却不如预期，加之大幅增加的案件数与庞杂的法律援助人员和机构，援助经费并未都用在"刀刃上"。

目前，我国存在三种性质的法律援助机构：第一种为政府部门具有行政性质的法律援助机构；第二类为参与公共管理的法律援助机构，即法律援助管理机构；第三类则为全额拨款事业单位。其中，前两类机构又分为行政性质机构和参照公务员管理的事业单位。截至 2013 年底，全国法律援助机构数为 3249 个，法律援助管理机构为 431 个，其中，行政性质机构和参照公务员管理的事业单位分别有 1544 个和 633 个，占机构总数的 67%；全额拨款的事业单位有 1010 个，占机构总数的 31.1%。[2] 法律援助机构总体上种类庞杂且性质难定，实践中还出现三种性质的法律援助机构层层设立的局面。[3] 这也成为我国法律援助经费并未全部转化为律师补贴费用的主要原因。

2013 年法律援助经费支出总额为 136 816.69 万元，业务经费支出为 80 716.18 万元，占总支出的 59%，其中办案补贴及支出为 58 942.61 万元，占业务经费支出的 73%，占总经费支出的 36.2%。[4] 综合比对使用经费的几个组成部分可知，在法律援助经费有限的情况下，真正直接用于法律援助案件补贴的费用占比并不高。

诚然，机构人员经费、基本办公经费、法律援助宣传经费等都是不可或缺且需要资金投入的部分，但是相比较更加紧迫的法律援助案件，尤其是刑事法律援助案件来说，保证经费补贴才可以保障法律援助的质量和辩护的有效性。因此，精简过剩的法律援助的行政性管理机构，使补贴经费占比回到正轨至关重要。

---

〔1〕 参见"2013 年全国法律援助工作统计分析（二）"，载《中国司法》2014 年第 7 期。

〔2〕 参见"2013 年全国法律援助工作统计分析（一）"，载《中国司法》2014 年第 6 期。

〔3〕 参见朱昆、郭婕："我国法律援助机构设置中存在的主要问题及对策建议"，载《行政与法》2013 年第 8 期。

〔4〕 参加"2013 年全国法律援助工作统计分析（四）"，载《中国司法》2014 年第 9 期。

（四）法援案件质控缺位

《法援条例》颁布后，法律援助服务案件逐年增多，经费投入力度不断加大，但法律援助服务的质量控制一直难以得到切实保障。以刑事法律援助为例，法律援助的刑事案件数量在 2012 年为 133 677 件，2013 年为 222 200 件；但是在法律援助工作人员方面，2012 年为 14 330 人，2013 年为 14 548 人。[1] 在案件大幅增长的同时，办案人员并未随之增加，甚至在 2014 年反而有所下降，为 14 533 人。[2] 并且减少的原因为注册法援律师人数的下降。由此可以看出，法律援助机构的人员流动性较大，对专业律师无太大的吸引力，归根结底还是办案人员对案件补贴不持乐观态度。目前的低补贴状况使得注册律师等专业人员流失严重，使案件的质量难以得到保障。数据显示，在 2013 年法律援助刑事案件中，结案 164 626 件，其中承办人意见全部采纳和部分采纳的案件数占 91.8%，但是在无法保证辩护人专业水准的情况下，高采纳率并不能保障有效辩护。此外，律师准入机制的规定不明和案件监督评估机制的缺失使得法律援助案件处于"放养"状态。对于刑事案件的有效辩护，也无具体细则予以保障，此类监管的缺失更容易酿成大错。[3]

（五）小结

自《法援条例》颁布以来，我国刑事法律援助有了明显进步，但实践中仍存在大量问题，突出显现为：国家责任错位、律师资源失衡、经费使用失调、质量不佳等。因此，在刑事法律援助制度的发展过程中，还存在较大的改进空间。

在责任分配方面，我国法律援助责任不明确，这使得实践中难免出现"踢皮球"现象。律师和法律援助机构只是技术和场地的提供者，国家才是法律援助事业的根本保障。没有明确的国家责任，这一制度在实施中就会迷失方向。

在律师资源方面，案件补贴少大大降低了律师的法律援助参与度；

---

[1] 参见"2013 年全国法律援助工作统计分析（一）"，载《中国司法》2014 年第 6 期。

[2] 参见"2014 年全国法律援助工作统计分析（一）"，载《中国司法》2015 年第 6 期。

[3] 对此问题，2019 年 2 月司法部专门制定发布《全国刑事法律援助服务规范》，对此规范，笔者另文进行研究。

即使参与，低额补贴也难以保证其有效辩护。加之区域差异的难以协调性，我国法律援助在律师资源的分配和律师办案补贴的提高上仍然需要调度各方资源，使公民获得专业的法律援助。

在经费方面，由于行政性经费的大量支出，导致用于案件的补贴占比较低，律师的积极性大大降低，使法律援助制度的持续性难以保证。

在质量监控方面，加大监督力度的呼吁往往停留在纸面上，没有建立起系统性的监督机制。而法律援助质量监控不到位，使本身不完善的制度雪上加霜。

由于我国法律援助制度的历史较欧美等国家短，所以在制度实施的过程中难免遇到上述瓶颈。此时，考察其他国家和地区相关经验有其必要性。

三、其他国家和地区法律援助提供模式的检讨

目前，其他国家和地区法律援助的提供模式呈现多种样态，以辩护人的来源这一标准对之进行归类，可以分为公设辩护人模式和社会辩护人模式两大类，其中，社会辩护人模式还可细分为指定辩护人模式与合同制模式。三种模式分别服务于不同的司法状况，这些模式在各自的适用环境中都有其相应的功能，于我国也有可借鉴之处。

（一）公设辩护人模式

公设辩护人模式是指国家雇用的辩护律师作为公务人员从事法律援助服务的辩护方式，即公设辩护人模式最大的特点为"公有"性质。美国、英国、法国、德国以及我国台湾地区均为这一模式。此种辩护人在英国被称为领薪律师（salaried lawyer），在加拿大被称为专职律师（staff lawyer），但在整体上，其内涵大同小异。整体来看，美国的公设辩护人模式发展较为完善，也多为他国所借鉴。下面，我们以美国为例，研习该模式的具体内容。

在美国，联邦公设辩护人办公室由联邦政府资助，为被告人提供辩护，即公设辩护人办公室的开支和公设辩护人的薪水都由联邦政府负责承担和发放，由此来体现其国家责任。一般情况下，这种公设辩护人的办公室会更多地设置在人口较少的偏远地区，因为偏远地区经济欠发达，律师资源缺乏；如果法律援助案件由普通律师来辩护，仅凭法律援助的补助，不足以保障辩护的有效性，而公设辩护人因其职责要求，会

尽力提供有效辩护。因而在偏远地区,公设辩护办公室更有设置的意义。[1] 相比较而言,发达的城市地区因为经济发展水平较高,律师资源相对丰富,可以形成一定市场竞争机制,因此需注重的是法律援助辩护律师的补助费用。

这一模式在设计上有保障辩护服务质量和降低法律援助成本的功能,其服务质量的保障体现在公设辩护人的自身积累、外部认可两个方面。[2] 从自身角度看,公设辩护人常提供法律援助辩护,接触到的同类刑事案件较一般私人律师更多,大量的刑事案件与长时间的经验积累使得公设辩护人具备专业的刑事辩护技能。此外,公设辩护人可以更频繁地获得国家提供的高质量培训,因此提供的法律援助辩护更具保障性。从外部认可来看,与私人律师和法官、检察官天生对立的局面不同的是,公设辩护人、法官和检察官在国家司法体系中皆为公职人员,且"平起平坐",因此法官与检察官一般对公设辩护人的认同都较私人律师更高。这种外部认同更有利于法官认真参考公设辩护人的辩护意见,也有利于平衡审判结构。此外,在公设辩护人制度较为完善的国家,大多已建立法律援助律师的辩护质量评价体系,包括被告人评价、法官评价、同行评价等,因此,在辩护服务的质量上更容易得到保障。需要补充的是,公设辩护人稳定的薪水和提成使其具有良好的身份保障。[3]

相比较保障辩护服务的质量,公设辩护人制度降低法律援助成本的功能更加明显,主要体现在其可控性与高效率。[4] 公设辩护人模式相对于私人律师模式更具可控性的原因体现在:

第一,管理的可控性。供职于固定的国家机关、高度的组织化和监管性使得公设辩护人工作的内容、时间等都不及私人律师自由,配合以其高度的专业性,因此这种模式在管理上是便利和可控的,对于节约国家的管理成本大有益处。

第二,费用的可控性。公设辩护人专为贫困被告人辩护,案件所涉及的人群和案件类型都较为固定,因此在提供法律援助辩护的费用上是

---

[1] 参见宋英辉等:《外国刑事诉讼法》,北京大学出版社 2011 年版,第 70~71 页。

[2] 参见谢佑平、吴羽:"公设辩护人制度的基本功能——基于理论阐释与实证根据的比较分析",载《法学评论》2013 年第 1 期。

[3] 如我国台湾地区"公设辩护人条例"第 11 条:"公设辩护人之俸给,比照法官、检察官俸给核给之。"

[4] 参见谢佑平、吴羽:"公设辩护人制度的基本功能——基于理论阐释与实证根据的比较分析",载《法学评论》2013 年第 1 期。

可控的或者至少是可预测的，这便使法律援助预算可以控制在一定的范围之内而不致决策毫无目的。管理的可控性和费用的可控性都使得法律援助制度变得有规可循，进而降低法律援助制度的成本。在效率方面，公设辩护人是公职人员，其工作性质就是为保障犯罪嫌疑人、被告人的权益而提供公共服务，因此在没有任何必要的情况下，公设辩护人不会拖延其工作时间，也不会浪费国家的司法资源，这会使法律援助辩护的效率大大提高。

对公设辩护人模式的怀疑，主要集中在其独立性和有效性上。因为公设辩护人与检察官都为国家机关的公职人员，在国家打击犯罪时极有可能站在"统一战线"，这就可能使得公设辩护人成为检察官和法官的"得力帮手"，起到劝诫被告人如实交代其罪行的作用，极不利于被告人有效地行使辩护权，也破坏了法庭审判的诉讼构造。另外，公设辩护人领取国家俸禄但却对抗国家追诉机关，对于重大疑难案件或社会影响较大的案件，则难以保证不受领导压力或政治因素的影响，因此，其独立性备受质疑。此外，对这一制度的忧虑还表现在公设辩护人有可能因个人原因而不注重辩护的有效性，公设辩护人与法官、检察官毕竟为相处多年的工作伙伴，在庭审之上"剑拔弩张"总是有损人际关系，因而为了维持与法官、检察官的融洽工作关系，其辩护也可能只是走走过场。如此，被告人行使辩护权也沦为一种形式。所以这一模式仍有改进空间。

（二）指定辩护人模式

指定辩护人模式是社会辩护人模式的一种，广义上的指定辩护为法院或政府指定专职律师或社会律师为犯罪嫌疑人、被告人提供辩护的制度。这一指定在整体上反映出政府和法院的公权属性。但在本文的语境中，指定公设辩护人或专职律师的情形已在上文介绍。因此，此处所称指定辩护，系采用狭义，即指定社会律师提供法律援助。法国、日本、英国、我国澳门特区以及我国台湾地区均采取这一模式，在日本这一模式被称为"国选辩护人"，[1] 该模式在法国最为典型。

根据《法国刑事诉讼法典》第 61-1 条的规定："接受讯问的涉案犯罪是重罪或当处监禁刑的轻罪，在听取陈述或者进行对质的过程中，

---

[1] 参见〔日〕田口守一：《刑事诉讼法（第五版）》，张凌、于秀峰译，中国政法大学出版社 2010 年版，第 109~114 页。

有权获得律师协助，或者得到律师公会会长应其请求依职权指定的律师协助，预审法官应告知被审查人有权选定一名律师或要求法院指定一名律师，并告知律师费用由本人负担，但如果其具备获得司法援助的条件，不在此限。"[1] 除讯问阶段外，《法国刑事诉讼法典》还在第 61-2 条、第 63-1-3 条以及第 63-4-3 条对对质、拘留等阶段的指定辩护作出了规定。[2] 在重罪法庭，律师协助甚至属于强制性的。[3] 法国的法律援助指定辩护人原则上是由当事人所在地有管辖权的司法救济办事处来批准，但在紧急情况下，也可由办事处相关部门主席或者相关法院或者该法院院长宣布批准。[4] 在辩护人的选拔方面，凡是执业未满两年的，律师均有承担法律援助的义务，两年期满后可自愿参加。凡是有资格提供法律援助的律师，其姓名都登记在律师协会的名单上，当需要法律援助律师时，律师协会会长应申请或指派，使名单上的律师履行法律援助义务。[5] 由此可见，法国法律援助制度中指定辩护的情形更为普遍，对律师的经验也无太严格要求，且被追诉人申请指定辩护的"门槛"较低。

指定辩护人模式在我国台湾地区主要适用于审判阶段，指定辩护人主要是由审判长决定，依照我国台湾地区"刑事诉讼法"的规定，[6]

---

〔1〕 参见《世界各国刑事诉讼法》编辑委员会编译：《世界各国刑事诉讼法（欧洲卷·上）》，中国检察出版社 2016 年版，第 562 页。

〔2〕 参见《世界各国刑事诉讼法》编辑委员会编译：《世界各国刑事诉讼法（欧洲卷·上）》，中国检察出版社 2016 年版，第 562、564、565 页。

〔3〕 参见〔法〕贝尔纳·布洛克：《法国刑事诉讼法》，罗结珍译，中国政法大学出版社 2009 年版，第 497 页。

〔4〕 *Loi n° 91-647 du 10 juillet 1991 relative à l'aide juridique*，Article 18：L'aide juridictionnelle peut être demandée avant ou pendant l´instance. Article 19：L'avocat commis ou désigné d'office dans les cas prévus par la loi peut saisir le bureau d'aide juridictionnelle compétent au lieu et place de la personne qu'il assiste ou qu'il a assistée，https：//www. legifrance. gouv. fr/affichTexte. do? cidTexte=JORFTEXT000000537611&categorieLien=cid，最后访问时间：2019 年 4 月 20 日。

〔5〕 参见顾永忠等：《刑事辩护：国际标准与中国实践》，北京大学出版社 2012 年版，第 88 页。

〔6〕 我国台湾地区"刑事诉讼法"第 31 条第 1 项与第 2 项："有下列情形之一，于审判中未经选任辩护人者，审判长应指定公设辩护人或律师为被告辩护：一、最轻本刑为 3 年以上有期徒刑案件。二、高等法院管辖第一审案件。三、被告因精神障碍或其他心智缺陷无法为完全之陈述者。四、被告具原住民身份，经依通常程序起诉或审判者。五、被告为低收入户或中低收入户而声请指定者。六、其他审判案件，审判长认有必要者。前项案件选任辩护人于审判日期无正当理由而不到庭者，审判长得指定公设辩护人或律师。"

审判长指定的方式是指定公设辩护人或者社会律师来担任辩护人。[1]我国台湾地区的指定辩护设有具体标准，虽然指定权在审判长，但是具体细化的标准使法官的自由裁量空间十分狭小。

这一模式在英国和我国澳门特区的适用没有前述国家和地区"正式"，在日本则普遍适用。英国的"非正式"主要体现在指定的性质方面，澳门则体现在所指定的辩护人的性质上。在英国，指定辩护律师是在法庭审判时，若经法官询问被告人未聘请律师，法官则会依职权为其指定一名律师，但是在此次讯问中，审判长不得要求被告对案件的实体问题做出解释，即使是仅仅限于讯问被告人是否仍然坚持其在预审时对法官讯问所做出的回答，即此次指定只是临时性的指定。[2] 在澳门，辩护人的指定不但可由法院作出，而且可以由检察院或刑事警察当局指定。在紧急情况下，指定的辩护人首先考虑的是律师，然后是实习律师或者其他人。[3] 但在律师之外的"其他人"中，优先考虑法学士。[4]因此，在澳门的刑事诉讼中，辩护人不一定由律师来担任。而日本的国选辩护人则必须由律师来担任，其在办案中发生的交通费、住宿费都由国家承担，此外还可以请求支付日津贴费、报酬。[5] 在日本地方法院有辩护人的案件中，国选辩护人占 69.2%，在简易法院有辩护人的案件中国选辩护人占 84.0%。[6]

综合分析各国家和地区的指定辩护人模式，可以得知，指定多半是由法官、检察官或者律师协会负责人作出，所指定的辩护人一般为律师，各国对律师的要求不一致，但律师的补贴均由国家财政承担。这一模式在法律援助中普遍运用是因为这一模式具有较强的可操作性。其可

---

〔1〕 参见林钰雄：《刑事诉讼法（上册）》，元照出版有限公司 2010 年版，第 209 页。

〔2〕 参见〔英〕麦高伟、杰弗里·威尔逊主编：《英国刑事司法程序》，姚永吉等译，法律出版社 2003 年版，第 134—136 页。

〔3〕 参见澳门《刑事诉讼法典》第 51 条："一、嫌犯在诉讼程序中任何时刻均得委托律师。二、如法律规定嫌犯须有辩护人援助，而嫌犯仍未委托或不委托辩护人，则法官为其指定辩护人，而律师属优先考虑者。三、嫌犯委托律师后，指定之辩护人须立即终止其职务。四、第 2 款所指辩护人之指定得由下列机关为之：a）如属第 53 条第 1 款 d 项所指之情况，得由检察院或刑事警察当局指定；b）如属第 129 条第 2 款所指之情况，得由检察院指定。"

〔4〕 参见李哲：《澳门刑事诉讼法总论》，社会科学文献出版社 2015 年版，第 179 页。

〔5〕 参见顾永忠等：《刑事辩护：国际标准与中国实践》，北京大学出版社 2012 年版，第 156 页。

〔6〕 参见〔日〕松尾浩也：《日本刑事诉讼法（上卷）》，丁相顺、张凌译，中国人民大学出版社 2005 年版，第 253 页。

操作性主要体现在指定的便捷性和成本的可控性两个方面。因为在多数情况下，具备资格的律师名单都登记在册，法官只需要按照名册根据需要进行指定即可，省去了一般的审查流程，对于急需辩护律师的当事人来说不失为一种便利方案。另外，这一模式的成本可控程度虽然较之前的公设辩护人模式稍弱，但也基本在可预测范围之内。狭义的指定辩护人是指定公设辩护人之外的律师，其不如公设辩护人有固定的工资，但是在社会律师加入到法律援助中的指定辩护这一队列中时，就已预先规定了补助的范围，相比委托的社会律师明显较低，因此这一模式是集便利性与低成本于一身的法律援助提供模式。

对该模式的质疑在于：即便是辩护人是社会律师，只要他是出于法院或追诉机关的指定，且受到这些机关的补助，那么其独立性的保证就成为一大难题。换言之，在指定辩护之下，律师与追诉机关"相互配合"是难以避免的。虽然对于一名普通的社会律师来说，法律援助案件的补助并不如代理其他一般案件的费用丰厚，但是对于缺乏案源并以此为主要业务的初入行业的律师来说，这些费用就极为重要了。虽然我们相信绝大多数的律师都为匡扶正义而从业，但是并不能因此就排除对指定辩护人独立性的质疑。所以，指定辩护人模式之下的法律援助辩护质量的监控仍需要第三方进行评估。

（三）合同制模式

另一种社会律师主导下的法律援助模式为合同制模式。合同制模式一般指一个司法辖区与私人律师、事务所或者律师协会签订合同，由后者代理该社区内的贫困者的案件之制度，这通常适用于与公设辩护人有利益冲突的案件、重罪案件以及未成年人案件等。[1] 换言之，合同制模式是"合同外包"模式，这也是该模式与指定辩护人模式的最大区别。前者"外包"给私人律师机构，后者单独指定私人律师。这一模式在 20 世纪 70 年代萌芽于美国，作为新型的私人律师模式，其与已经存在的公设辩护人模式、指定辩护人模式共同成为美国法律援助的三大主要提供模式，也是政府购买律师法律服务以兑现法律援助义务的体现。

根据上文所述，合同制度涉及三方主体：政府、律师机构和犯罪嫌

---

〔1〕 参见顾永忠等：《刑事辩护：国际标准与中国实践》，北京大学出版社 2012 年版，第 137 页。

疑人、被告人。这种合同属于第三人利益合同，即通过政府与律师团体或机构签订法律援助的协议而使犯罪嫌疑人、被告人受益。[1] 在这一刑事法律援助服务合同中，政府作为买受人是法律援助责任使然，律师团体和机构作为辩护服务的提供者，在合同关系中与政府处于平等地位，而合同的标的，则是作为第三人的犯罪嫌疑人、被告人所期待享受的律师提供的有效辩护。在合同订立之初，合同的购买方有权对辩护服务的资格条件提出要求，亦有权监督辩护服务提供方的履约行为，并且在提供方未如约提供有效辩护的情况下，购买方有单方解除该合同的特权，但这一特权是在律师没有称职辩护或者损害其他公共利益的前提之下才可以行使的。当然，作为合同的受益者，犯罪嫌疑人、被告人首先享有给付请求权，即律师的称职辩护；相应地也享有律师未如约提供有效辩护后的救济，在此种情况下，如果证实律师提供的是无效辩护，那么合同的购买者则可以按照约定追究签约律师的责任。对于作为第三人的犯罪嫌疑人、被告人来说，其也有权拒绝律师的代理，但是一般认为这种拒绝不应使其自身权利受损，也不应该使司法公正受损，因此，"拒绝权的行使应当受到一定的限制以及获得相应的补救"[2]。相应地，作为被动接受的"消费者"是否具有选择律师的权利呢？政府签订这一服务合同的目的并不是为了机械地提高法律援助服务的效率，而是根据犯罪嫌疑人、被告人的需求为其提供符合"消费者"要求的有效辩护。因此，若不赋予"消费者"选择权，忽视其权利主体地位，便与该制度的初衷相悖。[3] 在这一理论的推动下，犯罪嫌疑人、被告人也有选择律师的权利。作为服务提供者的律师毫无疑问具有提供有效辩护的义务，在一定的情况下也有拒绝继续辩护的权利。

刑事法律援助的合同制模式最早应用于美国，经过多年发展，日渐成熟的操作体系成为其他国家学习的蓝本。律师辩护权作为《美国宪法第六修正案》中所规定的宪法性权利，尤其是贫困被告人获得辩护律师的权利，在美国也经历了一定的发展时期，其中最具里程碑意义的为

---

[1] 参见吴羽：《刑事法律援助合同制度研究》，中国政法大学出版社 2017 年版，第 69~70 页。

[2] 吴羽："台湾地区强制辩护制度述评"，载《法治研究》2011 年第 11 期。

[3] 参见王浦劬、〔英〕郝秋笛等：《政府向社会力量购买公共服务发展研究——基于中英经验的分析》，北京大学出版社 2016 年版，第 103 页。

1963 年的 Gideon 诉 Wainwright 案。[1] 美国确立这一制度是出于多方因素的考量，其中最主要的三点为客观需求、补充公设辩护人制度以及节省法律援助成本。其中客观需求为根本原因：在美国，大多数犯罪嫌疑人是无法支付律师费用的贫苦人口，为保障其律师辩护权，对法律援助的需求较大。根据美国《1996 年贫苦辩护者》研究报告，在 1989 年有将近 80% 的地方犯人由指派律师为其辩护。[2] 美国"国家州法院中心"2009 年的数据显示，全美有 80%～90% 被指控有刑事犯罪的人符合贫困者的辩护条件，因此，对法律援助的客观需求决定了美国必须拓宽其法律援助的途径和提供模式。在实践中，常常会出现与公设辩护人办公室存在利益冲突的案件，所谓"利益冲突"，是指律师对委托人的忠诚或者对委托人的代理，将会受到律师自身利益或者律师对其他委托人、前委托人或者第三人的职责的严重和不利影响，[3] 这样的冲突代理也是现在各国所明令禁止的。在公设辩护人办公室因存在利益冲突而无法完成案件时，合同制度便是备用选项。因此，在美国，合同制度是为补充公设辩护人的不足而产生的。此外，美国建立合同制度也还考虑到了其节省法律援助成本的作用。公设辩护人办公室日益增长的法律援助案件使得办公室超负荷，法律援助成本也随之激增。但相比较而言，"承包人"必须通过竞争才可以获得提供服务的机会，[4] 即通过招投标的方式，价低者才有机会提供法律援助辩护，所以这对节省法律援助成本是利好的。

合同制模式在英国的实施受到美国规定的影响。英国在 1999 年《获得司法公正法》（Access to Justice Act）颁布实施之后，在法律援助提供模式中确立了合同制度。先前提到英国在法律援助辩护的提供上门槛较低，且对于给予贫困者的法律援助多半是由私人律师来完成，但是

---

〔1〕 *Gideon v. Wainwright*，372 U. S. 335（1963）。该案判决认为，州刑事重罪案件贫困被告人享有国家为其指派律师的权利，《美国宪法第六修正案》的律师帮助权属于正当程序条款所保护的基本权利，由此，律师辩护权的内容解释得到了扩充，也强调了获得律师辩护是公正审判的前提条件。

〔2〕 Steven K. Smith, Carol J. DeFrances, *U. S. Dept't of Justice*，*Bareau of Justice Statistics Indigent Defense*，（1996）。

〔3〕 参见王进喜译：《加拿大律师协会联合会职业行为示范守则》，中国法制出版社 2016 年版，第 9 页。

〔4〕 参见吴羽：《刑事法律援助合同制度研究》，中国政法大学出版社 2017 年版，第 35 页。

法律协会对法律援助的政府预算享有绝对的控制权。[1] 所以政府在法律援助的经费上处于被动地位，且开销也随着案件的增多而加大，引入合同制度最直接的原因是控制成本。此外，引入合同制模式则是为了通过合同制的竞争形式来提高法律援助辩护的整体质量。因为受托于私人律所和律师，加之法律援助律师没有准入机制，长期以来法律援助律师形成的惰性使得法律援助辩护的质量参差不齐，甚至一些咨询类的案件会交由实习生或不具律师资格的人来代替，这使得法律援助的质量堪忧。[2] 因此，英国引入合同制模式就是为了在控制法律援助成本和保障法律援助辩护质量之间找到平衡点。

当然，合同制模式纵然有控制法律援助成本和提高辩护质量的因素，但是过度的成本控制使得律师法律援助案件的报酬降低，或者服务机构因过低的服务费用而随意使用不够资质的实习生，接下来将要迎来的就是低质量法律援助服务，这是在没有监管机制时不可避免的现象。

（四）小结

综上，在刑事法律援助辩护服务的提供模式上，国家和社会时而分工，时而合作，双方都在人力和财力上做出了贡献。在刑事法律援助发展的过程中，各国不断审视现有问题，创新提供形式，为实现犯罪嫌疑人、被告人的辩护权切实履行着自身义务。而不难发现的是：即使社会力量对法律援助起到了分流作用，国家仍然是所有模式的责任根本所在，为各种模式提供了最根本的支持。这两种力量的结合，使得法律援助的责任分工明确，律师分布处于尽可能合理的状态，加之国家财政的支持和质量监督机制的跟进，使得贫困犯罪嫌疑人、被告人的辩护权得到了最基本的保障。

具体分析后我们发现，公设辩护人和社会辩护人的有机结合，使得偏远的律师覆盖率低下地区有了律师供应。公设辩护人独立性不足的问题被社会辩护人稀释，社会辩护人的高成本也被公设辩护人的固定工资拉低，二者的互补不仅解决了律师资源的地域性缺乏问题和案件冲突问题，也在一定程度上增加了法律援助工作的协调性。

---

〔1〕 参见〔英〕杰拉尔德·汉隆：《律师、国家与市场：职业主义再探》，程朝阳译，北京大学出版社2009年版，第13页。

〔2〕 参见〔英〕麦高伟、杰弗里·威尔逊：《英国刑事司法程序》，姚永吉等译，法律出版社2003年版，第132页。

在法律援助的质量方面，虽然三种模式都内含质量保障机制，如公设辩护人的长期辩护经验、指定辩护人的独立性以及合同制模式的竞争机制。但这些内在的质控因素往往是较低层次的质量保障，在制度的实施过程中往往会顾此失彼、捉襟见肘。因此，想要达到有效辩护的要求，还需要外部力量对此进行监督。

四、以公设辩护人为主体的多元提供模式的倡导

我国法律援助制度自确立至今，进步显著，但也暴露出了不少问题，这些问题如果得不到有效的解决，法律援助制度的初衷便会出现"摧毁式"的偏离。上文所述其他各国和不同地区的法律援助施行过程中所遇到的问题，在我国也有不同程度的显现。

2019 年 2 月，司法部发布的《全国刑事法律援助服务规范》（以下简称《服务规范》）在一定程度上解决了先前的细则缺乏问题，但2018 年以法律形式确定下来的法律援助值班律师制度，又使法律援助体系多了一种复杂情形。尽管制度内容在发生变化，但根据我国现状，我国法律援助提供模式需要抓住一条主线，即政府或国家承担法律援助责任。在责任国家化的大前提下，跟进偏远地区的公设辩护人制度化、财政运用的精准化、质量监控的标准化，最后再总体协调各地的法律援助尽可能地均衡发展，从辩护人来源上构建高效可行的"以公设辩护人为主体的多元提供模式"。

（一）责任主体国家化

首先，法律援助是国家不可推卸的责任，也是国家为防止错案和保障人权而必须承担的义务。审视现今法律援助制度较为完善的国家，都将法律援助作为国家义不容辞的责任。在这方面，我国并没有特殊的国情阻碍这一责任的国家化，相应地，为使人民在每一个案件中都感受到公平正义，法律援助责任更应由国家承担。

国家作为追诉犯罪的主体，拥有打击犯罪的强大司法武器，但是司法也难保万无一失，为了降低错案的发生概率，国家有义务保障每一位犯罪嫌疑人、被告人能平等地享有辩护权。这一权利的平等并不是机会上的平等，而是根据现实所需而实际拥有的平等；这一辩护不是走马观花式的辩护，也不是只存在于庭审的辩护，而是实实在在地覆盖刑事诉讼各个阶段的有效辩护。但是这一辩护权的实现需要资金的支持，当被

追诉者因为经济原因而无法实现辩护权时，这已不符合平等原则。国家作为拥有雄厚资金实力的追诉人，有义务为贫困的被追诉者聘请辩护人，使被追诉者与自己在平等层面上进行对话，否则以强对弱的局面难以保证司法的公正性，也难以维护国家司法的公信力。因此，国家承担法律援助的义务为其角色使然。当然，在现代社会法理之下，个体的犯罪行为不仅仅是其个人行为所导致的后果，亦有家庭、社会等外界大环境对个人行为和心理的影响，所以对于个体的犯罪，社会也应当承担一定的责任。因此，对于法律援助事业的发展，社会也需要尽到一定的辅助作用，对法律援助案件进行分流，或者提供资金上的支持。当然，社会的责任虽然具有必要性，但不比国家责任的不可替代性。所以，我国法律援助责任国家化迫在眉睫。

（二）公设辩护人制度化

面对棘手的律师资源区域失衡问题，我们可以从域外模式的分析中得到些许经验。在美国，公设辩护人之所以还能在其独立性的质疑声中生存，是因为在偏远的缺少社会律师的地区，设置公设辩护人也不失为提供法律援助的有效措施。因此，在我国建立公设辩护人制度也可在一定程度上缓解欠发达地区的律师稀缺问题。公设辩护人的数量可以和当地的经济发达程度成反比，在极度缺乏律师的县级法律援助中心建立公设辩护人办公室，公设辩护人为固定薪酬的国家公务员，此种模式的引进可在一定程度上缓解无法律援助律师的燃眉之急。此外，落实我国"'1+1'中国法律援助志愿者"项目，定期向律师资源匮乏的地区补充法律援助志愿者，使之在县一级法律援助辩护中作为公设辩护人的补充而存在。公设辩护人结合志愿者活动，固定模式和流动模式相配合，可以灵活地处理法律援助案件，保证每位刑事案件的被告人都能够拥有辩护人。

至于对公设辩护人客观性的质疑，我们仍需找到对应的措施将质疑降至最小。首先，我们可以赋予犯罪嫌疑人、被告人提出拒绝所指定公设辩护人为其提供辩护的权利，使犯罪嫌疑人、辩护人在认为公设辩护人客观性缺失时，可以拒绝接受其辩护。其次，虽然公设辩护人为公职人员，但是对于其提供辩护所应得的费用，也不应过低，以免公设辩护人在提供辩护时仅仅是走过场。最后，在事后的监督上也需要寻找公正客观的第三方对其服务进行评估。

总之，对于律师资源的区域失衡问题，可以在建立公设辩护人和提高法律援助案件补贴上作出改变，以此来尽可能缩小中东部和西部的法律援助实施在律师资源上的差距。区域差异是制度实施的"顽疾"，对我国法律援助制度的完善虽不能完全解决这一问题，但在缓解"病症"上仍有其暂时性功效。

（三）财政运用精准化

在法律援助财政方面，作为世界第二大经济体，国家增加法律援助资金的数额并非难事，社会经济力量为法律援助事业做出贡献也并非不可行，关键在于如何精准利用这项资金。如先前数据所显示的，法律援助的财政若有较多部分花费在行政事务方面，则难以发挥其最大价值。因此，我们所倡导的模式需要减少行政花销，精准利用法律援助财政，在这一点上域外有许多值得借鉴的经验。

在经费的构成来源上，我国可以与大多数国家类似，由国家和社会共同承担法律援助的经费，当然国家的财政支出为硬性责任，而社会则为自愿性捐助，目前我国也采用这种模式。

先前提到，法律援助经费绝大部分来自国家财政，但如何对法律援助服务的各个部分进行预算是对法律服务提供者智慧的考验。美国2017 年的法律援助预算请求为 5.027 亿美元，财政实际拨款总额为3.85 亿美元，法律服务公司（LSC）向国会提交的 2018 年度申请预算中除基本的法律援助补助金外，还包含有技术创新基金（Technology Initiative Grants）、公益创新计划（Pro Bono Innovation Fund）、监察长办公室（Office of Inspector General）、贷款偿还援助计划（Loan Repayment Assistance Program）以及管理和资金监管（Management and Grants Oversight）等项目，总计 5.278 亿美元。[1] 技术创新基金是为对创新或完善法律援助服务设施以及法律援助信息管理系统的人提供奖励而设置，以促进人们的创新积极性进而提高法律援助服务的提供质量；公益创新计划是对无偿提供法律援助服务的律师或专业人士而设的奖励基金；监察长办公室负责法律援助的审计和质量监督工作；贷款偿还援助计划是为在校法学专业学生而设立的贷款机制；管理和资金监管为法律公司一般的行政性开支。不同的基金为法律援助的不同模块提供资金支持。类

---

〔1〕 美国法律服务公司官网（LSC），https：//www.lsc.gov/media-center/publications/fiscal-year-2018-budget-request#bfrtoc-strong-stylefont-size-1emprogram-and-financing-for-federal-appropriations-fiscal-years-2016-2017-amp-2018strong，最后访问时间：2019 年 4 月 20 日。

似这样经费的精细化处理，使得法律援助不至于徒有高额经费而不知其所用。我国法律援助基金会对基金也有类似的规划，但法律援助基金会的资金毕竟只占其中一小部分。2011 年司法部下发了《司法部关于加强法律援助经费使用监督管理工作的意见》，虽然着重强调地方法律援助机构的经费使用监督管理，而未涉及中央层面的经费用途划分，但必须承认，这是加强法律援助财政运用精准化的良好开端。因此，我国目前需要在精简法律援助的行政机构后对经费细致规划，在增加法律援助的实质办案经费的同时，减少无关痛痒的行政费用，做到法律援助财政运用的精准化。

（四）质量监控标准化

国家的责任不只是提供法律援助，而更应该是提供行之有效的法律援助，这对法律援助服务的质量提出了较高的要求，且国家需要在质量监控上起到引领作用。对于法律援助质量的监控可从"源头"和"下游"两处展开，即国家从制定法律援助律师遴选的细则和支持法律援助案件的第三方审查评估两方面进行。

在法律援助辩护人的遴选方面，既要满足资格要求，又要注意不同案件的性质和区域间的差距。我国目前没有具体关于法律援助律师资质的规定，但有一般的法律援助志愿者的资质管理办法，[1] 但这一志愿者的资质要求较为粗线条且多侧重志愿者品格方面，对专业性要求并不能满足所有刑事案件的辩护要求。因此，我们认为，对于民事案件或者一般刑事案件可采用这一标准，而对于可能判处徒刑的刑事案件应该严

---

〔1〕 2016 年 3 月 7 日发布的《司法部律师公证工作指导司、司法部法律援助工作司、司法部法律援助中心、中华全国律师协会、中国法律援助基金会关于印发〈"1+1"中国法律援助志愿者行动 2016 年工作方案〉的通知》规定的志愿者招募条件："1. 律师志愿者招募条件：①政治思想觉悟高，热心公益事业，具有奉献精神；②取得律师执业证书，并执业 3 年以上，具有实际独立处理法律事务的经验和能力；③责任心强，工作敬业，善于沟通；④无酗酒、嗜赌等不良习惯，无行政处罚或行业处分等不良记录；⑤身体健康，年龄在 25－55 岁之间（具有特殊经历的人员可适当放宽条件）。2. 往届大学生志愿者招募条件：①政治思想觉悟高，热心公益事业，具有奉献精神；②身体健康；③参加过公益活动或得到各种表彰的优秀学生可优先考虑；④往届大学生须是 3 年以内法学专业毕业、本科以上学历且有在律师事务所工作的经验；⑤无不良记录。3. 招募基层法律服务工作者条件：①政治思想觉悟高，热心公益事业，具有奉献精神；②属于项目服务地的专职基层法律服务工作人员，并持有基层法律服务工作者证，工作表现良好；③身体健康，年龄在 40 岁以下（无律师县可适当放宽年龄）；④无被投诉等不良记录。"

格律师的遴选标准，考虑律师的专业擅长和经验后再进行指定。由于律师和志愿者资源本身的缺乏，我们无法限定严格的准入标准，但是又需保证辩护的质量不能过低，对于关乎当事人人身自由的刑事案件，我们仍应进行严格把控，以保证法律援助辩护的有效性。

综合考虑地域差异和可行性两种因素后，我们认为让处于实习阶段的"准律师"作为社会辩护人的主力军较为可行。这一方案主要是出于以下两方面的考虑：其一，完全具备刑事辩护资格的律师人数和精力都有限，因此具备一定刑事辩护专业技能的新晋律师为最优选择；其二，作为新晋律师，在辩护经验并不非常丰富的情况下，会更加珍惜每一次法律援助对其的锻炼机会，因而准备更加充分，在一定程度上能够保障辩护的有效性。但是，对于一些可能判处刑罚较重或疑难复杂的案件，仍然需要根据现实情况，指定经验丰富的律师来担任法律援助律师。而对于一般民事案件，可以降低标准。这样分案件情形和地域特殊情形的遴选，虽有妥协的成分，但此种方法不仅可以做到法律援助案件的分流，还可以充分利用国家和社会具备资格的人力资源，并且能够在一定程度上保证法律援助案件的咨询或辩护的质量。面对不同类型的援助案件和我国区域的差异性，总体上，我们建议在可能判处徒刑的刑事案件之外的民事案件和西部偏远地区的律师遴选标准上稍作妥协，以切合现实情况。此为在"源头"把关，以初步保障法律援助辩护的质量。

此外，还要对已经完结的法律援助案件进行监督和评估，以重新检视法律援助案件的质量。2019 年之前，我国对于法律援助服务的监督要求，还只停留在理论探讨，没有规定具体可行的监督机制，导致法律援助案件的监督长期处于空白状态。但此次《服务规范》的出台，对法律援助质量控制提出了明确要求。具体形式有庭审旁听、电话回访、网上评估、社会监督、满意度调查以及回访受援人等。此外，还要求司法行政机关整理汇总监督检查、考核评估、投诉等情况，对服务质量进行综合评定。[1] 但需要指出的是，法律援助行政机构对法律援助服务的质量监督仍然是"既当运动员，又当裁判员"。这一点，可借鉴美国的监督机制，美国法律援助的经费有少数部分投入到监察长办公室（Office of Inspector General）。这一基金所支持的监察办公室专门负责法律服务公司所提供援助工作的调查、审计、管理和评估工作，调查与管理为该办公室内部负责，审计工作交由第三方会计机构进行，评估也交

---

〔1〕 参见《全国刑事法律援助服务规范》"服务质量控制"部分。

由公司和政府之外的同行进行法律援助质量评估。换言之，美国法律援助工作的质量合格与否取决于第三方机构的认定，而非仅是当事人的满意程度，此种客观专业的评估标准更能够体现出法律援助的质量。[1]因此，我们需要引进第三方机构进行质量的把控，且此项评估费用也应纳入法律援助经费预算。

对于质量的严格要求并不意味着律师的援助活动不计效率，在律师报酬的计算上采取封闭式模式的法国和比利时，律师获得报酬的数额取决于他们办理法律援助案件的数量，即他们在年末才能知道自己通过法律援助获得的报酬数额。律师们申报的用时量越长，每项法律案援助获得的报酬就越少，但也会保证律师的最低报酬。[2]在申报时长关系到报酬额度时，效率问题也就迎刃而解了。

如此，建立法律援助律师的准入机制，结合精简后的法律援助管理机构的内部监督，以及第三方评估为主的外部监督，我国的法律援助案件的质量才会从"源头"至"下游"、从内到外得到标准化的保障，且衍生的效率问题也一并得到解决。

（五）律师来源多元化

我国模式的倡导最主要的特点为在律师来源上以公设辩护人为主体。这一公设辩护人的制度化要求法律援助需从过去的"国家主导"[3]转变为"国家责任"，这要求国家的责任需要贯穿法律援助的每一个阶段和领域。从法律援助辩护人的提供到法律援助案件的财政运用，再到法律援助质量的监管，从始至终都需要国家承担责任。但是公设辩护人的制度化与社会律师的参与并不是对立的，在设立公设辩护人以"救急"的前提下，有些地区也可以采用更多元的方式来解决法律援助的匮乏问题。

在具备一定律师数量的县，可实行公设辩护人模式和指定辩护人模式共存的法律援助制度，在一定程度上治理公设辩护人模式独立性缺乏

---

〔1〕 美国法律服务公司官网（LSC），https://oig.lsc.gov/products/peer-reviews，最后访问时间：2019年4月20日。

〔2〕 Maurits Barendrecht, Laura Kistemaker, Henk Jan Scholten, Ruby Schrader, Marzena Wrzesinska. *Legal Aid in Europe：Nine Different Ways to Guarantee Access to Justice?* The Hague：Hill, 2014.

〔3〕 参见谢澍："刑事法律援助之社会向度——从'政府主导'转向'政府扶持'"，载《环球法律评论》2016年第2期。

的弊病，促进法律援助制度的健康运转。当然，指定辩护人的补贴仍有待进一步提高，才可在一定程度上保证指定辩护人的法律援助质量。以往 500 元的补贴不足以提高社会律师的参与度，该补贴远低于一般的中东部省份的律师补贴。对此，2019 年 3 月司法部、财政部共同印发的《关于完善法律援助补贴标准的指导意见》制定了较为细致的标准，若各地结合实际情况，长期贯彻落实，必定会使律师补贴不合理的现状得到缓解。

在律师资源相对充裕的中东部城市，可以相应设置少量的公设辩护人，作为机动的法律援助辩护提供者而存在，以备不时之需。另外，发达地区可试行合同制模式，发挥市场机制，通过招投标的方式降低法律援助的成本，用"西增东减"来缩小不同区域在经费上的差异。

总之，在辩护人的来源问题上，虽然强调将公设辩护人制度化，以解决偏远地区律师资源的匮乏问题，但也并不能忽视指定辩护人模式和合同制模式对公设辩护人模式的弥补作用。对于一些仅为犯罪嫌疑人、被告人或其家属提供咨询的法律援助，退休法律人群体也能承担部分案件，如退休法官、退休检察官、退休律师等担任法律援助的咨询工作，也能为法律援助工作起到分流作用。对于社会积极参与法律援助事业，我们也应当予以鼓励。

五、结语

托马斯·杰斐逊曾言："政府最神圣的职责就是对所有的公民都做到公平和公正。"[1] 如今，行之有效的法律援助就是实现这一神圣职责的重要途径。在法律援助发展的趋势中我们不难发现，这一责任越来越多地依靠国家来实现，国家作为责任主体进而吸引社会力量的加入，而后国家与社会形成良性互动。国家保障每位公民获得法律救助的权利，公民对国家和法院的信任就更多一分，而国家这一责任的履行也需要相应配套的法律援助制度来实现。

纵观我国法律援助制度的前世今生，在提供方式上仍有较大改进空间：从宏观的法律援助责任的主体认定，到具体的律师资源的平衡化、财政运用的精准化以及质量监控的标准化。在改进过程中尽管要考虑成

---

〔1〕 美国法律服务公司官网（LSC），https：//www. lsc. gov/media-center/publications/fiscal-year-2018-budget-request，最后访问时间：2019 年 4 月 20 日。

本，但有效性亦不可忽略。

审视其他国家和地区法律援助制度，亦不能称之完美无缺，但总有些细节值得我国反思，如公设辩护人模式对偏远地区补充律师资源所作出的贡献；再如指定辩护人模式和合同制模式对控制法律援助成本带来的益处。当然，在学习和借鉴的同时，也不能忽视其他各种模式的弊端，外来经验在解决本土问题时虽可借鉴，但不可效颦学步，如此，立足本土的法律援助制度才不会"水土不服"。

电子数据证据规则体系的建立与完善

——兼论我国证据规则体系内在逻辑的重构*

陈禹橦**

一、引言

随着人类社会进入信息化时代，电子数据正在逐渐成为现代司法证明体系中的重要证据，2012 年《刑事诉讼法》修改时电子数据"入法"，宣告了刑事诉讼证明活动中电子数据的法定证据种类地位。近年来，最高人民法院（以下简称"最高法"）、最高人民检察院（以下简称"最高检"）、公安部等最高司法机关更是针对电子数据的勘验、取证、司法鉴定、审查判断等陆续出台了多个专门性司法解释、司法规范性文件。然而，与其重要地位相比，我们对电子数据司法运用中实际存在问题的系统化研究还缺乏深入性和体系性。

比如，近年来，我国刑事诉讼领域中电子数据的审查判断经历了"从抽象原则向具体规范内容"的发展过程，但现有立法仍主要侧重于电子数据的取证规则而非审查采信规则，也尚未建立起系统的电子证据规则体系，"有立法、无规则"仍然被认为是制约我国电子数据发挥其应有作用的最大瓶颈。[1] 再如，针对现行电子数据立法已确立的电子数据证据规则，还未对其"技术规则法律化与法律规则技术化"特点展开系统性研究，借鉴国外成熟的电子数据证据规则时缺乏与我国本土证据法语境的转化嵌入，使得"这些看似科学合理的电子数据证据规

* 本文系国家检察官学院 2018 年一般项目课题成果。

** 陈禹橦，中国社会科学院大学刑法学在读博士生；北京市人民检察院第一分院第三检察部，四级高级检察官。

[1] 参见樊崇义、李思远："论我国刑事诉讼电子证据规则"，载《证据科学》2015 年第 5 期。

则"缺乏适用的土壤。这些问题不仅影响了理论研究的深入，更限制了电子数据证据在实务中司法证明作用的发挥。

上述关于电子数据司法运用中存在的问题，究其根本原因在于我国尚未真正建立起符合我国刑事诉讼语境的电子数据审查采信的证据规则体系。如果把司法证明分为取证、举证、质证和认证四个基本环节，[1]虽然电子数据在取证后要经历举证和质证两个环节，但"电子数据面临的困难和引起的争议往往产生于认证阶段"[2]。这是因为虽然电子数据的取证与传统证据存在显著区别，但电子数据司法运用的核心在于电子数据能否作为证明案件事实的证据使用；与之相对应，建立和完善电子数据证据规则成为电子数据审查判断和采信活动成败的关键，即：司法人员对电子数据进行审查判断的过程中，如何为"电子数据"转化为"定案根据"设定必要的条件。

然而，探讨建立电子数据审查采信证据规则体系时，不能回避的特殊挑战在于：一方面，我国本身并不存在深厚的证据法土壤，某种意义上，我国电子数据独特证据规则的建立，是在一般证据规则体系还没有建立的基础上对电子数据的创造性规定，这与两大法系"修修补补式"解决电子数据突破传统证据规则问题的情况截然不同；另一方面，人工智能、云计算、大数据等新的互联网技术革命日新月异，给我国电子数据证据规则体系带来了一些"没有他国经验可借鉴"的时代新挑战，增加了电子数据证据规则问题的复杂性。

现实困境往往是理论探索的机遇。可以预见，随着我国证据规则体系的逐渐建立和人们对电子数据作为信息化时代"实话血清"证据地位意识的逐渐苏醒，电子数据在司法证明体系中将会居于越来越重要的地位，而建立、完善电子证据规则理论上的努力，不仅可以为电子数据证据规则体系的深入研究奠定基础，也可以为日后逐渐完善我国证据规则体系提供一种可借鉴的视角。

二、教义解读：电子数据的证据特性

根据犯罪对象不同，可以将电子数据的应用对象划分为"典型的计

---

〔1〕 参见何家弘、刘品新：《证据法学》，法律出版社 2013 年版，第 211 页。

〔2〕 参见樊崇义、李思远："论我国刑事诉讼电子证据规则"，载《证据科学》2015 年第 5 期。

算机犯罪"与"传统犯罪在信息时代的新犯罪形式",前者包括如非法侵入计算机系统罪等,后者因为只要犯罪手段涉及电子数据即属于该范围,几乎可以囊括刑法中大多数罪名。但无论是在哪种应用对象中,随着人们犯罪手段、犯意联络等越来越依赖于信息网络、通信工具等,电子数据在犯罪事实的司法证明中逐渐成为不可或缺的基础性证据。2012年《刑事诉讼法》将电子数据规定为我国法定证据种类之一,平息了电子数据是否具有独立证据地位的争议,但关于电子数据证据特性的研究,尤其是其与传统证据形式的异同,值得进一步思考。

(一) 电子数据的定义

电子数据的英文是"electronic data",电子数据在诉讼中作为证据使用时,曾有电子证据、电子数据等不同提法,2012年修订《刑事诉讼法》时将电子数据确定为法定证据种类的同时,也明确了此类证据的称谓,但关于电子数据的概念和内涵,不仅学术界观点不一,陆续出台的有关电子数据的规定也是各有特色。

从既有定义方式来看,有人把电子数据概括为"借助现代信息技术或电子设备形成的一切证据,或者以电子形式表现出来的能够证明案件事实的一切证据";[1] 有人则认为电子数据是指"电子计算机、互联网络、移动电话等电子设备所记载的与案件事实有关的数据资料"。[2]电子数据在相关规定规范上也采用了不同的定义方式,2012年以前"电子数据"和"电子证据"的称谓均有使用,例如,2005年《公安机关电子数据鉴定规则》中,电子数据是指"以数字化形式存储、处理、传输的数据";同年公安部出台的《计算机犯罪现场勘验与电子证据检查规则》中,电子证据包括"电子数据、存储媒介和电子设备";2009年《人民检察院电子证据鉴定程序规则(试行)》所称电子证据是指"电子信息技术应用而出现的各种能够证明案件真实情况的材料及派生物";2012《最高人民法院关于适用〈中华人民共和国刑事诉讼法〉的解释》(以下简称《刑诉法解释》) 第93条第1款规定,电子数据包括"电子邮件、电子数据交换、网上聊天记录、博客、微博客、手机短信、电子签名、域名等"。

上述定义方式中有列举也有直接定义,定义侧重点不同,还有将电

---

〔1〕 参见何家弘、刘品新:《证据法学》,法律出版社2013年版,第162页。

〔2〕 参见陈瑞华:《刑事证据法学》,北京大学出版社2014年版,第180页。

子数据载体与电子数据本身均作为电子证据的定义方式，本文认为，对电子数据定义的最主要目的，是划定作为独立证据种类的电子数据的内涵、外延，定义时必须兼顾电子数据的法律性与技术性。2016 年最高法、最高检、公安部《关于办理刑事案件收集提取和审查判断电子数据若干问题的规定》（以下简称"2016 年《电子数据规定》"）作为最近出台的重要电子数据规范，采取的"直接定义 + 正面列举 + 反面例证"的定义方式，体现了目前立法对电子数据内涵外延的认识和理解，尤其值得注意。

2016 年《电子数据规定》第 1 条规定："电子数据是案件发生过程中形成的，以数字化形式存储、处理、传输的，能够证明案件事实的数据。电子数据包括但不限于下列信息、电子文件：①网页、博客、微博客、朋友圈、贴吧、网盘等网络平台发布的信息；②手机短信、电子邮件、即时通信、通讯群组等网络应用服务的通信信息；③用户注册信息、身份认证信息、电子交易记录、通信记录、登录日志等信息；④文档、图片、音视频、数字证书、计算机程序等电子文件。以数字化形式记载的证人证言、被害人陈述以及犯罪嫌疑人、被告人供述和辩解等证据，不属于电子数据。确有必要的，对相关证据的收集、提取、移送、审查，可以参照适用本规定。"

第一，该条明确了电子数据的形成阶段、"数字化"特点及证明案件事实的证据性质。"数字化" + "证明案件事实"体现了电子数据技术特征与证据本质的双重要求，"数字化"是一个引自技术领域的概念，原意是指模拟信号转变为数字信号（一般指二进制代码）的过程，随着信息技术发展，多数信息已经以数字信息形态表达，但还有一些以模拟信号形态表达的数据，比如磁带、胶片等方式存储的声音、图像信息，[1] 但依据该条，这些以模拟信号存储表达的音视频属于视听资料而非电子数据。而将"电子数据"定义落脚在"数据"也区分了电子数据本身与电子数据的存储载体，即电子数据"信息、电子文件"不同于"电子数据原始存储介质或其他存储载体"。

第二，该条从正面列举了电子数据的典型形式。将电子数据定义为"信息、电子文件"，且"列举式"为区分不同形式电子数据规定相应的取证要求和证据运用方式提供了依据。例如，对互联网公共场合与私

---

[1] 参见谢君泽："《收集提取和审查判断电子数据规定》之逐条评析"，"腾讯网络安全与犯罪研究基地"微信公众号于 2016 年 9 月 23 日推送。

人空间取证程序上的权力制约程度应当有所区别，对即时通信信息和静态电子文件的提取、固定程序也有所不同等。另外，"包括但不限于"体现了列举式的非穷尽性，为以后信息科技发展出现的新电子数据形式留下了开放性解释空间。

第三，该条使用了我国较为少见的"反面列举"立法技巧。该条第3款以反面列举的方式，将"数字化形式记载的言词证据"排除在电子数据之外，并确定了此类证据"不适用为原则，适用为例外"的原则。一般认为电子证据和其他传统证据的区别主要在于"表现形式的电子化而非证明内容本身"，而"数字化形式记载的言词证据"为何原则上不属于电子数据？一种合理的解释是该规定将"传统证据的电子化形态"排除在电子数据之外，因为这类证据虽然有电子化形式，但并非是在案件过程中形成的，电子化形态可能是为了节约诉讼成本（如数十万页的财务账目）或证据展示更加直观（如书证的电脑扫描件），但理论上这类证据可以反复还原为其他证据种类，如果将其作为电子数据，就有可能动摇电子数据从其他证据种类中剥离出来的独立性。至于例外的"确有必要时参照适用"的规定，可以理解为有些证据虽然不属于严格意义的电子数据，但为确保该证据被采信，可以类比适用电子数据证据规则。

（二）电子数据的分类

围绕不同种类电子数据对电子数据取证程序和采信标准的影响，可以将电子数据作如下分类[1]：

1. 根据电子数据是否固定于一定的存储介质，可以将其分为静态电子数据与动态电子数据。所谓静态电子数据，是指数字化信息处理、存储、输出设备中存储、处理、输出的证据，包括计算机信息系统、手机、移动介质等介质中存储的信息，所谓动态数据，是指数字化信息网络中传输的电子数据，如电子邮件电文、即时信息等。二者区分的意义在于根据二者各自的特征，在证据收集措施的设立及其适用上予以区别对待，例如对于静态电子数据可以采取搜查、扣押、命令提交等措施，而对于动态电子数据则只能采取实时收集；而且因为动态电子数据的收集更可能严重侵犯公民通信自由权利，法庭在采信动态电子数据时应当

---

〔1〕 参见皮勇：《刑事诉讼中的电子证据规则研究》，中国人民公安大学出版社 2005 年版，第 9~20 页。

更关注收集动态电子数据方法的合法性。

2. 根据电子数据中记录的内容，可以将其分为内容信息电子数据和附属信息电子数据。所谓内容信息电子数据，是指记录了一定活动内容的电子证据，如电子邮件正文、网上聊天的内容；所谓附属信息电子数据，是指记录内容信息电子数据的形成、处理、存储、传输、输出等与内容信息电子数据相关环境和适用条件等附属信息的证据。根据附属信息电子数据的技术特性，又可以区分关于内容信息形成和关于内容信息处理的附属信息电子数据。关于内容信息形成的附属信息如电子邮件的"头信息"，可以真实反映数字网络通信的过程，包括电子邮件真实发送地等，关于内容信息处理的附属信息如电脑中 word 文档的修改日志等，可以全面看到文档的修改痕迹。一般来看，电子数据很难完全"孤立存在"，而是包含了内容信息和附属信息，二者密切相关，内容信息是对案件证明起关键作用的信息，自然是关注重点，而附属信息对内容信息可能有重要印证作用，亦应当引起重视。

（三）电子数据的特点

电子数据由于其技术原理，产生了诸多不同于传统证据的特点，如无形性、多样性、不易保存性、稳定性、易篡改性、脆弱性等，但本文认为，从电子数据的证据特性来看，其最大的特点与其技术特性相关，是电子数据本身如"一枚硬币正反面"的相互依存的特征。

1. 虚拟性与精确性并存。电子数据的虚拟性体现为其本质是"以数字化形式存储、处理、传输"[1] 的数据信息，电子数据隐藏于浩瀚的虚拟信息海洋中，一般无法直接阅读，必须通过相应的硬件软件等才能呈现出来，具有非直观性。同时，与传统的书证物证的物理传播、证人证言传播过程中"一传十、十传百"可能导致的"面目全非"不同，由于电子数据本质上是一种信息，在虚拟空间里传播，其无限快速的传递实质上属于"信息的精确复制"。[2] 上述特点一方面使得电子数据内容与载体的区分相较传统证据更加具有意义，另一方面也提供了理解电子数据证明意义不同于传统证据的新视角。例如，在电子数据"精确复制"特性下，是否应当重新审视传统实物证据的"原件"最佳原则？再如，在区分电子数据本身及其载体、明确电子数据的证明价值并非在

---

〔1〕 参见2016年《电子数据规定》第1条。

〔2〕 参见何家弘、刘品新：《证据法学》，法律出版社2013年版，第163页。

于原始存储介质而是在于其中的电子数据的情况下，是否应当确立电子数据取证时"确保原始数据"的价值追求，而非"控制原始载体"的价值取向?[1]

2. 易修改性与留痕性。易修改性是由网络的开放性、电子数据产生来源和存在状态决定的，因为电子数据处于虚拟空间，其产生、保存、使用、收集、提取过程中都可能被修改或遭到破坏，而电子数据的改动或破坏表面上看往往不容易被察觉。例如，黑客可以通过修改源代码或植入病毒等不容易被直观察觉的方式修改联网的电子数据，存储介质也容易因机械故障、介质不稳定而造成电子数据的破坏。但是，易修改性的另一面是留痕性，因为在数据信息世界中，往往是"牵一发而动全身"，电子数据的任何改动都不仅是单独某项信息的更改，还可能导致附属信息等的改变。比如 word 文档内部分内容修改后，相应的版本、代码也会发生变化，看似被篡改或删除了修改痕迹，然而通过技术手段不仅可以还原原始文档，修改行为本身的过程也会留下电子痕迹，产生新的电子数据。实践中很难存在完全无痕的修改，正是基于此，电子数据在证据法中也被称为"新一代的实话血清"。

总之，对电子数据定义、分类以及特点的分析，不应当成为纯学术的探讨，而应当立足于电子数据的司法运用，如"定义"是为了更精准表述电子数据不同于传统证据的本质特征，"分类"是为了针对不同种类电子数据建立不同的取证程序，"特点"则是为理解电子数据证据规则不同于传统证据规则提供理论支持。

三、立法脉络：电子数据规范的思路梳理

虽然 2012 年《刑事诉讼法》修订时才将电子数据正式作为法定证据种类之一，但实践中早已开始了对电子数据作为证据使用的探索，而后部分司法解释、规范性文件开始逐步回应实践需求，为解决电子数据司法运用中出现的诸多问题提供解决思路。自 2005 年公安部出台的《计算机犯罪现场勘验与电子证据检查规则》开始，我国刑事诉讼领域陆续出台了多个规范性文件涉及或专门针对电子数据进行规定（部分重要规范性文件参见表 1），2016 年《电子数据规定》更是我国首次单独

---

[1] 参见谢君泽："《收集提取和审查判断电子数据规定》之逐条评析"，"腾讯网络安全与犯罪研究基地"微信公众号于 2016 年 9 月 23 日推送。

对某一种类刑事证据进行全面规范，凸显了电子数据在司法证明体系中的重要地位。

表1　关于电子数据的重要规范性文件

规范性文件	主要内容
1. 2005年公安部《公安机关电子数据鉴定规则》	主要规定了电子数据勘验、检查与鉴定等问题。
2. 2010年最高法、最高检、公安部《关于办理网络赌博犯罪案件适用法律若干问题的意见》	第5条规定了"关于电子证据的收集与保全"问题。
3. 2010年最高法、最高检、公安部、国家安全部、司法部《关于办理死刑案件审查判断证据若干问题的规定》	第29条规定了"电子证据"的审查内容，包括对存储介质提交、制作、储存、传递等程序合法性、内容真实性、关联性等原则性规定。
4. 2012年修订后的《刑事诉讼法》	第48条将"电子数据"增加为法定证据种类之一。
5.《最高人民法院关于适用〈中华人民共和国刑事诉讼法〉的解释》（法释〔2012〕21号）、《人民检察院刑事诉讼规则（试行)》（高检发释字〔2012〕2号）、《公安机关办理刑事案件程序规定》（2012年修订)	最高法、最高检、公安部为适应修订后的《刑事诉讼法》，分别出台了司法解释，主要涉及对电子数据的收集、审查、认定要求。
6. 最高法、最高检、公安部《关于办理网络犯罪案件适用刑事诉讼程序若干问题的意见》（公通字〔2014〕10号)	"五、关于电子数据的取证与审查"进一步明确了电子数据的取证与审查规定，如电子数据取证人员资质与技术要求、电子数据取证原则、收集提取电子数据的笔录制作要求、电子数据的移送规则和电子数据的鉴定与检验。
7. 最高法、最高检、公安部《关于办理刑事案件收集提取和审查判断电子数据若干问题的规定》（法发〔2016〕22号)	系统、全面规定了电子数据的收集、提取、移送和审查判断规则。

规范性文件	主要内容
8. 公安部《公安机关办理刑事案件电子数据取证规则》（2019）	进一步明确和细化了公安机关电子数据取证的相关程序、条件等事项，并对 2016 年《电子数据规定》的未尽事项和争议问题进行了补充和回应。

纵观我国刑事诉讼关于电子数据规定的发展脉络，2014 年是一个分水岭。2014 年之前的规定，或是单独针对电子数据的某一取证方式的具体规定，或是对审查内容的原则性规定；2014 年出台的《关于办理网络犯罪案件适用刑事诉讼程序若干问题的意见》专门用一部分内容细化规定了电子数据的取证与审查规则，开始有意识地将电子数据的取证、审查放在一个体系内细化规则，2016 年《电子数据规定》更是第一次系统、全面地规范了电子数据的收集提取和审查判断，成为目前我国电子数据司法运用的最重要的规范之一。

总体来说，我国电子数据现有规定的思路明显体现出电子数据法律规则和技术规范逐渐融合的趋势。例如，根据 2016 年《电子数据规定》第 2 条，侦查机关收集、提取电子证据时需要"遵守法定程序，遵循有关技术标准"的双重标准；并规定了具有浓厚技术特征的电子数据检验报告制度、电子数据冻结规则等取证方法；再如，在规定审查判断电子数据"真实性""完整性""合法性""关联性"的条文中，大量引入了技术规范的要求。

但是同时我们也看到，从我国现有电子数据立法来看，更加侧重于电子数据的取证规则而非认证规则；认证规则的内容，明显是直接延续了我国传统证据三性即真实性、合法性、关联性的判断采信规则，而没有真正结合电子数据的技术特征建立起系统的电子数据认证规则体系，影响了电子数据司法证明作用的发挥。

四、实践困境：电子数据审查采信证据规则的两极分化

目前刑事司法实务中，司法人员审查和采信电子数据过程中普遍存在着"不会用""不愿用"与"技术迷信"两个极端，限制了电子数据证明作用的发挥。一方面，控辩双方因为对电子数据不了解、不熟悉导

致"不敢用、不会用、用不好"的现象还较为普遍，庭审时控辩双方针对电子数据的举证质证也带有明显的形式主义色彩，缺乏针对电子数据能否作为定案根据的深入质证；另一方面，裁判者对电子数据的采信普遍呈现质量不高、甚至混乱的状况，裁判者"不说理"现象严重，在"说理"的文书中，不采信的比例又偏高，法律文书中相关的理由表述中深入阐述的少，使用"套话"的多，不同案件针对同一采信问题的理由表述还经常存在着明显矛盾之处。这些现象，不仅限制了电子数据证明作用的发挥，也与刑事诉讼改革的证据裁判主义、庭审实质化方向背道而驰，究其原因，主要表现为以下两方面：

（一）技术规则与法律规则"两张皮"，审查采信流于形式

实务部门审查电子数据的司法人员一般是法律专业出身，具备系统完善计算机知识理论体系的人很少，不了解电子取证对象、方法、流程、规范的现象较为普遍，缺乏实质深入审查电子数据的技术基础，不能真正融合电子数据行业技术规范标准与电子数据法律采信规则。例如，司法人员审查《电子数据鉴定意见书》时，由于对相关技术知识不了解，一般只重点审查"鉴定结论部分"而忽视了对委托鉴定事项、检材清单、检验分析过程的审查，对鉴定所采取的鉴定方法是否符合相应技术规范、鉴定人是否具有专门的电子物证鉴定资格、鉴定开始前是否有对鉴定对象启封程序证明等都没有进行深入的审查，且审查往往流于形式。

（二）审查判断缺少独立标准，电子数据证据价值受限

正如"在美国，电子证据的出现加剧了非法证据排除规则的演进过程，其形态上的无形性和取证方式上的特殊性，使得美国司法部门在适用传统非法证据排除规则的同时，不得不调整规则的既有适用范围，通过这种调整，美国法院系统不断对这一新兴的证据形式进行着适时的应对"。[1]我国对电子数据的审查判断标准的研究正在起步阶段，在承认电子数据的技术特性会对电子数据的审查判断产生影响的前提下，由于对电子数据的审查判断还未充分重视其技术原理的独立性和独特性，从而影响了电子数据证据价值的发挥。

例如，我国现有非法证据排除规则中未明确规定电子数据，围绕电

---

〔1〕 刘品新：《中国电子证据立法研究》，中国人民大学出版社2005年版，第93页。

子数据是否适用非法证据排除规则尚有争议；再如，我国尚未建立电子数据特殊推定规则。特殊推定规则是指在计算机系统运行正常环境中提取的电子数据、网络服务商正常记录的电子服务信息一般可以直接被推定可靠、真实。国外经历了对计算机系统认识由浅入深的同时建立和完善电子数据真实性特殊推定规则的过程，但我国尚未建立该规则标准，电子数据亦不符合传统证据中"司法推定"的适用范围，难以适用"司法推定"，如果不作特殊推定，又可能造成"电子数据真实性标准过高"的不利后果；另如，传统的"相互印证规则"是指不同来源的两个或多个证据相互印证、证明方向一致、证明同一案件事实，强调证据的"不同源"，但电子数据可能存在同一电子文件内的不同数据信息内部相互印证的情形，这是否是对传统的相互印证规则的突破？

五、内在重构：电子数据证据规则的逻辑起点

上述问题的解决，无疑需要建立我国电子数据证据规则体系，但建立体系存在两种完全不同的思路：一是"就电子数据论电子数据"，在继续延续传统证据规则体系的基础上，对电子数据证据规则"小修小补"；二是在重构证据规则内在逻辑的基础上，系统性构建符合电子数据独特性的电子数据证据规则体系。

本文选择了后一种思路。这种选择并非为了理论的"标新立异"，而是在综合考虑我国电子数据审查采信证据规则现状以及发展方向后作出的慎重选择。

第一，总体来说，我国现有的电子数据采信规则是在沿用传统证据规则的基础上建立的，电子数据本身的技术性和独特性导致在审查判断电子数据的证据价值时面对的问题更为复杂，而我国传统证据规则本身不够精细、缺乏体系性的问题又叠加了电子数据采信的困难性。可以说，以证据属性为基础的我国传统证据规则内在逻辑不足，已经越来越难以为电子数据证据规则研究的体系性的深入提供理论支持。

第二，比较借鉴国外电子数据证据规则时，由于缺乏对应性，常常出现"张冠李戴"的现象，造成我国证据规则体系中部分借鉴性规定的"零散化""矛盾性"，不利于对外来规则的本土化改造。

因此，虽然选择后者的论证过程明显更加困难，但笔者认为与其"削足适履"，继续沿用既有的"不适应证据审查判断思路"的证据规则体系，不如鼓足勇气，以建立电子数据证据规则为契机，思考和重构

有逻辑、有层次的证据规则体系。因为此种思路能够从根本上厘清不同证据规则体系中的关键概念、规则的内涵外延与价值追求，为构建电子数据证据规则体系提供更加有说服力的逻辑，而这种理论上的努力不仅可以为电子数据证据规则体系的深入研究奠定基础，还具有开创和示范意义，能够为日后逐渐完善我国证据规则体系提供一种可借鉴的视角。

（一）传统证据规则内在逻辑的不足

电子数据作为法定证据种类之一，在探讨符合其独特性的证据规则之前，必须首先审视一般证据规则，而证据规则体系的框架是证据理论。使用何种证据理论搭建证据规则体系，将直接影响证据规则的设计思路和发展方向。

我国传统证据法主要探讨证据属性，通说是真实（客观）性、合法性和关联性的证据三性说[1]，认证活动的主要内容是依据证据三性对证据能否作为定案根据进行同层次、综合性的判断，即证据三性理论是我国刑事诉讼证据规则体系的内在逻辑。然而，证据三性理论存在天然不足，难以支撑证据规则体系的内在逻辑。

1. 证据三性之间界限难以"泾渭分明"，存在交叉融合。证据三性理论既可以从关联性角度印证真实性，也可以从真实性角度否定关联性，甚至可以从合法性角度否定证据真实性，司法判断中"三性"界限并不泾渭分明。例如，采信证人证言时，既有对证人作证内容自身的审查，也有与其他证据相互印证的审查，当该证言与其他证言或证据矛盾时，难以完全区分其因为不具备证据的哪一性而不予采用，证据的真实性和关联性评判存在交叉。当然，有人可能笼统地回应不符合证据三性，但既然区分了证据"三性"而非"一性"，就是为了区分回应，如果区分后仍然不得不笼统回应，那么证据三性理论存在的合理性本身就存在疑问。

2. 证据三性理论是同一层面的判断，不利于对证据规则的深入分析。以非法证据排除规则的定位问题为例，如果认为该规则的关注点主要是证据真实性，可能难以发挥规则本身的程序公正和人权保障意义，如果认为该规则是为了保障证据合法性，又无法解释非法证据排除规则与证据合法性之间的对应关系，因为不具有合法性的证据不都是"非法

---

〔1〕 关于证据属性，除了三性说，还有"客观（真实）性、关联性"的两性说等不同观点，但三性说系通说。

证据"。比如违法程度较轻的瑕疵证据就不属于非法证据，但这种通过合理解释补正瑕疵的证据是否符合证据的合法性？这种证据的事后救济是否与证据本来的属性存在冲突？

另外，需要说明的是，证据三性理论是从刑事诉讼及司法解释等具体条款规定中归纳得出的意见，并非法条的当然解释，这从证据属性"两性说"和"三性说"的争论也可见一斑。在我国，刑事诉讼法律未明文规定证据属性，且证据三性理论无法为"证据转化为定案根据"提供有力支持的情况下，存在抛弃证据三性，重新构建证据规则的内在逻辑的可能性。

（二）以证据能力和证明力重构证据规则内在逻辑

放眼世界各国证据规则体系，整体上主要存在两大法系间的区别，英美法系国家围绕证据的可采性（admissible）构建了复杂精细的证据规则体系，大陆法系国家围绕证据的证据能力和证明力构建了二元证据规则体系。

本文认为，结合我国诉讼传统，应当以证据能力和证明力"二力"为基础，分阶层地判断"证据能否作为定案根据"，重构我国证据规则的内在逻辑。主要理由是：

1. 从诉讼传统上来看，我国属于大陆法系国家，与证据能力和证明力的理论语境具有天然亲和性。[1]

可采性是英美法系国家证据法的核心概念，英美法系按照证据可采性理论对可以采纳为证据的材料的范围加以限制，设立了严格的规则，[2] 即可采性证据规则体系。可采性主要是指"哪些证据可以出现在法庭"，具有可采性的证据是陪审团评判证据证明力进而裁判事实的基础。相关性（relevant）是可采性的下位概念，根据《美国联邦证据规则》第401条，"'相关证据'是指证据具有某种倾向，使决定某项在诉讼中待确认的争议事实的存在比没有该项证据时更有可能，或者更没有可能"。大陆法系以德国为代表的国家则区分了证据的证据能力和证明力问题，并建立了相应的证据规则。证据能力是指证据在法律上具有的准入法庭的资格，是证据成为法庭认定事实依据的前提条件，积极角

---

〔1〕 本部分内容主要参考陈瑞华：《刑事证据法学》，北京大学出版社 2014 年版，第六章"证明力与证据能力"部分。

〔2〕 参见张建伟：《证据法要义》，北京大学出版社 2014 年版，第 138 页。

度上要具有合法的证据形式，消极层面上不能属于法定的"证据禁止"范围，证据禁止包括"证据取得禁止"和"证据使用禁止"。证明力则是指证据证明待证事实的强弱程度。

对比英美法系的可采性证据规则体系与大陆法系的证据能力与证明力证据规则体系，可以发现两者存在着实质差别：可采性规则中天然涵盖了部分证明力问题，而大陆法系严格区分了证据能力和证明力规则，二者不存在交叉包容关系。证据能力是单纯的法律问题，证明力则是经验逻辑问题。

以上差别根源于不同的诉讼模式。由于英美法系采取陪审团审理模式，陪审团是非法律专业人士，英美法系围绕证据可采性设计的证据规则中包含了对社会利益、证据真实性证明程度等诸多因素的预先衡量判断，可采性规则的精细复杂化是为了合理划定陪审团接触和评判证据的范围。此外，可采性规则主要适用于"庭前程序"也是为了避免正式开庭时陪审团被误导。反观大陆法系，由于采用职业法官审理模式，民众相信具有法律专业知识的法官不会轻易被误导，所以并未精细规定证据的证据能力规则。同时由于起诉前案卷已移送法院，法官在开庭前已经接触了全部案卷材料，因而也没有必要专门设计庭前程序解决证据能力问题。因此，法官能够在庭审时对证据的证据能力和证明力进行综合评判。

从以上分析可得，我国作为大陆法系国家，也是由专业法官而非陪审团审理案件，[1]起诉前全部案卷材料已移送法院，法官一般在开庭时对证据进行全面调查核实。虽然近年来我国将"非法证据排除问题"作为庭前会议的重要内容之一，但庭前会议主要是"提出非法证据排除的申请"和初步调查，控辩双方未达成一致意见的，仍需要在庭审时调查核实，这与英美法系"庭前程序确定排除的非法证据不得在庭审时出示"的方式存在本质差别。

因此，总体来说，我国证据规则的诉讼传统与英美法系国家可采性证据规则的适用土壤存在实质不同，而与大陆法系国家的证据能力和证明力理论具有天然的亲和性。

2. 证据能力和证明力的逐层递进审查模式，更符合我国"证据转化为定案根据"的逻辑思路。

我国台湾地区学者黄东熊等在《刑事证据法则之新发展》一书中

---

〔1〕 我国的人民陪审员制度不同于英美法系国家的陪审员制度。

指出,"证明力与证据能力有别,盖证明力有无之判断,系证据具备证据能力之后问题;易言之,于评价证据对于判断事实之真伪能否发生心证上作用力之前,系以该证据已具备证据能力为先决条件"。[1] 这种证据的证据能力、证明力内在结构上的递进关系,决定了在审查证据过程中,必然先审查证据能力,然后才能判断证明力。[2]

这种区分证据能力和证明力、逐层递进的审查方式可以使司法人员采信证据时更加有据可依和有逻辑层次,区分"二力"建立相应的证据规则体系,可以使"证据确实充分"有更加清晰的层次和明确的标准。首先,将证据能力作为探讨证据效力的第一步,可以准确定位非法证据排除规则的证据能力规则性质,把好"证据转化为定案根据"的入口关,发挥非法证据排除规则对程序公正和人权保障的重要意义;其次,在有证据能力的证据范围内探讨证据的证明力大小和相互印证关系,并交由裁判者自由心证,进一步审查是否达到"证据确实、充分"的标准,这种分阶层的探讨,有利于为"证据能否转化为定案根据"提供内在逻辑支持。

3. 以传统证据三性套用国外证据规则概念,容易造成概念混淆。

有人提出,虽然司法人员使用"二力"概念可以更有层次地分析证据,但只要把证据"三性"解释套入"二力"的审查判断过程,就不必重新构建证据能力、证明力的审查模式。这种套用本身经常存在概念上的混淆,借鉴国外证据规则理论时也有难以对应的问题,不利于证据规则体系的建立。例如,有人把"合法性"作为证据能力的判断依据,把"真实性"和"关联性"作为证明力的判断依据,也有人把"合法性""真实性"均作为证据能力判断依据,认识存在分歧。再如,由于英美法系的"关联性"(relevancy)是可采性的下位概念,与我国证据"关联性"内涵不同,为了与之匹配,有人把我国证据"关联性"再分为形式关联与实质关联,反而可能造成概念使用的混乱。以英美法系证据关联性规则之一"鉴真规则"(Authentication)为例,其本意是指"证明某一证据确属提出该证据的一方所声称的那一证据,也就是法庭上的证据与控辩双方所主张的证据具有同一性",且"不涉及证据的

───────────

〔1〕 黄东熊等:《刑事证据法则之新发展》,学林文化事业有限公司 2003 年版,第 8 页。
〔2〕 转引自李勇:"重视证据能力与证明力之证据判断功能",载《检察日报》2017 年 12 月 31 日,第 3 版。

真假和证明价值",[1] 因此,该"真"非我国证据之真实性,该关联性也非我国证据之关联性。混淆概念,可能导致证据规则定位偏差,影响制度设计目的的发挥。

因此,本文拟以证据能力和证明力为逻辑基础,针对电子数据证据的特性,构建电子数据证据能力规则和证明力规则。

六、正本清源:电子数据证据规则体系重建

证据能力和证明力是某一证据能够转化为"定案根据"的资格和条件,我国《刑事诉讼法》确立的诸多证据规则,可以区分为旨在限制证据能力的证据规则(即证据能力规则)和旨在限制证明力的证据规则(即证明力规则)。

(一)证据能力规则

我国刑事证据法中确立了大量的证据排除规则,有的被表述为"不得作为证据使用",有的被表述为"不得作为定案的根据",还有的被表述为"应当予以排除"。无论采取哪一种表述方式,这些排除规则都是禁止法院将其作为认定案件事实的证据,但这种排除规则并不都是非法排除规则,还包括旨在限制证据能力的规则和限制证据证明力的证据规则。需要注意的是,证据能力规则不等同于非法证据排除规则,因为与一般的不具备证据能力的证据不同,只有那些因侦查人员通过违反法律程序的手段所获取的证据,适用非法证据排除规则的证据,才属于"非法证据"。[2] 那么在我国刑事诉讼中,电子数据是否确立了证据能力规则,尤其是电子数据是否适用非法证据排除规则呢?这需要结合我国非法证据排除规则的立法规定予以回答。

1. 关于电子数据是否适用非法证据排除规则的争议。我国非法证据排除规则经历了从1996年《刑事诉讼法》仅对言词证据非法取证进行了禁止性规定而无"对非法证据能否作为定案根据"的规定,到1998年最高法《关于执行〈中华人民共和国刑事诉讼法〉若干问题的解释》第一次对侦查人员采取非法方法获取证据确立排除后果,再到2010年最高法、最高检、公安部《关于办理死刑案件审查判断证据若

---

〔1〕 参见张建伟:《证据法要义》,北京大学出版社2014年版,第129页。

〔2〕 参见陈瑞华:《刑事证据法学》,北京大学出版社2014年版,第166、167页。

干问题的规定》和《关于办理刑事案件排除非法证据若干问题的规定》两个证据规定第一次明确了对非法物证、书证适用裁量性排除规则，直至 2012 年修订《刑事诉讼法》时，基本确立我国非法证据排除规则中"非法言词证据强制性排除、非法实物证据裁量性排除"的二元结构。关于电子数据是否适用非法证据排除规则，尚存一定争议。

一种观点认为，2012 年《刑事诉讼法》第 54 条确立了我国非法证据排除规则，明确了对言词证据强制排除，对于有瑕疵的物证、书证裁量排除，但没有涉及电子数据，因此电子数据不适用非法证据排除规则；另一种观点认为电子数据在诉讼实践中多转化为传统的证据种类，对非法电子数据应当根据其转化的形式适用非法证据排除规则。[1] 2016 年《电子数据规定》出台后，还有人提出该规定的第 27、28 条在司法解释层面补充确立了电子数据的非法证据排除规则。[2]

笔者认为，2012 年《刑事诉讼法》第 54 条虽然未直接规定电子数据非法证据排除规则，但结合立法目的、电子数据"合法性"来判断，在法律解释允许的范畴内，电子数据可以参照适用"非法实物证据裁量性排除"的非法证据排除规则，并应在未来适当时机以立法形式予以明确，主要理由如下：

第一，从 2012 年《刑事诉讼法》第 54 条的立法脉络上来看，该条仅将物证、书证适用"非法实物证据裁量性排除"系立法有意为之，而非立法漏洞，因此，第 54 条不宜作为电子数据适用非法证据排除规则的直接渊源。2012 年《刑事诉讼法》第 54 条区分了言词证据和实物证据，但实物证据中仅规定了物证、书证，而没有涉及刑事诉讼法中已明确规定为法定证据种类的鉴定意见，勘验、检查、辨认、侦查实验等笔录，视听资料，电子数据等其他证据种类，也没有兜底规定，从立法本意来看，该"遗漏"系立法者对其他实物证据是否适用非法证据排除规则问题的"有意回避"，这种"有意回避"的规定模式在非法证据

〔1〕 参见李晓佩："论非法电子证据的排除规则"，载《中国检察官》2014 年第 20 期。

〔2〕 2016 年《电子数据规定》第 27 条规定："电子数据的收集、提取程序有下列瑕疵，经补正或者作出合理解释的，可以采用；不能补正或者作出合理解释的，不得作为定案的根据：①未以封存状态移送的；②笔录或者清单上没有侦查人员、电子数据持有人（提供人）、见证人签名或者盖章的；③对电子数据的名称、类别、格式等注明不清的；④有其他瑕疵的。"第 28 条规定："电子数据具有下列情形之一的，不得作为定案的根据：①电子数据系篡改、伪造或者无法确定真伪的；②电子数据有增加、删除、修改等情形，影响电子数据真实性的；③其他无法保证电子数据真实性的情形。"

排除规则从仅有"非法言词证据排除规则"扩展到"非法言词、实物证据不同排除规则"的发展过程中亦有体现。无论是基于其他证据非法证据排除规则的争议较大、立法时机不成熟还是由于另外的原因，不可否认的是2012年《刑事诉讼法》第54条确实不宜作为电子数据适用非法证据排除规则的直接渊源。但需要注意的是，从反向解释的角度，该条也并未规定"电子数据不能适用非法证据排除规则"，因此，为电子数据非法证据排除规则的建立留有进一步解释的空间。

第二，从立法目的上来看，对于违反法定程序、可能影响司法公正的违法取证获得的实物证据，均应当适用非法证据排除规则，某种意义上，电子数据的特性决定其更加具有适用非法证据排除规则的必要性。"非法证据排除规则的确立，在证据法领域可以被视为证据能力规则范式的根本性转变，体现出程序公正原则开始在刑事诉讼领域发挥重要作用，对实物证据的排除，最能体现非法证据排除规则的本质属性，因为非法证据规则关注的不是证据真实性问题，而是正当程序和人权保障问题。"[1] 除书证、物证外的其他实物证据亦存在非法取证的可能性，人为对实物证据区别对待显然不符合非法证据排除规则的本意。而且，如前所述电子数据的证据特性以及信息时代电子数据的无处不在，相较传统物证、书证，电子数据的取证活动可能会对人们隐私权等公民权利等造成更大的侵害，电子数据取证措施一旦滥用，可能给司法公正带来更为严重的负面影响。因此，电子数据作为证据使用时具有适用非法证据排除规则的必要性。

第三，从电子数据审查判断条件来看，电子数据的"合法性"为建立电子数据非法证据排除规则留有解释余地，司法实践中，已经开始逐渐探索电子数据非法证据排除规则的适用范围。2016年《电子数据规定》第2条规定了"人民检察院、人民法院应当围绕真实性、合法性、关联性审查判断电子数据"，其中的合法性指的就是电子数据取证主体、取证程序的法定性。电子数据因违反法定程序被予以排除时，其实质就是在适用非法证据排除规则。此外，在民事诉讼中已有适用电子数据非法证据排除规则的先例，如"王齐、紫翠红诉刘海霞、北京市门头沟区爱琪贝残障人士发展中心、王志伟民间借贷纠纷案"的裁判要旨中，就指出"由手机技术形成的录音录像、短信及上网通讯痕迹等，属

---

〔1〕 参见戴长林、罗国良、刘静坤：《中国非法证据排除制度：原理·案例·适用》，法律出版社2017年版，第43、117页。

于我国民事诉讼司法实践中通称的电子证据的一种，法官在认定电子证据是否具有合法性时要考虑电子证据的取得途径是否合法、是否严重侵犯他人合法利益或违反法律禁止性规定，以侵害他人合法权益或者违反法律禁止性规定的方法取得的证据，不能作为认定案件事实的依据。"[1] 这也为刑事诉讼电子数据适用非法证据排除规则开拓了思路。

第四，从立法趋势来看，随着我国将《个人信息保护法》《数据安全法》列入立法规划，建立刑事电子数据非法证据排除规则是大势所趋。近年来，人们对个人隐私、个人信息安全愈发重视，2018 年针对部分 APP 软件强制用户同意的"放弃个人隐私、允许采集个人信息条款"曾引起社会广泛质疑，其反映出人们在越来越依赖信息网络的同时，也开始提高警惕，重视个人信息的安全性。《个人信息保护法》《数据安全法》等立法规划也提上日程，电子数据作为与之息息相关的证据种类，必然面临着与之协调协同的重要课题。当面对"以违反法定程序且严重影响公民隐私权的方式取得的电子数据是否应予排除"的问题时，电子数据适用非法证据排除规则便成为大势所趋，我们需要继续探讨的，则是电子数据适用非法证据排除规则的条件和范围问题了。

需要说明的是，2016 年《电子数据规定》第 27、28 条并不属于非法证据排除规则规定。虽然第 27、28 条规定了"不得作为定案的根据"，但第 27 条系电子数据存在瑕疵不能补正后予以排除的列举和兜底式规定，第 28 条系"鉴真不能"的后果，[2] 关注的是电子数据真实性而非对程序公正和人权保障，不属于以保障人权和程序公正为目的的电子数据非法证据排除规则的范畴。

2. 构建电子数据非法证据排除规则的初步设想。笔者认为，我国电子数据非法证据排除规则应当立足于非法证据排除规则"程序公正、保障人权"的定位，对于采用违反法定程序、侵犯被告人重要诉讼权利甚至宪法权利的方式取得的证据纳入非法证据范畴，通过对侦查人员违反法定程序的严重程度和非法取证所造成的后果的综合考虑，实质性判断电子数据非法取证行为是否严重影响司法公正程度，适用"裁量性排除规则"。

第一，建立以比例原则为基础的电子数据非法证据排除规则，兼顾

---

〔1〕 参见国家法官学院、中国人民大学法学院编：《中国审判案例要览》（2015 年商事审判案例卷），中国人民大学出版社 2017 年版，案号：(2013) 门民初字第 1985 号。

〔2〕 具体分析参见下文关于电子数据鉴真规则的分析。

侦查取证要求与对公民隐私权等权利的保护。由于电子数据在现代生活中无处不在，设计电子数据非法证据排除规则时，应当立足电子数据取证的程序性规定以及电子数据取证时可能对公民隐私权等权利的侵害程度，按照最小比例原则，兼顾电子数据技术性对各种法律性社会利益的影响，以考虑调取电子数据取证违法程度。以美国刑事司法中 1967 年卡茨诉联邦政府判例确立的"卡茨原则"为例，首先，该案明确了"电子监听被认为是美国宪法规定的搜查与扣押行为"的认知，即电子监听所取得的证据（电子数据），必须适用业已建立的非法证据排除体系；其次，该案提出电子监听时应当适用比例原则的要求："经电子监听所收集的证据，在适用非法证据排除规则上，应当审查电子监听的程序是否合法正当，在监听的过程中是否有滥用侦查权的行为"，并确立了著名的"卡茨原则"：①监控对象必须坚信在公开的环境中他的活动是受隐私权保护的；②监控对象对隐私权坚信的理由必须是令人信服的。"[1] 因此，在电子数据非法证据排除规则中，肯定比例原则的基础作用，其实质是为了防止电子数据取证侦查权力的滥用，避免给取证对象造成不必要的损害，并且能够直接保护公民的通信自由权利和隐私权利等，这在大数据、云计算、人们一举一动均可能在信息世界留下痕迹的当下，尤其具有重要的现实意义。

第二，应当综合考虑取证活动的违法程度、对公民权利的侵犯程度等，对电子数据非法证据实行裁量排除。我国非法证据排除规则确立了非法实物证据裁量排除的规则，之所以对侦查人员非法取得的物证、书证适用裁量性而非强制性排除规则，主要是考虑到侦查人员对物证、书证的取证方法即便存在违法行为，通常违法情节并不严重，侵害的利益也不大，所造成的后果也不是特别严重，如果对这些证据一律采用无条件排除的做法，不免过于严厉，容易破坏程序性违法与程序性制裁相均衡的原则，也可能导致一些有价值的证据仅仅因为取证手段的轻微违法而被否定了证据能力，使得案件事实真相难以发现，甚至带来放纵犯罪的消极后果。[2] 如前分析，考虑到侦查人员对电子数据的取证方法虽然可能对人们权利侵害的范围更广，但毕竟属于实物证据的范畴，在我国现有实物证据实行裁量排除规则具有合理性的条件下，应当合理区别

---

〔1〕 参见莫天新："从电子证据视角看我国证据规则的规范与完善"，载《研究生法学》2016 年第 2 期。

〔2〕 参见陈瑞华：《刑事证据法学》，北京大学出版社 2014 年版，第 184 页。

非法电子数据和瑕疵电子数据，区分任意侦查行为和强制侦查行为，[1] 结合非法取证行为对司法公正的影响程度、对公民权利的侵犯程度等因素综合判断，自由裁量决定是否排除非法电子数据。

（二）证明力规则

一般来说，对于证据的证明力大小，一般应由法官根据生活事实和经验逻辑法则作出自由评断，即自由心证原则。但我国刑事证据法中有大量对证据证明力作出具体规定的法律限制，这种做法体现了我们将经验法则、逻辑法则法定化的立法努力，被称为"新法定证据主义"。近年来，这种基本的证据理念逐渐成为指导我国证据立法的指导性原则，基本覆盖所有证据种类，如原始证据优于传来证据、特殊证言的采信、口供证据的补强规则等。就电子数据而言，可以确立如下证明力规则：

1. 真伪不明时一律排除规则。2016 年《电子数据规定》重申了电子数据经过审查无法确认其真伪时，法院一律不得将其作为定案根据的原则。根据 2016 年《电子数据规定》第 28 条，当电子数据存在被篡改、伪造、删除、修改等情形，无法确定电子数据真伪时，一律"不得作为定案的根据"。应当说，任何证据如果无法保证真实性，都不应当具有证明力，这本不应属于法律问题，亦不属于特殊规定，而是经验法则和逻辑法则的基本要求，但考虑到电子数据作为"技术证据"，经常发生外部载体或者内部载体被篡改、伪造、删除、修改等情形，以至于难以辨别真伪，对于此类似是而非的电子数据，如果不在法律上确立统一的排除性法律后果，可能容易造成此类证据采信上的混乱，以至于造成事实认定错误。有鉴于此，刑事诉讼法对此类真伪不明的电子数据，确立了一律排除的后果。[2]

需要注意，完整性是考查电子数据"真伪"的一个特殊指标，完整性是判断电子数据"真伪"的下位概念，传统证据是没有这一标准的。电子数据的完整性包括两层意义，即电子数据本身的完整性和电子数据所依赖的计算机系统的完整性。[3] 电子数据本身的完整性涉及形式上的完整性和内容上的完整性，形式上的完整性是指电子证据必须保

---

〔1〕 任意侦查行为和强制侦查行为是刑事诉讼中对侦查活动的分类，不使用强制措施的侦查叫任意侦查，使用强制措施的侦查叫做强制侦查。

〔2〕 参见陈瑞华：《刑事证据法学》，北京大学出版社 2014 年版，第 269 页。

〔3〕 参见何家弘主编：《电子证据法研究》，法律出版社 2002 年版，第 151 页。

持生成之时的原状，包括格式调整在内的任何更改都将视为完整性受到损害，电子证据内容上的完整性是指电子证据自形成之时起，其内容保持完整、未遭到非必要的添加或删除。[1] 计算机系统的完整性则包括三层含义：一是记录电子数据的系统必须处于正常的运行状态，二是数据记录必须在业务活动的当时或即后制作，三是在正常运行状态下，系统对业务活动必须有包括数据电文信息、附属信息和系统环境信息的统一、完整记录。[2]

2. 电子数据鉴真规则。如前所述，鉴真是指"证明某一证据确属提出该证据的一方所声称的那一证据，也就是法庭上的证据与控辩双方所主张的证据具有同一性"。英美法系国家将鉴真规则作为实物证据可采性判断的"门槛规则"，规定了独立的鉴真程序，大陆法系国家使用的是证据能力和证明力规则体系，一般没有规定独立的鉴真程序，而是将"鉴真"作为法官对证据审查判断的内容之一。其实，无论是否规定独立的鉴真程序，只要有明确的鉴真方法、规定了鉴真不能的后果，便可以完成电子数据的鉴真，进而决定其能否"转化为定案根据"。

但这里需要明确的是，"真伪不明"与"鉴真"的"真"并非同一含义，前者侧重证据的"真实性"，后者更侧重证据自生成到提交法庭采信这一阶段的"同一性"，虽同属对电子数据证明力的判断规则，但因解决的证明力内容不同，应予区别对待。

（1）鉴真方法。从各国鉴真规则具体内容来看，有的国家将鉴真方法区分为外部鉴真和内部鉴真，区分标准为运用外部证据或旁证还是通过证据本身属性加以鉴真；再如根据鉴真依据的不同，区分"独特特征的确认"与"监管链条的证明"；另外，考虑到电子数据的特殊性，还建立了基于推定的鉴真规则，包括"基于计算机系统正常运行的推定鉴真""基于可靠电子签名等安全技术手段的鉴真""基于可靠程序和系统的鉴真"，[3] 随着电子科技的发展，各国还在不断地调整电子数据鉴真规则的方法、标准。以上内容从不同角度提出了不同电子数据的鉴

---

[1] 参见聂铄："电子证据在民事诉讼中的运用"，载《武汉大学学报（哲学社会科学版）》2006 年第 4 期。根据该文定义，"非必要的添加或删除"是指对电子证据进行了关键性的更改，但对在电子文件进行格式调整、加入页眉、页脚、注明来源、形成过程和取得日期等非关键性的更改，并不影响电子证据的完整性。

[2] 参见何家弘主编：《电子证据法研究》，法律出版社 2002 年版，第 152 页。

[3] 参见刘品新："电子证据的鉴真问题：基于快播案的反思"，载《中外法学》2017 年第 1 期。

真方法，进而规定了不同的鉴真程序，其本身并无优劣之分，只有适合与否。笔者认为，在我国现有刑事诉讼程序内，鉴真程序只是裁判者对证据审查认定的内容之一，可以综合采用独特特征确认、保管链条完整、鉴真特殊推定等方法，对电子数据进行鉴真。

第一，独特特征确认。电子数据的真实"身份"，可以通过其独特性证明。电子数据来源无非两种，一是来源于某一特定电子设备，二是来源于某一特定人。由于电子数据具有环境依赖性，电子数据所处的硬件环境和软件环境能够证明其来源，比如可以通过系统日志、软件程序自动生成的日志印证需要鉴真文件的设备来源，通过电子邮件头地址分析发送者的 IP 地址、MAC 地址等可以唯一确定来源机器信息等；而针对特定数据与某人的鉴真，主要是指虚拟身份与现实世界真实身份的同一性确定，则可以通过不同的产生、传输和交换机理以及人与人交流中的语言习惯等因素进行同一性确认，比如对于手机短信，可以通过与其号码有联系的证人证言或者其他证据予以鉴真，也可以通过对相关通讯公司业务记录的查询构成完整的鉴真链条。[1]

第二，保管链条完整。探讨保管链条的完整性时，一般不区分原始存储介质保管链条和电子数据保管链条，前者情况下，可以依靠证据封存、专门保管、证据标签制度等方式验证其来源同一，进一步确保其中存储的电子数据的同一性；后者则需要通过现场勘验全程记录、电子数据检验鉴定等方式，以完整性校验值比对、使用过程监管等手段，确保电子数据的同一性。这里需要注意的是，并非保管链条上的任何变动都会导致保管链条的"断裂"，比如封存后启封，只要有充分证据证明启封和再次封存的过程，再如完整性校验值一直变化、无法固定的场合，只要有其他证据互相印证，仍然可以得出保管链条完整的结论。

第三，特殊推定。电子数据的推定，是指可以通过其产生、存储环境的可靠性来推定该证据的真实性。如果不确立电子数据的鉴真推定规则，某些情况下可能陷入"无法自证"的逻辑怪圈，以至影响电子数据的证据能力。例如，第三方网络服务公司提供的服务数据信息的来源真实性是否能予以认定？是否需要证明在现场勘验电脑中取得的数据文件没有被黑客篡改？计算机自动生成的记录是否天然满足鉴真规则？

我国目前还没有建立电子数据的特殊推定规则，实践中这些电子数

---

〔1〕 参见吴同、周丽："论刑事诉讼中电子证据的鉴真"，载《山东警察学院学报》2014 年第 1 期。

据也并未引起很大的争议，但这并不意味着没有必要建立电子数据特殊推定规则，因为随着人们对电子数据的逐渐重视，未来很可能出现质疑上述情况中调取电子数据证据效力的观点，而如果没有电子数据推定规则，电子数据证明力的认定就显得"无据可依"；此外，"推定"意味着允许"反推"，并且合理分配了证明责任，建立电子数据鉴真推定规则，可以合理分配推定方的举证责任和反推方的证明责任，为未来电子技术的发展变化留下应对空间。例如，加拿大《统一电子证据法》第5条规定"没有相反的证据，可以推定产生或存储记录的电子记录系统的真实性"。[1]

（2）"鉴真不能"。所谓鉴真不能，是指由于司法机关在电子数据的收集、提取、冻结、移送、展示、鉴定等各个环节中，无法确保证据保管链条的完整性，难以证明电子数据外部载体和内部载体的同一性。对于这种在鉴真方面存在缺陷或者瑕疵的电子数据，刑事证据法通常将其视为瑕疵证据，并确立了电子数据可补正的排除规则。[2]

虽然我国刑事诉讼中不存在独立的"鉴真程序"和系统的电子数据鉴真规则体系，但上述鉴真方法、鉴真不能的后果的规定，已经散见于关于电子数据的规定中。例如，2012年最高法《刑诉法解释》中作出了对电子数据在制作、取得时间、地点、方式等方面存在疑问，公诉方无法提供必要证明或者无法做出合理解释时，该电子数据不得作为定案根据的规定；另如，根据2016年《电子数据规定》第27条，电子数据收集、提取程序存在如"未以封存状态移送""笔录或者清单缺少签名盖章""格式、类别等注明不清"等瑕疵时，如果无法补正或者做出合理解释时，不得作为定案根据。二者都明确建立了电子数据鉴真不能时补正排除规则。

3. 专业心证规则。一个证据能在多大程度上说服法官或者陪审员相信它所指向的待证事实存在，就是证据的证明力。换言之，证据的证明力是指证据对于待证事实存在的可能性所具有的一种量化的评价，通常取决于事实裁判者对证据真实性（truthfulness）、可靠性（reliability）

---

〔1〕 参见徐静村主编：《刑事诉讼前沿研究（第6卷）》，中国检察出版社2007年版，第6页。

〔2〕 参见陈瑞华：《刑事证据法学》，北京大学出版社2014年版，第270页。

以及融贯性（cogency）的评价。[1] 然而，电子数据证明力的认定有其特殊性，电子数据的专业性与传统自由心证原则之间存在着天然冲突。例如，无论是对电子数据本身完整性还是对计算机系统完整性的认定，往往依赖专业知识和经验，因此在电子数据完整性的判断上，并非法官能够独立完成，而需要借助鉴定等专业证据方法的辅助。[2] 同时，由于电子数据蕴含的案件信息很多是技术问题，司法人员对电子数据的采信，超出了传统的司法经验范围，司法者难以依靠传统的司法经验判断方式获得合理的内心确信，出于对电子数据易删改性的担心，司法者往往对电子数据是否真实可靠的证明标准要求过高，造成电子数据难以发挥其特有的证明作用以及司法资源不必要的消耗。

本文认为，审查判断电子数据的证明力时，应当将电子数据的技术知识和司法经验融合起来，区分电子数据内外部印证体系，探索建立符合电子数据证据特性的专业性自由裁量心证规则。

（1）内部互相印证规则。所谓内部互相印证，主要是基于电子数据鲜明的系统性，其内部可能形成环环相扣的证据链条，"独立"地证明某一犯罪事实。这里的内部互相印证与传统互相印证规则的最大区别在于相互印证的电子数据可能是同一来源，并且都存在于虚拟空间。例如，网络空间中，因为网络系由多台电子设备组成，相对独立，相互传递信息，不同节点获取的电子证据能够相互印证，即源自不同节点的电子数据可以内部相互印证；再如，单机空间中，执行一个简单操作也能产生大量附属信息和关联痕迹文件，这些主文件、附属信息和关联痕迹是由不同应用程序或指令产生的，依靠它们之间印证可以认定某一案件事实。[3]

（2）外部互相印证规则。电子数据的特性之一就是往往需要通过其他媒介建立电子数据与人的行为之间的间接联系，这种情况有别于犯罪现场的凶器刀上留下嫌疑人的指纹，通过鉴定意见可以建立刀与嫌疑人的直接联系，而"IP"地址电子数据往往无法直接建立与使用者的

---

〔1〕 参见易延友：《证据法学：原则 规则 案例》，法律出版社 2017 年版，第 22 页。这里"真实性"的英文"reliability"与鉴真的"Authentication"的区别，佐证了鉴真是证据能力的前提条件，此"真"非彼"真"。

〔2〕 参见最高人民法院民事诉讼法修改研究小组编著：《〈中华人民共和国民事诉讼法〉修改条文理解与适用》，人民法院出版社 2012 年版，第 134 页。

〔3〕 参见刘品新："印证与概率：电子证据的客观化采信"，载《环球法律评论》2017年第 4 期。

联系，还需要借助证明使用者活动轨迹的证人证言、证明电脑使用情况的书证等间接证据，才能证实"IP"地址与嫌疑人的关系。因此，认定电子数据的证明力时，应当重视电子数据外部其他传统证据的证明作用，证明电子数据、存储载体以及待证案件事实之间的对应关系，达到内心确信标准。

不过需要说明的是，"为电子数据证明力评判设置可操作性的标尺，电子数据的采信应当走向客观化"[1] 的观点有待商榷，因为电子数据与一般技术性证据一样，均面临着技术专业化对传统司法经验逻辑的挑战，但解决的方式并非只有采信标准客观化一条路，而无论是"概率"还是其他可操作性标尺，都极易走向法定证明力的老路。现代司法的重大进步，就是自由心证主义取代法定心证主义。自由心证主义意味着司法者根据经验法则和逻辑法则对证据的证明力进行自由判断，而非"法定的证明力大小"，司法者不擅长技术评价的劣势，可以通过引入"技术性证据审查""重视电子数据内部相互印证规则"等辅助手段扭转，虽然应当充分重视电子数据技术特性的影响，但判断电子数据证明力的核心，仍然是司法人员的自由心证。

---

[1] 参见刘品新："印证与概率：电子证据的客观化采信"，载《环球法律评论》2017年第 4 期。

近四十年来刑法学研究方法的变迁与思考

李焕集*

黑格尔曾言：“学科的方法并不是外在的形式，而是内容的灵魂。”[2] 对刑法学这一学科自 1978 年以来将近四十年的研究方法进行沿革式梳理，将有益于我们清晰地把握刑法学发展的内在脉络轨迹，并由此形成对促成此种流变的深层因素的认知，以及当下刑法学应以何种研究方法应对今后社会现实的思考与展望。

一、刑法学研究方法的流变态势

改革开放至今的刑法学研究，主要经历了由“政法刑法学”到“立法刑法学”再到“规范刑法学”的时期演变，而不同的研究时期中更是存在着不同的刑法学研究方法。

（一）“政法刑法学”时期及其研究方法

“政法刑法学”时期主要是从 1978 年改革开放到 1988 年。“政法刑法学”这一概念的提炼主要来自于苏力提出的“政法法学”概念。苏力指出，政法法学注重政治意识形态话语，喜欢讨论有较重政治意识形态色彩的、曾引发过长期热烈争论的问题，如法律的“刀制水治”、阶级性社会性问题等。[1] 而作为部门法学的刑法学在这一方面体现得尤为明显。

1978 年改革开放以后，刑法学研究逐步兴起。1979 年 7 月 6 日新中国第一部刑法典颁布，这标志着刑法学研究正式拉开序幕。由于历史

---

　* 李焕集，清华大学法学院 2018 级博士研究生。

　〔2〕　［德］黑格尔：《小逻辑》，贺麟译，上海人民出版社 2009 年版，第 386 页。

　〔1〕　苏力：“中国法学研究格局的流变”，载《法商研究》2014 年第 5 期。

的惯性，1979 年颁布的《刑法》仍然带有较强的政治色彩，如总则第 1 条规定："中华人民共和国刑法，以马克思列宁主义毛泽东思想为指针，以宪法为根据，依照惩办与宽大相结合的政策，结合我国各族人民实行无产阶级领导的、工农联盟为基础的人民民主专政即无产阶级专政和进行社会主义革命、社会主义建设的具体经验及实际情况制定。"该条的内容本来是刑法制定的根据，但在标题中却被称为"刑法的指导思想"；又如分则第 1 章中的"反革命罪"，之所以用这么一个政治色彩浓厚的名称，是因为"在法律上明确规定什么是反革命罪，以便划清反革命罪与非反革命罪的界限，这是我国人民民主法制的一个传统做法。"〔1〕与此相呼应，我国刑法学界也将 1979 年《刑法》解读为"一部闪耀着毛泽东思想光辉的刑法"。〔2〕

随着整个国家的改革开放和工作重心转入经济建设，刑法学的研究遭遇一个个现实问题：一方面，对刑法典的注释和对刑法施行后司法实践中所暴露出来的问题进行解答成为刑法学界的迫切任务；另一方面，犯罪领域的新情况和新特点促使立法机关和司法机关做出反应，而对这种反应的理论准备和理论论证乃至理论评析又成为学界不可回避的问题，如经济犯罪、社会治安恶化、腐败等现象的加剧使得自 1981 年至 1997 年刑法典通过前，全国人大常委会先后通过了 25 部单行刑法。此外，还在 107 个非刑事法律中设置了附属刑法规范。经过这些不断补充，刑法中的罪名由 1979 年《刑法》中的 130 个增加到 263 个。〔3〕现实中的问题加上立法上的反应成为刑法学研究新的知识增长点，而这个时期刑法学的主要研究方法是通过注释的方式对 1979 年刑法典进行研究，即"注释刑法"。典型者如欧阳涛、张绳祖等著的《中华人民共和国刑法注释》（北京出版社 1980 年版）曾先后数次再版，总印数达 100 多万册，成为当时司法实际工作人员几乎人手一册的畅销书。〔4〕

这里的注释刑法学，虽然也是一种基于对法典进行解释的研究方法，但其与当下盛行的教义刑法学有很大不同。注释刑法学区别于教义刑法学且存有以下两点不足：

---

〔1〕 高铭暄编著：《中华人民共和国刑法的孕育和诞生》，法律出版社 1981 年版，第 136 页。

〔2〕 高铭暄："一部闪耀着毛泽东思想光辉的刑法"，载《法学研究》1979 年第 3 期。

〔3〕 参见高铭暄、赵秉志：《中国刑法立法之演进》，法律出版社 2007 年版，第 45 页。

〔4〕 参见欧阳涛：《刑法犯罪学领域热点问题剖析及对策》，中国人民公安大学出版社 1998 年版，第 8 页。

第一，意识形态色彩浓厚，强调阶级性而缺乏科学性。在此立场之下，刑法学按照阶级性划分为资产阶级刑法学与无产阶级刑法学，并且认为资产阶级刑法学与无产阶级刑法学之间的界限是不可逾越的，由此排斥了对资产阶级刑法学的借鉴与参考。陈兴良教授认为："实际上这个意义上的刑法学是非自洽的，是依附于政治而存在的，是政治意识形态的奴婢，没有科学性可言。"[1]

第二，学术性的缺乏。刑法规范作为刑法学的研究对象，并不是简单地被诠释，而是学术性地被构造。但是在以苏俄刑法为背景的注释刑法研究中，学术水平较低，教义含量较低，只是机械地套用四要件的犯罪构成体系而没有建立起个罪的教义学，甚至直接以政治话语代替法理判断，不能够形成逻辑自洽而系统化的刑法学理论。

（二）"立法刑法学"时期及其研究方法

"立法刑法学"时期主要是从 1989 年至 21 世纪之前。1988 年，立法机关把刑法典的修改工作列入立法规划。从那时起，刑法学界花了相当多的精力来研究刑法完善问题。到 1997 年，修订的刑法典被全国人大通过，其中许多地方凝聚着学界的心血，如罪刑法定原则的确立、改"反革命罪"为"危害国家安全罪"等。1997 年《刑法》共规定了 413 个罪名，为刑法学研究提供了更为宽广的平台。随着 1997 年《刑法》的实施以及大量司法解释和立法解释的出台，刑法研究的课题范围得到进一步拓展。与此同时，由于社会的转型还在继续之中，这在一定意义上注定了对新刑法的修改补充不可避免。后续的补充修改一方面打破了1997 年部分刑法学者关于新刑法是一部"稳定的刑法典"的预言，另一方面也使刑法的修改完善继续成为刑法学者关注的对象，其中也包括刑法修改的形式，即由过去的决定、补充规定变为系列修正案。自此，刑法学研究进入了一个以刑法修改为中心的时期。

在这一时期，对于刑法学的研究主要存在着三种路径，分别是立法论批判及建议研究、刑法哲学（理论刑法学）研究以及刑事一体化研究。

1. 立法论的研究是指关于法律的思考，在立法论中，法律是思考

---

[1] 陈兴良：《刑法的知识转型（学术史）》，中国人民大学出版社 2012 年版，第 21 页。

的客体。[1] 在《刑法格言的展开》第一版中，张明楷教授说道："在过去的十多年里，刑法学实际上演变为刑事立法学，而不是刑法解释学。"[2]《刑法格言的展开》第一版是 1999 年出版的，过去十年是指从 1989 年到 1999 年这十年间。我国 1997 年进行了刑法修改，在这之前从 1989 年起我国刑法学研究基本上是以刑法的修改完善为中心议题，从而形成了刑法立法学的研究局面，立法论研究大行其道。在这一时期的刑法学研究中，随意地批评法律、指责法律成为一种学术上的时髦。实事求是而言，以立法为中心的研究，针对法律的不足提出各种立法建议，如果是在立法过程中的一种对策性研究，当然是可取的，也会对立法完善发生作用。但是，这种以立法为中心的研究本身是不具有可持续性的。无论立法建议是否被采纳，在一个立法过程完结以后，其研究的意义也就消失了。至于一个法律刚颁布就对其进行批评，或者将立法建议作为各种论著的归结点，是极不可取甚至是无效的。因为法律刚颁布，不会因为遭受批评而立即修改。各种学术论著中的立法建议，因为人微言轻不能进入立法机关的视野。陈兴良教授便一针见血地指出："不客气地说，这种立法论研究只不过是学者的自娱自乐罢了。"[3]

2. 刑法哲学研究方法的产生有其独特的历史背景。1997 年《刑法》修订完成，我国刑法学发展进入了一个新阶段。在当时的情况下，如何进一步提升我国刑法理论水平，这是一个关系到我国刑法学研究向何处去的问题。面对刑法更迭，陈兴良教授出版了"刑法哲学三部曲"以及一部自选集《走向哲学的刑法学》，其在《刑法哲学》一书前言中写道："从体系到内容突破既存的刑法理论，完成从注释刑法学到理论刑法学的转变，这就是我们的结论。"[4]

陈兴良教授之所以倡导走向哲学的刑法学，是有当时的历史背景的。当时主流的注释刑法学只是机械地对法条进行注释，是一种单纯的关于法条的知识，当涉及法条背后的价值内容时，采用的是一种政治话语；在这种刑法理论中，政治意识形态垄断了话语权，刑法理论是政治话语的重复。陈兴良教授对这样一种学术状况深表忧虑，力主引入哲学

---

　〔1〕　陈兴良："立法论的思考与司法论的思考——刑法方法论之一"，载《人民检察》2009 年第 21 期。

　〔2〕　张明楷：《刑法格言的展开》，法律出版社 1999 年版，第 3 页。

　〔3〕　陈兴良：《刑法的知识转型（学术史）》，中国人民大学出版社 2012 年版，第 4 页。

　〔4〕　陈兴良：《刑法哲学》，中国政法大学出版社 1992 年版，第 1 页。

的思辨，把注释刑法学提升为理论刑法学。在当时比较刑法学相当薄弱，学术资源严重不足的背景下，哲学方法也许是刑法学去政治化的有力武器。法律面前人人平等、罪刑法定、无罪推定等法治原则的重新确定，均与哲学启蒙和哲学方法的恢复直接相关。可以说，刑法哲学研究方法在当时的最大学术价值和意义就在于运用哲学方法打破政治意识形态话语对刑法学的垄断与霸权，恢复了刑法知识的客观性与中立性。[1]

3. 刑事一体化的研究方法是储槐植教授在这一时期提出的一个极具标签意义的思想，也是最能代表其学术思想的一个标签性用语。1989年其在《建立刑事一体化思想》一文中首次提出这一概念，文中指出："如何解释犯罪数与刑罚量同步增长这种现象？有无可能以及怎样走出这种怪圈？要实事求是地回答这些问题，必须建立刑事一体化思想。刑事一体化的基本点是，刑法和刑法运行处于内外协调状态才能实现最佳社会效益。实现刑法最佳效益是刑事一体化的目的，刑事一体化的内涵是刑法和刑法运行内外协调，即刑法内部结构合理（横向协调）与刑法运行前后制约（纵向协调）。"[2] 刑事一体化思想有两层意思，即作为研究方法的刑事一体化和作为刑法运作的刑事一体化。刑事一体化作为刑法学研究方法，重在"化"字，即深度融通。刑法学研究固然要关注刑法本身即罪刑的内部关系而从刑法之中研究刑法，就刑法论刑法的解释刑法学是刑法学科的基础，对司法实践有重大价值。但是，刑法学研究如果只局限在刑法自身，要取得重大进展实在困难。刑法在关系中存在和变化，刑法学当然也在关系中发展。此处的"关系"首先指内外关系。内部关系主要指罪刑关系以及刑法与刑事诉讼的关系。外部关系则包括两个基本的维度：其一为前后关系，即刑法之前的犯罪状况、刑法之后的刑罚执行情况。其二为上下关系，即刑法之上的社会意识形态、政治体制、法文化、精神文明等；刑法之下主要指经济体制、生产力水平、物质文明等。[3]

这一时期，虽然呈现出三种不同的研究方法，但总体而言，从刑法修改前集中批判 1979 年《刑法》、提出立法建议，到 1997 年《刑法》修改及其后几年对新条文进行释义，刑法学研究均是围绕着立法而进行，故称这一阶段为"立法刑法学"时期。

---

[1] 欧阳本祺："中国刑法学的去政治化"，载《法学研究》2013 年第 1 期。
[2] 储槐植："建立刑事一体化思想"，载《中外法学》1989 年第 1 期。
[3] 储槐植：《刑事一体化论要》，北京大学出版社 2007 年版，第 25~26 页。

（三）"规范刑法学"时期及其研究方法

"规范刑法学"时期主要是从 21 世纪开始一直延续至今，1997 年刑法的修改推动了我国刑法解释学的发展。修改后的新罪名急需解释，新确立的罪刑法定原则又划定了解释边界。这种解释活动博弈的结果是刑法学者深刻地发现了社会危害性理论与罪刑法定原则之间的矛盾。于是，以批判社会危害性理论与我国刑法犯罪概念为契机，刑法学研究开始全面清理苏联刑法理论。在建构刑法解释学过程中，研究国外有关刑事法律规定和现代刑事立法的发展趋势成为风潮，刑法学研究进入"脱苏入欧"时期，刑法学研究正式踏上规范刑法学发展的征程。这一时期的刑法学研究方法主要存在着刑法教义学研究、比较刑法学研究以及刑法实证主义研究三种。

1. 刑法教义学研究方法。张明楷教授在阐述"法律不是嘲笑的对象"这一法律格言时指出："法律的制定者是人不是神，法律不可能没有缺陷。因此，发现法律的缺陷并不是什么成就，将有缺陷的法律解释得没有缺陷才是智慧。"[1] 这一说法有其时代意义，因为这标志着从八十年代末以来一直盛行的立法论研究遭到批判而解释论研究开始崭露头角。刑法教义学的研究方法主要是以刑法法规作为基础和界限，致力于研究法规范的概念内容和结构，将法律素材编排成一个体系，并试图宣召概念构成和系统学的新的方法。作为法律和司法实践的桥梁的刑法教义学，在对司法实践进行批判性检验、比较和总结的基础上，对现行法律进行解释，以便于法院适当地、逐渐翻新地适用刑法，从而在很大程度上实现法安全和法公正的价值。[2] 刑法教义学是逻辑性的、说理性的，它尤其强调刑法学的研究要符合形式逻辑的规则，由它所构建起来的一套知识体系是精致的，可以通过逻辑规则加以反复验证，运用该体系指导司法实践中的定罪量刑时能得出精确的结论，从而在保护法益的同时最大程度地保障公民的人权和自由。

刑法教义学的研究范式转向对于刑法学科发展而言有以下几点意义：

第一，它使刑法学研究从单纯的法条注读转向体系性的研究。传统

---

[1] 张明楷：《刑法格言的展开》，法律出版社 2003 年版，第 6~7 页。

[2] 参见［德］汉斯·海因里希·耶赛克、托马斯·魏根特：《德国刑法教科书（上）》，徐久生译，中国法制出版社 2017 年版，第 59~60 页。

刑法理论对法条的解释基本上流于单纯的、散漫的、就案论案的注读，不仅未能发展出必要的解释技术与方法，也不注重理论的体系性与逻辑性。而在刑法教义学研究中，体系性的思考与论证方式越来越为学界所接受，人们将更多的注意力放在得出结论的逻辑演绎过程与具体的论证过程，结论本身反而变得不再那么重要。也正是在体系性思维的支配之下，我国刑法学中逐渐出现德日意义上的学派之争的萌芽。

第二，它使得刑法学研究由政治型刑法学转型为学术型刑法学。德日刑法知识论的崛起，一方面淡化了刑法学的意识形态色彩，另一方面也使得刑法学作为学术的独立品格有所增强，先前的政治型刑法学正逐渐为一种技术导向的学术型刑法学所取代。

2. 比较刑法学研究方法。比较刑法学主要是对不同法系、不同国家的刑法进行比较研究，阐明其利弊得失和异同之点。虽然从 80 年代中后期开始，越来越多的外国刑法学论著经过编译和翻译传入我国，其中既有大陆法系的，也有英美法系的，它们为封闭了数十年的我国刑法学打开了一扇窗，拓展了刑法学者的视野。但此前对于外国刑法的研究称不上比较刑法学研究，毋宁说是一种机械性的对比。惟进入新世纪以来，中国刑法与外国刑法的机械性对比才逐渐转变为有机的比较性研究。我国传统刑法理论关注对外国刑法理论的研究时基本上是把后者单纯视为"外国的"理论，二者之间缺乏必要的交融。当前的刑法学研究中，则倾向于淡化外国刑法学知识与我国刑法学知识之间的差异。张明楷教授甚至断言："不考察外国刑法学与中国刑法学的异同，就不可能真正了解中国刑法学；只了解中国刑法学，意味着并不了解任何刑法学。"[1] 近些年来刑法学中的比较研究，落脚点已逐步回归到我国刑法的理论与实践上。对外国刑法学知识的关注，主要是根源于其或多或少的"中国性"。比较刑法学研究或者能为我国刑法中类似的问题提供一定的启示、经验或教训，或者能建构出认识中国问题的一面镜子。

3. 刑法实证主义研究主要表现为采用社会学方法对刑法的两个基本内容——犯罪与刑罚进行研究而形成的犯罪学与刑罚学。无论是犯罪学还是刑罚学，都是对规范性事实——犯罪与刑罚的经验性、实证性研究。社会学家迪尔凯姆曾指出，犯罪作为一种社会现象，虽然表现为对社会规范的违反，但它又不是单纯地由社会规范所决定的，而是与一定的社会结构和社会形态相关联的，可以说是一种正常的社会现象，甚至

---

〔1〕 张明楷：《外国刑法纲要》，清华大学出版社 2007 年版，第 3 页。

有着积极的社会作用。[1] 进入 21 世纪以来，以白建军教授为代表的"实证派"的崛起令人瞩目，白建军教授以一系列实证导向的刑法学与犯罪学的研究，极具说服力地表明，方法论的更新对于刑法学研究的意义何等重大。白建军教授指出："法学研究应当提倡理论的应用和操作的研究、法律实施效果的测量、法律经验的归纳和'有理无数，莫谈学术'的精神，而实证分析就是改造现有法学研究范式的一条途径。"[2] 刑法实证主义者认为对实践理性的法律实证研究根植于本土立法、司法实践，是从现实问题出发，由实际效果校准的知识生产过程。法律实践理性是藏在大量立法、司法活动背后的相对真理和客观规律，只有通过定性与定量相结合的法律实证研究才能发现这些真理和规律。概言之，法律实践理性是立法和司法活动的经验归纳，是法律职业群体集体智慧的结晶。

二、刑法学研究方法流变的成因

近四十年的刑法学发展在研究方法上发生了以上三个时期的主要变化，各个时期的变化都有其背后促成的因素甚至角力，因而探讨背后促成研究方法及范式转变的过程，有益于更加透彻地理解刑法学研究方法何以成今日之型的原因，以期透过方法流变的现象把握其背后实质的因素，对于日后刑法学研究方法的发展提供些许脉络与思索。针对改革开放至今的刑法学研究方法流变，笔者试图从时势发展的社会背景角度、哲学根基转变的思想角度以及刑法学者在时代变迁中的个体力量三个角度出发，力图构造出研究方法流变的脉络与线索。

（一）时势的变化发展

改革开放初，中国进入了一个以经济建设为中心的相对稳定和平的时期，1979 年我国颁布了第一部《中华人民共和国刑法》，刑法典的颁布直接推动了刑法学研究。据学者统计，刑法典颁布前发表的刑法论文仅有 176 篇，而《刑法》颁布后至 1985 年底的 6 年多时间里，发表的

---

〔1〕 参见［法］迪尔凯姆：《社会学方法的准则》，狄玉明译，商务印书馆 1995 年版，第 83 页。

〔2〕 白建军："论法律实证分析"，载《中国法学》2000 年第 4 期。

论文有近 2300 篇，约相当于过去的 13 倍。[1] 刑法文本的出现以及刑法的实施引发大量的疑难问题，司法实践遇到的问题直接促使了刑法学者对于这部刑法典进行注释性的研究，以回应实践中产生的强烈需求。而要在当时高度重视政治意识形态的传统和氛围中确立刑法学的独立地位，势必要从政治意识形态上进行论证。于是，主流的法学话语展现了一种今天看来很奇特的现象，即运用具有高度政治意识形态的话语批判极左的政治话语，竭力为法律或法学争夺一个更为自由开放的社会空间和学术空间。这也就是为什么在改革开放初期我国刑法学研究进入"政法刑法学"时期并主要采取注释刑法的研究方法的原因。在注释刑法研究延续了十年左右之后，立法者发现在现有的刑法典条文存在着一些无论如何注释都无法解决或者存在漏洞及口袋罪名的现象，此一问题的发现直接决定了对刑法典进行修改的决定。刑法学界由此进入了"立法刑法学"时期，从立法的角度对 1979 年《刑法》进行批判性建议性的研究。以此为 1997 年《刑法》的大修改奠定理论基础。而在 1997 年《刑法》之后，刑事立法进入稳定期。传统刑法学充满意识形态和阶级立场分析的政治话语理论体系已经不能满足学界对于理论性刑法学的需求，以陈兴良教授为首的刑法学者开始将突破口转向刑法哲学，试图通过其他人文社会科学知识的引入来消解政治意识形态话语体系的束缚。但刑法哲学的研究方法毕竟不是对刑法规范本身的研究，它与刑事立法与刑事司法都保持着相当的距离。同时，进入 21 世纪以来，司法实践中产生了需要再次将刑法学的研究转向司法论的法律解释研究，该研究奉行"刑法解释学不是低层次的学问，对刑法的注释也是一种理论，刑法的适用依赖于解释。"[2] 刑法教义学逐渐兴起。

（二）哲学根源的流变

此处的哲学流变主要解释从 20 世纪 80 年代末开始盛行的立法论批判性研究转向 21 世纪开始盛行并持续至今的刑法教义学研究背后的哲学基础变化。这一变化，究其根源来自于休谟及康德的当为与自为、应然与实然、价值与事实的二元区分论。根据休谟的观点，"是"与"不是"是一种事实判断，是一个存在论的问题；而"应当"与"不应当"

〔1〕 参见高铭暄主编：《新中国刑法学研究综述 1949—1985》，河南人民出版社 1986 年版，第 8~9 页。

〔2〕 张明楷：《刑法学》，法律出版社 1997 年版，第 3 页。

是一种价值判断，是一个价值论的问题，二者应当严格加以区分。从"是"与"不是"的关系中不能推论出"应当"与"不应当"的关系。康德接受了休谟的这一思想，从中引申出事实科学与规范科学的区分：事实科学探讨的是自然法则，而规范科学探讨的是道德法则。自然法则是一个"是"与"不是"的问题，服从于实然律；道德法则是一个"应当"与"不应当"的问题，服从于应然律。可以说，立法论的批判性研究是从"应当"与"不应当"角度进行研究的方法，而刑法教义学的研究是一个"是"与"不是"的问题。前者是对法的正当性与合理性的评判，而后者则是以法律为逻辑起点的推理。当然，需要强调的是，一个时代应该强调实然抑或应然的研究需要考虑到具体的时代背景需求，在二十世纪八九十年代，由于刑法典正处于草创编纂修改阶段，应然性的研究方法有利于促进立法者制定和修改出一部完善的刑法典，这亦是依法治国的"有法可依"的要求。但进入 21 世纪以来，如果仍旧一味强调应然性的研究方法，则至少在中国没有建立起实质性的违宪审查机制的情况下，立法论根本无助于实际问题的解决。车浩教授便意味深长地指出："中国法院每年需处理 70 多万起刑事案件，新型案件不断涌现，疑难问题急需理论支援，这些都是实践部门向学界发出的迫切呼唤。如果回避或搁置司法实践的呼唤，淡漠地应对社会舆论对重大疑难案件的关注，不能给出有针对性和解释力的观点和方案，对学者个人而言，失去的是在学术竞争中的发言权；对刑法学学科而言，将会整体性地失去引导和影响中国刑事法治变革的机会。"[1]

(三) 刑法学者的推动

刑法学研究方法的流变是其时势发展变化使然，然而在时代的变化发展之中，还有一股莫大的推动力量，促使了刑法学这一学科的研究范式发生了结构性的转型，那便是若干著名刑法学者的旗帜性的推动力量，其中最为关键的当属陈兴良教授和张明楷教授两人。当回顾起这段转型的曲折历史时，陈兴良教授甚至采用了"向死而生"这个说法，"这绝不是危言耸听，而是我的切身感受"[2]。在这场转型之中，刑法学者推动完成的转变主要实现了两个方面的意义，一是由政治刑法学研

〔1〕 车浩："中国刑法学的现状、传统与未来"，载《法学研究》2013 年第 1 期。

〔2〕 参见陈兴良：《刑法学的知识转型（学术史）》，中国人民大学出版社 2012 年版，第 4 页。

究转变为学术刑法学研究；二是由以苏俄刑法为主导的传统刑法学研究转变为充满德日色彩的刑法教义学研究。这一推动力量发生的标志是陈兴良教授《社会危害性理论：一个反思性检讨》（载《法学研究》2000年第1期）一文的发表，该文引发了对以苏俄刑法学为摹本的我国的刑法学反思，在一定程度上动摇了社会危害性在我国传统刑法学中的至尊地位，而它恰恰是刑法教义学的最大障碍之一。此后，陈兴良教授又先后发表了《社会危害性理论：进一步的批判性清理》（载《中国法学》2006年第4期）、《刑法知识的去苏俄化》（载《政法论坛》2006年第5期）、《违法性理论：一个反思性检讨》（载《中国法学》2007年第3期）等。另一方面，面对着源自苏联的传统刑法学派的学术压力，张明楷教授则极力提倡在刑法学界掀起学派之争，以此重新激活刑法学的学术活力，其在这方面的标志性论文是《学术之盛需要学派之争》（载《环球法律评论》2005年第1期）。而张明楷教授出版的《刑法学》教科书本身便是刑法教义学的最好注脚，其与陈兴良教授的若干重要文章共同推动了这一转型，当然在这一过程之中还有若干具有德日留学背景的刑法学者共同发力。劳东燕教授曾有一段精彩的论述描述了这一过程：

"2000年以后的中国刑法学犹如战国时代，纵横兼并之后，德日派终于修成正果，成为足以与传统派抗衡的一支力量。在此过程中，德日派一方面勤练内功，另一方面也不忘将矛头一致对外，毫不留情地批判传统刑法中的主观主义倾向，高举刑法客观主义的大旗。德日派起初是拿传统刑法学中的社会危害性理论小试牛刀。以陈兴良教授为首的成员主要是在实然层面批判苏联刑法学语境之中的社会危害性理论，而同为德日派的刘艳红教授与李立众博士等，则是在应然层面上论述社会危害性的功能，对社会危害性理论进行重新的解读与建构。在社会危害性的问题上，基本上以德日派的压倒性胜利而告终，经由这场论战，甚至连传统派的代表人物都对社会危害性理论蕴含的危险表示关注，开始正视刑事违法性与社会危害性之间的对立，并反思社会危害性概念的功能，最后得出了与德日派并无本质差异的结论。"[1]

---

[1] 劳东燕："刑法学知识论的发展走向与基本问题"，载《法学研究》2013年第1期。

三、刑法教义学研究方法的开拓

欲判断刑法学研究方法对于一个学科发展的合理性与重要性，笔者认为最重要的是判断这一研究方法对于所在学科的最终价值的实现具有多大程度的意义。于此，我们有必要先指明在刑法学领域，往辈及吾辈学者兢兢业业所追求的价值目标是什么。德国刑法学大师李斯特曾于近百年前提出了"整体刑法学"的理念，其创办的《整体刑法学》杂志一直出版至今，俨然成为世界范围内刑法学研究的顶尖期刊，有着广泛而深刻的影响。笔者认为，德国刑法学家李斯特提出的这一理念提炼出了刑法学研究的终极要义。整体刑法学思想的框架是"犯罪—刑事政策—刑法"，即依据犯罪态势形成刑事政策，刑事政策又引导刑法的制定和实施，并根据由此形成的刑法有效地惩治犯罪。我国的著名刑法学家储槐植教授于 20 世纪 80 年代提出的"刑事一体化"思想亦与李斯特的这一理念不谋而合，共同建构了刑法学发展的最终目标。而对于目前盛行的刑法教义学研究方法，笔者认为正需要审视其对于达致刑法学科研究的最终目标具有多大程度的意义，并分析在此视角之下刑法教义学研究方法的优点与不足是什么，以及我们是否能够补缺和完善刑法教义学的研究路径短板，从而形成一种全面有效地达致刑法学发展最终目标的研究方法，以期指明未来刑法学研究的方向。

（一）刑法教义学的领域开拓

众所周知，当下刑法教义学的研究主要关注的研究领域是司法领域，即站在裁判者的角度，以特定历史时期逐渐形成的现行有效的法秩序为基础与界限，来回答法律问题。这一领域的刑法教义学的展开无疑有助于达致个案正义，能够有效回答司法实践中的问题。然而当我们反观李斯特提出的整体刑法学的目标时，我们发现即便达致个案正义也不能完全实现整体刑法学的理想，毋宁除却刑事司法领域之外，我们必须将目光同时转向刑事立法领域，以刑法教义学的原理对刑事立法活动进行指导乃至批判性建设。这一命题在当下显得十分有意义。张明楷教授在 2016 年出版的《刑法学》中断言，刑事立法活跃化的时代已经到来。[1] 实际上，从 1997 年《刑法》修订以来，立法者已经颁布了 10

---

[1] 张明楷：《刑法学》，法律出版社 2016 年版，前言。

个刑法修正案，平均每 2 年颁布一个刑法修正案，刑法修改频率之快，修改内容之广泛，在世界范围之内都是罕见的。换言之，当下中国的刑事立法存在着扩张的趋势。由此，如何通过刑法教义学的原理和思想来使刑事立法进入法治的轨道便成了一个有意义的命题，同时也可以构成刑法教义学拓展研究的一个方向。那么，通过刑法教义学对刑事立法发生影响何以可能？事实上，早在 20 世纪 60 年代，当基尔希曼提出"作为科学的法学的无价值性"[1] 来抨击法学这一学科不能成为一门科学时，卡尔·拉伦茨在一篇回应的演讲之中便回答了这一问题，"如果一部法律要有较强的生命力，那么立法者事先就必须对有待规范的生活关系、对现存的规范可能性、对即将制定的规范所要加入的那个规范的整体、对即将制定的这一部分规范必然施加于其他规范领域的影响进行仔细的思考和权衡……对于这些前期工作而言，显然，法学的帮助是不可或缺的，无论是法律社会学、法律教义学、比较法学还是法的一般原理——如果所涉及的是对法学基本范畴的正确运用。"[2] 令人欣慰的是，在 2015 年《刑法修正案（九）》出台以后，已然有学者从刑法教义学的角度出发，通过对教义学的原理阐释，对刑事立法进行反思。[3] 由此可见，刑法教义学对于刑事立法活动具有指导和评估的能力，这不仅具有可行性，在当下刑事立法扩张的时代更有其现实必要性。

（二）刑法教义学的维度开拓

近几年，中国法理学界掀起了法教义学与社科法学之争，社科法学这一概念最早由苏力教授提出，"社科法学的核心问题是试图发现法律或具体规则与社会生活诸多因素的相互影响和制约。由于其关心的不是具体的法律概念、体系和法条，它的视野实际势必有某种扩张性，而必须对社会各种制约或促成法律运作的各种社会因素有所了解，对与法律有关的某些学科的研究成果有所了解，在这一过程中，甚至不无可能形

---

〔1〕[德] J. H. 冯·基尔希曼："作为科学的法学的无价值性——在柏林法学会的演讲"，赵阳译，载《比较法研究》2004 年第 1 期。

〔2〕[德] 卡尔·拉伦茨："论作为科学的法学的不可或缺性——1966 年 4 月 20 日在柏林法学会的演讲"，赵阳译，载《比较法研究》2005 年第 3 期。

〔3〕车浩："刑事立法的法教义学反思——基于《刑法修正案（九）》的分析"，载《法学》2015 年第 10 期。

成某种从法律制度切入的一般社会理论或理论命题"。[1] 在笔者看来，社科法学与法教义学在回答的问题上具有互补的功能，法教义学的任务是为案件的裁决提供一个可检验的具有确定性的回答，而社科法学通过其他人文社会科学的知识引入，解释的是法律背后的原理以及其在社会生活中的实际运作等。笔者认为，社科法学的知识体系完全能嵌入教义学的分析框架之中，在事实与规范之中充实各个环节的论证。一方面，社会学、人类学、心理学、历史学的知识能够为透彻地理解和分析案件事实提供一个雄厚的诠释体系，以此更加清晰地解剖渗透在案件事实背后的法律意义；另一方面，哲学，尤其是价值哲学、诠释学、道德哲学的内容能够为刑法教义学中的价值判断提供理论资源，这一点尤其在疑难案件中能起到关键的论证作用，因为法教义学并不排斥价值判断，相反它能够尽力挖掘法律背后的价值原理，通过涵摄技术渗透到案件中，从而得出一个合乎正义的结论。由此，这一嵌入与结合在案件事实的实然与法律价值的应然之间便架起了一座可待验证的桥梁，事实与规范得以融通，从而更好地明理、明法、明道。

（三）刑法教义学的实证开拓

刑法教义学研究强调以规范实证研究方法为前提，主要以规范内体系性和类型性的思考方式展开对刑法的解释研究。目前社会实证分析的方法运用在犯罪学领域的研究之中，但在刑法教义学的研究中却极为缺乏社会实证的研究方法。目前学界的一些研究出现过分依赖德日理论的端倪，笔者同意车浩教授的看法，长期来看，这种拿来主义很可能由于缺乏理论自我创新的根基，而在国外理论大面积引入、留学者越来越多之后，逐渐蜕变成一种比较刑法研究，从而失去其优势。更值得担忧的是，如果研究完全局限在国外已有的理论模型内部展开，往往只能依靠内部逻辑进行证明和推演，缺乏进入整个中国社会现实的有效管道，使得研究者的价值立场与时代背景出现偏差时，根本无力纠偏甚至毫无察觉。[2] 要想走出这一窘境，笔者认为刑法教义学必须从中国本土的社会实践和经验中吸取养分，将社会实证的分析方法充分运用起来，从经验与实践中建构起符合实际的上位概念，揭示出经验之间的内在逻辑关

---

〔1〕 参见苏力："也许正在发生——中国当代法学发展的一个概览"，载《比较法研究》2001 年第 3 期。

〔2〕 车浩："中国刑法学的现状、传统与未来"，载《法学研究》2013 年第 1 期。

联，从而发展出符合科学的理论构建，这才能真正实现刑法学这一要求实践理性学科的价值。白建军教授尖锐地指出，在犯罪与刑法领域，现在提出实践理性问题既有必要，又有可能。当今中国既非法治沙漠，又非法治天堂，因而是研究法律实践理性的最佳时机，如果错过这个时机，我们拿什么去面对后来者的责问？[1] 目前，犯罪学领域的社会实证研究成果是有目共睹的，而刑法教义学研究领域的社会实证研究则有待挖掘和加强，唯有从本土之中型构出符合实际的原创性中国理论，刑法教义学的研究方能再上一个台阶，才能无愧于时代的召唤。

四、结语

刑法学研究方法的流变伴随着时代的发展和实践的需求，我国刑法学研究经历了由充满意识形态话语体系的传统刑法学向以德日刑法体系色彩为主导的教义刑法学的转变，这是一场符合科学与学术本质的转型。面对当下，刑法教义学的当代图景虽正徐徐展开，"我们历经了千辛万苦，终于在乱麻中采获了这朵鲜花"。[2] 但我们必须以理性与科学的态度面对并完善这一研究方法。笔者认为，刑法教义学应该保持其开放的姿态，尤其面对社科法学时，应该充分发掘其他人文社会科学能够得以充实论证其体系的资源，同时直面中国本土问题，多进行实证性的研究。在刑事立法扩张的时代，刑法教义学更应该发挥其对于刑事立法的指导、批判与评估力量，将刑事立法与刑事司法均引向刑事法治的应然轨道。由此，整体刑法学的价值理想方有实现的可能。

---

〔1〕　白建军：" 法律、法学与法治"，载《法学研究》2013 年第 1 期。
〔2〕　转引自 [德] 卡尔·拉伦茨：《法学方法论》，陈爱娥译，商务印书馆 2003 年版，第 18 页。